儒商同仁堂

连丽如 著
贾建国 编

上

人民东方出版传媒
東方出版社

图书在版编目（CIP）数据

儒商同仁堂 / 连丽如，贾建国编著．— 北京：东方出版社，2018.8
ISBN 978-7-5060-9959-2

Ⅰ.①儒… Ⅱ.①连… ②贾… Ⅲ.①同仁堂药店—历史— 1669-1949
Ⅳ.① F721.8

中国版本图书馆 CIP 数据核字（2017）第 284188 号

儒商同仁堂
（RU SHANG TONG REN TANG）

作　　者：连丽如　贾建国
责任编辑：肖　刚　闫　妮
出　　版：东方出版社
发　　行：人民东方出版传媒有限公司
地　　址：北京市东城区东四十条 113 号
邮政编码：100007
印　　刷：北京汇林印务有限公司
版　　次：2018 年 8 月第 1 版
印　　次：2018 年 8 月第 1 次印刷
开　　本：640 毫米 ×960 毫米　1/16
印　　张：45.25
字　　数：450 千字
书　　号：ISBN 978-7-5060-9959-2
定　　价：98.00 元
发行电话：（010）85924663　85924644　85924641

作者简介：

连丽如，1942年生，满族，北京市人。中国煤矿文工团评书演员，著名评书表演艺术家，国家一级演员，中国煤矿文联曲艺家协会副主席，享受政府特殊津贴，1960年随父亲著名评书艺术大师连阔如学艺，连派评书的继承人，1994年至今，多次到新加坡为“丽的呼声”电台和国际广播电台录制评书，1998年6月应邀在马来西亚五个大城市演说评书《三国演义》引起轰动，其有影响的代表作有《东汉演义》《三国演义》《大隋唐》《康熙私访》等。

贾建国，1942年生，满族，北京市人。1959年加入宣武说唱团，1961年入伍，服役三年，1985年由宣武说唱团调入中国煤矿文工团。曾跟随北京评书的代表人物连阔如学习评书艺术，继承了其台风潇洒，神完气足的艺术特点，具有较高的艺术修养与深厚的表演功力。现在仍活跃在当今曲坛，致力于评书传承教学工作。2007年收义子王玥波、李菁。王玥波表演的《隋唐》和李菁表演的《史更新刀劈二寇》等评书书目都是由贾建国传授的。除此二人外，连丽如其他四个徒弟也多由其授艺。此外，贾建国还对相声、快板、三弦演奏等其他曲艺艺术颇有研究。

目录

第一回

神农能把百草尝，走遍山川属药王，
济世救人遵古训，中华国宝同仁堂。

观众朋友们，今天就开始，我给大家说一部长篇评书——《同仁堂》。

公元1702年，也就是清康熙四十一年，北京前门外大栅栏由打西口往里走，按现在说，就是一百多米，有一家药店开张了，匾额上清清楚楚地写着三个大字：同仁堂。还没到吉时呢，门前的人可就站满了，男男女女，老老少少，岁数大的，岁数小的，什么模样的人都有。大家就看着这个新开张的买卖，普普通通三间平房。北京人有个习惯，爱看热闹，不但爱看热闹，还爱聊天，您哪我哪都挺客气。

“哎哟，二哥您来了。”

“哎……您来得早啊。”

“嘿，瞧瞧，买卖新开张。”

大家议论纷纷，就在正对着同仁堂的大门，人群的后头，站着这么爷俩，一老一少。这岁数大的有五十开外了，估计这身量得够一米八三一米八四，老爷子长得挺刷利，穿着藏蓝色的长袍，青裤子，两只千层底的家做鞋；看模样老爷子长得也不错，挺精神，黄白净子长方脸，眉毛挺长，眉梢往下耷拉着，刚五十开外，这寿眉就挺长的，两只眼睛虽然不大，但是眼睛长，从他的目光里就看这位老爷子精于世故，高鼻梁，四字口，大耳相称；五十开外了，不但精神，这头发一根白的都没有，大辫子蓄着辫帘子。老爷子往这儿一站，两只眼睛盯着同仁堂，就在他的旁边站着一个年轻的。这个年轻人比这位岁数大的老爷子稍微矮这么一点，按现在说也得够一米八、一米八一这样，胖，上秤约起码得二百八十斤，长得细皮白肉的，那皮肤就跟那豆腐似的，真好，可不是北豆腐，是南豆腐，肉皮特别地细发儿。头发比老爷子还少，您别瞧他年轻，也就是十七八岁，稀稀拉拉的头发，后边梳着一个小辫，穿着黑色的长袍，外边罩着一个坎肩，也是两只家做鞋；眼睛不大，您别瞧十七八岁的一个男孩子，但是眼睛里透出这个孩子特别狡黠，非常聪明。

这个年轻人是这位老爷子的干儿子，老爷子姓贾，就在打磨厂西口这儿，正在把口开了一个茶楼。因为他爷爷在北京茶叶店学徒，后来他父亲离开了平房老家，扛着一袋子老玉米进北京了，就在打磨厂口这儿，一间房开了个小茶馆。买卖好，人缘好，时间长了，这买卖越做越大，到了贾掌柜这一代，五间门脸的一个大茶楼，三间到底，十五间，后院就是住宅。老爷子娶妻毕氏，生了一个闺女，闺女嫁人了，三十多了，姑爷姓郑，离着娘家不远，两口子常来。膝下无儿啊，老爷子收了一个干儿子，这干儿子也是蘑菇上来的。干儿子姓王叫王仲喜，家就住在大蒋家胡同口，胡同口那紧挨着东珠市口，这东珠市口啊，挨家挨户的都是皮货商，他们家也做皮货，有这工人呢熟皮子。这孩子不愿意承继家业，没事跟着他父亲老上这贾家茶楼这儿喝茶来，一来二去的他可发现了，这贾掌柜可不简单，满肚子经纶，说什么都懂。这孩子爱长学问爱抬杠爱聊天儿，啧，一来二去地跟贾掌柜混熟（shoǔ）了，蘑菇来蘑菇去，跪地下磕头，管老爷子叫干爹，老爷子就收了这么一个干儿子。

今天呢，贾掌柜成心把这孩子叫来，说你跟我上大栅栏去一趟，那儿有一个药店开张。这么着，王仲喜就跟着这贾掌柜来看热闹，爷俩站着刚要说话，正在这时候有人一扒拉这王仲喜。

“哎，我看看，我看看，有铜人吗？”

“爷们儿，您以为铜铸的那铜人呢？您睁眼看看，人家写得很清楚：同仁堂。这药店，人家开这药店叫同仁堂，那是一视同仁，人家没有铜人。”

“哦……一视同仁？呦……看这意思，咱们穷人要来买药，也一视同仁？”

“没错儿。”

“那好，从今往后我就这儿买药了。”

王仲喜一歪头。

“干爹，您这人最不爱看热闹，干吗您今天叫着我非得看这儿开张啊？”

“小子啊，我让你开开眼，你看看这买卖跟旁边的买卖有什么地方不一样？”

您别瞧这王仲喜，聪明透顶了，他眼睛特别尖。

“甭问了，您瞧，这药店新鲜，下洼子门。”

什么叫下洼子门啊？倒下台阶，街面比这药店的地面要高，这叫下洼子门。你要上这药店一层一层得往下走，得走几层。

“爹，下洼子门，嘿，这药店新鲜，这要是一下大雨，还不得可筒灌啊？”

“小子啊，今天就让你明白明白，我跟你常说这金木水火土，这水当什么讲啊？”

“财呀。”

“财。人家这药铺盖的时候啊，地势就低，找着风水先生看了，风水先生说呀，干脆您就下洼子门，懂吗？下大雨，‘欻欻’往里一灌，这叫财源滚滚。”

“嗬……不错。嗞……可是干爹呀，这玩意要是‘哗哗……’下大雨，要把他们淹了怎么办呢？这雨水往哪儿走啊？”

“我告诉你，同仁堂少东家聪明透顶了，就在这后院盖着几个蓄水窖，挖得特别深，雨水要大，把这水就存到蓄水窖里头了。小子啊，不但财源滚滚，你也知道，北京到了秋天刮土扬烟；一到夏天暴晒；这官府就让这买卖铺户全都得拿水泼这街。人家不但财源滚滚，这蓄水窖里的水，到时候一暴晒，‘欻欻’拿这雨水一泼街，省得买水了。一刮大风，爆土扬烟了，怎么办？拿这雨水一泼水，省得买水了，还省了水钱了。我再告诉你，你说这倒下台阶，我问问你，有病的人还有替病人买药的人，是不是心情挺沉重啊？”

“嘿，您琢磨到家啦。”

“那是，一步一步倒下台阶进同仁堂买药，买完药之后托着同仁堂的药，心里一豁亮，转身形迈步上台阶，步步高升，从心里的感觉这病就好了。我告诉你，人这儿风水先生给看过。”

“您又不是瞧风水的。”

“呵呵，咱们茶馆酒楼什么人不去呀？咱们老去一个看风水姓乔的，长得挺机灵，知道不知道啊？”

“他看的啊？他看得不准。”

“不是他看的，他替别人吹牛呢。所以同仁堂这风水是怎么回事儿，爹我明白了，今天让小子你长长见识。”

正说到这儿，旁边过来一位。

“贾掌柜。”

“哟，您也来了。”

一看是老茶座儿。

“贾掌柜，一事不明我得问问您。”

“您说。”

“这乐家老三在哈德门外头开了一个万全堂，这老二又在这儿开了一个同仁堂。您说这亲哥儿俩，俩买卖，这将来怎么说呀？”

“你操这心干吗呀？乐家世代铃医，医士传人。这哥儿俩开两个买卖，那就看看将来这哥儿俩谁生意做得好，百尺竿头更胜一筹了。”

“要是依我说呀，还是这儿好，您看现在大栅栏，买卖越来越多，俗话说得好：店靠地兴，地凭店旺。也许将来大栅栏还得沾这同仁堂的光呢。”

“是啊。”

正说着，这王仲喜用手一指。

“爹爹爹……您别聊了，您看啊，吉时到了。”

所有老百姓都看这同仁堂的大门，伙计出来了，有提着鞭的，有拿着晃绳的，有拿着二踢脚的。吉时一到，打着火石火镰火绒，把这晃绳点着了，然后伙计把鞭举起来，地下放上二踢脚，拿这晃绳“啪啪……”这么一点，“嘡……”“噼里啪啦……噼里啪啦……”鞭炮齐呜，哎，掌柜的由打里边出来了。人家伙儿一看，差不多的人都认识，乐家在北京当铃医，年头不少了，这老二，东家乐凤鸣，差不多的人都瞧见过。今天老二往这儿一站，特别得精神，说身材呢，这位二少爷身高也就在一米七八左右，虽然瘦，但是特别得精神；看面貌，白脸膛儿，白中透黄，黄中透润，岁数已然四十一二了，虽然长得面很少，但是鬓角已然有几根儿白发了；梳着辫子，蓄着辫帘子，大辫子垂于身后；身上穿着灰色的绸子长袍，外边罩着傲龙带，什么叫傲龙带呀？就是马褂。青中衣，两只家做的千层底的鞋；头上戴着六块瓦的瓜皮帽，青缎子的，迎面这帽正是翡翠的，湛清碧绿，水头还特别足。二少爷长得精神，眉长过目，二目有神，从他的眼神里看出来，这人聪明透顶了。这人长的特点就是鼻梁特别高，四字方海口，俩元宝耳朵相称，身上十字披红，这就是同仁堂的头一个东家。

那么同仁堂的创始人是谁呢？是他的父亲，曾经进过太医院的乐显扬。说起同仁堂来，乐家开的，乐家是南边宁波人，老家在宁波什么地方？慈溪乐家坊。说一个事物要打算形成了，您就听《三国》吧，都知道《三国演义》，北让曹操占天时，南让孙权占地利，刘备占人和。那么同仁堂也是如此，说乐家是南边宁波的人，能在北京开同仁堂，而且现在全世界的人没有不知道同仁堂的，闻名遐迩，传到而今三百多年了，它必然有它的道理。老乐家进北京占两个天时，头一个天时那就是唐朝末年的“朱温之变”，咱们都知道“朱温之变”，因为黄巢起义，黄巢要灭唐朝，那么唐朝最后集中兵力要消灭黄巢，由打黄巢这队伍里跑出一位，这位叫朱温，投降了朝廷，然后帮着唐朝的朝廷集中兵力把黄巢给灭了，得到了朝廷的信任。像这样你就应该好好的当官儿吧？没想到朱温啊，害死了唐昭宗，逼唐哀公退位。所以您看中国历史五代残唐，那时候天下大乱干戈四起，就是由朱温之变引起来的。

那么朱温之变对乐家有什么关系呢？乐家的祖上，哥儿俩，大爷叫乐仁厚，在唐僖宗驾前官拜刑部尚书；二爷叫乐仁规，在唐昭宗驾前称臣。说如果没有这唐朝末期的朱温之变，那么老乐家还当官，往下一代一代传，可能就是官宦世家了，就没有医药世家这么一说了。这哥儿俩在唐朝为官，为官清廉，您别看是清廉的官长，反而遭到众人的猜疑。

哥儿俩想辞官不做了，随便就走？那皇上动怒，全家抄斩灭门九族，你怎么走啦？借着朱温之变，这哥儿俩想个办法辞官回到老家，到了宁波慈溪，又开始了当游医，为百姓治病，因为他们家祖上有人就手拿唤铃，当过游医。您看这游医，也叫草泽医生，也叫江湖医生，走乡串镇给老百姓治病。这游医什么特征呢？手里拿着一个唤铃，摇着这唤铃“哗啷啷……”一响，老百姓一听游医来了，一开门。

“哟，大夫，郎中，我们家有个病人，请您进来给看看吧。”

您看这做买卖呀有吆喝的有不吆喝的，北京，说剃头的吆喝不吆喝？剃头的不吆唤。手里拿着这唤头，“啪”一打，“嗡儿……”唤头嘛，您出来剃头您找我。铃医拿着这唤铃，呼唤的唤，铃铛的铃，铃铛这么一响，就是招呼病人来看病来，铃医不能满大街吆喝。

“哎，谁家的病人要死？我给谁看病啊？”

没这个，这买卖有吆喝的有不吆喝的。北京做买卖的很讲究，您看这打鼓的他不吆喝；买破烂的他就吆喝。这打鼓的您别瞧夹着一包，他买的都是贵重的物品，什么翡翠呀猫眼啊，家里整堂的黄花梨的家具呀，夹着个包他可趁钱。这打鼓的他吆喝吗？打鼓的不吆喝。所以有吆喝的买卖，有不吆喝的买卖。这铃医他不吆喝，手里拿着唤铃，走乡串镇给人治病。乐家就从此以游医为生，所以您看，是不是占一个天时？说天时，按现在说就是历史背景；说地利，那就是地理。如果说乐家在北方，很难发展。咱们中国有个特点，北方战事多，南方战事少，所以在宁波这个地方，而且老百姓一年四季耕种锄刨，它跟北方不一样，可能产三季菜，也可能产两季米，所以老百姓经常在这水地儿里干活。老百姓干活腰酸腿疼，可能受了潮湿了，所以铃医在这看病，躲去很多战事，他就能够发展他的医术，跟北方就不一样了。所以乐家一占唐朝末年“朱温之变”这个历史时期的天时，回家做了游医；二，在南方能够很好地治病，再说乐家的人缘好。从他们的祖上研究这医术，在南边走乡串镇，遇见了同行同道虚心学习，好好治病，价格又便宜，药又好，人缘又好。什么叫人缘啊？人缘就是口碑，口碑就是人和。所以任何事情，离不了天时地利人和。

那么第二个天时，就是明朝的永乐年间。咱们知道，朱元璋是明朝的开国皇帝，定都南京。朱元璋死了，应该传位他儿子，但是太子朱标死了。其实朱元璋也是好意，太子死了，我正枝正派往下传，很正规，传给我这孙子，就是太子朱标的儿子。他就把事业这个帝业就传给了历史上的建文帝，也就是朱元璋的孙子。但是燕王朱棣不干了，燕王朱棣是朱元璋的四子，在北京被封为燕王。朱棣一不干，出兵一打这建文帝，才引出来永乐皇帝迁都北京，老乐家才能够进北京，成为一代名医。

第二回

一块醒木七下分，上至君王下至臣。
君王一块辖文武，文武一块辖黎民；
僧家一块讲佛法，道家一块论玄门；
儒家一块谈今古，天师一块敬鬼神；
一块落在江湖手，海走天涯论家门。

您看这上场诗啊说的是我们这块木头，一块醒木七下分，上至君王下至臣，咱们就不重复了。说皇上拿的这块木头叫龙胆；元帅拿这块木头叫虎胆；到我们这就叫醒木了。干吗叫醒木啊？我这儿说书，您要是不爱听，您睡着了，“啪”我一拍这醒木，您醒了，这就叫醒木。一块醒木七下分，我们这是半块木头，那半块上哪儿去了？在药铺呢。您要是上药铺抓药去，这药方在这儿摞着，压方子的这块跟我们这是一块。紫檀啊，花梨呀，红木啊，必须得好的硬木，压方子用的。所以您看我们说书啊离不开药铺，药铺也离不开说书。说您生了病了，找大夫看了，号了脉开了方子，上药铺抓药。为什么？吃完药以后身体好了。其实我们说评书也是济世养生，为什么呀？您听评书一高兴，把烦恼的事儿全忘了，心胸开阔，一了解中国的历史，心里边的病一好了，人身体就健壮了，我们跟那药铺起的作用也差不了多少。药铺离不开我们说书的，说书的也离不开药铺，其实咱们都离不开药铺。

上回咱们说到同仁堂，同仁堂的祖先乐家进北京，占了两个天时，头一个天时是唐末的朱温之变，第二个就是燕王朱棣灭了他的侄子建文帝，成为明朝的第三个皇帝永乐皇帝，永乐皇帝迁都北京，就给了乐家的祖上一个机会。朱元璋当了明朝的开国之君，应当把天下传给儿子，太子朱标死了，就传位于孙子，建都南京，就是历史上的建文帝，是朱元璋的第四个儿子，被朱元璋封为燕王，在北京。侄子当了皇上，他不甘心，所以后来他就集中兵力由打天津起身，袭击沧州，然后直奔南京，把他的侄子建文帝给灭了，就是历史上的永乐皇帝。那时候天津不叫天津，天津叫直沽，就是塘沽的沽。所以后来为什么叫天津卫了呢？就因为那儿是龙兴之地，真龙天子过河把他的侄子灭了，他当了皇上了。燕王朱棣为什么要迁都北京？一来因为他是燕王，在北京，他认为这儿是龙兴之地，他当了皇上了；二来呢，这北京一直是辽、金、元的都城；再说北方的外族侵略经常侵犯北京，如果由打南京调兵，确实离得太远，所以永乐皇帝决定迁都北京。还有一个他心中有阴影，终究是他的侄子被他赶走了，建文帝下落不明了。永乐皇帝迁都北京，他不能说迁就迁，历史上北京最大的动静也就是在永乐皇帝。永乐皇帝迁都北京决定了之后，他头一个就把南方的很多有钱的富户还有山西的富户调到北京来，让他们在北京当老百姓。为什么呢？增添北京的人气。而且调来一百多万民夫，二十多万工匠，还有当兵的，要修建北京城。永乐皇帝修建北京，这动静大了，城墙、挖河、盖宫殿……您看北京的天坛跟故宫，都是永乐皇帝年间盖的。这一盖就是一十八年啊，他得盖好了之后永乐皇帝才能来呢。永乐皇帝决定迁都北京了，他得经常来北京要把北京扩建。

永乐皇帝要迁都北京了，在朝中引起了震动。就在永乐皇帝决定迁都北京了之后，也就是永乐皇帝在位第三年，乐家的祖先来到了北京。他怎么来的？那时候又不像现在，打开电视一看新闻，没有；有人知道了消息，打开手机给乐家打去了，发个微信？那时候都没有；消息不是那么灵通的。乐家在宁波世代铃医，说拿这唤铃，那么唤铃就是为了招呼病人。据说药王孙思邈，当初也拿着这唤铃，到处给人看病，他骑着头驴，走到山底下，“噌”的一下蹿出来一只斑斓猛虎，把这驴吃了。吃完驴了呢，这驴的骨头就如同咱们吃鱼那鱼刺似的，因为老虎大呀，就扎在老虎嗓子眼这了。老虎就求孙思邈给它看病，孙思邈一看，给它看病，这玩意我手伸进去把这刺拔出来，“吭哧……”一下它把我吃了怎么办呢？就把手中这唤铃就搁在老虎嘴里头了，给它撑开，我把这刺拔出来你不能咬我。然后把这刺拔出来，据说这老虎就做了孙思邈的坐骑，您看，说夸孙思邈，说孙思邈提龙驾虎捻银针。那么从此之后，这唤铃有了第二个名字，就叫虎撑。

老乐家在宁波走乡串镇治病，传到了乐良才这儿，乐良才走着走着，他就在宁波四明地区的保国寺，交了一个好朋友，忘年之交。这个人是谁？咱们北京有个鹤（háo）年堂药铺，开鹤（háo）年堂的掌柜的，丁鹤（hè）年。有人就问我了，说连丽如你自个儿跟自个儿矛盾，说鹤（háo）年堂，为什么又丁鹤（hè）年？您看，您要是查字典，这念鹤（hè），仙鹤（hè），可是我们北京就有习惯，仙鹤（háo），鹤（háo）年堂，我从小儿就管它叫鹤（háo）年堂，这还没法改了。我们说书的，我的师大爷刘鹤（háo）云、毕鹤（háo）勋，都是这个字，所以咱们就管他叫丁鹤（hè）年，鹤（háo）年堂，咱们还是按照北京的习惯。他在这儿认识了丁鹤年，丁鹤年是回族的大诗人，现在您去买去，有《丁鹤年诗集》；丁鹤年是回族汉族两族的养生专家、医药专家。丁鹤年呢，他的祖上也是当官的，老家在武昌，他为什么跑到宁波四明地区，跑这儿来隐居来了呢？他住在庙里头，这庙里的住持叫椿上人，也是大的养生专家。而且乐良才经常采药，经常治病，常到这寺中找这住持求教，学些学问，在这儿他就认识了丁鹤年。

您看，这就跟我们说书有关系了。丁鹤年他是回族，那时候不叫回族，叫色目人。当然色目人不光包括回族啊，但是大部分都是回族。为什么他在武昌，他跑到四明地区隐居来了？因为朱元璋兴兵灭元，朱元璋乱石山七雄结拜，大爷武殿章，二爷胡大海，三爷汤和，四爷朱元璋，五爷邓玉，六爷常胜将军常遇春，七爷小霸王郭英。大爷武殿章是回民，帮着朱元璋把天下打下来了，朱元璋很重视回民。但是跟朱元璋抗衡的，在朱元璋起事以前起事的，这人叫方国珍，明朝这些事咱们都知道。方国珍呢，他反对朱元璋，所以他就非常反对回族，他就迫害色目人。丁鹤（hè）年，也就是丁鹤（háo）年，他住在了武昌，武昌这地方归谁管呢？归方国珍。方国珍管这浙东，所以方国珍就不待见这回民，不待见色目人。丁鹤年没办法呀，就满处躲，经常到保国寺这儿隐居，就跟椿上人研究参道，禅道，研究医学。

乐良才走乡串镇，就在这儿遇见丁鹤年了，两个人结为忘年之交。您想想，一个人在这儿隐居，这么大的一个诗人，在庙里吃什么呀？吃的是素食。乐良才很聪明，有的时候过年过节，就把老爷子接到家里头，让母亲炖上一锅牛肉啊，炖上一锅羊腿啊，好好伺候老爷子，跟伺候自己的父母一样。所以老人家也非常喜欢乐良才，就把自己所得的医术还有自己的养生之道，经常地跟乐良才切磋，两个人就成为忘年之交。这天乐良才行医走着走着，又到保国寺了，小沙弥，就是小和尚，都认识乐良才。

“哎哟，施主您来了，阿弥陀佛，您请进吧。”

椿上人，住持，出来了，一看乐良才。

“乐施主啊，您是不是看老爷子来了？您请。”

没让他往里院走，就直接让到方丈室了。到了方丈室，乐良才坐下了，小沙弥端上清茶一碗，椿上人可就跟这乐良才说。

“老爷子走啦，上北京了。”

“上北京干吗去了？”

“嗨，你不知道啊，现在永乐皇帝准许色目人在北京居住。老爷子云医已然北上了，上北京了。临走的时候留下话，说北京现在南边的人也多，山西的人也多，而且调去了大批的名医，干活的人一多，时疫就增加了，就是得病的人多了。老爷子留下话了，说你们乐家的医道非常深，而且为人又好，让你到北京去。一来把你们乐家的医术发扬光大；二来到那也开开眼，那么多名医呢，也增加你们乐家的见识。”

“好啊……”

乐良才听到这儿心中一动，辞别了椿上人就回家了。把这事跟爹妈一说，爹特别高兴。

“儿啊，这是咱们乐家一代一代传下来的念想啊，你上北京去太应当了。听说永乐皇帝要迁都北京，北京是天子脚下，帝王都城，你到那儿开开眼，把咱们的乐家医术带到北京给人治病，同时你也能长长见识。”

“父亲，我也想去。但是您要知道，咱们家向来是一子单传，您就我这么一个儿子，我要走了，谁能在父母堂前尽孝呢？说什么，儿我是不能去啊。”

“诶……为了传咱们乐家的医术，儿啊，你不要以我们老两口子为念，你走你的，你看我们老两口子身体不是挺好的嘛。”

就在这时候，后边人说话了。

“哥呀，你去吧。你去了，爹妈两口子就交给我了。我好好孝顺，养老送终。”

乐良才回头一看，眼泪都快掉下来了，身后站着一个十四五岁的孩子，这孩子叫孝哥儿，孝顺的孝，哥们儿的哥儿，北京有儿化音，管这孩子叫孝哥儿，这孩子没大名。这孩子是谁呢？乐良才四处行医，走到杭州郊区，拿着唤铃在手里摇，就听见后边“腾腾腾……”脚步声音响，回头一看，看见一个小孩儿。乐良才站住了，以为是追自个儿的呢，这孩子不动换了。乐良才转身形接着往前走，这孩子“腾腾腾……”又跑，又追着乐良才。追了好几回，乐良才站住了，说你是不是追我呢？

“是追您呢。”

“你为什么不喊我呀？”

“不知道怎么喊……”

“找我有事儿吗？”

“奶奶病了，奶奶要死……”

乐良才明白了，乐良才一片善心啊，赶紧拉着孩子到了他们家一看，老人家躺在床榻之上奄奄一息了。寸关尺一号脉，心口疼，按现在说就是心脏病。乐良才赶紧把药箱打开，把药拿出来，告诉这孩子。

“你拿药给你奶奶吃，你爹你妈呢？”

老太太含了一会儿药，慢慢说出话来了。

“这孩子命苦啊。郎中啊，爹妈死了，我把他将养成人，为什么他没大名呢，他叫孝哥儿。谢谢您，给我治病……”

乐良才给老太太治完病，把药留下了，然后就走了。没想到过了三年，走乡串镇又走到杭州城外了，“腾腾腾……”后边脚步声音响，回头一看，正是这孩子。乐良才站住了。

“你奶奶怎么样了？”

“奶奶走了……”

“没治好吗？”

“不是，奶奶吃您的药挺好的，后来……后来……后来出去，让牲口给踩死的。咽不了这口气，拉着我的手说：‘孝哥儿啊，我死了之后你无亲无故的，你就去找乐良医吧。你找着乐游医，乐游医是个好人，你给他提着药箱，帮着他打洗脚水，帮着他捶捶背，帮着他洗洗衣裳，他能给你口饭吃……’”

乐良才就把这孩子收下了。走乡串镇给人看病，他得回家呀，到家也就把这孩子给带回来了。没想到老两口子特别高兴，因为乐家一子单传，老两口子就是乐良才一个儿子，看见这孩子就跟又得了一个儿子一样。这孩子跪地磕头，叫爹叫妈，老两口子高兴了。等乐良才歇息几天，又出去治病去了，这孩子不跟着了。

“哥，你去吧，我陪着爹陪着妈，劈柴烧火。我给挑水，不让爹妈生气。”

乐良才很放心，这孩子就给乐良才的父母磕头，认了干爹干妈，可是干爹干妈拿他当亲生之子一样。现在乐良才跟母亲商量，跟父亲商量，要到北京去行医，说我不能走，我走了谁孝顺您二老啊？这孩子从后边出来了。

“哥呀，你去吧，孝顺爹妈归我了。我不招二老生气，养老送终。”

老爷子眼泪下来了。

“良才呀，你赶紧给你弟弟磕个头。”

乐良才给父亲母亲磕完头，转过身来给自个儿这个义弟，也就是叫孝哥儿的这孩子，磕了三个头。

“谢谢你能替我孝顺父母。”

这样，老太太准备了一宿的吃食，第二天乐良才就奔了北京了。那么这孩子留在家中，最后一直没有娶妻没有生子，把老两口子孝顺死了，入土安葬，而且在这儿守灵，一时之间在江浙一带传为佳话。

咱们单说乐良才，乐良才上北京干什么呢？要求发展。所以说他这个天时占得非常好，这是第二个天时。如果没有永乐皇帝迁都北京，那么一些天下的游医他就不能上北京来发展，乐良才也不能来，他这机会就没有了。乐良才一路行医，走的是哪儿？走的是陆地。进北京两股道，一股是京杭大运河，京杭大运河到了通州，然后进朝阳门，也就是齐化门；那么走陆地呢，自古以来一条道，就得进彰义门，也就是而今的广安门。

乐良才千辛万苦，咱们书以简洁为妙，就到了北京了。到北京进广安门，那时候叫什么呢？那时候不叫广安门，叫广宁门。进广宁门，这条街可不叫广内大街，叫檀州街。初到北京，进了城门一看，越往前走，市井林立，会馆、客栈、茶楼……一家挨一家，人来人往，十分热闹。乐良才迈步往前走着，眼睛顾不过来了，走着走着，走到菜市口了。到菜市口这儿，一歪头，看见菜市口路北了有一个药店，匾上写得很清楚，三个大字：鹤年堂。刚才我说了，字典上念鹤（hè），北京就念鹤（háo），咱们北京说书的，咱们还得按鹤（háo）字说。

当时乐良才就愣了，老爷子到北京，时间不长啊，鹤（háo）年堂，丁鹤（hè）年。当然，在乐良才的眼睛里，他不管叫鹤（háo）年堂，他叫鹤（hè）年堂。这是不是丁鹤年老爷子开的呀？他心中一动，这时候旁边有行人走过来了，乐良才赶紧抱拳施礼。

“请问……老哥，这药铺谁开的呀？”

“哟，不知道啊？回回大把呀，老筛海爷呀，丁鹤（háo）年啊。”

“丁鹤（hè）年。”

“哈哈，对不起，我们北京就叫鹤（háo）年堂，老筛海爷。”

您看北京吧，管这回民最有声望的人叫筛海爷。乐良才一看，知道是老筛海爷开的这药店，不由得心中一动：我乐良才初次到北京，我什么时候才能在北京开个药店，济世养生，能把我们乐家的医药传世流芳呢？！

第三回

名将提笔字生花，一副楹联尽潇洒，
欲求养性延年物，须向兼收并蓄家。

这几句说的是鹤年堂。乐良才到北京，进了广安门，那时候不叫广安门，叫广宁门。直接奔菜市口，一抬头就看见鹤年堂了。我们北京管这字念鹤（háo）。但是鹤年堂的创始人是南方人，人家叫丁鹤（hè）年。按咱们北京的习惯吧，他叫丁鹤（hè）年，咱们给他开的是鹤（háo）年堂。据说这鹤年堂的匾是奸相严嵩写的，那么到底是不是严嵩的笔迹？这还有待可查，咱们说书就不管这个了。有人说六必居的匾也是严嵩题的，鹤年堂的匾也是严嵩题的，可是真正查一查严嵩的笔迹，笔迹十分娟秀，跟这两块匾不太一样，那么到底是真是假？咱们就不管了，咱们也不研究这个。就在这鹤年堂这匾的两侧，是戚继光题的字，亲笔手书，一边是“调元气”，一边是“养太和”。

鹤年堂门前有一副楹联，这楹联谁写的？明朝的爱国将领杨继盛，字椒山。刚才我开场诗时候说的后边两句话：欲求养性延年物，须向兼收并蓄家。这两句什么意思？就说明鹤年堂啊，它在建立的时候，就是以养生为本。鹤年堂要是跟同仁堂比起来，那就早了一百多年将近二百年了，按现在说，鹤年堂已然传承了六百年，而同仁堂传承了三百多年。鹤年堂，东家丁鹤年，是个养生大家，是个回族的大诗人。那么这两句是明朝爱国将领杨椒山写的，他这意思就说鹤年堂以养生为本，养生立足，可以说鹤年堂名医汇聚，名药云集，名方荟萃。您看您现在要上鹤年堂去看一看，看一看鹤年堂传留下的方子，养生的方子那就太多了，确实都是咱们国家的宝贝。题这副楹联的杨将军，明朝的爱国将领。现在您出宣武门到达智桥，那儿有杨椒山的祠堂。我小时候常上那儿玩去。那么鹤年堂呢，开在哪儿？就开在菜市口。要按现在说，宣武门外大街，这儿原来有菜百，现在菜百搬家了，铁门往西走，走这么一点，就是鹤年堂，路北喽。现在鹤年堂已然迁到路南了，鹤年堂的对面就是丞相胡同。

您说我为什么那么熟悉呀？一是查资料；再说我从小在这块地方长大的。我母亲身体不好，我生在琉璃厂国门关，长在琉璃厂，长在棉花八条。如果我母亲有了急病了，我撒腿就跑，奔琉璃厂；或者是奔西草厂走十间房，过观音寺到同仁堂，给我母亲买牛黄清心。撒腿往回跑，等到家里把这丸牛黄清心蜡丸打开之后，满屋都是牛黄清心的药香，那药确实是太地道了。如果说我母亲要得点儿病，寸关尺大夫一号脉，开了方子我去抓药去，撒腿我就跑，出铁门往西走，上鹤年堂，鹤年堂的东家伙计都认识我。

“哎哟，七姑娘来啦，老太太怎么了？”

我的大排行行七嘛。所以我要是抓汤药我就奔鹤年堂，买丸药我就奔同仁堂。这就证了北京流传的这么一句话，说丸散膏丹同仁堂，汤剂饮片鹤年堂。您看这就是咱们中国北京哪一家药店先开，哪一家药店后开，他们到底成名的特点是什么，说得都很清楚了。

那么丁鹤年为什么要把这买卖开在这儿？咱们上回书说了，永乐三年，永乐皇帝迁都北京，他在迁都北京之前得盖，盖房就为了把宫殿盖好了，永乐皇帝好来。那么盖房期间呢，盖这些宫殿，挖这些河流的河沟，盖这城墙，一共坚持了十八九年。从外边调来的民夫，大家伙儿不可能不生病，都很劳累，所以外边的名医调来不少。有志之士手里拿着唤铃，这些铃医也纷纷到北京来创业，这叫那时候的北漂。因为永乐皇帝对少数民族比较好，允许色目人在北京定居。咱们说了，色目人就是回族人，当然色目人还包括其他民族的人，主要的都是回民。回民来到北京住在哪儿了？就住在广安门里，就是原来的广宁门里，现在的牛街就形成了。

您想想进北京有两股道，水道进朝阳门；要旱路呢，过卢沟桥进彰义门，彰义门就是广安门。所以乐良才进了北京这么一看啊，茶楼、客栈，挨着家儿的，而且四处都是会馆，这是有证可查的。我小时候在梁家园上学，后来在后孙公园分校梁家园分校那儿上学。操场这一开门，出来就是会馆，一个会馆挨着一个会馆，一个会馆挨着一个会馆，所以从广宁门进北京的那些外地人，会馆就不少。说好比我是福建人，遇见困难了，我上福建会馆。福建会馆肯定帮着你解决问题，因为你是咱们家乡的人。这样在广宁门里头，也就是现在的广安门里头，市井林立，人来人往，热闹非凡，丁鹤年就把这鹤年堂开在了菜市口路北，铁门旁边了，斜对着就到牛街了。老人家开这鹤年堂以养生立足，所以说老人家是个养生专家。

乐良才到了北京之后看见鹤年堂，心中是苦辣酸甜咸。乐家手拿唤铃，走乡串镇，身为游医草泽医生，医术确实很高，而且他们自己做的药也很正；对待老百姓非常好，悬壶济世，甚至穷人，乐家连钱都不收。有这么好的医术，今天我来到北京了，看见老人家开这鹤年堂，我们乐家什么时候能秉承祖训，在北京落下脚，我当了一代名医，开个药铺啊？唉……这一恍，乐良才不敢想了，初到北京啊。想见见老人家，老人家跟自个儿的恩师一样。算了吧，别给老爷子添麻烦了。一歪头，把心一横，手里举着唤铃，“哗啷啷啷……”就开始在北京走街串巷为人治病了。

乐良才治病，他给谁治？就是那些在北京建造宫殿，盖房子，挖河的，砌城墙的这些民夫。您想想这些民夫能有钱吗？所以乐良才少收钱，开的方子也很简便。而且这些草泽医生不是什么专业的，说我专看妇科，专看内科，专看外科，这不行，有的时候赶上你就得接生，号脉，开方子；赶上那儿崴了脚，扭了腰，你照样，你就得当骨科医生；所以草泽医生很了不得。走乡串镇在这看病，在城里头慢慢地在这些民夫当中就传开了：从宁波来了一个草泽医生姓乐，对我们又和气，药又便宜，而且不辞辛苦，有重病都在旁边守着我们，从家里煎了药给送来……这就是口碑。所以说一件事情或者一个人成名，天时地利人和缺一不可，乐良才在北京人缘特别好。

过了三个月，自己也找着立足之地了，也租了房子了，有地儿吃饭了，我得看看老爷子去。这样呢，一个人就走到了菜市口，来到了鹤年堂。到了鹤年堂，没想到老人家站在门前正等着呢。为什么呀？老人家知道乐良才来啦，现在鹤年堂的药方已然出现乐良才的方子了，所以老人家每天都在外边站一会儿，啧，心说："良才怎么还不来呀？"哎，今天刚在这儿站着，老远一看，乐良才来了，老人家很高兴啊。

"良才呀，快进来吧。"

"哎哟，恩师您好。"

赶紧上前施礼，一看老爷子鹤发童颜，真精神。伙计挑帘栊，爷俩进来。跟着丁鹤年的儿子，少东家丁文勇出来了，老人家给他们哥儿俩一指引，然后到后院，上书房。

您看这药铺，从前门进去到后院怎么进去？前边都是柜台，我小时候见过，这柜台横着一溜，当中间儿有一块板是活的，把这板一掀，啧，人进去再把这板一落。

爷仨进去了，伙计给沏上茶来，坐这儿喝茶聊天，老人家看见乐良才非常高兴啊。

"来了日子不短了吧？"

"恩师，我已然来了三个月了。"

"来三个月了，怎么不来呀？"

"不是怕给您老人家添麻烦嘛。"

"见外了不是，有什么难处找我，就是我不成还有你哥哥呢。他总比你大点儿吧。一个人离家在外，有什么难处你就上鹤年堂来。"

"老爷子，您放心。"

咱们书不说废话，爷俩聊了半天，丁文勇传下话去，时间不大，饭做好了。乐良才在这儿吃完饭，又跟老爷子说会儿话，喝会儿茶，然后告辞走了，仍然手拿唤铃在北京行医。

光阴似箭，日月穿梭。您别瞧小小的乐良才，一个宁波来的草泽医生，声望一天比一天高。不但这些干活的老百姓、干活的石匠、干活的民夫找乐良才看病，声望好了，北京的一些殷实人家，还有一些买卖铺户也把乐良医请来，号脉、开方子、治病。所以声望越好，赞誉越多，乐良才心里越高兴。

转眼啊，一晃快三年了，这天回家刚吃完饭，“啪啪啪……”一叫门，赶紧起来一开门一看，谁来了？鹤年堂少东家丁文勇来了。

“哎哟，哥哥您怎么来了？请进。”

“我不进去了，老爷子让你去一趟。”

“好吧，您稍待。”

乐良才回到屋中，换了一身干净衣裳，然后出来跟着哥哥奔了鹤年堂。等到了鹤年堂，进到了老人家书房，客气了一下，爷俩对面而坐。

“恩师啊，您找我有事儿吗？”

“良才呀，来了多长时间了？”

“嗯……快三年了。”

“不错，你这方子也开了不少，我也看了，看起来你呀确实见长。北京人多地广，名医荟萃，你要好好学习，长经验长知识，发扬你们老乐家高超的医术。”

“恩师，您放心吧。”

“今天把你叫来呀，跟你说，我可要回家了。”

“恩师，您回家这买卖怎么办呢？”

“没关系，交给他呀。我在这儿待了三年了，把这买卖就交给你哥哥了。我走之后，你哥哥跟我一样，有什么事你就来找他，缺什么药你就找他说。”

“那您回家干吗去呀？”

“唉……良才呀，我上你们家看见过你父亲，看见过你母亲。你也告诉我了，你现在来到北京，家里边父老双亲有孝哥儿孝顺着呢。可你要知道啊，我从小父亲死了，我就没在母亲面前尽过孝心啊。现在这买卖也踏实了，我打算回家为我的母亲守灵。”

“那我送您回去。”

“用不着，店里的伙计陪我回去，然后再回来，店里也挺忙的。”

“那您回去谁管您啊？”

“嘿嘿，良才呀，我有多少朋友啊，再说我又知道养生之道，你放心，什么事儿也没有。”

“好吧。”

“今天我把你叫来，一是告诉你我要走了，再有呢我只是想问问你到了北京之后，有什么为难召窄之处？跟我说说。”

“恩师啊，您既然说到这儿了，我有两件事不明白。”

“你说。”

“头一件，咱们在老家的时候走乡串镇，手拿唤铃，给老百姓治病，老百姓和咱们跟一家子似的。可到北京就不一样了，到北京我就觉着有人瞧不起咱们，说咱们没有诊所，说咱们没有药铺，手拿唤铃，信不过。我心里就憋得慌，您说咱们是不是按着祖训悬壶济世啊？”

“是啊，良才呀，别往心里去。我也知道，北京来了好多看病的医生，有的名医在他的药铺外边挂上牌子了：扁鹊重生。呵呵，还有的挂上牌子：华佗再世。你看看，我这儿有一本《三国演义》啊，那三国年间的华佗给关老爷刮骨疗毒，那也不是手拿唤铃，满世走乡串镇给人看病吗？也跟咱们一样是个草泽医生啊。扁鹊如此，甭管啦，你好好给人治病，把你的医术提高，对得起老百姓，对得起你们乐家祖先就行了。”

“好吧，我明白了。”

“还有什么事儿啊？说呀。”

“老恩师啊，我现在走在大街之上，看着有人卖假药，而且说出话来很好听，净蒙人，您说这可怎么办呢？”

“你要不问我呀，我还特别得把这件事儿嘱咐嘱咐你。我走在大街小巷之中，我也看见过。我告诉你，这些人稍微懂得点儿医术，给人看不好病，弄点儿假药在这儿说得天花乱坠，等把药卖给人家了，这药根本就不管事儿。我告诉你，江湖上管他们叫‘腥’。”

“腥？”

“对呀，肉月旁一个星星的星，就是假的。咱们看病，确实把病人搁在咱们心中，号脉、开方，甚至帮着病人煎药。咱们这是真的，江湖上管这叫‘尖’。良才呀，我这辈子行医多年，我告诉你，我走了之后，有什么事儿跟你哥哥商量。大街要碰见这些指着卖假药蒙人的，你可要留神，千万别上当。再说了，即便是生活所迫，也不能跟他们同流合污。”

“恩师您放心，我记住了。”

就这样，爷俩又聊了会儿天，乐良才不放心。

“我送您回去吧。”

“踏踏实实，我来的时候不就是一人来的嘛。”

乐良才回家了，老人家就回到了自己的家乡，为母亲守孝一十七年，七十三岁回家的，七十岁开的鹤年堂，回家一十七年为母亲守灵，到九十岁仙逝，老人家是明初的十大孝子之一。

丁鹤年回去了，咱们单说乐良才，怀着一份挚诚之心，在北京四处摇铃治病。

第四回

宁波良医进北京，口碑赞誉满京城，
乐家老铺药品正，代代相传救济生。

上回咱们说到鹤年堂的东家丁鹤年老先生回家为母亲守灵去了，那么乐良才就留在北京，还是四处给百姓看病。声望越来越好，找他的人也越来越多，乐良才因为到了北京，眼界也开阔了，遇见好多名医，也经常上鹤年堂来，拿着方子跟哥哥学学，所以给人治病这技术长得很快。

过了几十年，乐良才故去了，乐良才的儿子长大了，叫乐廷松。乐廷松照样是在北京四处给百姓看病，声望也是特别的好。乐廷松最爱去的地方是哪儿？北京的城隍庙。这城隍庙在什么地方？咱们都知道前门，前门后边原来有个大明门，这大明门明朝的时候叫大明门，清朝的时候叫大清门，民国的时候就叫中华门了，到现在早就拆了。就跟咱们上回说的广宁门一样，咱们老百姓都管它叫彰义门，明朝的时候管它叫广宁门，等到清朝道光皇帝的时候改了，就叫广安门了。为什么呀？道光皇帝叫旻宁，叫旻宁，有这宁字，所以就得把广宁门改成广安门了。而且那时候广安门内不叫广内大街，一直到了民国到了现在，才叫广安门内大街。这大明门在明朝的时候称为大明门，清朝的时候就称为大清门了。城隍庙这大庙会三里地长，西边西起西单刑部街，东边一直到城隍庙。这三里地，各种商品琳琅满目。那时候都喜欢逛庙会呀，卖什么东西的都有。

乐廷松最爱逛的就是城隍庙庙会了，当然，他逛的是药材市场。每回走到前门一逛这城隍庙庙会，一看见前门这商铺林立。在那时候北京已然发展成什么样了？有一百三十二种行业了。乐廷松是个有心的人，他一看这药市可了不得了，要比南边的药市强多了。您想，全国的药商聚集在这儿，都在这儿卖药，都在这儿摆摊。乐廷松挨着个儿地看，不光看，而且听，而且学。看这药的成色，拿起这川芎一看，听别人再一讲，他就记在心里了。所以药材的成色，他越学越精，记在心里。而且走在小市这儿，有人卖的扔的不要的医书，他也买回家来，点上灯，熬着油，他也得把药书看个透。

城隍庙庙会每年都开，越开越大，越开越大，慢慢的乐廷松可发现了，不但全国的这些药商在这儿卖药，而且卖的药材还特别齐全，贵重的药材像犀角、海马、玳瑁、麝香、鹿茸……乐廷松拿起麝香一看，他净顾着看这药了，可不知道卖药的是谁。他一抬头，愣了，卖药的绿眼珠。有的都是从西北方向，现在来说就是新疆地带那些少数民族，有的是蒙古的少数民族，而且有的是漂洋过海的外国人，那时候叫方客。拿着这些药材呀，乐廷松看着爱不释手，有买药的，有卖药的，那时候懂英语的不多呀，懂西班牙语的更少，是吧？所以他们在交往之中，也有人懂外语，乐廷松就在这儿听着，在这儿细心地记着，使他的知识大长。每年城隍庙庙会在散集市的时候，乐廷松就站在这儿久久不肯离去，看着前门这一带，老百姓人来人往，买卖铺户越来越多，乐廷松心说："什么时候我们乐家能在北京这么好的地区开个药铺啊？什么时候我能在这儿坐着能够给老百姓看病，我能成一个坐医啊？"

乐廷松一天天老了，娶妻生子，乐家有一个特点：一子单传。乐廷松的儿子特别聪明，小孩儿叫乐怀育，这乐怀育两三岁的时候就陪着爹，他不但跟着学识字，而且还问这个药是怎么回事儿。小小的心中就把乐家的传承给记在心里了。怀育非常聪明，长大之后父亲故去，怀育长大了，没想到到了这一代，乐怀育竟然开了乐家药铺。开了乐家药铺，自己制一些丸散膏丹，而且能够坐在药铺里给人看病了，大街上就找不着这位铃医了，乐家的铃医呢？大家伙儿就问啊：

"哪儿去了？"

"嘿，开药铺啦。那药特别好，特别地道。来来来，跟我走吧。"

所以乐家药铺越来名声越大，名声越大，到这儿看病的也越来越多。乐怀育年纪大了，他也娶妻生子了。什么时候了？明末清初。生的这孩子叫什么？叫乐显扬。显扬，彰显乐家的医术，发扬光大乐家的传承，悬壶济世，医药救人。一代一代把医书传下来了，一代一代把看病的本事传下来，而且乐家自己能做丸散膏丹，药品还特别好，药材特别地纯正，所以在北京没人不知没人不晓。时间长了，乐显扬慢慢长大了，没想到乐家到了乐显扬这一代，竟然进了太医院，这可是乐家历史上惊天动地的大事。那么乐显扬，祖上是宁波拿着唤铃的游医，怎么能够到了太医院？太医院是给皇上给娘娘看病的，给文武大臣看病的，进太医院可不容易。一个可能是给皇上看好了病，是吧？皇上得了特殊的病了，想办法把这一位医生给淘换来了，给皇上一开方子，皇上的病好了；也有的是给王公大臣看病啊，把奇怪的病给治好了，有人给推荐了太医院；一般地要经过严格的考试，才能进太医院当医生。

乐显扬进了太医院，要不怎么说一个人成事，天时地利人和。确实乐显扬正像他父亲所期望的，他生在了太平盛世。咱们都知道崇祯末年，清兵进关，这时候乐显扬出生了。乐显扬一天天长大，清兵进关，顺治皇帝登基。顺治皇帝死后，康熙盛世。康熙这个人啦虽然说八岁登基，但是非常聪明，而且善于学习，不但学习中国的天文，而且学习外国的天文，学习代数，学习几何。为什么康熙能当皇上？因为康熙从小出过天花，如果没出过天花，康熙这皇上当不上了。所以康熙他不但喜欢汉文化，而且精心学习，特别喜欢汉族的中药。有的时候朝上过了，他拿起笔来记点儿中药，甚至看见哪个大臣精神不好，他给开个方子，给后宫哪个嫔妃开个方子，所以他喜欢研究这些中药。研究中药，康熙善于学习，康熙怎么办呢？身旁有内侍，有的时候开着开着这药，这字不知道念什么，这药性到底怎么样，康熙就让内侍到太医院跟太医打听打听，学习学习。这内侍就经常上太医院去，康熙的知识一天比一天增长。可是顺便带回来的消息，内侍就告诉康熙皇帝，太医院人才太少了，能够看病的高超的大夫太少了。

这一天康熙早朝，在朝廷上议政的时候，它是有规格有等级的，不是随便的人都可以面见皇上。康熙散完早朝之后，一看人的背影，康亲王爱新觉罗·杰书。这康亲王杰书是谁呀？您要是研究清朝的历史，努尔哈赤的儿子礼亲王代善，礼亲王代善的孙子就是康亲王杰书。康亲王杰书是个武夫，顺治皇帝进北京之后非常重视他。您要是往后了解，康熙皇帝将来平三藩的时候，主要就是靠着康亲王杰书的力量。议完了朝政之后，这些文武大臣议政王大臣退朝走，康熙皇帝往这儿一站，一眼就看见康亲王杰书了，赶紧让内侍请王爷留步，康亲王杰书正走着呢。

“王爷，请您留步。”

“什么事儿啊？”

“皇上让您上御书房见驾。”

“哎，遵旨。”

内侍在头前引路，康亲王杰书就跟着内侍来到了康熙皇帝的御书房，康熙在这儿坐着，杰书赶紧上前施礼。说康亲王杰书，是康亲王，可是一般的人叫他就叫他杰亲王。杰亲王来到康熙面前上前施礼，君臣大礼，康熙赶紧用手一指。

“起来吧，赐座。”

“谢皇上。”

康亲王杰书往这儿一坐。

“皇上，您找微臣有什么旨下？”

“杰书啊，你现在忙吗？”

“不忙。皇上，有旨您就说，微臣尽量去办。”

“好吧，我想让你到太医院去一趟。我听说太医院御医吏目并不多，你去问问，问问院使到底缺不缺医生。如果太医院要是缺，你想办法选拔优良的人才到太医院前来供职。”

“臣遵旨。”

话不用多，康亲王杰书也很明白，康熙皇帝了解太医院，太医院缺人，让康亲王杰书到太医院了解了解情况。如果真缺人，想办法把这高明的大夫请到太医院来。

“皇上，到太医院里要经过严格的考试。”

“没关系，不拘一格。只要他医术高超，能够认认真真治病，就可以把他请到太医院。简单的考试之后，就可以让他到太医院供职。”

"好，臣明白了。"

告别了康熙皇帝，康亲王杰书离开了御书房，然后回家。到了家中，把官服换了以后，换好了便服，马上让人顺轿。坐着八抬大轿直奔太医院。太医院在哪儿？刚才我说了，前门后边是大清门，大清门里边是棋盘街。由打大清门一直到午门，午门里头咱们知道，那就是紫禁城了。大清门里边这块地方，现在的天安门，就是午门的外边，左右都有千步廊，那都是最高的衙门所在地。太医院在哪儿呢？咱们都知道东交民巷，那时候叫东江米巷。就在东交民巷的西口，紧挨着钦天监，在钦天监的南边，就是清朝的太医院。太医院传承的年头可多了，到了清朝基本上就是按明朝的建制。

康亲王杰书坐着八抬大轿奔太医院，这时候早有内侍把话传到了太医院，康亲王杰书要来。等康亲王杰书轿子落平了，轿帘掀起了，撤去轿杆了，康亲王杰书下了轿子抬头一看，好，太医院门前都站满了。正当中是院使，旁边是左院判右院判，后边是御医、吏目、医士、院士。康亲王杰书很少上太医院来，身体也好啊。往这边一看，听差处；往这边一看，土地祠。太医院门前站满了人，在太医院上边，立额，红地黑字三个大字：太医院。太医院对面是影壁，太医院是坐东朝西。康亲王一下轿子，大家伙儿上前施礼，院使给康亲王跪倒了，率领大家伙儿参见王爷。

"免。"

这些太医院的人才站起来。刚才我说了，迎接康亲王的头一个是谁？院使。这院使是谁呀？院使就等于现在医院的正院长；左院判是左副院长，右院判是右副院长。太医院的院长就是院使，五品官；左院判右院判是两个副院长，六品；到了御医这儿，御医是八品；御医下边是吏目，吏目是从九品，一年几百两银子，其实挣的并不多；再往下边那就是医士和院士了。那要是按现在的正规医院比，院使是正院长，左院判右院判是左副院长，御医就等于正主任医师，吏目就等于副主任医师。刚到太医院先当院士，得经过层层把关，层层考试，才能升到吏目；升到吏目再加上你的研究，你有成就，然后皇上传旨，才能升到御医；那一步一步熬很难熬啊。大家知道康亲王来了是奉皇上的旨意来的，大家伙儿跪倒施礼迎接康亲王，康亲王用手一指。

“免。”

大家站起身形往两旁边一退，院使用手一指。

“王爷，请。”

“头前带路。”

院使在头前带路，但是闪着走，他不能走在王爷前面。王爷在这儿走，带着随从人员，跟着左院判右院判，这些吏目这些御医，簇拥着王爷就进了太医院了。太医院有正厅，到了正厅的北边有客厅，在这儿落座了，这院使才问。

“王爷，不知道您来有什么吩咐？”

因为康亲王来到太医院，才引出一段乐显扬进太医院，能够光宗耀祖，呈明乐家的心思，咱们下回再说。

第五回

神圣岂能再，调方最近情。
存诚慎药性，仁术尽平生。

刚才说这四句诗是清朝康熙皇帝赐给太医院院判黄运的一首诗，这首诗说得非常好，而且就挂在太医院里。

上回咱们说到康亲王杰书奉康熙皇帝的旨意考察太医院，到了太医院之后，太医院的院使和左院判右院判，带着御医还有这些吏目、医士、院士，到门前迎接康亲王。康亲王下了轿子，太医院这些人很少有人见过康亲王的，今天大家一看康亲王杰书，确实是跟传说当中的一模一样。康亲王是个武夫，往这儿一站，按现在说，身高得一米九开外，长得扇面儿的身子，十分地魁梧，一看就是练把式的；皮肤黝黑，黑中透紫，紫中透亮，长得浓眉大眼，狮鼻阔口，好人样儿啊。头上戴着六块瓦的青缎子的帽子，这帽子这顶是瑞宝的，这瑞宝是台湾最好的珊瑚了；身上穿着黑缎子长袍，外边是傲龙带，也就是马褂，足下靴子，腰中系着腰带；大辫子蓄着辫帘子，在身背后一垂。看大家伙儿在前边施礼，王爷用手一指：

“哎，起来起来起来……起来吧。”

大家伙儿全都站起来了，往旁边一闪。上回我说了，这太医院在哪儿？太医院在现在的东交民巷的西口，清朝的时候，康熙年间那时候叫东江米巷。因为在棋盘街这一带全都是衙门，那是老百姓望而生畏的地方。太医院的北边是钦天监衙门，太医院的西边是礼部衙门、礼部正堂。这太医院是坐东朝西，前边有照壁，太医院三座门，靠着北边冲南是听差待的地方。说听差，按现在的说就是门口的保安人员。在这三座大门的外边，正对着听差处，是一座土地祠。康亲王杰书看了看，然后迈步往里走。院使，左院判右院判这些人就在后边簇拥着康亲王进了太医院了。等进了太医院，康亲王一看，正厅挺大，迈步走进正厅，康亲王杰书抬头一看，认得出来，这是康熙皇帝的字。头一句，神圣岂能再，二一句，调方最近情，就是刚才的开场诗我说的那四句话，是康熙皇帝赐给院判黄运的一首诗，院使也看着。

“王爷您瞧，这是皇上的御笔。”

“好！”

旁边这些人心说您敢不给叫好吗？皇上写的。虽说康亲王杰书叫好，那么康熙皇帝这四句诗确实写得非常好。

“王爷您请。”

让到北边这厅，你要是从太医院这正厅说，就是右上手，这厅里边是院判，左院判右院判，还有院使的办公室。落座之后有人献上茶来，康亲王杰书抿了一口。

“好茶，不错。”

“您夸呀，这是皇上赏的。”

“我说的呢，也就我来才给喝呢吧？”

“您瞧，王爷，您可真……啧，说得周到。”

王爷坐这儿跟大家伙儿聊天，那么康亲王是谁？康亲王的爷爷是努尔哈赤的孙子，康亲王杰书是个武夫，所以在顺治皇帝的时候就非常重视康亲王。您要是往后查这历史，康熙皇帝平三藩的时候，康亲王杰书立过赫赫的战功，王爷喝完茶了。

“院使啊，皇上让我来太医院看看，我问问你，咱们这儿御医有多少啊？”

“呃……十二位吧。”

“要是按着内务府的规定，应该是多少啊？”

“应该是十到十五名。”

“哦……确实是少了点儿。那么吏目呢？”

“吏目要是按朝中的规定，应该是十到三十名。”

“现在多少啊？”

“现在，二十二位。”

“嘿嘿……皇上圣明。”

就这两句话，院使就听明白了，这是康熙皇帝关心这太医院，嫌我们这儿人手不够，要添人手，添大夫。哼……院使的心里一琢磨：他要真添人，我可就得按着我的主意办了。您看，谁有权，都想着自个儿的这点儿事。康亲王杰书又问了问医士多少人，院士多少人，制药的多少人，管抄写管整理文字工作的多少人，全都问清楚了，康亲王杰书站起来了。

“院使啊，陪着本王转悠转悠啊？我还是头一回来你们太医院呢。”

“是啊，王爷您身子骨结实啊。”

其实王爷看病用不着上太医院，传下话来，那太医马上就得上王府里头给王爷治病，所以王爷没来过。王爷站起来了，院使、左院判右院判陪着，然后又穿过正厅，就到了南边这厅，南边这厅全都是御医、吏目、医士、院士给人看病的地方。由打这南厅出来，大家伙儿陪着王爷穿过正门，就到了后边这穿堂的二堂了。从打这二堂一看啊，后边还有五间大堂，这五间房子那就是制药的，还有做一些文字工作的，有的地方也有人看病。由打这后堂出去，出的是哪门？冲南边这门。等出了南门，康亲王杰书抬头一看。

“哦？先医庙。”

“王爷，您看，先医庙。”

“这殿叫景惠殿。跟您说，这殿里头啊也有当今皇上的御笔呀。”

“供的是谁呀？”

“嗯，供的当然是先医了。黄帝、伏羲，还有神农。”

“哦，尝百草的这位。”

“不错，您请。”

有人把这大殿的门开开了，康亲王杰书迈步往里走，抬头一看，康熙皇帝的御笔，四个大字：永济群生。有人替康亲王杰书上了香，康亲王在这儿跪倒焚香，参拜完先医之后，站起身形，然后走出了景惠殿。出了景惠殿，康亲王一看。

"嘿，这是哪儿啊？"

"王爷，这叫药王庙。"

"药王庙？呦……我听说药王庙里有铜人啊。"

"您看看？"

"我得瞧瞧。"

有人把药王庙的门打开了，康亲王杰书进来，就看见这铜人了。这铜人可不简单，康亲王杰书听说过，可没瞧见过。

"院使啊，这个就是北宋的吗？"

"据说是北宋的。"

那么这铜人是干什么的呢？北宋仁宗时期，中国医药界有一件伟大的创举。皇上传下旨意，让翰林院的医官王惟德，也叫王惟一，整理一下针灸的书籍，要把先祖传下的针灸这些医学方面的东西，把它整理出书。仁宗皇帝传下旨意之后，王医官就做这个工作，一连做了三年，这本书成了之后，仁宗让他亲自设计，督工铸造两具铜人。这铜人多大呢？跟咱们一般人一边高，做得太好了。这铜人能打开，不但身体能打开，而且胳膊都能打开，腿也能打开，里边这些五脏六腑连膈膜全都算上，就跟真人一模一样。等把它合上之后，外边的这些穴位全都用金字写上。好比说咱们大家伙儿都知道三里穴，在这个小腿这儿，把这足三里穴刻上了，这儿有一个针眼。那么要试的时候怎么办？把针眼这儿涂上蜡，里边是空的，这骨骼当中都有空隙，搁上水。如果你这一针下去扎对了，水就冒出来了，所以这铜人确实是世界上一个伟大的医学创举。有能耐没能耐呀？您说宋代这位医官就能做出这样的东西来，而且还能打开，按现在的话说，可以做解剖学教学讲课，可以做针灸学教学讲课，据说后来因为战乱丢失了一具。仁宗皇帝还亲自提笔，就把王惟一写的这本书，这本书简称叫什么呢？叫《铜人针灸经》。咱们就不说它这个一串的名字了，一串的名字叫《铜人腧穴针灸经图》。什么叫腧穴呀？一个肉月边，旁儿，肉月儿，这边姓俞的这个俞字，人一肉月刂刀。当什么讲呢？这肉月就是肌肉，旁边这俞字当什么讲？就当洁净讲。就是说人要有一个地方，很快能扎到人的病处，能把人的病痛解决，这字就当这个讲。所以这铜人做得非常好，这书也做得了，颁布全国。而且把它刻到石头上，放在哪儿了？开封大相国寺。后来战乱当中，铜人搬家，铜人丢失了一具；这经石，后来也找不着了。最后咱们北京修明城墙的时候，找着五块残石；修雅宝路的时候，又找出一块残石来；您说中国的古代人民多么聪明。那么这具铜人到底是宋朝的，还是后来元朝明朝再修的再做的呢？那就不得而知了，康亲王杰书一看。

“这就是北宋的？”

“是啊，是啊。”

“打开我看看。”

那王爷说什么就是什么，院使亲自把这铜人打开让王爷看，王爷一看。

“啧，太好了，太好了，哎呀……”

“王爷您看，这里边的骨骼、膈膜，啊，五脏六腑，跟真人一样。”

“一样，可惜就是比我矮点。”

做您这么大的铜人？谁做呀？

“王爷您再瞧，您看这穴道上边都有字。把这铜人合上以后，然后就把这穴眼涂上蜡，把这铜人穿上衣服。王爷，给您演示演示啊？”

“好哇。”

这院使就叫过一个吏目来，吏目手拿银针。

“王爷，请您令下。”

“哦？让我说啊？嘿嘿嘿……我又不是大夫，我就知道仨穴位。”

“知道仨穴位也行，王爷，就请您旨下吧。”

“好啊，哎……环跳。”

旁边吏目差不多都想乐，这吏目拿着银针转到这铜人后头，环跳，给来了一针，水当时就出来了。

“呃……嗞……啊，三里。”

大家伙儿一琢磨啊，王爷可能有过腿疼，就知道这几个穴位。

“哎，还有一个，还有一个……还有一个什么来着？这个……就这俩吧，扎得真不错。”

“王爷，您还看不看了？”

“行啦，知道怎么档子事就成了。”

院使跟左院判右院判，还有这几个吏目御医，就陪着王爷出来了。然后回到大堂，坐在北厅这儿落座吃茶。康亲王杰书挺高兴，又问了问情形，然后站起身形。

“哎，我可得该走了，钟点不少了。”

院使站起身形，带着大家伙儿往出送，一直送到门外。轿子都顺好了，康亲王杰书应该上轿子呀，康亲王杰书一回头。

“请回，请回。”

他迈步就往前走，这抬轿子的可就得跟着，王爷就是这脾气。因为康亲王杰书走出太医院，抬头一看，虽然说还没到夏天，春天气暖晴和，这天儿真好，嘿，心旷神怡，我溜达溜达。康亲王杰书迈步往前走，王爷往前走着，就在这东交民巷太医院，因为太医院是坐东朝西的，王爷往前走，就到了这西口了，前边就是礼部衙门。康亲王杰书抬头正看这礼部，礼部门前轿子落平了，礼部尚书下台阶，由打礼部出来，提衣襟准备要上这轿子，轿帘已然打开了，尚书刚一低头，这扶轿杆的可说话了：

“大人，王爷驾到。”

这位礼部尚书赶紧说了一声。

“撤。”

康亲王杰书没听见，抬轿子的赶紧往回撤，不能让王爷看见。这位礼部正堂抬头一看，赶紧抢行几步，给王爷请安。

“王爷，您好。”

“免了吧，该回家啦？”

“啊，不是看见您来了嘛，您请。”

“不进去了。”

“王爷，您今天怎么这么闲在呀？”

“皇上有话呀，让我督查太医院，刚从太医院出来，看见你了，说两句话吧。”

“您上太医院了？”

“对呀，上太医院了。对了，我问问你，北京有没有什么民间的医生，看病看得特别好的？你给我举荐这么一位两位的。”

“啧，这个……您还别说，我身子骨啊也比较硬朗，还不经常吃药号脉看病的。再说他们汉人这医道啊，我确实不太明白。”

“嘿……说到家了，我也弄个糊里糊涂，皇上可就爱研究这个，经常自个儿开方子。真不知道？”

“您瞧，真不知道，我要是有好的医生，我想起来了，我给您举荐，我上您王府去，我当着面的跟您说还不行吗？”

“那我可就为了难了。”

“咝……这么着吧，我们这儿新上任的左侍郎王侍郎，身子骨不太好，经常听他念叨这儿看病那儿看病，他认得好几个名医，我跟他打听打听。”

正说到这儿，康亲王杰书就看着礼部尚书身背后着礼部尚书知道康亲王看他身背后，一歪头，地下跪着一个。

“学生叩见恩师。”

礼部正堂就明白了，尚书大人明白了，这是管康亲王叫恩师，低头一看，正是自己刚才说的左侍郎王焕，他管康亲王叫恩师？康亲王也听见了，他跪着给我磕头，他不能迈过礼部尚书去，他是说我是他的恩师啊？嘿……这是谁呀？仔细低头看这人，这个人跪倒在地拜见康亲王，管康亲王叫恩师，此人到底是何方人氏，姓字名谁？咱们下回再说。

第六回

恐为肾之志，喜为心之志。
过喜则伤悲，恐吓则胜喜。

前边这两句是《黄帝内经》里边的话。上回书说到康亲王杰书看了看太医院，太医院当中先帝庙里头供着三位，其中有一位就是黄帝。这三位头一个是伏羲，伏羲是中华民族的人文之祖，创建八卦，他的理念就是天人和谐。那么神农呢，咱们都知道神农尝百草，神农不但是中华民族的医药之祖，而且还是农业之祖，他教给老百姓种地种粮食。黄帝呢，他这《黄帝内经》是中国第一部的，关于医学方面的经典著作，是四大经典之作之首，传流最广。刚才开场诗，我说的头两句话：恐为肾之志，喜为心之志，这就是《黄帝内经》里边十分经典的话。那么为什么要说这两句话呢？这两句话就用在了左侍郎王焕身上。

咱们上回书正说到康亲王杰书在礼部门前碰见了礼部尚书。这礼部是干吗的？咱们都知道六大部：吏户礼工刑兵。礼部啊，要是按现在说，它负责宣传，就等于现在的宣传部的部长。而且它还负责卫生，还负责教育，负责科举，负责外交。这权力不小，外交部部长啊，是吧？教育部部长啊，权力很大。咱们要是说这礼部到底是怎么回事，我给您举个例子您就知道了。纪晓岚就曾经当过礼部尚书，礼部尚书是从一品正二品。那么左侍郎是新中的榜眼，到这儿来当左侍郎，礼部左侍郎，正三品从二品。康亲王杰书在门前一站，这位左侍郎王焕跪地下磕头，口称恩师，把康亲王叫愣了。康亲王杰书抬头一看，看谁呀？看这尚书，尚书用手一指。

“王爷，这位就是刚才我跟您说的左侍郎王焕，新中的榜眼。”

“哦？起来起来，我怎么会是你的恩师呢？我又不是主考官。”

“谢恩师。”

这王焕站起来了。康亲王杰书一看，这人好高的个儿呀，比自个儿矮不了多少，但是特别特别地瘦，脸色发黄，看起来好像是大病初愈；长得细眉长目，高鼻梁，嘴唇也是惨白的，头发稀稀拉拉的，辫子往后一垂；穿着长袍，外边是马褂，头上戴着帽子。

“哎？我是看着你有点眼熟，你为什么管我叫恩师呢？”

“王爷，您忘了吗？前三年您是我的主考官啊，是我的授业恩师。”

“哎哟……我想起来了。”

这人是谁呢？这人是河北沧州人，姓王叫王焕。从小刚一落生的时候，爹妈乐坏了，抱着这孩子，天庭饱满地阁方圆，太好了太好了。就请人算卦呀，请人看相啊，都说这孩子长大了能做官，能够显耀门庭。老两口子跟中了病似的培养这孩子，家里边按现在说也是个小康人家，比较富裕。这孩子长到了三四岁就开始念书，拿起书来看看，念完了之后就倒背如流，而且天资的聪明，老两口高兴。后来商量商量，干脆咱们上北京吧。因为王焕的母亲，她是北京人，北京还有娘家，虽然王焕的姥姥姥爷去世了，但是舅舅舅妈还在。到北京念书啊，能接触好多高人，咱们请个好老师，就这样吧。两口子商量商量，把家资都变卖了，觉得这份财产这份钱，要带到北京去培养儿子，将来做了官，儿子当了官了，这笔钱都够花的。这样爷仨就到了北京了，家不要了，全卖了。到了北京之后，舅舅很高兴，舅妈有点不痛快，无缘无故来了这么爷仨，别扭啊。舅舅很高兴，就把这爷仨安置好了，人家爷仨也不少花钱。哎，没想到王焕命苦，到北京第二年，爹死了；到北京第四年，妈死了；爹妈全都死了，舅舅心疼，舅妈这脸蛋子可就耷拉下来了，饥一顿饱一顿，不是打就是骂。

王焕长大了，多大了？十一二岁了。得啦，我能干点儿活儿，我干吗不自个儿养活自个儿啊？隔不远就是一个煤铺，跟煤铺掌柜的商量商量，您给我个小窝棚，我晚上能读书，白天我干活扫院子弄煤。您让我干什么我就干什么。这煤铺掌柜的也看着他心疼，就把他留下了，这么着呢，王焕就在这煤铺一边干活一边苦读，费尽十年青灯之苦，结果乡试考中了。您看清朝这科举制度啊，咱们都会说这句话，举荐生员。说《三国》，曹操是孝廉，也是大家伙儿公众的，大家伙儿推举的，就跟现在选区代表一样，是吧？大家伙儿得认为他好，又有本事，又孝顺父母，人缘又好，大家伙儿才能选他，公举，举荐生员。生员参加考试，最大的考试头一个就是乡试，乡试就如同省里头会考。原来是生员秀才，就中了举人。中了举人，还考了头一名——解元，而且主考官就是康亲王杰书。因为当时打朝中派主考官，没人。康亲王杰书正好闲着没事儿，这么着就当了一任主考，考的正好是王焕，而且文章也是康亲王杰书看的。今天这王焕这么一提，康亲王想起来了。

“没错儿，就是你。王焕，字清廉吧？”

“哎哟，王爷您真好记性。”

“这一回连中两元中了榜眼？”

“不错，皇上的恩赐。”

“哟……不对呀，事隔三年，你在乡试中了解元，第二年应当进京参加会试，会试完了就是殿试，为什么你三年不见呢？难道有奸臣从中作梗吗？说说，我给你做主。”

“王爷，您想错了，只因为学生我中了解元之后，喜极过盛啊，我得了一场怪病。这场怪病啊，难受得我每天是大笑不止啊。”

“哦？好了吗？”

“好了。按说民间得此病者不少，但是能治此病的只一位郎中。”

嘿……康亲王杰书心说：“我想找一位好的郎中好的医生，这儿就有啊。”礼部尚书一听：“得嘞，王爷，您啊，里边聊去吧，您请吧。”

这样就把康亲王杰书让到礼部，走大堂进二堂，落座之后有人献茶，茶罢搁盏。王焕在旁边站着，康亲王杰书用手一指。

“坐下坐下，啊，坐下。你怎么得的病，怎么好的，你跟我都把它说清楚了。”

“好吧，恩师，您请听。”

王焕中了解元之后，太高兴了，想爹妈含辛茹苦把自己拉扯成人，而且爹妈都死了，自己受这么大的罪，今天中了解元。他一高兴，

“欸……”喜从心生。刚才我说了，《黄帝内经》说了：喜为心中志；但是您可别忘了，乐极生悲呀。您都看过《范进中举》，一中举，控制不了自个儿了。这王焕也是，等中了这举人，这举人中了解元之后，控制不住了。

“呵呵……呵呵……呵呵……哈哈哈哈哈哈哈哈哈……哈哈哈哈……”

老乐，也许乐一顿饭，没事儿了。等待一会儿，就好像这身体里有人指派他：乐。又乐，也许乐一顿茶的工夫，待会没事儿了。神志很清醒，神志上一点儿毛病都没有。等待会走着走着，走到大街上又乐起来了，这一天老乐，乐得他怪累得慌的，控制，控制不住，这可难受了。煤铺附近住着好多老百姓，大家伙儿就跟煤铺掌柜的说。

“您说您这儿住着这么一个，半夜里听着怪瘆得慌的。”

这煤铺掌柜的一想：你说他也怪可怜的，啧，你说好容易中了吧，中了个解元。哎，还生了这病了。

“怎么办呢？我在齐化门外头有个煤堆，那儿有个小屋，你去替我看煤去行吗？四周围没人，省着你乐呀，旁边街坊邻居老找我。”

“好吧。哈哈……哈哈……”

又乐上了。这么着，王焕就搬到齐化门外头，就住在看煤的地方，旁边有个窝，半夜里一乐，没人听见。说没人听见，估计也有很多穷困的老百姓，连门军门官全都能听见。老这么乐，老这么乐，心里边难受啊，没人给治啊，找大夫去看。也有好心的街坊，得了，我给你俩钱，我给你请位大夫。看过这病的大夫可不止一个两个了，谁都看不好。看着这难受啊，旁边有个老太太，这一天就跟王焕说。

“孩儿啊，你到北京，乐郎中乐医生新搬的家，在打磨厂，就在打磨厂口，你去了一打听就知道。你去找乐医生。乐郎中心眼儿好，他没准儿能治好你的病啊。”

“啊……谢谢奶奶。”

这一天，乐显扬跟自个儿的媳妇儿说了两句话，准备在灯下看看医书，媳妇儿哄着孩子睡觉。媳妇儿叫彩云，说起来也逗，这彩云是哪儿的人？朝阳门外平房的人。因为打磨厂口五牌楼这儿，前门根儿底下，贾掌柜开了个茶楼，咱们头一讲书的时候，就说过这贾掌柜。我说的这贾掌柜，是贾掌柜的父亲。您看这年头儿，您得对得上。贾掌柜的父亲跟乐显扬住街坊，喜欢乐显扬，一看爹妈也死了，得啦，回到平房把自个儿的侄女儿就说给乐显扬了，这孩子叫彩云，长得也不错，七分的人才，而且洗涮，缝缝补补，做得一手好菜。这么着，一说合，乐显扬答应了，就把彩云娶过来了，这时候已然生了仨孩子了。乐显扬高兴啊，乐家向来是一子单传啊，媳妇儿给我生仨，没想到老二夭折死了，现在还剩俩。两口子哄着孩子睡觉，彩云总是精心地伺候丈夫，给丈夫做点夜宵，因为丈夫熬灯看医书呢。彩云带着孩子在正房里边睡着了，乐显扬就在西厢房这儿看着医书，这西厢房是连厨房带书房。天已然黑了，孩子睡着了，外边"啪啪啪……"叫门。乐显扬赶紧出来了，黑灯瞎火的不能让媳妇儿出来开门。走到门里头，把插关左右一分，门分左右一看，不认识。谁来了？王焕来了。这王焕一看见人，马上就乐。

"呵呵……呵呵……哈哈哈哈哈哈哈哈哈……"

把乐显扬吓了一跳，摸摸脑门，拧拧自个儿大腿，咝……不是做梦啊。

"你是谁呀？"

笑声过去了。

"我给您跪下了。"

"扑通"一下儿，王焕就跪下了。

"起来起来……有话好好说。"

把他搀起来了，刚一问，又乐上了。没一会儿的话，笑声止住了。

"你慢慢说，别着急。"

"乐大夫，我姓王，我叫王焕。没想到我中了解元之后，我狂笑不止啊，求您救我这条命吧……"

"扑通"又跪下了。乐显扬把他搀起来，迈步走出来，把这门反手一关，拉着这王焕迈步往出走，走到了胡同口，灯光很暗，那时候的路灯不明。在这阴暗的灯光之下，他抬头看王焕。

"你到底怎么回事儿啊？"

王焕就把自个儿的经历说了。

“唉……真是可怜啊，可怜啊……”

听见自己背后有动静，乐显扬回头一看，媳妇儿彩云在这儿站着呢，彩云不放心啊。

“哎？你怎么不在家看孩子啊？”

“孩子睡着了，我不是惦记你嘛。家说去吧，我都听见了，这人也怪可怜的，你们上西厢房说话，我把门给你们关严了，孩子睡得挺香，不会吵孩子的。”

所以这样，乐显扬就把王焕领到自己的家中。彩云心眼儿真好，给王焕倒了一杯水，然后把火弄着了，给王焕下了一碗面条，还卧了一个鸡蛋，点上点儿香油端过来了。

“您先把这碗面吃了，看您可能也饿了。”

王焕眼泪都下来了，没人疼过呀，狼吞虎咽似的把这碗面条吃了。

“别着急，你给看看，孩子睡着了，不会吵孩子的。”

彩云跟着丈夫这么多年，也稍微懂得点儿医道，没瞧见过这种病，想看丈夫怎么治。其实乐显扬由打胡同口往家走的时候，心里就有了主意了。

“您给我号号脉。”

“不用。我告诉你，你这病由心中而起，乐极生悲。这么办吧，我是治不好你的病了……”

“啊？哈哈……哈哈……”

又乐上了。彩云直往后退，确实乐得让人瘆得慌，而且夜静更深的呀，乐显扬告诉说。

“你别着急，你别瞧我治不好你的病，我给你指一条光明大道。你现在就走，我给你写封信，出齐化门还出得去吗？城门已然关了。”

“出得去，门军门官挺照顾我的，我央告他们，我一定能出去。”

“那你今天晚上就走，我给你写封信，你上天津。天津我有一位忘年交、好朋友，医术特别高，姓赵叫赵济阳，人称‘赵一剂’，你明白吗？”

“哦，哦……明白明白，一剂药就好。”

“对了，而且他能治你的病，只能是他能治啊，我认得大夫多了。

我给你写封信，你立刻就走，我可告诉你，这封信你可不能打开，你可不能看。我这老哥哥最怕的是病人知道自个儿的病情，知道大夫要怎么商量给他治病。他要一看这信有人打开了，他可就不给你治了。”

“啊，我不打开，不打开，您写吧。”

“再有一个，我告诉你，你得快走，据我听说，我这位老兄长可能要回老家福建，你去早了可能看得见，去晚了就看不见了。如果他回归福建，他的老家在哪儿我都不知道，那你可就看不见他了。还有一个，只有他能治你的病，他要是不在了，你这病这辈子好不了了。”

“哎哟……那您就快写吧。”

乐显扬提起笔来，就给天津的赵济阳大夫写了一封信，写好了信之后搁在信封里，然后给封上口了。就在这时候，彩云真痛快，把家里剩的三个馒头还有两张烙饼，还有水壶，乐大夫老看病，拿着水壶，水壶里都灌满了，还包了一块咸菜，给送过来了。

“你就带着吧。”

还搁里一串铜钱。王焕“扑通”一声跪倒在地。

“谢过你们两口子。”

“得了得了，你赶紧走吧。”

王焕拿着这封信，带着这些吃食离开乐家直奔齐化门。那么王焕如何见赵大夫？如何治好了心中之病？咱们下回再说。

第七回

王焕匆匆奔天津，恐惧心情难形容，
不知是福还是祸，水能克火心绪平。

上回咱们说王焕，求着乐显扬给他治病，乐显扬心里已然很清楚了，然后就提起笔来给他天津的忘年之交赵济阳大夫写了一封信。告诉王焕，这信你这一道上不许看，你要看了，赵大夫生气就不给你治了。再说了，如果你去晚了，赵大夫要回归福建老家，他老家在哪儿我都不知道，你这病啊只能赵大夫治，别人治不了，看不见赵大夫，你这辈子就完了。王焕把这信收起来了。乐显扬的媳妇儿好，给预备好了吃的，馒头烙饼咸菜，连水壶都预备好了，王焕跪地给两口子磕头。

“你赶紧走吧，天都黑了，你出得去城门吗？”

“出得去。”

离开乐显扬的家，直接够奔齐化门，齐化门就是现在的朝阳门，咱们老百姓都管它叫齐化门。北京老百姓有北京老百姓的习惯，你说哈德门，就是崇文门。说为什么叫哈德门呢？因为离着哈德门挺近的地方有一个哈德王府，蒙古王爷，所以老百姓说惯了，哈德门。齐化门就是朝阳门，王焕在朝阳门外头住，现在按说这钟点可关了城门了。王焕揣着这封书信，拿着这些东西奔朝阳门走，走到朝阳门这儿，漆黑呀，跟现在的照明设备不一样。他不用说话，王焕走到这儿，哎，这劲头犯上来了。

“哈哈……哈哈……哈哈哈哈哈哈哈哈哈……”

他这一乐，门军就吓坏了。

"哎，我说，那位疯举人可来了。"

"他怎么没出城啊？"

"谁知道啊。"

哎，王焕走过来了。

"劳您驾，您把城门给我开开，我出去吧。"

"那哪儿行啊，关了城门了，头儿他……一会儿怪罪下来，谁担待呀？"

"我有急事儿，我有急事儿得出去呀……哈哈……哈哈……"

"您别乐，您别乐。"

说不乐？那非得把这阵儿乐完了才不乐，这门军说。

"怎么办吧，咱们跟头儿言语一声，把他放出去吧，不然的话这一宿老在这儿乐，咱们多瘆得慌啊。"

俩门军去找门官，门官一看啊，也认得王焕，知道是疯子。这要乐一宿，多难受啊，偷偷地把城门打开一门缝儿。

"您赶紧出去吧。"

王焕就出了朝阳门了。顺着大道走吧，出了朝阳门奔天津，那深一脚浅一脚的可不好走啊，不像现在这道儿啊。再说王焕着急呀，拿手摸着这封信，信可别掉了，信可别掉了啊，馒头丢了都没关系。捂着心口，嗞……真想看看这封信写的是什么，不成，烫手啊。如果看了这封信，赵大夫不给我看了，我这辈子可就完啦……越着急走得越快，越着急走得越快，手里提溜袋子，捂着胸口。"嚓嚓嚓嚓……"夜静更深，一个人往前走啊，那大道上哪儿有人啊。不知道走了多长时间，就看见前边啊，恍恍惚惚是个坟圈子，也不知道怎么着，就到了坟圈子里头了。把王焕吓坏了，闹鬼了吧？怎么这脚底下就绕不开呀？迈不开步啊。哎哟，这可怎么办啊？怎么走也走不了，怎么走也走不了，一屁股坐地下了，王焕这眼泪下来了，看起来我是没法儿上天津了。抬头一看，哎，这会儿工夫，月亮出来了，一片乌云过去，月亮出来了。低头一看，嗨，也不知道是怎么着，穿到一条破裤子里头了，怎么绕这脚也绕不出来了。把这破裤子给择了，王焕心说：王焕啊王焕啊，你这是怎么了呢？这不是自个儿吓唬自个儿吗？

“呵呵……”

嗯？王焕觉着，我这乐怎么跟别的时候的乐不一样呢？甭管它了，赶紧走。就这样走走走，一直走到天光大亮，由天光大亮再走到天黑，由天黑再走到天光大亮，两宿一天，脚都磨破了，低头再一看啊，这血津“滋滋”往出冒血，两只鞋就剩一只了，那只鞋哪儿丢的不知道。哎？嗞……王焕觉得好像丢了点儿什么似的，看了看，馒头还在呢，吃的还剩下半拉了；再一看这烙饼，还有一张呢；摇了摇水壶，里边还有点儿呢；哎，这咸菜疙瘩还有一块，没丢什么呀。赶紧往怀中一摸，哎哟，我的天啊，这封信还在这儿呢。信里写的什么呀？不能看，不能看，我得快走，如果赵大夫不在天津，要奔了老家可就坏了。可我丢了什么呢？总觉得那么别扭。这时候天光已然亮了，王焕可就到了天津了，就觉得饥肠辘辘，想吃东西想喝水。抬头一看，前边一个果子摊，炸的果子，喷儿香。

“啊……俩……俩果子，俩果子，俩果子……劳您驾，您寻我碗水喝……”

这卖果子的抬头一看，准知道由打北京大道上来的，低头再一看，鞋没了，就剩一只了。

“别着急，别着急，您坐这儿。”

这果子摊有个破桌子，还有两条破板凳，王焕就坐这儿了。赶紧把俩果子递上去了，这俩果子没到哪儿，得啦，怪难为的。

“来，再给您一个。”

花了俩果子的钱，把铜子儿掏出来了，吃了仨果子，喝了两碗水。

“我说，由打北京来吗？”

“是啊，北京来，北京来。”

“干吗来了？”

“看病来了。”

“看病来了？您先买双鞋好不好？”

“干吗呀？”

“您这光着一只脚，上大夫那儿看病去，大夫是给您看脚啊？还是给您看病啊？”

"嘿哟，瞧您说的，我上哪儿买鞋去呀？"

"您啊往前走，走五十步一拐弯，五十一步那儿有个鞋铺。"

"多谢多谢。"

王焕站起身形，走了五十步，往旁边一拐弯儿，还真有一个鞋铺。也搭着心里难受，用手摸了摸这封信，一屁股就坐在这鞋铺的台阶这儿了，掌柜的看见了。

"哎，三儿啊，瞧瞧去呀，这是要饭的还是买鞋的呀？我看像要饭的，把你吃的那个半拉窝头给他。"

这伙计姓赵叫赵三儿，出来了。

"哎，我说，哪儿来的啊？"

"北京。"

吃几个果子，也横点儿了，嗞……觉得好像是丢了点儿什么，心里边有点劲儿了。

"北京来的就这么横啊？嗯？干吗来了啊？"

"你有这么跟老爷说话的吗？"

"哎哟，我的妈哟，你还老爷呢？别逗了。"

"什么别逗了？乡试我是头名解元。"

"真没瞧得起您，呵呵，您上天津干吗来了？"

"看病来了。"

"找谁看病来了？"

"'赵一剂'，赵济阳赵大夫。"

"哟，嗞……那您这……您这脚，您上这儿，您是不是买鞋呀？"

"不错呀，买鞋。"

"您……您……得了，我也别问了。"

这赵三儿赶紧进去了。

"掌柜的，得了，您看看这尺码，您您……您明白不明白？您给拿双鞋。"

"拿双鞋？他钱呢？"

"别要啦，他找我二爷爷，我二爷爷心眼儿好，倘若知道有外地人上他这儿看病来，我要是不关照，非扇我俩嘴巴不可。您把账给我记着，我赔双鞋我认了。”

“嘿……”

鞋拿出来了，这伙计还给端来一盆水，拿出擦脚布来了。

“得嘞，您啊确实是头名解元，看起来您走着运，走着八字呢。来来来，您把脚洗了，把脚擦了，然后您把这双新鞋穿了。”

“多少钱啊？”

“不要了。就知道将来您得中头名状元，嘿嘿……嗯，那我就求您多关照了。”

弄得王焕也不知道怎么回事，他哪儿知道伙计跟赵大夫是亲戚啊，管赵大夫叫二爷爷，虽然亲戚远点儿吧，终究他是亲戚啊，白得了一双鞋。

“我说，举人，您认得赵大夫他们家吗？”

由打怀中把这封信掏出来了。

“你看，我跟你打听打听，赵大夫在哪儿住啊？”

“我不看了，您随我走吧，我认识。”

赶紧把信揣起来了，跟着这鞋铺的伙计往前走。拐了仨弯，伙计用手一指。

“您瞧瞧，举人，您瞧，哎，这个……将来的状元，您瞧，就是那门，就是那门。门不大，我告诉您，这就是赵大夫的家。嘿嘿，回见了您哪，您可记住了我。”

这王焕也不明白这伙计怎么回事儿，这伙计走了，王焕迈步上台阶，三层台阶，俩狮子墩子，门关着。黑漆的门，不算太大，但是一看，这门里头这院子就得很讲究。王焕用手轻轻地叩打门环，“啪啪啪……”里边脚步声音响，门插关响，门分左右，出来一个老家人。

“请问，您找谁呀？”

“老哥哥，这儿是赵大夫的家吗？”

“哪位赵大夫啊？”

“人称‘赵一剂’，赵济阳赵大夫。”

“不错呀，这儿就是赵大夫的家。”

赶紧由打怀中把这封书信掏出来，双手往上一呈。

“请您把这封信交给赵大大，我请赵大夫给我治治病。”

“好啊，嗯，你在门口稍候片刻。”

老家人过去了，时间不大，由打里边走出一位老者。王焕抬头一看，这位老先生个不高，精神特别好，红光满面，鹤发童颜。穿着古铜色的长衫，外边罩着马褂，大辫子往下一垂。嘿，胡须大部分都白了，这叫精神啊。

“你……叫王焕吗？”

“啊，我是，病人王焕。”

“请进，请进吧。”

王焕一听，就知道赵大夫已然看完乐大夫的信了，心里边七上八下，跟着往里走，一直到了客厅。洗脸水漱口水全都准备好了，家人伺候着，王焕洗了洗脸漱了漱口，然后赵大夫用手一指。

“请坐。”

两个人分宾主落座了。

“王举人，吃饭了吗？饿不饿？我让下人先给你准备点酒饭吧？”

“不不不……我刚吃完仁果子，我也喝了水了，我一点儿都不饿，您赶紧给我治病吧。”

“不吃？那好。我问问你，走了多长时间啊？”

“两宿一天。”

“您现在感觉怎么样啊？”

“这……哎？”

王焕一琢磨，确实是不一样啊，我怎么一直……离开那坟圈子出来就忙着赶道儿，一边跑一边害怕，恐怕赵大夫离开天津到福建，我这病好不了了。我着急，我怎么把这乐给忘了？

“赵大夫，我这一道儿……我没乐呀。”

“好啊，你这病啊好得差不多啦。”

王焕“扑通”一声跪倒在地，泪流满面。

“谢过赵大夫，您真是‘赵一剂’。”

“起来起来，举人，您还没吃我这一剂药呢。”

“那……那您叫‘赵一面’，我见您一面我就好了。”

“举人啊，你坐这儿听我慢慢跟你说。没吃我的药，见我一面你这病好了？跟你说呀，我只不过是乐显扬大夫开的方子当中的一味药啊。”

“一味药？”

“这样吧，现在信还在这儿，举人，你把这封信看完了你就明白了。”

王焕打开这封书信一看，是乐显扬给赵大夫写的信，写得很简单。

“济阳兄，见字如面。今有病人王焕，河北沧州人氏，前三年乡试中举，头名解元。不料喜极生悲，大笑不止。弟命他到天津求兄医治，一不准看信；再者，说兄长马上要离开天津回福建。如果见不到您，这病就好不了了，终生难愈。如果病人见到兄长，病已初愈，请兄开导之，弟显扬顿首。”

王焕是个才子啊，“五经四书”什么都通啊，难道这封信看不明白吗？看完这封信，摁着这封信抬头看着赵大夫。

“啊……我明白了……是乐大夫把我给治好了……”

“我跟你说了，你可不许激动啊，我就是乐显扬大夫开这方子的其中一味药。你看看，乐大夫用的是恐吓之法。你踏踏实实的别着急，我给你讲讲。《黄帝内经》说得好：恐为肾之志，喜为心之志。你看，咱们一般一害怕，吓得啊，说一句俗话，您举人不爱听的，说吓得赶紧往茅房跑，这就是肾，肾属水。那么喜呢，喜由打心中来，心属喜，喜是心中志，那么心又属火。按我们中医治病的方法，按着五行，水能克火，所以乐大夫采取的是《黄帝内经》所说的惊吓之术。他吓唬你，不见着我，你的病好不了。不许你看信，你一看信，你就明白了。拿着信你来找我，倘若我走了，我要回老家，你看不见我，你这病一辈子好不了。你着急，你害怕，你净顾着往天津赶了，你就把这病给忘了，这就叫水能克火。恐是肾之志，喜是心之志，这样你心绪则平，你明白了吗？”

“明白了，明白了，明白了……”

所以说赵大夫心里很清楚，您别瞧不起这铃医，拿着唤铃走乡串镇，他什么病都见过。他跟那高高在上那教授不能比，他底下的事儿什么都清楚，而且经的多见的广，所以乐大夫就用这种《黄帝内经》，以水克火的办法治了王焕的病。而且下边写着话：如病人初愈，请兄开导之。这人不能狂，说病人好了，那么就谢谢你了，那人家赵大夫心里不痛快。如病人初愈，您看我这办法，如果病人见好，您开导开导他，赵大夫心里很清楚。

“王举人，乐大夫下边写着让我开导开导你，什么意思？就说你现在病见好，你可要记住我的话，你是个读书人，读书之人应该心系寰宇，如果你老想着你自个儿，心胸特别狭窄，不往四外看，不能控制自己的情绪，如果你的病要是再犯了，可就是心绪难平。”

第八回

乐氏良医闯北京，祖训牢牢记心中，
医药救人药品正，太医院中留美名。

上回咱们说到王焕经过乐显扬一治，哎，还真把他这病给控制住了，跪倒在地给赵大夫磕头啊。

“别磕了，你这是第二回磕了。起来，起来吧。”

王焕站起来，坐下了。

“赵大夫，您让我说什么呢？”

“刚才我说了，你是个文人，你中了举人了，你老念书，念书人应该心怀寰宇，你怎么能老想个人呢？中了举人就中了举人，中不了举人就中不了举人，这人怎么不能活着呀？你拿我来说吧，你还真是来的是时候，你要是后天来，明天我动身，我就回福建老家了，您看，我的车都准备好了。”

“哎哟……幸亏我跑得快呀，我要跑得慢就见不着您了。”

“是啊，乐大夫说的是实情，让我劝劝你，你今后要好自为之，什么事儿可都要往开了想，绝不能往窄了想。这病如果再复发，可就不好治了。”

就经过这一死一生，一病一好，王焕的脑子里就跟“咔啦”打了个春雷一样，明白了。这人就是这样，一死一生，倘若要死了，让医生给救过来了，活了，这人脑子里“欻”的一下一闪念，就跟原来对世上的事情看法就不一样了。您看，岁数大的人，经历多的人，他都有这种感觉。王焕心里明白了，这一辈子不能光想着功名富贵，不能光想着功成名就啊。

“啊，赵大夫，我怎么谢您呢？”

“回去呀谢乐大夫吧，这么办，你来了已然很累得慌了，啊，我让家人预备好了，你洗洗澡，换身儿衣服，你躺这儿睡个觉。睡醒了，咱们老哥儿俩弄点儿酒菜好好聊聊。”

“那我太谢谢您了。”

“别谢别谢，别谢了。”

赵大夫还真好，让王焕洗了洗澡，然后在他们家睡了一个中午觉，起来之后，换了一身新衣裳。然后坐下，饭菜准备得了，跟赵大夫两个人对面而坐，四个菜，筛得了热酒，俩人坐这儿一边喝一边聊，一边聊一边喝。

“啧，王举人，你来的还真是时候，你看，我真要走了。我准备绕道上北京，你来了，我可就不去了，我有一箱子书要送给乐大夫。我告诉你，这书啊有《黄帝内经》。”

“《黄帝内经》？我想乐大夫这么深的医术，他不缺这《黄帝内经》。”

“错了，你心眼儿直吧，我告诉你，我们祖上就是太医，这《黄帝内经》是我们祖上留下的，我把古代的宫廷秘方抄录不少，而且把我的研究心得都写在这本书上了，我没用了。”

“您怎么会没用啊？您是太医之后啊。”

“呵呵，我跟乐大夫想法不一样，我就想过陶渊明的日子，回归老家，含饴弄孙，我知足啦。我准备认路登程就要走了，你把这箱子书，全都是医学经典，带给乐显扬。我告诉你，乐显扬跟我不一样，乐大夫他们家是铃医出世，世代铃医，但是祖训告诉他，将来必须改变自己的家庭，乐家以进太医院为誓。我的祖上是太医，我看看病，我回家养老去；而乐显扬虽然铃医出身，他想进太医院，也就完成祖上的心愿了，你明白吗？”

“啊……在下记住了。”

咱们不说废话，俩人聊，一直聊到晚上了。

“您在这儿睡一宿觉，明天咱们一块儿起程。”

王焕高高兴兴地又在赵家睡了一宿，第二天早上起来，车已然套好了，车上搁着一箱子医书，而且把天津的特产买了不少。

“你呀也甭花钱了，啊，你就带着这些东西回去面见乐大夫，替我问安，就说我全家奔福建了。”

王焕又跪地下给赵大夫磕了头，然后兵分两路，一路就是赵大夫携家眷奔福建老家，一路那就是王焕回归北京。到了北京见着乐大夫，把事情一说，那是非常感激，咱们书就不细表了。打这儿开始，王焕每天熬灯耕读，转过年来参加会试，中了头一名，会元。跟着参加殿试，皇上亲试，头甲第二名，中了榜眼，王焕乐坏了。但是王焕往这儿一坐，拿两只手一按胸口，赵大夫说了，我身为文人应该心系寰宇，想着国家想着老百姓，不应当光想我自己，中了就中了，不中就不中，心绪平下来了。这时候乐家已然知道信儿了，乐显扬非常高兴，准备好了酒菜，就等着王焕来。王焕来了，那些贺喜的话咱们就不细表了。

“乐大夫，我准备回家祭祖，把我父亲母亲的坟重修一下，然后回到北京，再去看看我的舅父舅母。”

“应该的，应该的。”

“回来我再拜见您。”

“别客气，别客气，该干什么干什么。”

王焕回家祭了祖，把父母的坟地修了修，然后回到北京，到了舅父的家中。舅父舅母一看非常高兴，重续旧情，咱们就把书撂到这儿了。

皇上往下传旨，封王焕为礼部左侍郎，正三品啊，这官儿不小啊。您要看珍妃，光绪的妃子珍妃，让西太后给扔井里了，珍妃的父亲才当过礼部左侍郎。所以他能见着康亲王杰书，把这经过前前后后这么一说，康亲王杰书非常高兴。

“行，你马上告诉乐大夫，啊。请乐大夫进太医院行医。”

王焕这高兴啊，等着康亲王杰书走了之后，他撒腿就奔乐显扬他们家跑，给送信儿去呀。

“哥哥，给您道喜，给您道喜，您可要上太医院行医了。”

“啊？”

乐显扬可就愣了。为什么呀？多年的祖训，身为铃医，江湖医生，就想着成为一代儒医，进太医院，这是乐家多年的梦想啊，没想到到今天要成功了，乐显扬说不出话来了。王焕在这儿坐着，一会儿彩云把饭做上来了，酒也筛得了。

“你们哥儿俩坐这儿好好喝几盅。”

王焕还没喝酒呢，把酒倒好了。

“哥哥，我有一事相求。”

“说吧。”

“我想跟您结为生死之交。”

那乐显扬不能不答应啊，赶紧买来三义码，供上刘关张，哥儿俩磕头，学习刘关张不能同生，但愿同死。焚香磕头之后，两个人对坐谈心，就这样，乐显扬顺理成章地就进了太医院。

进太医院可不容易呀，随随便便进太医院？有康亲王杰书的话，那太医院的院使，左院判右院判，这些御医这些吏目都不能说什么，你想挤对挤对乐显扬，你得琢磨琢磨他后台是谁。其实乐显扬没后台，也就是正因为他的医术高，人缘好，所以才进了太医院。刚进太医院是什么呀？不是吏目。进了太医院之后，那就是医士院士，得慢慢往上熬。每天乐显扬熬着灯读书，读的是什么？读的是医学经典。到了太医院可就好办了，宫中的秘方，流传的绝症的方子，都在太医院呢。所以借这机会好好阅读，好好学习，增加自己的医学知识，乐显扬的能耐大增。

那么乐显扬升到吏目了，他在哪科呢？太医院一共分为十一科，给他分到小方科。这小方科是什么呀？就是给小孩儿治病的。给小孩儿治病最难治，说不出来道不出来，他一哭，你得琢磨：这孩子病在何处？好在跟他同屋治病的这人，让乐显扬觉得很高兴，这人姓钱。这钱医生啊，就是钱吏目，拿这看病不当回事儿，每天哼哼唧哼哼唧，不是唱南方小曲儿啊，哎，就是拿本《三国演义》瞧瞧。他根本不拿看病当回事儿，可乐显扬每天在这儿看书。这天乐显扬打开一本书，作者是谁？医书经典，作者是钱乙。这本书是什么医学经典呢？是专门给小孩儿治病的方子，这本书的名字叫《小儿药证直诀》。直诀，那就是诀窍了。乐显扬在这儿看，对面就是这钱吏目，看着看着呢，乐显扬脱口而出。

“啧，欲得小儿安，常要三分饥和寒啊，不假呀。咱们现在吃也能吃，喝也能喝，可以说吃喝不愁啊。钱吏目，是不是也应该少吃点儿，身体才能舒服啊？”

“嘿嘿，乐大夫，您说得太对啦。您看的这本书啊，《小儿药证直诀》，您看看谁写的？”

“北宋大医学家钱乙呀。”

“乐大夫您知道我姓什么？”

乐显扬一下就明白了，对面这位就姓钱。

“原来您的祖上是大医学家，失敬，失敬。”

“行啦，咱们哥儿俩在一屋治病，显扬啊，我有句话不知道当讲不当讲。”

“您说。”

“虽然你也进了太医院了，但是太医院里边尔虞我诈，这些事情你也看得清清楚楚。”

“我不往心里去，我就看医书。”

“呵呵，看医书好。再有一个，我跟您说，我们家虽然是太医之后，我父亲就是太医，但是我拿这个不当回事儿。啊，我们家这些钱，我三辈子吃不了花不了的。我爹就看不上我呀，我爹要有你这么一个儿子，嘿嘿，老爷子得乐飞喽。哪天上我们家看看老爷子去呀？”

“好哇，今天我就随您前往。”

“嘿，你倒挺着急的。”

乐显扬晚上没事儿了，就跟着这位钱吏目就到了钱吏目他们家。

“您跟我爹说话得大点儿声，我爹耳朵聋耳朵背，听不见，我娘倒挺精神的。”

到了堂上，拜见这位老太医。说老太医耳朵聋，乐显扬就得大点儿声啊。

“学生拜见老恩师。”

“啊，坐下，坐下吧。”

有人献上茶来，茶罢搁盏。然后钱吏目把他母亲请出来了，给乐显扬指引，乐显扬上前施礼，这老太太呀心直口快。

“哎哟，乐大夫啊，您跟我儿子在一块儿，都是小方，那给小孩儿治病也不容易呀。嗯？您没事儿劝劝他，您说多大岁数了，不知道娶妻生子，我们可就这么一个儿子呀。”

“妈，您有病吧？头一回见着乐大夫，您就说这个？”

“啊，您放心，我一定多经点儿心。”

老头儿听到这儿。

“来来来，坐下坐下坐下……”

这娘儿俩走了之后，爷俩坐这儿聊天，乐显扬说话声儿大，越来声儿越小，越来声儿越小，敢情这老爷子什么都听得见，老爷子装聋。为什么呀？不待见这儿子。让他好好儿承继自己的家业，承继这些医书，能够好好做一代儒医，他不听。可是跟乐显扬聊起来，知道这孩子好，哎哟，滔滔不绝。这人就怕遇见知音，有话送给知音嘛。爷俩一聊聊了两个时辰，钱吏目进来了。

“爹，吃饭不吃饭啊？”

“不吃。”

就这样，乐显扬就常到钱家来，两个人治病也在一块儿治。这钱吏目也新鲜，长得也挺好看，又有家当。这媒婆都跑破了门了，就是谁来提亲，他都给轰出去，看谁都不顺眼。乐显扬就问他说。

“您到底要娶什么样儿的啊？”

“我得看上眼。”

“您看上眼，您要什么样儿的啊？”

“那我得看上眼啊。”

“我也不问您了。”

有一年，永定门外永定河发大水，皇上传下旨意，让太医院的太医出永定门去救灾。乐显扬跟着钱吏目两个人兢兢业业帮着老百姓治病，哎，得着一个机会了，由打河中漂来了一木板，木板上一个女的。这钱吏目一看眼睛就直了。乐显扬一看，这个女子虽然脸色苍白，但是长得十分靓丽。两个人把这木板抬上来，给这女子号脉，给女子灌药。女子慢慢苏醒了，等晚上，这钱吏目把这位女子带他们家去了，看上眼了，过了没几天。

“我说乐大夫，您上我们家看看去吧，我可要定亲了。”

“跟谁呀？”

“啧，您瞧瞧就知道了。”

等乐显扬到钱吏目他们家一看啊，就救上这个女子，往这儿一站亭亭玉立。就让他喂了好几天，好吃好喝好待承，又白又嫩，而且有江南小姐的风度，那气质特别的好，是绝色女子。没有多少日子，钱吏目结了婚了。

“我告诉你，我看上眼了，这回我就看上眼了，我娶这媳妇儿我就知足了。”

这钱吏目每天的就吃喝玩儿乐，哄着这媳妇儿；而乐显扬，每天就在灯下读书，研究方子。看看宫廷秘方，看看《黄帝内经》，再看看别的医书，增长自己的知识。受到皇上的嘉奖了，皇上传下旨意，奖励乐显扬登仕佐郎。这登仕佐郎是什么官啊？登仕佐郎是从九品。说为什么皇上传旨？他知道乐显扬吗？其实皇上对乐显扬并不熟悉，只不过有些内侍拿着皇上的方子，或者御药房的人不懂的到太医院去打听，好多大夫都躲开。为什么啊？怕招事儿。哪味药您说的不到家，倘若皇上用错了药，或者是哪位妃子用错了药，非找你不可。最后问，问的谁？都问到乐显扬这儿。乐显扬是有什么说什么，绝对不会瞒着一点儿。这样太医院往过传，御药房往过传，皇上也有个耳闻，太医院有个乐大夫，这位乐太医不错，能够直言不讳，康熙皇帝就喜欢这样的人。说因为这点儿事儿，皇上就传旨吗？不是。清朝有个制度，如果说你做官三年，做到这个地位上了，一律皇上都传旨。咱们说句白话，就等于现在，是吧？您到了公务员了，国家承认了，国家承认了那么就等于是皇上传旨了，您这官儿就定下来了。

乐显扬在这太医院待了不是一天两天了，这一天回到家中，端起饭来刚吃饭，外边“啪啪啪……”叫门。家人把门开开了，问清楚之后撒腿往里跑。

“老爷子啊，外边来了人了，您出去瞧瞧去。”

乐显扬一看这家人神色慌张，不知道怎么回事儿。

“好吧。”

站起身形就出去了。到底外边何人前来找御医？咱们下回再说。

第九回

大梦谁先觉？平生我自知，
草堂春睡足，窗外日迟迟。

咱们都知道，这是诸葛亮在未曾出山之前吟的一首诗。说人生一世如同大梦一场，谁能知道自己这一辈子怎么样呢？诸葛亮说，我自己知道我这辈子怎么样。所以这人啊应该知进知退，方为人杰。诸葛亮未曾出山就嘱咐他兄弟诸葛均：待我功成之后，必将隐退。

乐显扬进太医院呢，其实他心里很清楚，自己乐家世代铃医出身，拿着唤铃虎撑走街串巷，走乡串镇，给老百姓治病。乐家的祖训就希望自己后代能够进太医院，成为一代儒医，成为一代名医。乐显扬何尝不想？但是乐显扬进太医院的目的是什么？是学习。如果你不进太医院，你看不见这些宫廷秘方；如果你不接触高人，你就没法跟着高人学习。但是学完了以后干什么呢？乐显扬心里有打算。将来我积攒了银两，我积攒了我的医术知识，我一定要开自己的药室。所以他进太医院的目的并不是升官发财，他还是认认真真地看病。这一天晚上回到家中，外边叫门，家人禀报一声，乐显扬赶紧出来了。

“什么事儿啊？这么着急。”

“问他呀，他不说，非得见着您才说。”

“啊，可能是有点儿疑难病吧，把门开开。”

刚才家人都把门关上了，又把门开开了。乐显扬一看，外边两口子带一孩子，这孩子也就七八岁，浑身通红，拿手挠了前心挠后背。

“怎么了？来来来，进来，进来。”

您别看身为太医，给老百姓治病，甭管有钱的没钱的，乐显扬的态度还是跟原来一样。进来之后，到了西厢房，两口子往这儿一坐，这孩子往这儿一站。

“孩儿啊，你怎么了？”

这当妈的着急呀。

“乐大夫，您给瞧瞧吧。谁都治不好，开个方子就给我们打发出来了，怎么治都不行，这孩子浑身痒得难受啊。”

乐大夫让这孩子把衣裳脱了，看看前心，看看后背。问什么，孩子都不说话。

“您说这孩子他多可气，他到底干什么了，怎么回事儿，问他他什么都不说……”

“您别着急，这么办吧，我上你们家去看看去。”

“乐大夫，您是个太医，我们家穷得要命，可脏可脏了。”

“没关系，我现在就跟你们走。”

乐显扬步下撵啊，跟着两口子带着这孩子，就到了这家人家了。朝阳门外头，挺穷，两间屋子，进了屋子之后。

“太医，您可别笑话，您看，两间屋子，刨去炕就是锅。”

“哦……还有地方没有了？”

“那就是后院了，后院您别去了，一堆烂草，还一窝棚，堆点儿脏东西，还有一棵枣树。”

“我还是看看吧。”

乐显扬根本就没嫌脏，一步一步穿过堂屋到了后院，看了看，一歪头。

“我要把这病说了，你们两口子可不许打孩子。”

这男的到现在才说话。

“你看见没有？大夫说不许打孩子。你老打他，你越打他，他越不说。”

“行啦……”

乐显扬说。

“你们俩也别争了，你们只要不打孩子就好办了。这么办吧，你赶紧出去，甭管什么膏药，越便宜越好，把这膏药买回来。我告诉你们，怎么把这孩子的病治好了。”

乐显扬一看就明白了，这枣树底下一竿子，打枣用的，是吧？咱们北京有句俗话，打枣嘛，是吧？有枣一竿子，没枣一竿子。是吧？说这两句话：有枣一竿子，没枣一竿子，有没有道理？其实老百姓总结出来是有道理的。说有枣我打一竿子，没枣我也打一竿子，为什么？其实老百姓家里种的枣树啊，它不等到打，它这枣，瓜熟自落嘛，这枣红了，它自个儿就掉下来了。为什么有枣一竿子，没枣一竿子？咱们种的枣树，如果有毛病它不结枣，照样儿您也得打，“叭叭叭……”把这枝条给打折了，把这树得打好多下，这叫有枣一竿子，没枣一竿子，只有打了它，第二年准结枣。您看，老百姓总结出这道理错不了。

一会儿的工夫，这小孩儿的爹把这膏药买来了，说：“你把它烤热了。”搁在火上这么一嘘，膏药软了，乐显扬亲自拿这膏药贴在这小孩儿的身上，然后一揭；贴在身上，然后一揭；贴完了又一揭。

“你们就照这样揭，这孩子准能好了。”

“大夫，他到底什么病啊？”

“哎呀，你们看孩子呀……你看，这棵枣树。孩儿啊，我问你，你爹妈打不打你？”

“打我。”

“我说不打就不打了，你是不是上树了？”

“啊。那……我够不着，我想弄那红的，所以我就爬树了。”

乐显扬乐了。

“这孩子呀上树，树上边有洋辣子，沾了一身。所以你们不知道，这孩子不说话，拿这膏药就能治好了。”

这洋辣子，还有个名子叫毛毛虫。那北京人都知道，要得了洋辣子，上枣树沾上了，身上有洋辣子了，怎么办呢？痒痒，就拿这膏药粘，一粘一粘一粘，就能粘好了。那么这方子到底是乐显扬留下的，还是老百姓发明的？那咱们就不得而知了。

乐显扬虽然身为太医，给这么穷的老百姓治病，而且还有耐心，这件事可就传开了，所以乐家门外头求医看病的人是越来越多。乐显扬人缘好，口碑好啊，口碑就是人缘啊。每天到太医院行医，然后回家给病人治病，越治病经验越多，越治病经验越多。就在这时候，这钱吏目找他来了。

“跟您商量一件事。”

“您说吧。”

“我爹故去了。”

“哎哟，这是怎么话儿说的？”

“您也别说了，啊，丧事都办完了。”

“那你怎么不言语呢？”

“我请假，您不知道吗？”

“谁知道你又上哪儿玩儿去了？你老玩儿去老请假，我得上灵前参拜。”

“这个……参拜行，参拜完了我可就跟您告假了。您看我这辞呈已然写好了，我跟我母亲商量好了，带着我媳妇儿跟我母亲回老家，这家当够我们吃够我们喝的，我也不在北京待着了。”

乐显扬万也没想到这钱吏目辞去太医院吏目的职位，带着媳妇儿带着母亲回老家，把父亲的灵柩运回老家。这件事对乐显扬触动很大呀，几年的太医，目睹朝廷这些事，乐显扬就在琢磨：我什么时候离开太医院，开我的药室？

光阴似箭，日月穿梭，乐显扬决定了，自己递上辞呈，离开太医院回到自己的家，就在打磨厂。把后边这院子的宅院买过来，已然三层院子了，就决定自己开药室，给老百姓治病，而且自己研究丸散膏丹。每天乐显扬精心地治病，想想这些年的事儿，然后放下，还是苦读医书。这时候，朝廷封下来了，本来他是从九品，登仕佐郎；现在朝廷传下旨意，封他为登仕郎，那就是正九品了。又过了两年，朝廷又传下旨意，封他为文林郎。这文林郎什么官啊？七品官儿。按现在说七品知县，咱们都知道七品知县，要是按现在说，就是正处级。正处级是正处级，但是不管是登仕佐郎还有登仕郎还有文林郎，都是散官，实际上就是一点儿权力都没有，没有职位。我给您举个例子，好比说这人要退休了，本来是正科，没法儿再往上升了，得啦，给您一个副处调，您回家养老去完了，就是这么个意思。虽然说有官职，但是没有实权。这一天啊，乐显扬正在家中坐着，突然间门环响，家人把门打开一看就愣了，门前站着一个太监，手里头拿着圣旨。

“乐太医的家吗？”

“不错，正是。”

“乐太医接旨！”

家人赶紧撒腿往里跑，乐显扬心说：“我已然离开太医院好几年了，朝中为什么传旨啊？”赶紧跑出来跪倒在地。

“臣，乐显扬在。”

终究当过朝廷的官员，这太监把圣旨打开。

“奉天承运皇帝，诏曰：圣旨下，召太医文林郎朝中见驾，钦此。”

“臣遵旨。”

乐显扬的夫人在后边听着可吓坏了，现在乐显扬几个孩子？四个儿子了。老大乐凤翔，老二乐凤鸣，老三乐凤仪，老四乐凤岐，“欻……”四个儿子。所以乐显扬对乐家贡献不小，第一进了太医院了，由铃医到了儒医了，而且当了官儿了；第二个贡献就是乐家过去老是一子单传，他有四个儿子，而且这四个儿子非常好。老大忠厚；老二沉着聪明，有远见；老三非常机灵；老四欢蹦乱跳。乐显扬在这儿跪着接旨，这四个孩子站在母亲的身背后可就害了怕了，不知道朝中传旨让父亲进宫干什么，老大乐凤翔在母亲身旁。

“妈，您别哆嗦，您别哆嗦……”

“我……我不哆嗦……我不哆嗦还不行吗？”

越说越哆嗦。那么乐显扬站起身形，赶紧把这位太监让到屋中，让家人献上茶来。

“您稍候。”

进屋得更换朝服。顶戴花翎，朝服穿好了，外边轿子等着呢，顺轿。乐显扬没工夫跟家人说话，赶紧跟着这位内侍，就是这位太监，走出大门上了轿子，直接就奔了午门了，康熙皇帝传旨让乐大夫给治病。乐显扬坐在轿中心说：“我已然离开太医院了，皇上为什么传旨让我给治病呢？”很纳闷。很快的这轿子“欻欻欻……”就到了午门了，轿子落平，轿杆打杵，掀起轿帘，乐显扬一低头下了轿子。在轿子旁边站着的可就是伺候皇上起居饮食的老太监了。

“哎呀，乐太医您来啦？”

“老公公，请您带路。”

“走吧。”

这老内侍在头前带路，乐显扬在后边跟着，两个人一前一后。具体的走到午门里头应该怎么走，走的哪条道，进的哪个门，乐显扬脑子糊里糊涂，根本没记住。等看见旁边没人的时候，乐显扬往前走了两步。

“老公公，我跟您打听打听，皇上召见我何事呀？”

“嘿嘿……乐良医呀，乐太医呀，谁让你医术高超呢。哼，也不知道，那天皇上由打京畿视察回来，刚一下这轿子，嘿，这风神爷猛的刮来这么一阵风，老爷子晚上鼻涕眼泪哈喇子就下来了。传下口旨，太医前来诊脉，吃了药之后发了汗倒是好了，可是皇上老爷子愣觉得心里头堵得慌，堵得慌你知道，又传太医给治，吃几副药不见好。嘿，这时候康亲王巡南边回来了，顺便跟皇上聊聊天，说说南边的事儿，看看皇上的病情。然后康亲王走了之后，皇上老爷子就让传口旨，哎，乐太医呀就传到了您的家中，请您给皇上老爷子治治病吧，老爷子他心里头堵得慌。”

“哦……”

乐显扬听明白了，皇上偶感风寒，吃完药之后发了汗了，伤风倒好了，但是心里头堵得慌。康亲王来了，那没错，康亲王好说话，就把我治好了疯子王焕这一说。康熙皇帝虽然知道我在太医院，不见得知道得那么清楚，这样传旨让我前来诊病。

“好吧。”

跟着老内侍往里走，走到里边，老太监说。

“乐太医请您止步，到了，您往里边瞧瞧，皇上老爷子在病榻这儿等着您呢。”

乐显扬没瞧见过康熙皇上，说给康熙皇帝治过病没有？治过半回。皇上传旨，正好太医乐显扬当值，刚走到半道，旨意下来了，皇上有事，这病不治了，然后让内侍告诉病情，给开了方子，睡不好觉。就这么着，给皇上治过半回病，估计皇上也忘了。乐显扬没见过皇上，抬头往病榻上一看，哎呀，皇上老爷子敢情是一位年纪轻轻的，器宇轩昂的年轻人。歪在这病榻上，手里拿着一本书，长得挺白净；剑眉朗目，鼻直口方，脸上有不少的浅白麻子；穿着便装，在病榻这儿一歪，正在这儿看书呢。乐显扬赶紧抢行几步，上了台阶，然后轻轻地走到了皇上病榻前，跪倒在地。

"臣登仕郎、文林郎乐显扬，叩见皇上，万岁万岁万万岁。"

这老太监在旁边站着，旁边还有伺候皇上的太监。康熙皇帝直了直腰。

"乐太医来啦？免礼平身吧，看座。"

小太监赶紧搬过一座位，搬到皇上的病榻前。说乐太医真坐这儿？那也就轻轻一蹭，比站着还难受。皇上把手往出一伸，旁边伺候的太监赶紧拿过一个黄缎子包着的一个脉枕，搁在皇上的手底下，皇上把手搁在脉枕上，上边盖了一个黄绸子手绢儿。

"太医，诊脉吧。"

"遵旨。"

这些太监可都在旁边听着，号完脉了，乐显扬站起来了，然后跪倒在地。

"圣上，臣已然把脉象看好。"

"哦……你说说，我这病到底怎么回事儿啊？说我偶感风寒，吃了药之后发了汗，我怎么老觉着堵得慌啊？心里那么不畅通，饭也吃不好，觉也睡不好。"

旁边这些太监，也想听听这位乐良医到底有什么办法。乐显扬在地下跪着，轻轻一抬头。

"圣上，您的伤风已然好了，而且不大碍了。心里堵得慌呢，我想您应该好好将养自己的身子骨，圣上身安，百姓心安；圣上有精神，圣上要康盛呢，国就旺盛。望圣上保护自己的圣体，千万千万不要忧虑过甚。"

这老太监吓得堆乎那儿了。为什么呀？您这是给皇上看病呢？是上这儿呲皇上来了？嗯？您敢说皇上不注意龙体？您身体不旺盛，这国家都不旺盛。皇上一生气把你推出去，全家抄斩，灭门九族啊。吓得老太监堆在这儿了，这小太监一个一个直哆嗦。老太监抬头看康熙，不知道康熙如何对待乐显扬，咱们下回再说。

第十回

民间谚语天下传，简单道理在里边，
桃三杏四梨五年，枣儿当年就还钱。

您看上回咱们提到了枣树，北京枣树多，为什么枣树多？刚才这四句开场诗我说了：桃三杏四梨五年。梨您得种五年，树上才结梨，可枣呢？枣儿当年就还钱，当年的枣树打下枣来就能卖钱。所以北京人啊，尤其城里头，有点儿地要种树，就种枣树种得比较多了，也好养活。民间流传的东西不能忽视，您看咱们中国历史悠久，文化底蕴特别深。老百姓民间流传的一些东西，像人文啊，医药啊，风俗啊，人情啊，确实处处都是学问。您看这铃医，说乐家就是铃医，铃医普天下都是，就说原来的华佗、扁鹊，那也是铃医出身，手里拿着虎撑，到处给人看病。那么铃医他有什么优势呢？他不坐堂。给人看病，也可能上人家去，也可能田间，也可能地头，也可能河边，是吧？也可能草棚子里边。他能够察言观色给老百姓看病，还得让老百姓少花钱，所以他必须了解这老百姓他处在什么地方，他心里在想的是什么，所以铃医掌握的东西就比较全面了；而且他走遍名山大川，就能得着不少的民间的良方。自古以来没人重视这铃医，直到乾隆二十四年，杭州有个大医学家叫赵学敏，搜集了铃医四百多个方子，写出来专著，专门研究铃医的医术，铃医确实很不简单。那么乐家由打铃医出身，到北京传了几代之后，到乐显扬到了太医院了。他从太医院离开，就在打磨厂这儿开了同仁堂药室。

上回咱们正说到乐显扬奉旨到宫中给康熙皇帝看病。看了看康熙，跪倒见驾，然后给康熙一号脉，太监在旁边听着，旁边还有小太监伺候着，也听着。万也没想到乐显扬说出来了，说您啊要保重龙体，您的身体好，百姓才能安康，天下才能好。把这太监吓得都快堆在这儿了，你这不是等于责怪皇上吗？责怪皇上好好的不是没事儿了吗？为什么生病呢？因为他没保护好自己的身体。你这铃医多大的胆子啊？嗯？也就是你这铃医出身才能说出这样的话来，真正太医院的太医再也不敢这么大胆妄为。太监吓得直哆嗦，半天没敢睁眼，听康熙那儿没动静，慢慢地偷眼瞧了瞧皇上，这心里才稍微踏实一点儿啊。从皇上的面部表情来说，皇上没生气，轻轻地摇了摇头，轻轻地点了点头，脸上似乎带出点儿笑容来。

说太监害怕，跪这儿见完驾之后，坐这儿给皇上号脉的乐显扬也害怕。给谁看病呢？皇上。龙颜一动怒，脑袋就得掉。那么说乐显扬他给皇上看病，是不是按照中医的方法望闻问切呢？其实这四点啊乐显扬已然做到了。他来见驾，抬头一看康熙，咱们说评书叫开脸，他看见康熙这神态这气质，望就有了，心里就有数了；闻呢？他在这儿跪倒见驾，康熙皇帝说出这几句话来，康熙的语气，康熙的气息以及康熙说话的力度，他就等于是闻见了；路上他问了太监了，皇上为什么生病？因为上京畿处理国家大事，回来下了轿子，一阵凉风吹来，偶染风寒，鼻涕眼泪哈喇子流下来了，伤风了，伤风好了，可心里老觉得堵得慌，病情也问清楚了；然后他一切脉，寸关尺一号脉，乐显扬心里有数了。皇上的脉是什么脉？稍弦。从这稍弦的脉上一看，皇上啊就是有点儿心郁不舒。您想想，这么大的国家，康熙皇帝八岁登基，到现在才多大呀？年纪轻轻管理国家大事，而且康熙又非常好学习，什么都学，天文啊，地理呀，数学啊，几何啊，没有他不想问的，没有他不想学的。处理这么多国家大事，他心情之上未免就有点儿焦虑了，从这脉象上这么一看，乐显扬心里有数了，皇上看了看乐显扬。

"乐太医，要依你说，我这病还用药吗？"

您看，皇上聪明，皇上就知道乐显扬看病跟别人不一样。旁边这老太监的心"噔"一下就跑嗓子眼来了，心说刚才这几片话，要是把康熙皇帝没得罪，就算万幸。现在康熙皇帝又问他呢，我用药不用药？万也没想到乐显扬说出一句话来，把老太监差点儿吓死。

“圣上，臣见您精神旺盛，看您心如磐石，我想凭您的意志，就能够自己把自己懈松下来，然后慢慢把自己调节好了，心情放宽，用不着吃药，病自愈矣。”

太监心说：这憨子呀傻到家了。自古以来没有给皇上看病不开方子的，哪怕您开点儿……开点儿补药呢。您给皇上看病不开方子，皇上一传旨一动怒，全家抄斩，灭门九族，连我都得跟着沾包儿。整个儿皇上的寝宫鸦雀无声，足足有一碗茶的工夫，康熙皇帝一伸手，伺候皇上起居饮食的小太监赶紧捧着茶就过来了。皇上接过盖碗，打开这盖儿，抿了一口茶，又放回小太监的手里，把这盖儿又给扣上了。

“乐太医，你说得不错呀，那么我就按着你的方法，药不吃了，这些苦药汤子呀，喝得我也怪难受的，下去吧。”

乐显扬这才回过神来。

“臣遵旨，谢皇上。”

您看，乐显扬家传的医术，而且家传的人品，作为大夫不能蒙人。济世救人嘛，不管面前是谁，你给他看的是病。所以他实话实说，那么实话实说这样的大夫也分对谁，对的是康熙皇帝，康熙是个英明之主，有道明君。在咱们中国的历史上，康熙八岁登基，在位六十一年，是中国历史上在位时间最长的皇上。有名的康乾盛世，康乾确实是好皇上，前边是康熙，后边是乾隆，尤其是康熙。那么要换一个皇上啊，嘿嘿，恐怕乐显扬也不敢说，恐怕说出来，这脑袋就得掉；这也就是真正的良医遇见英明之主了。

乐显扬站起身形，应当是太监往过让，“乐太医，您走啊？”乐显扬抬头一看。

跟太监净剩下哆嗦了，乐显扬心说：我搀着他走吧。

“老公公。”

“啊啊……太医请……”

乐显扬心说：你在这儿哆嗦，我怎么请啊？乐显扬很聪明，拿手一搀这太监，两个人哆里哆嗦由打皇上寝宫退出来，到了外边啊，这太监轻轻地出了一口气。

“哎哟！我的妈呀……差点儿把我吓死……你好大的胆子呀。”

“得嘞，咱们快走吧。”

两个人不敢说话，旁边怕有人听见，一直走到午门，乐显扬一回身。

“您啊，就留步吧，我到了大清门，就让这轿子落平了，我离家也挺近的了。”

“那好了，我可就不送了，太医，您慢着。”

咱们书不说废话，乐显扬上了轿子，轿子抬起来了，旁边跟着个小太监，就是这老太监的徒弟。由打午门一直抬到了大清门，出了大清门，乐显扬一踹这轿底，轿子落平，轿杆打杵，掀起轿帘，乐显扬下了轿子了。

“受累，你们众位回去吧。”

“啊，乐太医，您慢走，您慢走……”

乐显扬身穿官服迈步往前走，说实话，乐显扬到现在还哆嗦呢。给谁治病啊？皇上。天下之主，你知道皇上什么脾气呀？乐显扬站在大清门外，走了两步，抬头这么一看，哎呀，气暖晴和呀，我得心定神安。他这一闭眼，再一抬头，嘿，这几个儿子也不知哪儿冒出来的，老二老三老四站在自己的面前。

“爹，您怎么样啊？”

“你妈呢？”

“我妈在家有大哥陪着呢。”

“你们怎么……怎么来得这么快呀？”

其实乐显扬不知道，乐显扬刚一上轿子到宫中给皇上治病，彩云吓坏了，老大在这儿搀着，老二老三老四说。

“这么办，我们上大清门外头等着去，就那贾家茶楼，您千万别着急。”

“妈，您别着急，我爸爸会平安无事的。”

彩云说不出话来了，着急呀，倘若自己的丈夫出点事儿，这一家子可怎么办啊？这哥儿几个就到了前门，到了贾家茶楼了。老掌柜的还在，少掌柜年纪轻轻二十多岁，这么一听。

“你们在这儿坐着喝茶。爹，您给沏上茶，您跟他们哥儿几个聊着，我呀上大清门那儿瞧瞧去。"

"你认识吗？"

"嘿，我天天在这儿看过来过往的，我就能知道哪顶轿子出来是乐太医的。"

"那你赶紧去。"

这少掌柜就站在大清门外头往里瞧，所以乐显扬这轿子一出来，他撒腿往回就跑。

"得嘞，几位少爷，您瞧瞧去吧，老爷子从里边出来了。"

所以哥儿几个赶紧出来了，老掌柜少掌柜也跟着出来了，就站在哥儿几个后头。

"哎呀……"

老掌柜看了看乐显扬。

"太医，喝点儿水去吧？我那儿有好茶叶。"

"得啦，彩云还在家里着急呢，我赶紧得回家。"

"好吧，那您改日来喝茶。"

"改日我再来看您。"

老掌柜是他们老两口子的媒人，又是街坊，那就太熟了。乐显扬带着儿子回家了，刚一进门，一看彩云在这儿呆呆发愣。

"他娘。"

"啊……"

彩云一看丈夫平安而归，"欻"的一下这眼泪下来了。

"你……你回来啦？"

"啧，你瞧，这么大岁数了，还掉眼泪？不嫌寒碜吗？一帮儿女了。"

"你要把我给吓死啦。"

"得嘞。"

乐显扬低低的声音，凑过脸去。

"你害怕呀？嘿嘿……到现在我这腿还哆嗦呢。"

两口子进了屋，然后脱去朝服，更换便服，乐显扬往这儿一坐，现在乐家已然算是大宅门了。既然当过太医了，由打太医院回到家中，开了同仁堂药室，乐显扬又当了七品文林郎，所以家里边也是用人一大片了。外边是药室，有诊脉的地方，有抓药的地方，有熬药的地方。所以说外边有外边的厨子，有厨房；里院有里院的厨子，有厨房；像奶妈子呀，使唤丫头，那就一大片了。咱们北京都习惯，管这伺候人的叫老妈子，叫使唤丫头，是吧？这是北京都规定了的俗语。乐显扬往这儿一坐，这时候张妈端过一碗来，银耳莲子羹。乐显扬喝完了之后，往旁边一放。张妈回厨房了，彩云一看丈夫喝完了，就把这碗拿起来，出了这间房，送回厨房去。等回来的时候一看啊，丈夫靠在太师椅上已然睡着了，你说惊醒他吧，看着不忍心；你说不惊醒他吧，在太师椅上偎着多难受啊。得嘞，还是把他搀到床上去吧，彩云用手一扶。

“他爹，你上床上躺着去。”

乐显扬一睁眼。

“饭熟了吗？”

“饭快熟啦，等孩子们吃完了，我再陪着你吃。”

“行啦，今天啊，就跟孩子们一块儿吃，吃完了我再睡。”

就这样，乐显扬跟着彩云到了厨房，孩子们在这儿坐着呢，一会儿饭熟了，就把这顿午饭吃了。吃完了饭之后，乐显扬就回到屋中，躺下可就着了。彩云在旁边看了看，然后给盖好了，就撤出来了。乐显扬也确实太累了，现在心里踏实了，整整睡了一个时辰，按现在说就是两钟头。就在这时候，外边有人叫门，老大把门一开，一看谁来了？王焕来了。

“哟，王叔父，您好。您今天怎么有工夫啊？”

“来看看你爹。”

“您请进。”

彩云听见声音，赶紧出来了，往里头让，然后进屋就把乐显扬叫醒了。

“你醒醒，你看看谁来了。”

“谁来啦？我还没醒就呢。”

“他王叔叔来了。”

“哎哟，那我可得起来。”

乐显扬起来出来一看啊，这王焕身穿便服。您看，王焕上哪儿串门去，三品官从二品，那都得带着随从人员。唯独到乐显扬家，那到哥哥家了，俩人磕头的把兄弟，王焕多会儿都是一人来。身穿便服，手里头拿着一个锦盒。

“哥哥，您好啊？”

“兄弟，你今天闲在？来来来，书房坐。”

两个人进书房落座了，彩云不让别人伺候着，把茶沏好了，往这儿一放。

“兄弟，你今天怎么这么闲在呀？”

“哥哥，您说今儿是什么日子。”

“什么日子？嗞……什么日子啊？”

“嘿，您可真糊涂了，您这药室开了多少年了？”

“十几年了，哎哟，今天是药室开张的日子，你瞧瞧我……干吗？给我送礼来啦？咱们哥儿俩可不过这个。”

“您瞧瞧这是什么？”

王焕把这锦盒打开了，乐显扬一看这锦盒里，高丽国的人参一棵。一看这人参，那乐显扬懂药啊，这枣核艼多大呀，一看就是百年老参。

“啧，兄弟呀，你看看你这岁数，一天比一天大，这东西你留着有用。别给我拿来了，我这儿有。”

“有？有是您的。您瞧我一个人吃饱了连狗都喂了，我又不拉家带口的。得嘞，我给您送来了，昨天这东西才到，我今天给您送来，不就是您高兴嘛。”

“唉……”

乐显扬看了看王焕，心说：王焕啊，你虽然中了功名，当了三品官，到现在还是独身一个人。你一个人这么下去，将来可怎么办呢？

那么王焕为什么终身不娶？咱们下回再说。

第十一回

修身才能齐家，齐家才能治国，
国家安定民心定，国之强大平天下。

刚才我说的这几句呢，咱们就能想起来，孔子的学生曾子在《礼记·大学》说的这几句话了，就是：修身、齐家、治国、平天下。说一个人要是打算为国家卖力，首先得有自我修养，只有自我修养好了，把你的家治好了，你才能够为国家服务。尤其做一个有道明君，你自身修养搞不好，你自己家庭不安定，那怎么样治理天下呢？所以说曾子的话确实对我们今天也非常有用处。

上回咱们说了，礼部左侍郎王焕来到乐家看哥哥，俩人磕头的把兄弟，正是药室开张纪念，所以送来一根老山参。乐显扬看着王焕啊，唉……心说我怎么说呢？王焕到现在当了这么多年的官儿了，没娶媳妇儿没成家。为什么？乐显扬劝过他，也保过媒，也确实给他提过亲，但是王焕说了："哥哥，我终身不娶。"为什么呢？就因为王焕没当了几年的官儿，眼看着一个兵部侍郎，因为一个案子牵连在内，皇上传旨全家抄斩，一百多口子都死于云阳市口。王焕心说："得啦，爹妈死了，把我培养成人，好不容易乐大夫把我的病治好了，现在我一个人踏踏实实。倘若我再娶了媳妇儿生了孩子，将来有朝一日，有个案子牵连在内，我不是把媳妇儿坑了，把孩子也害了吗？"所以把心腹之事跟乐显扬说了，您甭惦记我，我这辈子终身不娶。就这样，王焕还是一个人。哥儿俩坐这儿说了半天话，彩云进来了。

"既然来了就别走了，一会儿我给你们炒几个菜，哥儿俩好好喝喝。"

乐显扬也搭着透着高兴。

“好吧，兄弟，你不是没事儿嘛，咱们哥儿俩喝两盅。”

彩云让厨房预备饭去了，王焕就问乐显扬。

“哥哥，我听说您进宫为皇上诊脉了？”

“嘿，你还真听说了，可把我吓死啦。”

乐显扬就把看病的经过一说，王焕点了点头。

“哥哥呀，也就是圣主是个有道明君。您要遇见那个不太明白的，您啊可就回不来了。”

哥儿俩说着说着，聊着聊着，一会儿饭得了，吃完晚饭喝完酒，然后喝点儿茶，王焕告辞走。乐显扬也透着点儿高兴，今天给皇上治病，那么太监直接就带着轿子抬到了我同仁堂药室的外边，哦……可能皇上都知道我开了药室了。既然我这药室开成了这样，我给皇上都能看病，谁能继承我们乐家的医术呢？想到这儿呢，就跟媳妇儿彩云说：“你呀，把他们哥几个都给我叫来。”

一会儿的工夫，小哥儿四个都来了，乐显扬看这四个儿子，啧，心里痛快。你说我们乐家一子单传，偏偏彩云给我生了四个儿子，老大忠厚；老二深沉，而且特别地聪明，乐显扬最疼的就是老二凤鸣；老三机灵会说话，机灵劲儿眼力面儿都行；老四他就是不喜欢医药，但是这孩子也不糊涂也不傻。看着这四个儿子，乐显扬很高兴，眼睛就落到老二的脸上了。老二一看爹看自个儿，把头一低，母亲说话了：“坐下，坐下吧。”

乐显扬这书房的外头，靠山墙当中间有一张八仙桌子，乐显扬跟彩云，那两口子就不分上下了，一边一个坐下了。这边一个茶儿，旁边两把椅子；这边一个茶儿，旁边两把椅子；老大老二，老三老四，坐好了。

“你们哥四个都来了，你们也知道今天我进宫给皇上看病了，可能皇上都知道咱们家开了药室了。哎呀……我岁数也大了，我想问问你们，将来我百年之后，你们哥儿个谁把这药室接过去呀？”

乐显扬说到这儿，眼睛就落在老二的身上了。没看老大，知道老大这孩子忠厚，现在药室里里外外帮着他娘打点，就是老大，但是你想事事指望着他，这孩子胸无大志。眼睛就落在老二的脸上，老二一看，爹在看自个儿，把头一低。老三说话了，老三聪明啊。

“爹，我跟您说，我大哥呢帮着我娘，把咱们家里里里外外打点得挺好。我二哥呀，他不说话，我知道，他成天念书，干脆您将来就把这药室交给我，我能接这份儿差事。”

乐显扬看了看老三，没说话，老四心说我给打个圆盘吧。

“爹，我三哥说的挺好，啊，将来他要是开了药室，那外边跑跑颠颠的，我给他帮帮忙就行了，嗯，家里有我大哥呢。您甭眼睛老盯着二哥，二哥他有心思。”

嘿，只有老大没说话，老三老四都知道二爷想什么，老二抬起头来了：“爹，您要是真问我，我可就跟您说实话了。”

“说吧，凤鸣，有什么跟爹妈不能说的呀。”

老二站起来了。

“爹，娘。刚才我王叔父来了，在这儿吃饭，我就想进去，可是没跟爹娘商量好呢，我就不敢进去，我想求王叔父一件事儿。”

“什么事儿啊？你说吧，啊，该求的必然得求，你不求，爹都替你去求。”

“爹，我不想学医，就让我三弟干吧。”

“那你想干什么呀？”

“我呀，想进顺天府学，一句话，我想做官儿。爹，我看了不少书了，我也喜欢那些忠臣良将，治国安邦之才。我呢，我就想修身、齐家、治国、平天下。”

乐显扬心里激灵一下子，看着自己的二儿子，想把自己乐家的事业传给二儿子，没想到二儿子今天说出这样的话来，其实也不出乐显扬所料，他已然看出来苗头了。

“儿啊，你……说的是实话吗？”

“爹，我说的是实话，我要学明朝宰相张居正。”

乐显扬听到这儿，冷汗都出来了。

“张居正？儿啊，你知道张居正是怎么回事儿吗？”

“我知道啊，辅佐万历皇帝，帮着万历皇帝治理天下，老百姓喜欢他，而且他还做了很多好事。”

“那么最后呢？”

“最后他死啦。”

“死了以后呢？”

“死了以后抄家了。”

“都知道啊？”

“知道。那呀他是遇见昏君了，现在皇上可是明君。”

“唉……”

乐显扬这么一听，孩子年纪轻轻，没法跟他讲这些道理，想了想自己的家世，当初祖上就因为朱温之变，才离开官场四处游医，然后到北京。现在我进了太医院，我为什么辞官不做？我不是为了医药济世嘛，我不是为了给百姓号脉看病嘛，那官场根本不是我乐显扬待的地方啊。哎呀……乐显扬低头不说话了，彩云知道，知道丈夫想什么呢。

“行啦，你们哥几个睡觉去吧。”

这哥几个站起身形走，乐显扬用手一指。

“老二，你给我留下。”

哥儿仨走了，老二回来了。

“爹，您有什么吩咐？”

“你坐下。”

“爹，我不坐下，我招您生气了？”

“没有，你真想进顺天府学吗？”

“是。我想进顺天府学，我也打听明白了，虽然说您现在是四品文林郎，我能进去，可有一节，必须得有人写推荐信，所以我就想到求王叔父。王叔父现在是三品官，写封推荐信呢，我就顺理成章地进顺天府学了。”

“好啊……”

那么老二凤鸣说的顺天府学是哪儿？今天您也看得见，东城府学胡同。明朝的时候就建立了顺天府学，到清朝延续。那么顺天府学谁才能进去？基本上得够童生的资格，起码是官宦子弟，或者是州城府县举荐生员，放在这儿培养。多大？十五岁才能进学校，十年才能毕业。如果说学得好，将来可以升为太学，就通仕路。如果做官，这是一个很好的捷径，而且能学到真正的东西。但是即便是官宦人家，官宦子弟，也得有人下保证，也得有人推荐。所以乐凤鸣就想到了求王叔父给自己写一封推荐信，自己进顺天府学，十年之后进太学，将来好当官儿，我做张居正。

张居正咱们大家都知道，张居正是明朝万历皇帝之前的忠臣。朱元璋自打称帝之后，把宰相给去掉了，建立内阁。内阁首辅那就是等于皇上的秘书长。张居正在万历年间做了内阁首辅，虽然张居正立了这么多功，为国家所想，可是咱们翻开明朝的历史看看，那时候万历皇帝可太小啦，权力都在张居正手里。张居正死了以后，有人在万历皇帝面前说坏话，万历皇帝马上传旨抄家。因为大家伙儿舆论太多了，就没敢刨坟鞭尸。后来三四年以后，天启年间，才给张居正翻案。

乐显扬心里明白，孩子能知道什么？孩子就知道当官儿，孩子就知道将来做一个张居正这样的贤臣，现在的明君是康熙皇帝。

“儿啊，那么官场之中的事情你知道吗？”

“爹，您说，我知道，像我王叔叔，为什么不成家？我也明白了，他不是就怕将来犯了案，全家抄斩，灭门九族嘛。”

“你既然知道，你还想当官？”

“好好当官儿，不做坏事，我想什么事儿都没有，照样可以让咱们乐家光宗耀祖啊。爹呀，您要生气，我就不去；您要不生气，您就求求王叔叔，给我写封推荐信吧。”

“唉……”

乐显扬不能多说了，年轻人跟自己想法不一样，拦住儿子不对，不拦住儿子也不对。乐显扬反过来一想啊，得嘞，四个儿子呢。刚才我这二儿子也说了：修身、齐家、治国、平天下。得了，念书啊，我先让他修身吧。再说王焕自打当官之后，王焕怎么想法我不明白吗？既然他想找王焕给他写封推荐信，不如我让他见见王焕，让王焕也劝劝他。

“好吧，你明天就上你王叔父家去一趟，求他给你帮帮忙，好吗？”

“爹，那我可谢谢您了。”

“哎哟……儿子呀，谢我干吗呀？你得好好念书，才能够光宗耀祖。”

这一宿乐显扬翻来覆去他睡不着觉。一个，给皇上看病，这可不是小事儿啊，这碰见英明之主了，不然的话，我这脑袋就搬家啦，连个方子都没开。自古以来给皇上看病也没有不开方子的呀，我可是头一个吧。再说了，这孩子要走向仕途，唉……

第二天，孩子上私塾，回来了，估计王焕也回家了，老二来见自己的父亲。

“爹，我上王叔父家去了。”

“好啊，给我带个好儿，快去快回。”

咱们书不说废话，他经常去，为什么？因为王焕最喜欢这老二。当初哥儿俩磕头拜把兄弟的时候，嫂子正怀着老二，老二正出生。再说老二在这哥儿四个当中最聪明，也最有深沉，王焕自己又没儿没女没娶媳妇儿，就喜欢这孩子。门吏进门一禀报，说乐家二少爷来了。

“哎，快叫他进来，快叫他进来。”

到屋中落座，给叔叔磕了个头。

“得啦，没这么大礼，快坐下吧。”

让家人摆上四份小点心，看着这孩子吃，看着这孩子喝。

“孩儿啊，你找我有事儿吗？”

“我求您一件事儿。”

“什么事儿？说呀。”

“我呀，求您给我写封推荐信，您给我下个保证。”

“你要干吗呀？”

“我上顺天府学。”

“顺天府学？你长大了要干吗呀？”

“当官儿啊，我跟我爹说了，我要当张居正。”

王焕心里也“扑腾”一下子。心说：我从小儿爹妈就让我当官儿，让我念书，结果我中了解元我神经了，幸亏乐大夫给我治好了。现在我虽然当了官儿，连媳妇儿都不敢娶，不敢娶妻生子啊，这孩子怎么想当官儿啊？有心劝劝老二，回头再一想，自己当初也是那么痴迷呀，你劝他他现在听得进去吗？得嘞，可能是我这哥哥让他找我来，也让我劝劝他，嗯……我哥哥想什么我知道。他呀，他想修身，想齐家，想治国，想要平天下，这修身啊先让他慢慢修去吧，慢慢长大了，我们哥儿俩再开导他，再让他明白明白。这孩子想法也并不坏，所以呢，王焕就没拦挡这孩子高兴。

“凤鸣啊，你回去吧。告诉你爹，你放心啊，让你爹妈也放心。明年只要顺天府学招生报考的时候，我就给你写封推荐信。然后呢，我再托托人，保证你能够进顺天府学。”

“王叔叔，我再给您磕一个。”

“行啦，给我鞠个躬就行了。”

给王焕鞠完躬，然后退出来。这孩子爱逛俩地方，一个书店，爱看书；另一个爱逛古玩店。出胡同口儿不远有个书店，书铺卖书的，进去看书。掌柜的都认识啊，南城这儿谁不知道乐家开的同仁堂药室啊，谁不认得二少爷，谁不认得三少爷，谁不认得四少爷呀，都认识啊。

“哎哟，哈哈，二少爷，您怎么着？今儿闲在呀？”

“啊，我看看。”

在书铺里头看了半天，这些书家里差不多都有，然后从书铺里出来，一拐弯儿，就进了古玩店了，这老二啊喜欢玉。

“掌柜的，您给我拿这个看看。”

“哎哟……二少爷。您看这个？”

由打柜台里把这玉牌子托出来了。

“二少爷您看，真正和田羊脂玉。”

“我看出来了，哎呀，啧……这油儿都快流出来了。掌柜的，真好，真好……”

“二少爷，那您带着吧。”

老二心说：就我这俩体己钱儿，我买得起吗？就在这时候，就听见身后有脚步声音。老二回头这么一看，由打外边进来一个男的，进来一个女的。先甭说这男的，老二一看这姑娘，淡淡桃花面，青青杨柳腰，朱唇一点貌多娇，杏眼一瞟把人的真魂勾掉。老二情窦初开，看着这姑娘是呆呆发愣。

第十二回

淡淡桃花面，青青杨柳腰，
朱唇一点貌多娇，
杏眼一瞟把人的真魂勾掉。

上回咱们结尾的时候也说的这四句，今天把它用为开场诗。那么这四句说的这美人是谁呢？就是同仁堂的创始者，就是开同仁堂这位，乐凤鸣的媳妇儿。

上回咱们说乐凤鸣由打王焕他们家中出来，逛了逛书店，又逛这古玩店，手里拿着玉牌子正看，听见脚步声音，回头一看，进来一男一女，说这女的漂亮，说的就是进来这个姑娘。前边走的是一位少爷，中等身材略微高一点儿，皮肤特别的好，又白又嫩，而且白中透红，红中透润，粉不噜儿的那么好看。长得浓眉大眼，高鼻梁儿四字口，俩元宝耳朵。嘿，就是稍微胖一点儿，看起来家里边的日子肯定挺舒服的。头上戴着六块瓦儿的黑缎子帽子，迎面这块帽正儿是翡翠的，湛清碧绿，水头儿也挺好；身上穿着藏蓝色的绸子袍儿，两只缎儿鞋，中衣儿是黑色的；大辫子在身背后一垂，嘿，除了稍微胖一点儿，这少爷没挑儿，长得眉清目朗，让人看着那么痛快。后边进这姑娘，那咱们就别给她开脸儿了，不高不矮，不胖不瘦，长得按现在说是十分靓丽，而且她气质夺人。这二位是谁呀？书中暗表，咱们前边说过，乐显扬进太医院，跟他同屋子诊病，小方脉的太医钱吏目钱松柏，后来娶了个北方受水灾的闺女，两口子结婚搬回老家去住去了，生了一儿一女，就是到古玩店进来这个一男一女。儿子姓钱，钱元字靖方；闺女叫翠莲。哥儿俩为什么逛这古玩店呢？因为爹妈回老家了，但是母亲是北方人，母亲每天都闹着要回北方。两个儿女长大成人了，儿子闺女也惦记回北京。这么着，这钱吏目就把这娘儿仨带回北京来了。到北京，闺女就要逛逛，哥哥就给带出来了，正好在古玩店就碰见乐家老二乐凤鸣了。

乐凤鸣手里拿着玉牌子，回头一看，没瞧见过这么可心的姑娘。家里边媒婆保媒的都把门槛踢碎了，说哪个姑娘，老二凤鸣都不愿意。今天一看这姑娘，“啪”眼前一亮，脑窍儿一开，这魂儿“日……”就飞出去了，真是魂飞天外呀。小伙子情窦初开，两只眼睛看着姑娘就不动了，这钱少爷这么一看，嗯？再回头儿一看自个儿的妹妹。您再瞧这妹妹，头一眼看了一眼，然后低头，再一瞧，这眼睛也不动换了，四目相对。再一看，妹妹脸都红了。少爷就明白了，这是这位少爷看上我妹妹了，我妹妹也盯上他了。这少爷很聪明，因为天天啊，自个儿的父亲老叨唠自个儿，说你不娶媳妇儿就得了，你倒想着给你妹妹找一个好主儿啊，我就指望着有个好姑爷了。爸爸您甭着急，这事儿交给我了。今天看四目相对，少爷有主意了，走到这柜台前。

“啊……这位公子，看玉牌子呢？我瞧瞧？”

这乐凤鸣手里拿着这块玉牌子，这少爷要瞧瞧，赶紧就递给掌柜的了。

“掌柜的，这位少爷要看看这块牌子。”

掌柜的接在手里往前一递。

“少爷，您瞧。”

钱少爷把这块玉牌子接到手里头了。您看，说书咱们说的都是规矩，为什么？甭管您买什么，尤其是古玩，说您这块玉牌子，交了钱是您的；不交钱是人家掌柜的。如果说您交了钱，这块玉牌子你交给这位少爷，“叭……”一下子玉牌子掉地下了，碎了，那你该倒霉；如果您还没交钱呢，您一倒手，给这位少爷了，玉牌子掉地下了，碎了，谁赔呀？是他赔还是您赔呀？乐家自打当了太医之后，家规越来越严，乐显扬看孩子看得也挺严，所以孩子们都很懂规矩；再说，乐显扬也很喜欢古玩。乐凤鸣很明白，就把这块玉牌子交给掌柜的了，掌柜的接过来，往这少爷手里一递，所以说买古玩这叫规矩。你说你好比一块玉吧，再说您买一碗，这碗是官窑，是吧？您一般拿这碗看，看完了以后放在桌上，倒手不倒，您一倒手“啪”掉地下，这官窑您赔得起吗？这少爷一看啊，买玉牌子这少爷还挺懂事，拿起这块玉牌子看了看。

“不错，和田，好啊，籽儿玉呀，够羊脂啊。请问，您贵姓啊？”

“啊啊……在下……”

他还没说呢，掌柜的说话了。

“哟，少爷您不认得啊？北京有不知道乐家的吗？乐太医乐显扬之子，乐家二少爷乐凤鸣，打磨厂里，同仁堂药室。”

“哦？”

少爷听到这儿，眼前这么一亮。

“您……是乐家二少爷？同仁堂药室？”

“啊，在下正是。”

“哦……好好好好，久闻大名，久闻大名。”

那乐显扬的儿子，当然他也懂礼貌，既然人家问自个儿了，自个儿也得问问人家。

“请问，兄长贵姓？”

“啊，在下姓钱，姓钱。您看，买这玉牌您得掏钱吧？哎，我就姓这钱。”

“哦……”

钱少爷看着乐凤鸣，心说：爹天天叨唠啊，爹也说了，在太医院的时候，跟乐显扬两个人在一个屋给人治病，都是小方脉的医生。嗞……你说我说还是不说呢？不成，没有父亲的话，我先别言语。

“啊，好啊好啊好啊……”

掌柜的一看，你们俩倒好了，我这牌子你们谁要啊？

“哈哈，二位少爷，您哪位看上这块牌子了？”

乐显扬的儿子现在心里惦记什么？就惦记着好好念书。他进这古玩店也不过就是逛逛，再说手里也没这么多钱来买这块牌子，再说看见这姑娘了，神魂不定啊，这叫情窦初开。也不能老在这儿待着啊，拉着姑娘问长问短的，说我爱你？那是什么年头啊？乐凤鸣赶紧就退出来了。

“掌柜的，改日我再来，改日我再来，您做您的买卖。”

“啊，少爷，再见，再见。”

“再……再，再会，再会。”

说话都不利落了。乐凤鸣退出来了，拐弯儿，俩弯儿，到家了，一叫门，家人把门开开了，进来了，家人关门。他迈步往里走，正赶上母亲端着一个茶壶要去续水去。

“妈，我回来了。”

“凤鸣啊，看见你王叔叔了吗？”

“看见了。”

“你王叔叔答应了吗？”

“答应了。说顺天府学在收学生的时候，他给我写封推荐信，您放心吧。”

“我怎么瞧你好像还有事儿似的？”

“没事儿。”

“干吗那么横啊？我看着你有事儿。知子者莫过父母，从你的眼神我看出来了，你有心事。”

“妈，您瞧。”

“你说。”

“妈，您不是让我娶媳妇儿吗？”

“相中啦？谁家闺女呀？姓什么叫什么？我马上托媒人去说媒去。”

“啧，哎哟，妈，您怎么那么着急呀？您不是老催我，说我弟弟都定好了吗？聘礼不是都下了吗？您老催我。”

“是啊，催你多少回了。提亲的多了，你怎么就不愿意呢？”

“我跟您说，这回呀，我看上一闺女，这闺女甭提多俊了。”

“姓什么呀？”

“呲……好像姓钱。”

“在哪儿住啊？”

“不知道。”

“那你倒打听打听啊。”

“哎哟，我头一回见面，我怎么问人家啊？说姑娘你在哪儿住啊？我妈托媒人上你们家说媒去？我说不出来呀。”

“你这孩子呀，大海茫茫啊。姓钱，好吧，这么办吧，我明天就上贾家茶楼，托贾掌柜给我打听打听，凡是姓钱的，咱们全都去，看见哪个闺女是你想要的。妈就豁出这老脸去了，托媒人前去给你说媒。”

“嗨……妈您着什么急呀？”

这时候乐显扬让家人出来了，叫彩云有事儿，所以娘儿俩也就不说话了。这一宿乐凤鸣没睡着觉，翻过来掉过去，脑子里就是这闺女，这闺女叫什么？这闺女叫翠莲。他哪儿知道啊？就想这闺女，这闺女怎么这么好啊？我要能娶到家里，那这辈子都知足了。第二天起来了，穿好了衣服迈步走出来，到厨房吃早点。家里边有厨子，粥熬好了，六必居的酱菜儿，买好的果子，坐这儿哥几个吃早点。吃完早点，他出来了，刚迈步出来，就听外边有人叫门。伙计赶紧开门去了，一开门。

“哎哟……总管，您等着。”

外边谁来了？轿子，旁边两个小太监，轿子落平了，从里边走出一个大太监来，宫中的总管王总管。手里头抱着一锦盒儿，锦盒儿外边是一块黄缎子的包袱皮儿，把这锦盒儿包着，这王公公捧着。

“乐太医在家呢吗？”

“在家呢，您候着，您候着。”

家人撒腿就往里跑，告诉大少爷，大少爷凤翔赶紧找爹来了。

“爹，您赶紧看看，宫中来人了。”

“啊……”

把乐显扬吓一跳，不知道皇上经过自己诊脉之后，身体怎么样了。

“爹，您甭着急，我刚才听家人说，外边这公公满脸堆欢。”

“啊……好好好……”

乐显扬赶紧出来了，走到门首一看，就是带自己进宫给皇上诊脉的这位王总管。

“啊，拜见总管大人，拜见总管大人，您请。”

“太医呀，皇上可赏赐下来了，我先给您道喜。”

让到客厅落座，有人献茶，把这黄包袱皮这个包袱往这儿一放。

“太医，皇上这两天心里边挺高兴啊，虽说没吃药，您没开方子，也不知道怎么着，第二天就感觉到特别舒服，话是传下来了，让我带着这银子，给您赏下来了。您过过目吧，皇上赏的五十两银子。”

您别看五十两银子，说起来多不多？不多。说起来少不少？也不少。乐太医在太医院这一年才挣六十两银子，其实工资并不高。乐显扬看了看这黄包袱，然后冲着紫禁城的方向跪倒磕头。

“臣，谢皇上。”

这叫谢了恩了。

“得了，哎呀起来，起来吧。”

乐显扬站起来之后，要解这包袱皮，那宫里的总管，那机灵劲儿眼力面儿，那一点儿都差不了啊。

“太医，您可千万别动，奴才我不敢要，这可是皇上老爷子赏给您的。”

“哎哟，我明白了。”

乐太医赶紧转身到了院子里头，让彩云由打家中拿出一锭银子，接过来之后，进了屋交给这位总管。

“得了，您受累了。”

太监把这银子收起来了，掂了掂，分量也不轻。

“得嘞，那我就谢谢您了。没事儿的时候，我可上您这儿串门儿来。”

“多谢总管。”

“那我可就告辞了。”

乐显扬就把这位总管太监给送出了家门，眼瞧着上了轿子，轿子起了杆了，乐显扬才回来把门关上。好事儿吧？您看这宫中的总管，那么您要听戏台上，都管这太监叫公公。实际上啊这太监也是尊称，王太监啊李太监啊，宫中的大小总管啊。所以乐显扬就管这宫中的总管就称大总管，一称大总管就高兴了，宫中的大太监啊，大总管啊，有权啊。

太监走了，乐显扬回来，时间不大该吃饭了。等把中午饭吃完，乐显扬就躺下睡觉了，睡醒了午觉，按现在什么钟点儿啊？子丑寅卯辰巳午未，午时是中午十一点至一点，也就未时末，按现在说也就是三点来钟。乐显扬一翻身起来，彩云早就把茶给沏好了，两口子坐这儿喝点儿水说会儿话。正在这时候，老大又进来了。

“妈，爸，外边来人了，说姓钱。”

“姓钱？”

彩云心里可就一动。彩云心说：昨天二儿子回来跟我说他看见一姑娘，长得特别好，姓钱。这姑娘怎么这么大胆子，自个儿拍门就来啦？不对呀，乐显扬站起来了。

“凤翔啊，谁来了？”

“说姓钱，当初在太医院跟您共过事，而且带着他一儿一女来看您来了。”

“哎哟……”

乐显扬高兴了，肯定是钱吏目钱松柏来了。那么钱松柏怎么来了？少爷带着妹妹回家了，到家了，翠莲往这儿一坐。

“爸，我回来了。”

“回来就回来，你干吗这样啊？”

瞧了哥哥一眼，那意思让哥哥说。

“哈哈，爸，这个……我们出去遛了半天了，遛了半天了，遛了半天了……”

“有话好好说啊。”

“他……您不是让我给我妹妹找主吗？我给找着了。您知道是谁吗？恐怕这位少爷也看上我妹妹了，我妹妹也看上他了，但是不知道人家定亲没定。”

“你不是废话嘛，谁呀？你认识吗？”

“乐显扬之子，二少爷乐凤鸣。”

“哎哟……”

钱吏目当时就站起来了。

“啧，嗨，你怎么知道是乐显扬的儿子啊？”

“掌柜的告诉我的，说人家在打磨厂开了同仁堂药室，乐家二少爷没人不认识啊。”

“开了药室了？”

“开了呀。”

“嗨……儿啊，你坐下。”

这少爷就坐在他父亲面前了。

“爸，怎么回事儿啊？”

“你不知道啊，我跟你妈带着你们俩人回到老家，你奶奶也故去了。把你们俩拉扯大了，我就想起一件事儿来。当初我可跟乐显扬说了，有朝一天回到家中，你要开药室，我送你一份厚礼，到现在药室开了，厚礼我也没送。再说了，你爷爷临死的时候留下一箱药书，那是咱们祖上的药书，而且你爷爷写好了遗嘱，这份儿药书不给我呀，要传给乐显扬，就在楼上搁着呢，你说我是不是欠人家乐家的人情啊？”

“欠人情好办啊，我妹妹嫁过去，这事儿就好说啦。”

“你妹妹真看上这二少爷了？”

“我妹妹在这儿呢，您问她呀。”

“翠莲啊……”

“我哥哥不是都说了嘛，您干吗还问我呀？”

这翠莲在家里养得呀，确实惯得不像样了。虽然说跟爹妈面前撒娇，但是在外边知情达理，是非常好的一个姑娘。

“好吧，既然这样，我跟你母亲商量商量。明天啊，你套辆车，我带着你前去拜访乐显扬，顺便看看老二有没有定亲，我好给你妹妹找个婆家。”

“好啊，那明天我套车，咱们可就去。”

翠莲这么一听。

“爸，我也去。”

“你干吗去呀？一个姑娘家家的。”

乐显扬他们家要来贵客了，儿女亲事是否能够说成？谢谢大家，下回再说。

第十三回

多年故友喜相逢，人生道路各不同，
皆因缘分今还在，儿女婚事来玉成。

上回咱们说到钱吏目钱松柏，知道乐显扬开了药室，自个儿欠份人情，答应乐显扬了，只要你开药室，我就送你一份贵重的礼物。其实他说的贵重礼物跟他父亲留下的遗物是一样的，要把钱家的药书送给乐家。皆因为乐显扬常到钱吏目他们家去，跟老爷子聊天，有了感情了，老爷子喜欢乐显扬，知道他研究医药特别的上心，所以在临死之前，就把祖上留的药书装到一个箱子之内，然后写好遗嘱：这个箱子传给显扬。

两件事儿凑一块儿了，钱吏目带着孩子带着媳妇儿由打南边回来，因为他这夫人是北方人，天天惦记着回北方，儿子闺女当然愿意到京城了，所以回到了京城。没想到在京城还没住踏实，还没归置完，就在这几天的工夫，儿子带着闺女出去逛逛，在这古玩店里碰见乐显扬的二儿子乐凤鸣了，钱吏目很高兴啊。

“我带你去串个门儿，把你爷爷这箱药书给送过去。”

翠莲这么一听。

“爸，我也去。”

“没听说姑娘家家串门儿去的。”

钱吏目这夫人由打后边出来了。

“去吧，又不是外人，他们两口子不是老来这儿串门儿嘛，只不过年头多了。这多好啊，让她去看看去。”

这钱吏目自打娶了夫人之后，事事都顺从夫人之意，夫人一说话。

“那……好吧好吧，啊，明儿你套辆好轿车啊，带着你妹妹一块儿去。”

说钱吏目他们家，老爷子把这药箱要留给乐显扬，咱们前边曾经说过，钱家的祖上那是中国的大医学家，在宋仁宗宋徽宗面前，那是一个成了名的儿科专家。这人姓钱，叫钱乙，现在留下一本书，这本书是他死后六年，他的徒弟把他的遗方整理，出版的这本书，这本书的名字叫《小儿药证直诀》。钱乙这一辈子有很多的著作，可惜都失传了，那是咱们中国古代最有名的儿科专家。您看，钱乙这儿科有两句最著名的话，说“欲得小儿安，常要三分饥和寒啊”。这句话我们家就受用一辈子，我从小长这么大，没撑着过一回。我就一闺女，我闺女从小长这么大，四十多了，也没撑着过一回。为什么呀？就是我父亲遵循钱乙的教训。

说我父亲懂医书吗？有好多朋友看见过我父亲的传:《醒木惊天连阔如》。我父亲小时候没钱，家里穷，是个暮生儿，还没出世我爷爷就死了。我奶奶含辛茹苦，我们是满族人，管奶奶叫太太，拉扯我父亲，拉扯我二大爷。那么我大大爷在午门当门甲，我爷爷当过笔帖式，家里边还有点儿文化传承。但是我爸爸穷，上不起学，就上了一年半的私塾。后来离家出走了，家里养活不起了，到天津在徐记杂货铺当学徒。病了，到回春堂药店请掌柜的给看病，掌柜的看我父亲特别的聪明，借这机会就从这杂货铺里把我父亲挖过来了，就在药店当了学徒。在回春堂药店当了三年学徒，我父亲这知识都是打《黄帝内经》这儿学下来的。掌柜的喜欢我父亲，把这《黄帝内经》给我父亲看，我父亲打开一看，都不认得，这个字念什么，那个字念什么，掌柜的挨个字地教，而且让他看《黄帝内经》，很多药典的书，都是在回春堂看的。那么掌柜的为什么别有用心呢？三年出师了，掌柜的把我父亲叫过来了。

“连寿啊……”

我父亲那时候没说书呢，不叫连阔如，叫毕连寿。

“嗯，你该出师啦，我想把你给留下。”

那我父亲很高兴啊，留下我接着在这儿做买卖。

“那好。”

“不过有一节，你也知道我没儿子，我把闺女许配给你。”

那我父亲也很高兴，白来一个媳妇儿，多好啊。还没说愿意呢，掌柜说了。

“你得立个字据，入赘为婿，更名改姓。”

那我爸爸可不干了，我娶你闺女当媳妇儿行，我继承这家业好好孝顺你们两口子行，让我更名改姓，不干，我还得姓我这毕呢。我们家老姓姓毕，满族镶黄旗毕鲁氏。所以我父亲就离开天津回归北京了。这三年，我父亲学习了不少的医药知识。所以我们从一落生，我爸爸就说：“这孩子呀，欲得小儿安，常要三分饥和寒啊。”说这句话管用不管用？我从小没撑着过，我闺女也没撑着过。现在有的大人喂孩子，吃吃吃，给孩子都养胖了，到最后年轻轻的就糖尿病，是吧？一身的病，实际上小孩儿少吃有好处。

钱乙那是咱们中国最早的儿科专家，他讲得很有道理。说这小孩儿啊他的肠胃还没长健全，你别让他吃太多了，少吃点儿，他饿了他自然言语；另外一个不能捂了，孩子老欢蹦乱跳老蹦，他产生的热量就多，你再给他捂着，一捂就容易生病。小孩儿不是撑着了就是热着了。所以说我们家从我父亲这儿开始，看完《黄帝内经》，看完钱乙的这医学论著，所以呢，我们家一直就传承着。我父亲后来又交了很多医药界的朋友，像外科专家赵炳南啊，是吧？名医胡荫培呀，王乐亭啊。后来我父亲在琉璃厂开了北洋药房，卖中药，也卖西药，所以我们家跟医药界确实有着联系，没想到现在我又说了《同仁堂》了。那么钱乙这话管用不管用？太管用了。甭说孩子，就是现在这大人，我劝您也不要吃到十分饱。看见好吃的了玩儿命的吃，看见不好吃的饿一顿。我不成，多好吃的东西，我也就吃八成饱；说多不好吃的东西，我也不能饿着，我也得凑合把它吃饱了。所以您看，我到现在七十五了，胃里头一点儿毛病没有。说这几句话不是闲话，咱们从这医务界里头，尤其这些老先生的医典当中，能学习很多的经验教训。但是最后人生调理，我觉得人还要相信自己，你最了解自己的身体情况，我根据各种不同情况给自己制造一个很健康的生活规律，我应当怎么样善待自己的身体，这才是最重要的。

钱乙这药箱，里边这些经典，那都是祖上传留，是不是咱们现在说的遗失的这些东西呢？那可就不想而知了。东西准备好了，这位钱太太钱夫人在家待着，钱吏目钱松柏带着儿子靖方，带着女儿翠莲，上了轿车，捧着父亲这药箱，由打西城一直够奔打磨厂前来串门。到了门前，儿子把这药箱抱在手里头，钱吏目上前叫门，闺女在后边站着，车呢？给了车钱打发走了。这一开门，乐显扬一看可就愣了。多少年没见了？两个人鬓边都有了白发了，脸上有了皱纹了。

“显扬啊，还认识我吗？”

“老哥哥呀，我怎么能不认识您呢？”

“老啦，老啦。来呀，你们两个，赶紧拜见你乐叔父。”

闺女儿子上前施礼，这时候老二可就把母亲彩云陪出来了。老二听说了，在后边一瞧，哎哟，就是我昨儿瞧见的那位。

“妈，就是她。”

那彩云还不高兴啊？彩云走过来了，乐显扬赶紧就指引。

“彩云啊，还认识吗？”

“我怎么不认识啊，钱大哥来了。哎哟，您可好啊？我嫂子呢？”

“她没来，看家呢，刚到北京，还没待踏实。来呀，你们两个人上前拜见你婶子。”

这儿子上前拜见彩云，彩云没往心里去，这闺女过来。

“拜见婶子。”

彩云拉着翠莲的手可就不撒开了，生了四个儿子没闺女，看见这么一个闺女，我怎么没养活这么一个闺女呀。哎哟……我儿子看上她了，别走啦。拉着这闺女，可就说不出话来了，高兴得眼泪都掉下来了，乐显扬这一看。

“你这是怎么了？来来来，赶紧进来，赶紧进来。”

到了客房落座吃茶，老哥儿俩见了面了，好像有多少心里话要说，但是当时坐在这儿又说不出来。

“来，喝茶……”

“来来来，喝茶，喝茶，喝茶……”

老大呀有心眼儿。

“妈，让他们老哥儿俩坐这儿喝茶，您把他们小哥儿俩请出来，上我二弟屋里，我派人给送点儿瓜果梨桃，再沏上一壶茶。”

这老大还挺聪明，老哥儿俩就在客房这儿坐着喝茶，那么这小哥儿俩就跟着老二跟着彩云，就到了老二凤鸣的屋中。老哥儿俩见了面了，多少年没见啦。说太医院，说你们家，说我们家，说老爷子……钱吏目用手一指这箱子。

“显扬啊，当初我可答应过你，说你将来有一天要开药室，我送你一箱重要的东西。你看见没有？没想到跟老爷子心气合到一块儿了，老人家临闭目之时，把我们祖上这些医书放到这箱子里，留下了遗言，这箱子要传给显扬。”

“啊呀……”

乐显扬听到这儿，想起老人家来，眼泪下来了。站起身形，把这箱子摆正了，恭恭敬敬跪倒在地，磕了三个头。

“谢过恩师。”

人家祖传的药书传给你了，简单吗？这也就是乐显扬的真情感动。什么真情？对医药的真情。乐显扬在这儿跪着磕头，钱松柏赶紧用手搀。

“哥哥，您起来吧。”

“行嘞，你是哥哥呀。”

“得嘞，咱们哥儿俩这哥哥弟弟，称呼这么多年了，就这么叫吧。”

老年间的人都客气，就是比自己小上几岁，也愿意呼之为兄，这是尊敬人。哥儿俩坐这儿了，接着喝茶，一边喝茶一边聊天。那边聊的比这边还热闹呢，聊着聊着，彩云就把钱少爷给叫出来了。

“婶子，您找我有事儿？”

“我问问你，你妹妹有婆家了吗？”

“我还想问您呢，我兄弟定亲了吗？”

“没有啊。”

“那不是就结了嘛。”

“这媒人你得做。”

“那是，肯定我做。您回屋去，我去找我爸爸去。”

嘿哟……彩云这心里这高兴啊，这少爷直接就奔着老哥儿俩这屋来了。

“爸，我跟您说点儿事儿。”

“什么事儿啊？这药已然给你叔叔了，你叔叔跪地也磕了头了。”

“不是这档子事儿，我说的是我妹妹的婚事。”

“哎哟，你瞧，见面说话了，我给忘了。显扬啊，不是外人，老二定亲了吗？”

“没有啊。”

“看我这闺女怎么样？”

“好哇。”

“那你们老哥儿俩都说好了，咱们这亲事可就定了，大媒是我。”

嘿……乐显扬没想到，轻而易举地我娶了这么好的一个媳妇儿，那甭提多高兴了。

“那咱们这亲事可就定了，过两天我托人去说媒，该下聘礼的时候选择良辰吉日下聘礼，一言为定，您回去跟我嫂子言明。”

“没错儿，没错儿，她肯定是愿意呀。”

这亲事就这么说好了，聊着聊着呢，时间晚了该吃晚饭了，彩云进来了。

“得啦，你们爷儿仨别走了，我已然让厨子买菜买鱼买肉，给你们做顿饭，在咱们家里吃顿饭，也不出去了。你们老哥儿俩就在这儿吃，我带着这帮孩子就在厨房。”

“别介，摆上一桌，大家伙儿在这儿团团聚聚，哎，该聊聊聊，该吃吃吃，啊，咱们一家子都在这儿。”

“好吧。”

彩云开始布置了，把家里请客的大圆桌往这儿一摆，正面儿乐显扬，钱吏目，挨着钱吏目的就是少爷，少爷下首就是翠莲，翠莲的下首那就是乐显扬的大儿媳妇儿。紧挨着乐显扬的旁边是彩云，彩云下边就是大儿子，跟着是二儿子、三儿子、四儿子，整整团团聚聚摆了一桌。老二往这儿一坐，侧眼一瞧，正看见翠莲。但是翠莲，不能侧脸看老二。大嫂子在这儿看着弟妹呀，心里甭提多高兴了。但是女人之心啊，跟别人就不一样，总看着这个未来的弟妹比自己强上万分。大儿媳妇儿有大儿媳妇儿的想法，因为三弟也说好了媳妇儿了，而且见过。这三媳妇儿啊要比老大的媳妇儿刁得多，再一看这老二的未婚妻长得这么漂亮，大儿媳妇儿心里可就有点儿堵得慌了。咱们把她撂下一边不说，大家伙儿团团聚聚吃完这顿饭了。

“嘿哟……”

钱吏目乐了。

“怎么就不知道给你妈送个信儿去呀？”

“那我快去，我去，我去给送信儿去。”

乐显扬说：“甭了，让家人套个车，饭菜已然做好了，咱们吃饭吃的也早，菜装好了，让伙计套上车给嫂子送回去。”

彩云把事情全都给弄好了，乐显扬也很放心，伙计套着车，把菜装上食盒，就给钱吏目他们家送去了。这小哥几个还是上老二屋里聊天去，老哥儿俩还在这客厅坐着聊天，待了一会儿，热上酒，弄点儿小酒菜，哥儿俩一边喝着酒一边聊着，越聊越高兴，越聊越高兴。没想到聊着聊着，突然间这钱吏目用手一扶这药箱，脑袋往前这么一低，“砰……”的一下儿，这脑袋就磕在药箱里。

“哎……哥哥，你怎么了？”

乐显扬再用手一搀，可坏了，大夫的感觉特别灵敏，赶紧把他扶下来，用手一号脉，寸关尺，再用手一摸这鼻息，气息全无。

“哎呀……可坏了！”

赶紧叫人把钱吏目放在床上躺下，然后再号脉，想办法再救，乐显扬知道，这人已然救不了了，按现在说：猝死，太高兴了。把儿子闺女叫来，把老二老大老三老四全叫来呀，儿子闺女这么一看，这哭啊，没想到大喜的日子，好容易老哥儿俩见面了，您就死在这桌前头啦……乐显扬心里乱啊，这怎么办呢？赶紧让老二套上车，陪着钱少爷到他们钱家把钱吏目的夫人接来。好容易把这位夫人接来了，夫人进门就哭啊。

“乐显扬啊……你不是大夫吗？你把他给我救活了，你怎么让他死在你们家了……”

正常现象，夫妻恩爱一生，现在丈夫死了，您说她能不哭吗？钱吏目这一咽气，当然，不用争，所有办丧事这笔费用，全都是乐家花的。好容易把丧事办完了。万也没想到过了几天，突然间传来个信息，礼部左侍郎王焕因为官司牵连在内，已然掐监入狱。

第十四回

大清名医乐显扬，继承传统留良方，
心愿未了人辞世，立下名号同仁堂。

上回咱们说到钱吏目，由打南方回来，到了乐显扬的家，闺女也找着婆家了，自个儿欠乐显扬这份人情也补上了，把父亲的心愿也了了。没想到一高兴，就死在乐显扬的家中，恩爱夫妻一旦割舍。翠莲的母亲太伤心了，两口子结婚到现在，没红过一回脸，这钱吏目虽说在医药上不上心，那疼媳妇儿，那可别人都比不了。他这儿子也随他，到现在还没看上意中人。

好不容易把他们家的丧事安排好了，这娘儿俩的心情也稍微稳定一点儿了，礼部传下话来了，消息传到了乐家。就原来这疯举人王焕，后来参加殿试中了榜眼，礼部左侍郎，三品官，没想到被掐监入狱了。乐显扬着急呀，俩人磕头拜的把兄弟呀。赶紧花钱打点，到狱中来看望王焕，王焕说。

“哥哥，我知道您来，您别来了。”

“那我得想办法救你呀。”

“救不了。我跟别的官员弹劾一位官员，没想到他们从中做了手脚，证据找不出来了，把我牵连在内。”

“那你冤啊。”

“甭提冤不冤，这么多年我已然看惯了官场这些事了。哥哥，我就一人，没媳妇儿没孩子，我没得惦念啊。您赶紧回家，我的事儿千万别往心里去。”

话好说呀，乐显扬能不往心里去吗？打这一天开始，四处打探这案子，而且让家里边的厨子每天做好了饭，按时地送到狱中，不能让王焕亏了嘴，身子骨弱了，这官司可就没法打了。当然，花钱如流水，这钱也没少花。隔几天，乐显扬就到狱中去看王焕，看到第三回了。

“哥哥，您别来了。我跟您说，您也甭救我，就您目前这身份，您救不了我。您知道这里边水多深呢？我让您放心，我就一人命，您有什么可惦记的？不就是一死嘛。”

乐显扬流着眼泪走了，没想到过了几天，有人到家中送信儿，王焕绝食死在狱中。乐显扬放声大哭，老二在旁边陪着哭，王焕最疼的就是老二凤鸣。好朋友钱松柏死在自己家中，好兄弟王焕死在狱中绝食而亡，乐显扬心力交瘁。这爷儿俩太受打击了，本来老二还指着王叔父写一封推荐信，到顺天府学去读书，没想到叔叔死在狱中了，陪着爹哭了好几天。女人最怕受伤了，就这几件事跟着，彩云可就受不了了，就病倒在床榻之上了。没想到过了不到七天，钱少爷送信儿来，他母亲过度悲伤，死在家中了。跟着彩云两眼一闭，离开人世。您说这几件事儿，乐显扬受得了受不了？钱吏目两口子都没了，三儿子定好了亲，不能要，老二这儿定好了亲了，那都在服丧期间，怎么办？乐显扬后来跟老二商量商量，又跟钱大少爷商量商量，就把翠莲接到家中了，跟哥哥怎么过日子呀？翠莲很难受，爹也死了，妈也死了，家里边娇生惯养的。好赖来到乐家，这个也疼，那个也疼，又加着老二天天在自个儿面前哄着，待了这么几个月，这心情逐渐才缓过来。这天，乐显扬把乐凤鸣叫到自己跟前。

“凤鸣啊，你……还打算去乡试吗？”

“爸，我就想走向仕途，我就想当官儿，在皇上面前做一个忠臣。”

“啊……好啊，好啊，可是你要知道咱们乐家传了多少世了，自打到北京，到现在又几代了？我由打太医院回来，在家中开了药室，那么将来这药室何人来继承啊？老二，爹我可就指着你了。”

老二明白不明白？老二明白。父亲在我们哥儿四个当中最看重的是我，我大哥非常忠厚老实，帮着我母亲料理家务，现在我母亲去了，家里边所有的事情全都是大哥料理；三弟虽然聪明，但是三弟不踏实；四弟的心就在皮货上，根本对这医药是不闻不问；但是老二心里边总想着当官儿。

“爸，您放心，我们哥儿四个呢，还不能把咱们这药室传承下来吗？”

“唉……不知道啊……不知道啊……凤鸣啊，我告诉你一句心里透堂的话，你娘虽然走了，但是你爹可知道你娘的心思，这家里边的医药传承下去，就在你的身上啊。”

“爸，您放心吧，我们哥儿个早晚也得把药室传承下去，绝不能扔了。”

父亲这么逼问，老二都没说一句让爹放心的话。说您放心吧，把这事儿交给我，没说。乐显扬实在忍不住了，两只手拉着儿子的手。

“我告诉你，你为什么到现在不跟我说话呀？你为什么不问我药书的事儿啊？可你为什么天天帮着我抄药书啊？天天帮着我整理方子呀？孩儿啊，我知道，你虽然心在仕途，但是你也没忘了咱们乐家的医药良方啊。唉……”

说到这儿，两只手攥住二儿子，头一歪，可把老二吓坏了。

“爸……”

跟着老二一声哭，把老大惊醒来了，老三老四全来了，乐显扬就死在床榻旁边，两只手还攥着二儿子的手。乐显扬死了，多大岁数儿？五十九岁。哪年？一六八八年。说这大夫治不了自个儿的病吗？那不是，这病和生死那有千般的变化。自己能不能掌握自己？如果处理好了，能够掌握自己，那确实得把事情全都认清楚了，得把事情全料理好了。可有一节，那么外界的环境你能管得了吗？跟着这几档子，钱吏目夫妇死，自己的媳妇儿死，王焕死，乐显扬经过这么多风雨，实在是顶不过去了，五十九岁离开了人世。

乐显扬这一辈子了不得呀，乐家世代良医，可都是摇着唤铃，摇着虎撑，走街串巷的铃医，草泽医生啊。乐显扬对于乐家最大的贡献就是结束了铃医，真正成为一个太医院的吏目，成为一位太医，而且是光明正大地走进了太医院。不但如此，乐显扬传下了乐家的医术，而且成立了同仁堂药室。那么说同仁堂到底是谁成立的？要是从乐显扬这儿说，乐显扬是乐家同仁堂的肇始之祖，是他立的堂号，是他成立的药室。那么真正创立同仁堂，还是老二乐凤鸣。乐凤鸣这同仁堂开张是在 1702 年，乐凤鸣多大了？四十一了。

说乐显扬死了，入土安葬，按着四品官员。因为乐显扬在临离世之前，朝廷传下旨意，封他为中宪大夫。中宪大夫是四品官，从四品。那么这官儿怎么来的？朝中封的，其实是个散官。我举个例子，就好像现在，您退休了，给您个正局，享受正局待遇，也就是这样。既然有这官职，他入土下葬就按着从四品官员，中宪大夫，按这个官职给入土安葬的。

乐显扬离开人世了，同仁堂药室继续经营，老大前前后后里里外外照顾着，老大媳妇儿跟着伺候着大家伙儿，就把母亲这个承担自个儿给接承下来了，但是她跟母亲彩云可比不了啊。翠莲在家中丧期一过，跟老二也拜堂完婚了。老三也娶了媳妇儿，老三这媳妇儿是在戏院认识的。他爱听戏，老三这媳妇儿也爱听戏，俩人认识了，结了婚了。而且老大也生了孩子了，大媳妇儿跟三媳妇儿不和，三媳妇儿就天天地撺掇乐凤仪。后来乐凤仪跟大哥商量商量，跟二哥商量商量，就在哈德门外头，就是崇文门外头，路西开了个万全堂，开完万全堂之后，就在旁边买了一所宅院，两口子就搬出去了，那么家里就剩下老大老二还有老四。老四娶媳妇儿了，老四不管医药，成天往这东珠市口儿跑，这儿净是搞皮货的呀。而且他卖皮货还赚了不少银子，老四挺机灵。就这样一天一天，在乐显扬离开人世之后，坚持了十几年，老二想走仕途，父亲 1688 年死的。1696 年，乐凤鸣参加第一次乡试，没有中上；跟着 1699 年，这是又过了三年，第二次乡试，仍然没有中举；老大可就跟老二说："凤鸣啊，下回还考吗？"

"哥哥，您说我还考不考了？我都快四十，快到不惑之年了，我要是再考，跟我同科进考场的都是二十多岁的孩子呀，即便我中了举人，我将来又能怎么样？我人的半生都过去了。"

"是啊，老二，你今天说到这儿了，我告诉你，哥哥我要替你捐官。"

"您干吗要替我捐官？"

"你要不考了，我替你捐个官，遮人耳目。"

"大哥，得花钱啊。"

“没关系，父亲临死时候留下遗嘱，给我留下一笔银了，只要朝廷有旨意，准许捐官了，你再不进考场了，父亲就让我替你捐个官。”

既然父亲有遗言，那老二凤鸣就没什么可争竞的了。正赶上朝廷有事情，可以捐官了，这样老大就按照乐显扬的遗嘱，给自个儿的兄弟乐凤鸣捐了个官。捐了个什么呢？内阁中书，从七品。说内阁中书是干什么的？提起笔来拟传、撰稿儿、翻译、誊写，主要就是做这些文书的工作。说做好了之后可不可以升官？可以升官。但是乐显扬给儿子留下这笔钱，老大给兄弟捐这官儿，那是捐官，根本用不着走马上任。说清代的官员，咱们听过清史专家阎崇年先生讲过课，官员百分之四十是科考，百分之六十是捐官，那是朝廷规定可以的。好比说现在外边打起仗来了，朝廷需要银子，皇上传旨就可以采取捐官。那有钱的人捐个官，到底是方便啊。所以说乐显扬留下钱，只要儿子再不走仕途了，就让自己的大儿子给二儿子凤鸣捐个官儿。朝中旨意下来了，七品，内阁中书，老二看了看哥哥。

“谢谢您。”

看着大哥的背影儿，老二心里难受，自己快四十，快到不惑之年了，人到中年该想什么？正在这时候就听天空中大雁飞翔，抬头一看，一溜大雁飞过去了。唉……乐凤鸣眼泪下来了，坐到台阶儿之上就想起来自己小时候八岁，父亲跟着一些朋友在院中摆了个圆桌，母亲给沏好了茶，摆上干鲜果品，父亲跟这些人聊天，自个儿在旁边蹦蹦跳跳地玩儿。突然间天空中一队大雁飞过来了，自己那时候还小啊，就跑到父亲跟前。

“爸，您看这大雁多好啊。”

“一边玩儿去，爸爸跟你叔叔们、大爷们正说话呢。”

“那我看看大雁怎么了？”

王焕正在这儿坐着呢。

“哥哥，您就跟他说说雁之五常吧。”

王焕这个人虽然没娶妻没生子，但是非常喜欢老二。

“好哇。”

乐显扬就把这孩子揽到自己怀里。

“儿啊，你看这大雁了吗？大雁，雁之五常啊。”

“爸，哪五常啊？”

“我告诉你，你可记住了，大雁仁义礼智信。”

“什么叫仁义礼智信啊？”

“我告诉你，你可记住了，过两天我可考你。你看这大雁，冬天天冷了往南飞，开春儿了之后，天热了，往北方飞。开头的你看是不是大雁啊？后边飞的是小雁啊？啊？你再看看，大雁分成两行往前边飞，那旁边是不是有一只孤雁啊？”

“是啊，它干吗一人飞呀？”

“孩儿啊，我告诉你，这就是雁之五常。你看这雁，大雁叼来食把小雁喂大了，大雁老了，叼不动食了，小雁叼来食来反哺喂给老雁，懂吗？这就是雁的仁。”

“我知道了，您现在养活我，长大了我孝顺您。”

“哎，明白这道理你就是好孩子。你看大雁，嗯？你再看旁边这孤雁，你要知道雁是对对成双，如果说对对成双，有一只雁死了，那只雁不再跟别人配对儿，它就飞在大雁的两行的外边，就是这只孤雁，明白吗？这就是大雁的仁义礼智信的义字。”

“我明白了，爸，您接着说。”

“我还告诉你，大雁非常聪明啊，它们尊重长辈，永远让老雁在前边飞，这是大雁的礼；大雁要是飞累得慌了，落在地上歇着，总有一只雁在这儿巡逻，倘若遇见敌人来了，这只雁‘扑棱棱’一飞，所有的雁全都飞起来，这就是雁的聪明，它的智所在。儿啊，你听明白了吗？”

“爸，我听明白了，雁仁义礼智信。”

“雁好不好？”

“好，可是我不愿意做雁。”

“那你做什么呢？呵呵，雁这么好，你不愿意做雁？”

“爸，我要做天鹅，我有鸿鹄之志。”

“嘿……儿啊，你还有鸿鹄之志吗？你长大了打算干什么呀？”

所有院中乐显扬的朋友都在听着，不知道这孩子能说出什么话来。

“爸，我长大了我开约房。”

说出这句话来，乐显扬听见儿子的志向，心中一动。今天，乐凤鸣看见大雁飞来，想起米父亲的教训，乐凤鸣心说：我一定离开仕途，要走向医药之路。

第十五回

凤鸣灯下思慈父，人到不惑如虚度，
想起家训似神助，重新规划人生路。

上回咱们说到一六六九年，也就是乐凤鸣八岁那年，这一年是什么年啊？正是乐显扬成立同仁堂药室。八岁的孩子并不知道什么，院儿里边住着这么多人，又来了这么多好朋友跟亲戚，母亲伺候着，父亲跟大家伙儿在这儿商量事情，一边喝茶一边聊天。大雁在空中一飞，乐凤鸣跑到父亲跟前就问这大雁。乐显扬给儿子讲了大雁的五常：仁义礼智信。一问乐显扬，乐显扬还很高兴，讲完了之后，乐显扬就问儿子说。

“你呢，愿不愿意当大雁啊？”

“我呀，我愿意当天鹅，我有鸿鹄之志。”

“那么儿子将来你长大了，你有鸿鹄之志，你干什么呢？”

“我呀，开药店。”

乐显扬万也没想到儿子说出这句话来，看着儿子。乐凤鸣蹦蹦跳跳地躲开了。其实凤鸣并不知道，今天大家聚在一起，就是商量给这同仁堂药室起堂号的事。当然咱们现在知道叫同仁堂了。当时大家坐在一起，就跟乐显扬商量，说您要成立药室，必须起个堂号。咱们中国很讲究这堂号，那么堂号根据什么呢？根据这一个家族这一个姓氏这一个宗族，有关的事情或者地点或者年代，给这个家族或者姓氏取一个堂号。咱们举个例子吧，好比说赵匡胤陈桥兵变大宋兴，宋太祖赵匡胤手底下有一个叫赵普的，赵普帮着赵匡胤陈桥兵变，后来拜了相了。其实赵普并没什么文化，但是赵普身为丞相治理国家是半部《论语》治天下。所以您看现在姓赵的给自己起堂号，是吧？往下传，叫“半部堂”。还有一个，北宋的哲学家周敦颐，写了一个很有名的散篇，小说，叫什么呢？叫《爱莲说》，所以他们家往下传，姓周的给自己起堂号叫“爱莲堂”。再有像陆游“双清堂”，像大戏曲家汤显祖“玉茗堂”。最著名的按着地址，按着需要，按着名望，就是咱们而今的“人民大会堂”，名字起得非常好的堂号。大家坐在一起，商量起堂号，商量来商量去，乐显扬说呀：“我认为‘同仁’二字可以立为堂号，我喜欢同仁公而雅，须志之。”

所以大家伙儿就承认了，就把“同仁”立为乐家成立药铺的堂号，当时成立的是同仁堂药室。那么同仁二字何解？乐显扬说得很清楚，喜欢同仁的公而雅，公就是公众的公，而，而且的而，雅就是雅致的雅。咱们大家都知道儒家推崇的“天下为公”，那么都是按着孔子来说，其实有些儒者也盗用孔子的名义，那咱们就不管了。儒家推崇的是“天下为公”，您要看《礼记·礼运》写得很清楚。说什么叫天下为公？按原意，就是天下是公众的，不是天子一个人的。那么你天子往下要传，应该传贤者而不能传给自己的后代，传贤而不传子，咱们古代的尧舜禹就是如此；可是后来就不行了，父传子，家天下；其实人们就是向往着一个很美好的社会。《礼记》里说得很清楚，说老人，老人希望有人养；壮年希望自己能够出力；小孩儿希望自己能够很好地成长；鳏寡孤独，这些有残疾的人，希望世上能够养他们；这就是咱们大家都向往的一个大同世界，一个非常美好的社会。实际上天下为公，乐显扬说的这公也就是拿医药来拯救万世，我作为一个医者，我就应当悬壶提世，医药为最，我拿医药来治疗老百姓的病，达到我乐家传承医术的目的。那么雅呢，您要是查这辞典，在《尔雅》之上，《尔雅》是咱们中国最早的辞典，那可以说是辞典之祖了。尔是近乎，雅是义是正。所以说乐显扬选这同仁两个字是非常好，乐家传承要立这堂号同仁二字，就是我们要继承家族这种医药治人医药养生的这种家风。大家伙儿都觉得挺好的，这样把堂号就立好了，同仁堂药室。

药室成立了，那时候乐凤鸣多大？才八岁。大家伙儿商议堂号的时候，乐凤鸣并没听明白。但是现在抬头看着大雁，就想起那天父亲跟朋友跟亲友坐在一块儿，就商量同仁，同仁的，到底怎么回事儿呢？乐凤鸣也就想不起来了。看着大哥的背影，乐凤鸣想起了小时候的往事。回到屋中，晚上这顿饭也吃不下去了。想起自己磕磕绊绊，两次科考没有中举，而今年近四十了，孩子都有啦，我这半生何去何从呢？等到晚上掌上灯光，乐凤鸣由打自己屋中出来，看着父亲的住房。乐显扬三间住室，当中间客厅，八仙桌太师椅，左边是书房，右边是老两口子的卧室。自打老两口仙逝之后，这屋门从来没开过，除了定期的打扫打扫卫生，门总是关着，孩子们轻易不进去。今天乐凤鸣走到台阶儿底下看着屋中，就仿佛里边的灯亮了，好像看见在灯光之下，父亲桌案上摆的都是各式各样的药材。父亲精心挑选药材，然后对比书籍，一样一样一样……一直熬到深夜，每天如此。有的时候看见父亲在这儿看药，突然间母亲来了，端着一碗药，迈步上台阶儿走到父亲面前。

"你还真喝吗？"

"我不喝谁喝呀？"

"你没这病啊，你吃这药对你的身体……"

"别说了，我只有亲自尝尝这药，我才知道我改这味药是不是合适啊。"

"唉……"

彩云也不能说别的，乐显扬为了给人治病，调剂药方，自己亲自尝试这药，那就不下一百次了，这些东西好像历历在目。乐凤鸣看着看着，不由自主地就把门推开了，然后把灯开开了。看着八仙桌，看着太师椅，想起父亲，想起母亲，然后轻轻地推开书房的门，走进了左里间儿。看见父亲的书桌儿，再看旁边的书柜，全都是各种的药典各种的书籍。轻轻地就坐在了父亲常坐的椅子上，唉……同仁啊同仁，父亲为了堂号，为了这一生，父亲太不容易了。为什么我们乐家非要传承医术呢？为什么父亲不让我走向仕途呢？乐凤鸣想着想着，突然间想起来了，我为什么两次科考不中？哦……实际上就因为我的心还在医药之中。为什么？因为他看见桌子上摆的，有他自己亲笔写的，为父亲抄写的字典，抄写的药典，抄写的方子，我的心仍然在医药之上啊。唉……父亲告诉我：我为什么要离开太医院，我进太医院是为了学习，是为了看药典，是为了学习古代的秘方，学习宫廷秘方，跟太医们切磋医术。待长了我才知道，太医院不是咱们待的地方啊，那些太医们为了争夺地位，为了保住自己的地位，今天投靠这个皇亲，明天投靠那个国戚。咱们作为一个传医者，就应该踏踏实实在家中传医，各处给人治病，所以我才离开了太医院。想起了这件事儿，乐凤鸣低着头，摸着父亲的笔，是啊，父亲在临死之时拉着我的手说。

“儿啊……我已然不成了，你们哥儿四个我就看你能继承咱们的家业，继承咱们乐家的医术，可你为什么就不答应我，你还想科考吗？”

我当时为什么不答应呢？我为什么不遵父亲的遗嘱啊？后悔吗？乐凤鸣眼泪下来了。想起自己在父亲临终时没有答应接这同仁堂这药室，后悔已然晚了。想起同仁堂，想起“同仁”二字的堂号。对了，父亲曾经写过。轻轻地把抽屉拉开，抽屉里没有别的，同仁堂三个字就在这儿摆着呢，父亲亲手题书。乐凤鸣把这同仁堂三个字拿出来放在桌案之上，再一看底下还有一张纸，把这张纸放到桌上，看得很清楚，父亲亲笔写的。“‘同仁’二字可命堂号，吾喜其公而雅，须志之。”是啊，我为什么还要科考？看起来父亲说得对呀，为什么我考不中？就因为我心在医药之中。乐凤鸣啊乐凤鸣，你已然快四十了，你应当重新好好的想一想，你就应当放弃科考，那些齐家治国安天下，虚恍的东西就不能再迷惑自己了。乐凤鸣想到这儿站起身形，伸手把同仁堂三个字拿起来了。乐凤鸣，你就应当继承先父的遗志，把同仁堂开起来呀。想到这儿托着这张纸，慢慢儿地走出了父亲的书房，走出堂屋，走到台阶儿底下，往大哥屋前这么一看，大哥正在门前站着呢。乐凤鸣走向大哥，凤翔走向二弟。

“大哥，你还没睡吗？”

“我看见你在父亲屋中，我能睡得着吗？”

“大哥呀，你看，这是父亲亲笔写的同仁堂。大哥，你明天拿着它去找师傅做一块匾。”

“二弟……”

“大哥，我一定要开同仁堂。”

哥儿俩没话了，大哥接过这张纸，上边是父亲写的“同仁堂”三个字，哥儿俩四目落泪。这一宿，乐凤鸣又没合眼，等到了第二天早上起来，洗脸漱口，吃了一点儿东西，然后离开家就直奔贾家茶楼，掌柜的都认识。

“哎哟，二少爷，您来啦。”

“掌柜的您好，您给我沏壶香片吧。”

香片沏上来了，乐凤鸣坐这儿喝茶。

“掌柜的，我问问您，现在咱们前门这儿买卖怎么样啊？”

“嘿哟……您没瞧我这茶馆儿吗？去年还三间呢，现在五间了，三间到底，人太多了。你看，你看这买卖，啊，一家儿挨一家儿，一家儿挨一家儿，商铺林立呀，这前门大街可了不得啦。”

“是啊，这儿买卖是越来越多，越来越好啊。”

喝了两壶茶，站起身形。

“掌柜的，您给下账吧。”

乐家的人在这儿来喝茶，掌柜的记账，长年都是这规矩。乐凤鸣由打茶楼里出来，往右边一看，就看见了前门，就看见了大清门。突然间想起来，父亲跟我说过，说我的祖父乐廷松当初逛这城隍庙集市的时候，药品琳琅满目，爷爷曾经眼望前门外立下志愿：将来乐家要能在这儿开一家药铺，乐家能够立足，我就完成祖愿了。父亲跟我这么说的，就这么学的我的祖父他爷爷的教诲。今天我乐凤鸣能不能实现祖父的愿望啊？乐凤鸣由打这儿一步一步往前走，走到廊房头条，廊房二条，廊房三条，到廊房四条这儿，止住脚步了。这廊房四条比较宽，再迈步往里走，往左边一看，六必居。再往前走，绸布店，卖点心的，哎呀，一家挨一家，这买卖比去年多了不少家，看起来前门外确实是个好地方啊。由打廊房四条进口一直走到出口，乐凤鸣下了决心了，看起来贾掌柜说得不错，看起来我祖父的志向也是非常对的，这地方是寸土寸金，将来发展的商贸之地。如果我在这儿要开一座同仁堂，我一定投巨资，下决心。可有一节，那么将来大栅栏儿这地方要成为日进斗金的地方可怎么办呢？那只有奋斗下去了。只有按着我们祖上的医药，按着我们祖上的知识，按着我们祖上的传承，一定要把同仁堂开到最后。

下了决心了，慢步的由打这廊房四条的口儿一步一步往回走。刚才我说了，说大栅栏儿，咱们北京人都知道，廊房四条就是大栅栏儿，大栅栏儿就是廊房四条。为什么叫大栅栏儿呢？其实您要是按地图上查，叫大栅栏（zhà lán），北京人就管它叫大栅栏（shì lan）儿。因为那时候，廊房四条一家铺户一家铺户，已然很多了。当地的政府为了安全，就在胡同口这儿呢，用很粗的木头安上栅栏儿，晚上要关上，有兵看着。因为这栅栏儿比较粗，所以这大栅栏（zhà lán）这声望就出去了，我们老百姓叫俗了，所以就叫它大栅栏（shì lan）儿。大栅栏儿就是廊房四条，廊房四条就是大栅栏儿。

乐显扬由打这廊房四条里出来，回到家中，跟大哥商量，大哥已然请人做了匾。然后筹划应当怎么花钱，怎么买房，怎么请看风水的先生来给看风水。就这样，在 1702 年，也就是乐显扬的儿子乐凤鸣四十一岁的时候，康熙在位四十一年，就在大栅栏儿，也就是廊房四条，西口往里一百多步路南，开了三间门脸的同仁堂。

那么这同仁堂开了以后生意如何呢？咱们下回再说。

第十六回

书法大家孙岳颁，笔下生辉挂堂前，
传世之宝称老匾，就在康熙乙酉年。

上回咱们说，乐凤鸣同仁堂开张了，咱们第一段儿就说开张，现在这开张所有的经过咱们已然说清楚了。康熙在位四十一年，正好乐凤鸣四十一岁，自己重新规划了人生之路，下定决心要把同仁堂一直开下去。到现在同仁堂传承三百多年了，名声已然传到了全世界，当初乐凤鸣开这同仁堂的时候也很困难。锣鼓喧天，鞭炮齐鸣，大家人山人海在外头看着。乐凤鸣十字披红，招待着亲友，这时候有一位老者就走到了乐凤鸣面前。

“东家呀。”

“啊，老先生您好。”

不认识这位老先生。这位老先生长得鹤发童颜，胡须都白了，身上穿着黑缎子长袍，外边穿着马褂儿，两只缎儿鞋。

“东家，我从来不爱给人说两句赞赏的话，不过今天就冲这‘同仁’二字，我得夸夸你们这买卖，前途无量。”

“老先生，谢谢您的吉言。”

“不是吉言啊，要知道得人心者得天下。同仁堂开了，天时地利占俩。首先说天时，现在国泰民安，皇上英明，老百姓日子好过了；再说前门外头大栅栏儿可是宝地呀，你能占据这块宝地，天时地利都有了。‘同仁’二字可占人和，你看这些买卖铺户开的名字，哪个像‘同仁’二字？医药济世，没站在钱眼儿上啊。这句话说白了，你们是为了治病救人。刚才我头一句话说的是什么？得人心者得天下。治国，治家，自己开买卖，是一样的道理。你们得人心，同仁堂就会走得非常好，祝你们发财。东家，发财，发财。”

“哎哟，谢谢老先生，谢谢老先生。”

乐凤鸣心里非常高兴，买卖开了。那么买卖好做不好做？不好做。我常说：创业难守业尤难。创业者是谁？乐显扬。虽然说乐显扬只是开了同仁堂药室，但是一个很好的基因，一个很高的起点，已然摆在乐凤鸣面前了，你如何把这同仁堂开得更好？北京不是你一家药店啊。所以乐凤鸣兢兢业业，带着这些徒弟，带着这些伙计跟家里边这些制药的工人，都非常好。每天早来晚归，研究书目，研究药目，研究药学的经典，把父亲传的秘方一样一样经常的研究，自己还要立书立传，非常劳累呀。就这样，同仁堂的声望一天比一天好。

转眼三年过去了。1705 年，这一天贾掌柜让人把干儿子叫来了。

“爹，您叫我什么事儿啊？”

“带你看热闹儿去。”

“怎么又有热闹儿啊？”

“嘿，你去看看去，同仁堂换匾啦。”

“换匾有什么新鲜的？”

“你不知道，小子哎，你跟我看看就行啦。”

这王仲喜跟着干爹贾掌柜，两个人由打这茶馆儿里出来，到大栅栏儿。走到这同仁堂这儿，外边人山人海，北京人看热闹的多了。上边挂着一块匾：同仁堂，下边落款是孙岳颁，看热闹的可就指手画脚了。

“哎，什么时候写的啊？”

“乙酉年。”

“就今年啊。”

“六月吉旦？爹，这吉旦怎么讲啊？”

“你怎么那么糊涂啊？不是跟你说过吗？”

“哦哦哦……我想起来了，初一，初一是吉旦。哦，刚写的呀。”

“嘿哟，你说孙岳颁那跟皇上的老师差不了多少啊。皇上的，写个碑文什么的都让他代笔，他不给人写匾啊，你说这同仁堂多大道行啊，嗯？愣把孙岳颁的匾给挂出来了。啧，不容易。”

其实大家伙儿都猜错了，这匾不是现在写的。咱们前边说过，康熙皇帝有了病了，外边京畿地面巡查回来，偶染风寒，然后心里堵得慌，院里的公公传下旨来，让乐显扬到宫中给皇上治病。一号脉，没开药方，把太监都给吓坏了，没想到皇上听了乐太医的话，没吃药，这病就好了。哎，也就在乐显扬给皇上治病的这一天，号完脉治完病之后，跟着太监李公公出来了，皇上早已然传下旨意，召见孙岳颁。这孙岳颁是谁呀？孙岳颁也做过进士，也做过礼部侍郎。康熙皇帝最喜欢谁的字？最喜欢董其昌的字，那么孙岳颁的字就非常像董其昌。康熙皇帝心里有点儿憋得慌，就想写个字消遣消遣，所以传旨让乐太医治病，同时旨意传下，召见孙岳颁。

孙岳颁前来见驾，这时候乐显扬根本不知道，乐显扬已然走了。孙岳颁就跟着皇上来到皇上的书斋。到了书斋，皇上落座，孙岳颁在这儿伺候着，两个人君臣关系，但是无拘无束。走到这画案前，有太监在这儿研墨，孙岳颁拿起笔来掭了掭墨，这儿有现成儿的纸，好的宣纸，提起笔来。

“皇上，您觉得怎么样啊？”

“啧，嘿……我告诉你，今天乐太医给我治病，号脉，没给我开药，说让我心胸宽广，想着国家大事，自己给自己开解，病就能痊愈。你说乐太医是不是神医呀？”

“不错呀，乐太医。哎？乐太医？我听说他开了同仁堂药室了？”

“是啊，太医不当了吧，人家开了同仁堂药室了。”

说到这儿呢，孙岳颁这手底下拿着笔，无形中的，就写了“同仁”二字。把这同仁二字写出来，康熙皇帝正看见。

“哎，啧，这俩字写得不错，这么办吧，你再写个堂字。”

“皇上，人家没求我，我也不给人题匾啊。”

“你就写下来，我有主意。”

那孙岳颁可不能跟皇上搬杠。皇上说了，这纸又有富余，所以又把这堂字又给添上了。

“落个款儿。”

孙岳颁。

“盖上章。”

把笔撂下了，把自己的印章盖上了。

“皇上，人可没求我。”

“呵呵，没求你，你写下来也不能白写。这么办吧，过两天我得给乐太医一点儿赏银，我让宫中的总管到同仁堂药室送赏银的时候，让他们给带个话，让他们上你府中去求这匾，明白了吗？”

“哎哟，那就谢皇上了。”

这匾是这么来的。等到这太监拿着五十两银子，到乐显扬他们家中发这饷银的时候，谁也没看见，宫中的总管悄悄地就跟乐显扬说了两句话。

“你呀，改天有工夫儿带着厚重的礼物，赶紧到孙岳颁家中去求匾吧。”

“哦……”

马上明白了，那乐太医多聪明啊。等宫中的总管走了之后，第三天，乐显扬预备礼物，直接就到了孙岳颁的家，看门儿的往里一传话。

“同仁堂药室，乐显扬求见。”

那孙岳颁就明白怎么回事儿了，赶紧让人给接过来，在客厅落座。

没别的，我开同仁堂药室，啧，求您墨宝。

孙岳颁就把“同仁堂”仨字拿出来了。

“写好了。乐太医，我想你这同仁堂药室，将来还得开个同仁堂药铺吧？”

“您怎么想到我心缝儿里了？”

“所以这药室俩字，皇上没让写，我也没写。‘同仁堂’您拿回去。您看，底下我落了款儿了，上边可没有日期。等您哪天开同仁堂药铺的时候，您找我，我再把这日期给您添上。”

“那就多谢孙尚书。”

其实他做过礼部侍郎，还没到尚书呢，但是乐太医出于尊敬，就得这么称呼人家。

“太医呀，既然您来了，我内人有点儿不舒服，您能不能给切切脉呀？”

“好啊。”

把夫人给请出来了，乐显扬一给号脉，说：

“您是不是胃里不太舒服啊？”

“是啊，吃东西总是扎得慌。”

“您吃什么硬东西了？”

“我想了半天，我也没吃什么硬东西。哎，好像头几天……我爱吃鱼，有个刺儿好像咽下去了，就觉着挺剐得慌的。”

“厉害吗？”

“不厉害，他呀非得拿我这病当回事儿。您瞧，还惊动了太医。”

“没关系，您这方子我也不给您开了……”

嘿，孙岳颁心说这乐太医专门儿不开方子，是吧？

“那您说我这病应该怎么办呢？”

“我给您出个偏方，您吃蒜吗？”

“不喜欢，太味儿了。”

“这么办吧，您把这蒜啊砸烂了，上边点点儿香油一拌，这味儿就没了。您每顿饭吃这么一点儿，每顿饭吃这么一点儿，没有十天半个月，您这胃就养好了。”

“那我可就谢谢您了。”

乐太医拿着同仁堂三个字，孙岳颁写的，走了。从这天开始，孙岳颁的夫人就天天吃这烂蒜搁点儿香油，没过十天，不难受了。所以说您别瞧不起江湖医生，也别瞧不起铃医，这铃医跟坐堂的大夫不一样，他走的地方多，见的病多，所以他的经验也非常丰富。就这样，“同仁堂”三个字是孙岳颁写的，就到了乐显扬的手中，乐显扬马上让人给做了一块匾，挂到哪儿了呢？就挂到自己的里屋床上头，用一块黄缎子给盖上了。这块匾在这儿盖着，只有他们两口子知道，没别人知道，孩子们也不知道。

那么乐显扬做好了这匾，乐凤鸣怎么会知道的呢？咱们说了，1702年同仁堂开张，真正的创办者，那是乐凤鸣，肇始之祖那是乐显扬。三年这买卖开得不错，乐凤鸣心里踏实了。这一天正是父亲的忌日，把父亲的房门开开了，然后点上香，放到香炉之内，捧到父母的床前，上边是父母的遗像，跪倒在地。

“父亲，母亲，同仁堂已然开了三年了，今天我能跪在父母遗像前，我能向父亲倾诉这三年的功绩，我觉得也到时候了。我秉承了您的医术，秉承了乐家的家风，我兢兢业业地做同仁堂的生意，同仁堂的声望是越来越好。所以今天是父亲的忌日，我给父亲焚香，愿您老人家在天堂知道，也知道儿的一片苦心。”

流着眼泪磕了三个头。哎，也巧，因为这屋从来没人进过，今天突然间进这屋，由打外屋到这卧室这门就没关。突然间院里刮来一阵风，“啪”的一下门这么一闪，就把上边孙岳颁这匾，上边盖这黄绸子帘儿，就给扇了一下儿。风这么一刮，乐凤鸣抬么一看，一看这帘儿这么一动，嗯？好像里头是个匾。不敢轻易动父母的遗物，乐凤鸣站起来，退出来。

“大哥，大哥……”

“二弟呀，我在这儿候着呢，我看见你给父亲上香了。”

“您进来，您看看这是怎么回事儿。”

老大凤翔进来了，抬头一看。

“二弟呀，好像是个匾，咱们哥儿俩……看看？”

两个人蹬着一个小梯子儿上去，把这块黄缎子一掀，上边三个大字：同仁堂；下边落款儿是：孙岳颁。谁不知道孙岳颁的名望啊？宫廷书法家呀。

“嗞……什么时候这匾啊？大哥，您知道吗？”

“啧，嗞……我好像听说过，父亲去求过匾。”

两个人赶紧就把这匾摘下来了，摘完匾一看啊，后边悬挂着父亲的一封遗书。马上把这封信摘下来，铺在了床上，哥儿俩趴这儿看。乐显扬就把自己如何得的孙岳颁这匾，所有的经过写得清清楚楚，而且后边写上了，哪天要开同仁堂药店，到孙府去求孙岳颁在匾上添上年月日时。可把老二乐坏了。

“哥哥，这是天大的喜事啊。”

“你去吗？”

“我现在就去。”

所以说老二拿着这封信，离开家直接够奔孙府。咱们书不说废话，见着孙岳颁了，孙岳颁岁数儿已然不小了，这时候正是1705年，皇上正式传旨要做这画谱，所以就传下旨意，让孙岳颁做总裁，工作刚刚开始。孙岳颁一看，乐家后人来了，自己亲笔写的“同仁堂”，当然这事自己记得很清楚。

“得啦，同仁堂开了？”

“开了。”

“我听说了，已然开了三年了，你怎么不来呀？”

“嗨，父亲把您的字做成匾，就挂在他的卧室，我们一般不敢轻易进去。今天才发现，赶紧跟您求字，我们好把日期添上。”

“那好吧，我只能添今天了。”

就这样孙岳颁回到书房写了几个字：康熙乙酉年六月吉旦。您看那老匾上，上边写的就是康熙乙酉六月吉旦，六月初一；下联儿是孙岳颁，有孙岳颁的章；当中间三个大字：同仁堂。

那么这老匾哪儿去了？那是同仁堂的宝贝呀。没了，烧啦，说到这儿谁不心疼啊？这是同仁堂的传世之宝啊。

匾要重新做吗？用不着，老大说。

“兄弟你别着急，我给你请来高明的师傅，就在这原匾之上添上孙岳颁先生写的日子：康熙乙酉六月吉旦。然后重新再拿漆给盖上，重新一做旧儿，跟原来的匾是一般无二。”

“哥哥，那您就受累了。”

“你瞧，我是你哥哥，这是乐家的事儿，怎么叫受累了？”

就这样，孙岳颁的匾又重新挂在了同仁堂上。这风儿马上就传出去了，因为孙岳颁的字谁也求不到啊，没想到同仁堂这么大的道行，愣把孙岳颁的匾求来了。其实这里头的奥妙谁知道啊？我不说，您知道吗？

同仁堂买卖越来越好。这一天，贾掌柜起来吃完早点、喝完茶，这干儿子蹦蹦跳跳就进来了。

“干爹。”

“哟，你今儿怎么这么高兴啊？”

“哈哈，没法儿不高兴，我妈病了。”

“啊?！你妈病了你乐?”

“嘿，我妈病了，让人家号脉，开了一方子，我能上同仁堂抓药去了。干爹，您跟我去，同仁堂我还没进去过呢，我瞧瞧同仁堂里头到底怎么回事儿。”

“啧，抓药去也让我去呀?”

“您跟我去一趟不就行了嘛。”

“我不去。”

这时候他干妈从里边出来了。

“你去吧，给我买两丸子牛黄清心。”

老太太说话，老头儿可不能不听，贾掌柜站起身形，掸了掸身上的尘土。

“好吧，那买卖你盯着啊。干儿子哎，咱们走。”

贾掌柜带着干儿子王仲喜，爷儿俩高高兴兴地直奔同仁堂。

第十七回

陈持老祖游大川，巧遇民间打老丸，
口口相传皆神话，同仁制成延寿丹。

上回咱们说贾掌柜的干儿子想逛逛同仁堂，哎，正好他母亲脚崴了，大夫给开了方子，他拿着这方子找他干爹来了，蘑菇干爹贾掌柜带他上同仁堂买药去。贾掌柜不愿意去，哎，老伴儿出来了。

“得啦，给我买两丸子牛黄清心。”

掌柜的知道老伴儿疼这干儿子。

“走吧。”

带着干儿子出了这贾家茶楼，就奔着廊房四条也就是大栅栏儿来了。走到这四条口，哎，一看旁边一卖菜的，拿这玻璃罩子罩着。那可了不得，一卖菜的能拿玻璃罩子罩着菜，那这菜可值钱了。里边罩着什么呢？四条黄瓜。按现在呀不算什么，那个时候，春天能有黄瓜顶花儿带刺儿的？贾掌柜站这儿了。

“嘿，这黄瓜真不错。”

“您知道啊，我们这窖里头种这几条黄瓜，那可太难了。”

“不就是贵吗？给我留两条。我上同仁堂买药去，一会儿回来啊，我准买，我姓贾，那儿开茶馆儿的。”

“行嘞，老爷子。”

爷儿俩继续往前走，这王仲喜爱说话。

“爹，那么贵的黄瓜，您买它干吗呀？”

“嘿，你不知道啊，我告诉你，你记住了啊。豆腐丝儿豆腐片儿，拍条黄瓜当凉菜，买回家去哄老伴儿。”

“我娘爱吃？”

“哎哟，她要切上黄瓜片氽丸子，那甭提多香了。”

“那我今儿不走了。”

爷儿俩说着，就走到同仁堂门口儿了。进同仁堂，倒下台阶儿，同仁堂不但掌柜的认识贾掌柜呀，这些伙计差不多跟贾掌柜也有个半熟脸。

“哎哟，掌柜的，您来啦，您也抓药吗？”

“嘿，我干儿子抓药，来，把药方拿出来。”

这王仲喜把药方往上一递，伙计就看这药方，借这机会，贾掌柜跟王仲喜就看了看整个同仁堂。说贾掌柜那么熟，来过没有？没有，就是从外表看过。王仲喜小孩儿，老觉着这里边有什么奥妙似的，所以特别想看看，借这机会就来了。同仁堂不大，三间门脸，倒下台阶儿，咱们一开书的时候说了。正当中，栏柜；拐弯儿，栏柜；这儿掀起板来能进去，挨着就是后门。在这栏柜的后头站着一水儿的伙计。嗬，一个个年纪轻轻，血气方刚，梳着大辫子，穿着长袍，挽着白袖口，又干净又精神又利落。在这柜台上一溜的青花瓷的药罐子，打开之后里边各种的药丸。在右首这柜台上，那看得很清楚，摆着是零散的；里边柜台上摆的也看得清清楚楚，那都是人参鹿茸，上好的珍品。就在这柜台的后边有一张小桌子，有一位坐堂的大夫在这儿号脉看病。在整个儿这栏柜的后头，还有这看病先生的后头，全都是药柜；在这边隔出这么一块来，一看就是高间，落地罩，再里边是八仙桌太师椅，两边是两个茶几，茶几的两边一边是两把椅子，看起来这地方就是接待贵客的地方了。就在这落地罩的外边，摆着一张红木的圆桌儿，有四个小圆凳儿，没人的时候小凳儿往里一推，有人的时候拉出来就座。嘿，这同仁堂布置得又干净又整齐又抬眼。

伙计“噼里啪啦”拿算盘子儿这么一算，把价码儿说出来了，王仲喜把钱交了，看了干爹一眼，那意思干爹不给我花钱。您想给你妈治病，人家干爹花得着吗？这小孩儿挺机灵，把钱交了之后，伙计挺客气。

“今天啊客人还不算太多，你呀坐那儿等会儿，一会儿就给你抓完。老爷子，您买什么？”

“嗯，给我拿两丸子牛黄清心。”

把清心拿出来了，味儿都窜出来了，老爷子接过来往怀中一揣，爷儿俩就坐在圆桌儿旁边，把这凳子一拉，坐这儿就等着抓药了。这王仲喜淘气，他歪头这么一看，这儿一架子，架子上边有东西，他拿起来一看，贾掌柜一伸手就接过来了，上边印着几个字：同仁堂药目。嘿，这可不错。挨着个儿的一瞧，什么药，主治什么病，应该注意什么，写得清清楚楚，明明白白。哼，贾掌柜心说呀，这同仁堂乐家这东家乐凤鸣是个有心之人。因为贾掌柜久在大栅栏儿前门这一带，知道有人冒名顶替，就卖过同仁堂的假药。再说了，你要上同仁堂打听药来，你也问我也问他也问，这回人家印出来了，你要是想看什么药有什么功效，上边写得很清楚，如果别人再仿制，再假冒同仁堂的药呢，也就能够说清楚了。贾掌柜心说呀，这掌柜的，这东家可真不错呀。

“我拿一份儿行吗？”

“嘿哟，那太行了，太行了。您拿着吧。”

爷儿俩正等着呢，外边脚步声音响，爷儿俩回头这么一看，倒下台阶儿下来了两位。前边走的这位就是东家乐凤鸣，后边跟着的这位比东家稍微矮一点儿，比东家稍微胖一点儿，岁数儿比东家稍微大这么一点儿点儿，谁呀？钱靖方。咱们都知道钱靖方的父亲钱吏目，就死在乐家了；那么钱靖方的妹妹钱翠莲就嫁给乐凤鸣了，这是乐凤鸣东家的大舅子。自打翠莲嫁给乐家当儿媳妇儿之后，这钱靖方自然而然地就成了同仁堂的掌柜的，掌柜的是钱靖方，东家就是乐凤鸣。也怪，你说钱吏目这儿子，跟他爸爸毛病一样，这心根本就没在药上，家里边留的产业，吃喝穿戴用之不尽。也想走仕途，考举人没考中，可跟这医药上他就不下心。没想到钱吏目死了之后，自个儿妹妹嫁到乐家，不知道怎么回事儿，他这灵性儿就来了，天天往乐家跑，就跟大爷乐凤翔就学这识别药材，长进“噌噌”的，特别快，老三跟老二就全都看在眼里了。老二想用，老三就瞧着，心说：哥哥您要不用，我就用。那当然，自然而然地就到同仁堂当了掌柜的，钱靖方进药制药，兢兢业业。

今天这哥儿俩各自从家里出来，走到廊房四条口儿上碰上了，干吗来了？都喜欢喝大栅栏口这粥，熬得特别好。早点，配六必居的小酱菜，再来两根油条，那吃得甭提多舒服了，或者是喝碗豆腐脑儿。老二乐凤鸣想吃早点，家里预备的早点没吃，就想喝这口粥，熬得好；钱靖方也想喝这粥，哥儿俩在粥摊就碰上了。喝完粥之后，哥儿俩溜溜达达一边聊着一边走，就到了同仁堂门口了。掀门帘子，下台阶儿。

“哟，呵呵，贾掌柜，您怎么了？”

“啊，呃……跟我干儿子抓点儿药，他母亲脚崴了。”

“用不用我去家里看看？”

“不用不用，已然开了方子了。我老伴儿啊，就得吃你们这儿的牛黄清心。”

“买了吗？”

“买了。”

“哎，那就多谢您了。”

一会儿的工夫，这药抓得了，把药也包好了，王仲喜起来把这药接到手里。

“爹，咱们走啊？”

“走吧。掌柜的，跟您告辞了。”

“哎哟，贾掌柜，您慢着。”

乐家老二，掌柜的钱靖方，目送贾掌柜带着他干儿子迈步上台阶，走出同仁堂，这爷儿俩买黄瓜去了。那么这哥儿俩呢，掌柜的跟东家，俩人迈步往里要走，因为每天乐凤鸣得查柜，看看柜台然后他奔后院。为什么奔后院？后院啊，现在已然成为前店后厂了。同仁堂药室在打磨厂，那么打磨厂里头整个制药的作坊都在打磨厂呢。内账房，外账房，斗房，刀房，碾房，还有印方子的房，也就是印刷厂。为什么要印这方子呀？前边我说买药的时候我说过，说您要是抓药，一张大纸，这大纸包过来，上边得印着“同仁堂”。而且有很多小纸，这小纸根据药量是多少，这小纸一张一张摆在这儿，然后伙计拿戥子抓药。而且这小的纸里边有一张粉纸，这纸上写着药材。好比说白芍三钱，把这白芍这方往这儿一搁，然后把白芍往里一倒，再一包就知道这药里头是白芍。这一包包的是什么呢？包的是板蓝根，那就得把板蓝根这张小粉的，带着字的纸，给搁到这儿，然后再一包。等整个儿包起来包儿，上边“同仁堂”三个字。您要是上鹤年堂抓药去，整个儿包起来，上边“鹤年堂”三个字，不带差的。所以说打磨厂这儿，还有印刷的作坊呢。自打同仁堂开到现在，乐凤鸣越来越扩大，后院按现在说得够几千平。当中间种的全都是药材呀，三面都是作坊，有斗房，有南刀房，有北刀房，南刀房是切细料的，北刀房是切糙料的。整个儿一间挨着一间房，里边都有工人在这儿制药。到后院有门房，一般的人不能轻易进去。每天这老二乐凤鸣看完柜台，然后奔这后院看这药。现在春暖花开了，后院当中种着各种各样的药材，一块一块的，郁郁葱葱的，特别好看，所以乐凤鸣特别愿意进后院瞧瞧。

“走啊。”

看贾掌柜走了，他就招呼钱靖方，两个人奔后院。两个人由打前边奔这后院走，哎？这哥儿俩眼睛可都好使，就瞧这柜台上的伙计都往门口这儿看，而且这神态跟平常不一样。哥儿俩不由自主地回头这么一看，这钱靖方差点儿乐出声来。倒下台阶儿嘛，由打台阶上头往下走，进来俩人，一个个儿高点儿，一个个儿矮点儿，好像相差岁数呢，得差这么十岁八岁的。这个儿高的特别精神，这个儿矮的呢，嗞……怎么显着岁数那么大呀？这到底什么关系呀？一看这个儿矮的脸上都有皱纹了，皱着眉头子，跟要哭似的，所以伙计看着新鲜，伙计当然得张罗啊。

“哟，呵呵，二位您是抓药啊？还是买药啊？”

“嗯……请问你们这儿卖不卖打老儿丸啊？我买两箱。”

“两箱？”

这伙计眼睛睁得特别大，瞧着新鲜。本来这东家跟掌柜的要进后院了，一听说进来俩人，回头这么一看，也觉得长得有点儿新鲜，进门要买两箱打老儿丸，钱靖方看了看，一努嘴，乐凤鸣就明白了，俩人回来了，就没奔后院，就坐在这圆桌旁边，正好贾掌柜跟王仲喜坐的这俩凳子，圆凳还没插进去呢。掌柜的坐这边，东家坐这边，就瞧着。

“呵呵，您买两箱打老儿丸？”

甭说钱靖方乐呀，就连乐凤鸣都快乐出声儿来了。提起打老儿丸啊，这也是个神话，也是个传说。据说陈抟老祖，刚才咱们一开场诗的时候就说这陈抟老祖，游遍名山大川。陈抟老祖是谁呀？是宋代中国的一个道家学者，而且是一位养身能够修行的专家。陈抟老祖差不多咱们中国人都知道，据说这老祖活到一百一十八岁，其实按实际上也就活到八十多岁。不过那个年间要活到八十多岁，也不容易啦。陈抟老祖研究道教，走到青城山山底下，不知道众位旅游到没到过青城山，是吧？青城山好。咱们中国有四大名山，道教名山，青城山可以说首屈一指，而且青城山是全球全真教的圣地。那么陈抟老祖走到青城山下，骑着马呢。哎？他愣了，赶紧勒住马，抬头这么一看，一个少妇，按现在说也就三十三四岁，手里拿着根儿棒子，嘿，快步如飞，“噌噌噌噌噌……”跑得真快。再往那边一瞧，追谁呢？追一老头儿。这老头儿胡子都这么长了，皱纹堆累，腰都弯了，腿都不利落了，但是跑得挺快，他怕挨打呀，看这意思这老爷子起码得一百开外了。嘿……陈抟老祖是研究道学的，咱们中国讲究什么呢？讲究孝敬老人。心说：你说这年轻的妇人追着她爷爷，起码是她爷爷，不然的话就是老祖啊；你怎么拿着棒子追打老人？忤逆不孝啊。赶紧往前一催马，就把这年轻的妇人给拦住了。

“您干吗呀？我打他。”

“打谁呀？你怎么忤逆不孝啊？嗯？这么大岁数了，他是你爷爷还是你老祖啊？”

“他是你爷爷。”

“你怎么这么说话呀？”

“我怎么能不说话呀？我告诉您，我都五百多岁了。”

“啊？！你怎么这么少兴啊？”

“对了，我五百多，穿……呵呵，您不明白，不跟您说。”

“说吧，说吧说吧……我，哦，我琢磨的就是这个道理。”

“琢磨什么理儿吧，我都五百多了，你看他，他是我重外孙子。”

“什么？重外孙子都一百多了？”

“对呀。我呀吃的是我们家传的打老儿丸，让他吃这神药他就不吃。你看，他是我重外孙子。现在，你看，老态龙钟，他不单长胡子，皱纹堆累，他跑都跑不动，我打死他！”

陈抟老祖一听，我想长寿啊，我炼丹都炼不出来呀。赶紧甩镫离鞍下了马，跪倒在妇人面前。

“得嘞，求求您，您是神仙，您给我一丸子打老儿丸吃得了。”

“你是谁呀？”

“我是陈抟。”

“哦……你不是养生专家，研究道学的吗？”

“不错呀，求求您了。”

“甭求我，八百年以后啊，上同仁堂买去吧。”

其实这是个传说，同仁堂有没有这种药啊？有。它不叫打老儿丸，叫延寿丹。这种药治什么呢？五劳七伤啊，小便频数啊，就是小便多，是吧？眼目发灰，咳嗽痰盛，没劲儿，是吧？而且阳气不举，就是这么一种药。不过这药却特别管事儿，同仁堂制成的这药叫延寿丹。

没想到这两个人进门要买两箱打老儿丸，掌柜的如何应对？咱们下回再说。

第十八回

东阳买白芍，不差半分毫，
远志弃芯用，理当负其劳。

您看咱们说这《同仁堂》的书，说的是什么？说的是同仁堂传至而今三百多年，说的是同仁堂的精神。为什么能够传承这么多年？就因为同仁堂遵肘后，辨地产。遵肘后就遵照先医葛洪，实际上就是古方不能轻易地改，必须严格地按古方去做药。乐显扬说过多少回，说古方，它这药必然能够生效；但是你药得好，而且炮制的方法要对。那么提起这四句诗来，东阳白芍。同仁堂用白芍就用东阳的，浙江东阳。为什么说这几句呢？就因为这钱掌柜买这白芍买错了。

咱们上一回书说到什么呢？就说到进来两个人买这打老儿丸，实际上这打老儿丸啊叫延寿丹，乐凤鸣看了看，说：

“您要买打老儿丸，跟您说吧，我们同仁堂不是神仙，民间流传的打老儿丸啊，就是我们这儿的延寿丹，啊，五劳七伤啊，阳气不举呀，小便多呀，磕膝盖疼腰疼的，就治这病，但是确实管点儿事儿。”

“那您看……我跟您说实话吧，我们是哥儿俩，我是哥哥，他是我兄弟，我们俩差三岁。”

“啊？！”

这伙计一看，差三岁？起码得差十三岁呀。这哥哥长那么精神，这兄弟怎么脸上都有皱纹啦？都没法给他们分辈儿。说到这儿，这兄弟把头就低下了，看起来自个儿的前程不太妙啊。掌柜的瞧着，东家就问。

“那么您接着往下说。”

“您可不知道，我儿子都快上私塾了，我兄弟还没娶上媳妇儿呢。哎哟，我爹妈这凑啊，卖了两亩地，好容易把钱凑齐了，我们由打陕西来的。掌柜的，您就行行好，卖我们点儿打老儿丸得了。”

“没有，确实这是延寿丹，吃了挺好，不能说延年益寿吧，反正起点儿作用。这么办吧，您过来，我给您号号脉。如果您身上确实有病，我能给您治我一定尽心给您治；如果您要是长得面老，我也就没办法了。”

这兄弟不动换，这当哥哥的把他往这儿推，钱靖方就拉出一个圆凳来了，让他坐下，然后把脉枕往这儿一搁，乐凤鸣给号脉。一号这脉呢，确实是有点儿沉脉，这沉脉就是有点儿累着了，但是累得也不太大，乐凤鸣看了看面相。

“啧，这么着吧，我给您开三服药，跟您说实话，实际上我这三服药也就是让您消消疲劳，心情愉快一点儿，可您这面老我实在是治不了了。”

过去人对医学，不像现在研究的这么透彻，现在您说得多透彻呀，是吧？电视台老播，什么“养生堂”啦，什么应当怎么多活啦，反正净是这类的节目，咱们看着看着，大概也明白了。过去我小时候呢，管这种现象叫什么现象啊？返祖现象。说这人长得跟老人一样，返祖了，有的提前长白头发，有的身上长毛，是吧？都属于这返祖现象。那么按现代科学说，就是遗传。头些天我就在电视上看见一个，一个小姑娘，四岁，奶奶还真疼，生下来挺好的，这四岁比七十多岁的人还老。后来大夫想办法，是吧？这孩子当然活不长了，就死了。想办法把他们的遗传基因给治了治，这两口子生了一小二，挺好的。这遗传基因的问题，现在在科学上基本上还是个难关吧，慢慢克服吧，反正现在科学这么发达，医学这么发达。但是那时候，同仁堂开的时候是清朝康熙年间，对于这种现象是没办法的。所以乐凤鸣号了脉，给开了三服药。

“得了，您拿着这三服药吃去吧，我们也不要钱了，因为我们同仁堂不是神仙，您回去吧。您这兄弟面老，这是天生的，这我就没办法了。”

这兄弟流着眼泪跟着哥哥走了，拿着这三服药，一分钱没花。

“啧，唉……”

乐凤鸣心里也不太得劲儿。

“你说我们这些当大夫的，不就是想把人都给治好了嘛……”

“行嘞，东家，您治得过来吗？啊？我爹死你们家了，你爹不是也没办法嘛。”

“你瞧，你怎么还提这档子事儿啊？”

“得啦，咱们后边看看去吧。”

哥儿俩站起身形往后走，把这柜台这板一掀，两个人绕进去走后门，进了后门就是门房，门房一听，就知道掌柜的跟东家来了，赶紧把门开开了。

“哟，掌柜的，东家，您好啊，您里边看看？”

“啊，我里边瞧瞧。”

乐凤鸣站在台阶上一看满院子的药，玉竹、柴胡……嘿，最好看的就是那月季，真好看啊。

“啊……”

看着这一院子的药，春天长得绿油油的，心里头痛快，旁边是挨着屋的作坊。

“咱们进去看看啊？刚才我可跟你说了，你这回进的药有谱吗？”

“有谱儿。”

“白芍从哪儿进的？”

“白芍可不是从东阳进的，东阳的药太贵，我就做主了，买的是别地儿的白芍。”

“别进去了，我先跟你说说吧。咱们同仁堂买药辨地产，明白吗？遵肘后，辨地产，使白芍就得使东阳的。”

“它太贵呀。”

“不计价，只求药好，咱们同仁堂就是这规矩。这么办吧，你买那白芍哪儿呢？”

“都堆屋里去了。”

“用了吗？”

“还没用呢。”

“没用就好办，咱们哥儿俩商量商量，是你把这点儿白芍倒了？还是我把这点儿白芍倒了？还得进东阳的。”

“那我倒吧。嘿嘿……东家，我倒，我倒了，我上东阳给您买去。等您给我开份儿的时候，您把这钱按月给我扣了，一个月不够，您就接着往下扣。”

“哼……”

乐凤鸣听到这儿，哼了一声没言语，稍微咧了咧嘴，也就稍微的这么一乐。这两个人不用说话，神到心知。您看，掌柜的是东家的大舅子，掌柜的妹妹是东家的媳妇儿，掌柜的父亲跟东家的父亲那是很好的交情。但是您记住我的话，甭管原来开买卖，以后您开公司，“三爷”不能用。说您开公司，您记住了，舅爷不能用，姑爷不能用，少爷不能用。有些问题说不清道不明，我这么一说，您也就这么一听，反正我也没开公司，我要真开了公司，我也照样“三爷”不用。

说自打钱掌柜当了同仁堂掌柜之后，他负责进药，制药的事儿，前台柜台卖药的这些事儿他都得管，尤其是进药。他也天赋聪明，跟大爷这么一学，所有的药材他辨别得非常清楚。这能耐是“噌噌”的往上长。乐凤鸣也特别喜欢他这一点，也搭着他们家原来就是医药传家。进完药了，账房先生找东家来了。

“东家，这回药可贵呀。”

“贵多少啊？”

“呵呵，反正每……每味药都贵点儿。”

“贵得多吗？”

“不多。”

“查清楚了吗？”

“查清楚了。这个……大舅爷呀，大舅爷说了，说我是大舅爷，我当这掌柜的，我花点儿不应当吗？您明白了吗？”

“我明白了，第二回呢？”

“第二回还是这价码，不高不低，就这么一点儿点儿。”

“好吧，这件事儿你知我知，可就不许外传了。”

这就叫乐凤鸣会做人。我控制着你，说你得一点儿。你一点儿都不让他得，这是办不到的。所以说今天说到东阳进药，乐凤鸣哼了一声，也就稍微这么一乐，心里就明白了。

“东家您放心，我马上派人到东阳去买。”

“好吧。”

“这儿的，我负责给倒了。”

这样两个人才迈步进屋，一看伙计干吗呢？正给远志去芯儿呢。

“远志去芯儿去得干净吗？”

“您放心，东家，您看，您看，都是按着咱们炮制的方法做的。”

“好啊，不错。掌柜的，您瞧这远志。”

“嗯？好药。”

“提起远志来，安神宁心，祛痰开窍，消肿止疼。可有一节，心火肾火太盛可不能用，阴虚不能用，阳亢也不能用。但是这芯儿要是不去，那吃进去才烦人呢，不但药力减退，病人吃了还难受。伙计，所以我告诉你，远志去芯儿，那是必然得办的。刚才我在外边说话你可能听见了，说咱们进药，药品虽然贵，但是不能减物力，该花钱咱们得花钱。如果你人手不够，跟掌柜的说，给你添人，所有的远志必须得去芯儿。”

“掌柜的，我记住了，您放心，我一定遵照咱们同仁堂所定的规矩去办。”

“那就太好了。”

所以说每天乐凤鸣来查柜，每天都得到这制药的作坊里挨着间儿地走一遍。由打这屋里出来再往前头走，一开门。

“哎？这不是煮附子呢吗？嗞……我怎么看你眼生啊？”

“东家，您是看我眼生，我爹在这屋干活儿，我爹病了，拉痢疾。”

“拿药了吗？”

“拿了，坐堂先生给开了，已然抓回药回去了，好多了，明天可能就来，让我来替两天。”

“你这儿干吗呢？”

“煮附子呢。”

“哦，你懂得火候儿吗？”

“懂，煮烂了算。”

“什么？煮烂了算？你炖萝卜呢？嗯？你是炖牛肉呢？你会不会呀？”

“东家，我跟您说，我跟我爸爸学的，我能不会吗？我现在我都，我都三十多了，我都娶了媳妇儿了，我能不会煮这附子吗？”

“那你平常干什么呀？”

“平常就在我们县里那药店，我们县里有一大药铺，我就在那儿干活儿。连制药带卖药，呵呵，掌柜的，东伙就我们俩人。”

“哦，看起来你什么都会呀。”

“是。”

“你知道怎么煮这附子吗？”

“我知道啊，我们掌柜的说了，这附子毒性太大，你非得把它煮透了，没毒性了，我就放心了，吃咱们的药就死不了人了。”

“好，你们那药好卖吗？”

“好卖。我们这药不但是好卖，这么大丸子还解饱呢。”

“没法儿不解饱，药量大，煮透了算，那不治病啊。我告诉你，回家跟你爸爸好好学去。”

说着话呢，乐凤鸣就拿起来尝了尝。

“哎，别煮了，稍微有点儿麻辣感，这附子就煮成了。我告诉你，说附子有毒，你要是把它煮得太烂了，毒性是没了，可是药性也没了，你懂吗？你要记住了我的话，说咱们在这儿制药呢，就如同神仙跟鬼怪在你旁边站着呢。你要是偷工减料，神仙知道；你要是居心不良，偷出点儿药材来，鬼怪知道；所以你得对得起良心。咱们同仁堂是有祖训的，我告诉你，人凭良心。你在这儿炮制药材，修合无人见，存心有天知，你懂吗？你得对得起我们老乐家医药救世。”

“哎……掌柜的，我记住了，我记住了。东家，我记住了。”

本来他坐这儿看着锅呢，赶紧起来趴地下就磕头。

“起来吧，记住我的话，回去问问你父亲，就给你们药店制药，你也不能这么制。一定记住，记住我的话。”

“您放心，您放心，我记住。”

掌柜钱靖方陪着东家乐凤鸣挨着屋地走，所有的事情全都嘱咐到了，您说他用心不用心？不用心，这买卖能这么长久吗？两个人绕弯儿出来，挨着屋儿的都看完了，什么时候了？该吃午饭了。

“掌柜的，今儿我不在这儿吃了。”

同仁堂有厨子，而且厨子做饭，掌柜的吃什么，伙计吃什么。

“我今儿不在这儿吃了，家里有点儿事儿，我得马上回去。”

“您要是不吃了，我也就回去了，回去家里有饭，吃完饭，我眯瞪一会儿再来。”

“好吧，那咱们哥儿俩分道扬镳吧。”

两个人由打药铺里出来，奔胡同口，一个回打磨厂，一个就奔珠市口了。这钱靖方走着走着，到了珠市口这儿，一看这儿围着一圈子人，里三层外三层。我说过，咱们北京人爱看热闹。钱靖方往这儿一站，他在这人缝儿里往里一瞧，他就愣了，芦席盖着一个死尸，跪在死尸前一个小姑娘，看这岁数也就在十六七岁，还是往大了说。这个姑娘哭哭啼啼，叨叨念念，前边一张纸，在人群后头看不清楚。

“众位，闪闪，闪闪……”

大家伙儿一回头，还有认识他的，同仁堂掌柜的。

“哎哟，钱掌柜，您怎么着？”

“怎么回事儿啊？”

“跟您说，要卖身葬父。”

“干吗卖身葬父啊？”

“嗞……据说是从固安来的，她母亲死得早，她爸爸带着她，教她唱曲儿。没想到走到这儿，突然间她爸爸一个跟头栽在这儿就死了。我们劝她让她回去呀，她说回去也没钱啊，回老家也没人啊。得嘞，你们哪位会写字，帮着我写几个字，谁要是帮着我把我父亲埋葬了，我就跟谁走，当个使唤丫头。您看，那边布铺掌柜的出来了，还真给她写了这么一纸条，往这儿一搁，就这么档子事儿。”

“哦……”

钱掌柜迈步往前走，走到这孩子面前。

“姑娘，你抬起头来。”

这姑娘流着眼泪，微微这么一抬头。

“先生，您能替我埋葬我的父亲吗？”

就这一抬头，钱靖方愣了，父亲怎么回事儿，儿子就怎么档子事儿。钱吏目年纪轻轻，谁给说媳妇儿都不要，都四十边上了，跟着乐显扬到永定门外头，那儿发大水，奉皇上之旨前去救难，给灾民治病去，看见河上漂一块板儿，上边躺着一个女的，他一眼就看上了，弄家去，而且还疼还爱，娶媳妇儿了。您说他这儿子跟他毛病一样不一样？钱靖方现在四十多了，快五十啦，谁给说媳妇儿都也不要，他看不上眼。今天他进这人缝儿这么一看，他眼睛就呆了，他看上这姑娘了。一抬头，两只眼睛定住了，您说是不是这儿子跟爹是一样的呀？

"行啦，姑娘，你起来吧。"

咱们书不说废话，带着姑娘到了棺材铺，把老人盛殓起来，到了永定门外买了块墓地，埋了，还办得挺脆生。这姑娘当然挺感激呀，也不知道这位姓什么叫什么，那就跟着上家走吧。到了家，赶紧让家里丫鬟婆妇伺候着，让姑娘洗了澡换了衣服，再往钱掌柜面前这么一站啊，钱掌柜可更傻了，脸长得如出水芙蓉。

"好啊，咱们今天就圆房，明天我就明媒正娶。"

第十九回

前厂后店制药忙，千古一诺历沧桑，
品味虽贵物不减，炮制虽繁理应当。

同仁堂的制药严谨一直传到今天，所以几百年来越传越广，声誉是越来越好。

咱们上回书说到钱掌柜，在珠市口这儿看见个卖唱的小女孩儿，卖身葬父，就替她把父亲给埋了，然后把这女孩子接到家中，洗了澡，梳洗打扮，再一看美若天仙。钱掌柜快五十了，没娶过媳妇儿，当天晚上圆房了。这姑娘非常感激钱掌柜，甭管是二房三房吧，只要你把我父亲埋了，对待我好，我就感恩。没想到钱掌柜第二天说："我明媒正娶，你就是我的正房夫人。"

这姑娘愣了。

"您别这样对待我，二房三房都没关系，做您身旁小妾也没关系，使唤丫头也没关系，您不能把您的正房夫人给休了啊。"

"嗨……你错啦，你别看我这么大岁数，我还没娶过媳妇儿呢。"

这是这姑娘万万也没想到的，自己一步登天，当了正房夫人。说明媒正娶，这手续得走，是吧？找个亲戚，先让姑娘住下，然后找媒人，下聘礼，定日子，办喜宴，娶媳妇儿。把这妹妹给乐坏了，钱翠莲万也没想到哥哥能找这么好一媳妇儿，真是有什么爹就有什么儿子，我这哥哥太随我爹了。后来呢，这钱掌柜琢磨琢磨，给这女孩子起了个名字。这女孩子没有大名，他爹就叫她萍儿，钱掌柜说："你长得好看，洗完脸跟彩虹一样，我就叫你虹萍。你姓什么呀？"

都娶到家里，还不知道人家姓什么呢。

“我姓史。”

“你就叫史虹萍。”

十几岁，这都快五十了，但是夫妻非常和美。结婚这几天这么一热闹，哥哥就不让翠莲回家了，在娘家帮着嫂子、哥哥，得帮着把这婚事给办完了啊，临走的头天，跟小嫂子说话，小嫂子眼泪掉下来了。

“妹子，要是早认识你们家就好了，我才知道你们家还有先生家都是治病的大夫，我爹就走不了了，我爹老心口疼。唉……不过我有一件事儿要告诉你，就我们老家固安啊也有你们江浙人。据说原来也是拿着铃铛走乡串镇的大夫，他们家里有一方子，专治腰酸腿疼，可好了，非常好。哎？你是不是找那方子给要过来，你们同仁堂做点儿好药啊？”

翠莲还真往心里去了，问明白了住处，问明白了姓氏，然后回家就跟自己的丈夫乐凤鸣说了。乐家四处求良方，寻好药，所以听媳妇儿这么一说，第二天套着车，这赶车的叫六子，让六子赶车，乐凤鸣让他赶车就奔固安县去了，大早上起来就走了。等到了固安啊，还真找着了。这老人家姓彭，独门独院儿，三间房。老人家祖上也是江浙人，就是永乐皇帝建北京的时候迁过来的。但是他们一辈不如一辈，祖上是医生，往他这儿传着传着，已然没能耐了，就跟着媳妇儿回固安了，娶了个固安的媳妇儿，就在这儿种地为生了。咱们书以简洁为妙，看见这位姓彭的老爷子了，乐凤鸣就把自个儿的来意说了。

“哎哟，您请进，请进，同仁堂的大东家，您请进请进……”

赶紧沏上茶。

“我们这茶叶次。”

“没关系没关系，老爷子，您坐下。”

直言不讳吧。

“听说您有个药方，我来跟您求这方子来了。”

“那可太好了，你们祖上是江浙人，我知道。我们祖上也是江浙人，我们祖上也是拿着串铃各处治病的。唉……咱们江浙，种地插秧，这女人也得去种地呀，腰酸腿疼的，就是来了身子，她不是也得去干活儿嘛。我们祖上心眼儿好，好不容易研究了好几年，研究这么一个方子，专治女人的腰酸腿疼。嗨，后来呀……天上一个雷，把我们家给劈了，这方子也找不着了，这门板也烧了。”

“跟门板有什么关系呀？”

“嘿……我说话说不清楚，说不明白，岁数大啦，八十多了。净找我们家求方子的，我们家呀就把这方子给写在门上了。这门一劈，一着火，得了，这方子也没了。您猜怎么着？没想到啊，咱们这乡亲们记着这方子，整理好了，哎，写好了给我们家送来了，我们家祖上就给带到北京来了。这方子后来，我老祖又改了改，说北方人啊，这女人也腰酸腿疼，跟南边的人不一样，添了三味药，换了两味药，这方子特别的管事儿。得嘞，东家您来了，这方子就给您了，咱们都是江浙人，都为了老百姓治病，这方子给您吧。”

乐凤鸣掏出一锭银子来，老爷子把脸一沉，不愿意了。

“都为了老百姓治病。您要给我这银子，这方子您可就别拿了。”

您说这老医生多好啊。就这样，乐凤鸣就得着这方子了，老人家非得留乐凤鸣吃饭，盛情难却，其实就是一碗面条，但是吃完了以后，乐凤鸣感觉到特别的舒服。跟老人家告辞，然后上了车，六子赶着车，由打固安经大兴回归北京。没想到刚走了没几步，天上“欻啦”一道闪，“咔啦”一个霹雷，“哗……”这大雨就下来了。

“嘿，六子啊，咱们属龙王爷的，哈哈……你看，到哪儿哪儿下雨呀。”

“那您说怎么办呢？”

“慢着点儿走啊，慢着点儿走。”

一边说着一边聊着，东伙两个人赶着这车往前走，走着走着，天可就快黑了。天黑了，这雨还是越下越大，下了好几个时辰了。您想想，那时候赶路多难走啊，不是现在的油漆大马路，那地坑坑洼洼的，而且农村的地有车辙，你要是离开车辙，这大车非翻不可。哎，走着走着，“叭……”来一踙窝，这车“啪”就翻一个儿，也仗着乐凤鸣身体灵便，“噌”往下一跳，站在地上了，愣没躺下。

“六子……”

“您没事儿吧？”

“没事儿。”

“这车可有事儿了，您瞧，轱辘都掉了，走不了了。”

东伙两个人使劲儿往出推，怎么弄也弄不出来。

“嘿……这可怎么办呢？”

这六子抬头一看。

“哎，东家您瞧，那边瓜地一瓜棚，肯定有看瓜的，咱们过去叫他们去。”

“我看着车，你过去。”

这六子撒腿就往前跑，跑过这瓜地，这儿还真一棚子。一般的瓜地旁边都搭着一个棚子，看瓜的在这儿住，恐怕瓜丢了，瓜已然开始熟了嘛。等他走到瓜棚头了，掀开这帘儿往里一看可愣了，撒腿往回就跑。

“东家，您快看看去吧，那那那……那儿，那儿一女的，可能是难产，那儿哼哼唧唧的，我我我……”

乐凤鸣一听就急了，撒腿就跑，跑到这帐篷这儿，一掀帘进来了，可愣了。您想想，看瓜的棚能多高啊？一个床跟地铺似的，上边躺个女人，也不知道是羊水破了还是这棚子漏，这人已然湿透了，头发在脸上脑门这儿贴着，两只手抠着这破席。看肚子看得出来，待产啊，嚷的这声音实在是惨，太难听了。就在这棚子里边蹲着一个男的，拿着旱烟袋，“吧嗒吧嗒吧嗒……”就抽烟，两口子呀，一看就是。这生不出孩子，这着急，在这儿抽烟。身为大夫的乐凤鸣可就急了。

“我说，这是你媳妇儿吗？”

“是啊……”

“你怎么不给请个接生婆呀？”

“您瞧这大雨，她不让我走啊，我一走她就嚷啊，她说我不要她了。您说这人命关天，我……我走不了啊。”

“啧……多半天了？”

“有……得有两三个时辰了吧……”

再一看这女人，可就快盯不住了。

“这么办，你把你的裤腰带解下来。”

“啊？你要上吊啊？”

“你媳妇儿生不出孩子来，我上什么吊啊？快解下来。六子啊，快进来帮忙。”

这汉子赶紧把自个儿的裤腰带解下来，递给乐凤鸣。这时候六子可就跑进来了，他没见过这阵势啊，还没结过婚没娶过媳妇儿呢。

“呃……东家……”

“我告诉你，这棚子太矮，你好好把这棚子扶住了，可别塌了啊。”

“哎。”

当中间一竿子，攥着这竿子。

“现在先别使劲，我让你使劲再使劲，你说你怎么那么笨啊。”

“嗯，您让我使劲我再使劲。”

这乐凤鸣就把这男人的裤腰带，在这棚子上横的这竿儿上拴上了，低头就跟这产妇说话。

“你呀，生不出来着急是不是啊？”

“啊……啊……啊……”

根本就说不出话来了。

“这么办，你呢，你看我拿这绳子，拿你丈夫的裤腰带拴一套儿，你两只手揪着这套儿，你使劲，你就跟在你们家蹲着烧柴禾一样，明白吗？”

“嗯……”

说明白，也听明白了；说不明白就是一点儿力气都没有了。乐凤鸣明白，没劲儿了。

“这么办吧，我搀着你，我扶着你，你在这儿半蹲半跪着，两只手揪着这裤腰带，我跟着你一块儿使劲。我说一二三，使劲，咱们俩一块儿使劲。”

您说这当大夫的难不难。好容易把这产妇扶起来了，那真是一点儿劲儿都没有了，两只手攥着这裤腰带，她丈夫的，往这儿半蹲半跪，乐凤鸣在后边扶着。

“六子，你使劲啊，千万别让她给拽塌了。”

“她没那么大的劲儿。”

“嘿，这劲儿要使出来，你可挡不住，你可得挺住了啊，这棚子一塌了可就全完了。”

老六使劲攥住这竿子，挺着这棚子，向这丈夫喊你帮帮忙啊，在旁边傻了？

“啊……您是大夫吧？您可救救我这儿子呀，我们家一子单传啊……”

“呸！”

把乐凤鸣气坏啦。

“你就知道你们家一子单传，你怎么不管你老婆呀？”

这女人已然一点儿劲儿都没有了，要松手。

“别松手，你跟着我使劲儿。”

乐凤鸣还得看着她，估计她的赶阵儿，咱们知道，生孩子都得赶阵儿，跟着她这呼吸起伏，乐凤鸣还真有经验。

“一,二,三，使劲儿……”

这个女人当然愿意把孩子生下来呀，使足了全身的力气。

“哎……”

就在这儿使劲儿。一回两回三回四回……按现在说，足足有一个钟头的工夫，“咔嚓”一下，生了一个大血团，这个女人可就躺这儿了。乐凤鸣赶紧给号了号脉，没事儿，自个儿把这长袍儿脱下来，就把这孩子给抱起来了，脐带儿还没断呢。找剪子也没地儿找去呀，找刀也没地儿找去呀，乐凤鸣拿这嘴，拿牙就把这脐带儿给咬折了，然后给摁好了，拿自己的长袍儿包好了，抱在怀里。

“看看吧，这是你儿子。”

“哎……哟……我也有儿子了……啊……”

“你赶紧回家吧，弄辆车把你媳妇儿接家去吧。”

“哎。”

撒腿就跑，有这么一顿饭的工夫，车来了。赶车的三十出头，年轻的小伙子，长得挺敦实，黑黑的，愣愣的，赶紧把这产妇抱到这车上，然后赶车的让他们两口子坐到车上，这小伙子把自个儿的儿子抱到怀里。这车不大，就给接回村子里头。把产妇安置好了，孩子也安置好了，他母亲还在家呢。然后这瓜农又赶着车，过来就把乐凤鸣还有这车把式接到家中了。做碗热汤面吧，洗洗脸漱漱口吧。那真是千恩万谢。要是没有这大夫，那就完了。折腾折腾，天亮了，乐凤鸣累得也够呛了。

“六子，咱们回去吧。”

“车不行啊，咱们车还崴在那儿。”

这车把式说话了。

“这么办吧，嗯……您住哪儿啊？”

“呵呵，打磨厂。”

这六子说实话了。

“看见没有？北京同仁堂的东家，乐东家。”

“哎哟……”

您别瞧大兴离这么远，没人不知道同仁堂的。

“哎呀，同仁堂老乐家的人真好啊。”车把式说。

“这么办吧，我给您送回去，这车您就搁这儿甭动，我们这乡里乡亲都是好人，挨家挨户我们都认识。等我回来呢，我再把这车，跟乡里乡亲把它扶起来，把车修好了，我再把车给您送回去，反正道儿我也认识了。”

“那可就多谢您了。”

“您别客气。要是没您，他们这一家子怎么活呀，孩子也生不下来，他们家少奶奶也死了，对不对呀？感激您还感激不过来呢。”

这么着呢，乐家的东家带着六子，就坐了这年轻小伙子的车。小伙子驾在车辕上一摇鞭，这大车“骨碌碌碌碌……”离开大兴就进了北京了。一边走一边聊吧。敢情这车夫啊，车把式姓纪，爹妈死得早，哥儿一个。到现在三十出头了，给人家赶车，这辆车还是人家的，娶不上媳妇儿。乐凤鸣一看这车把式真好，聊着聊着就到了北京了。等到了北京，到了打磨厂，下了车，进了院子了，翠莲好心眼儿，赶紧让这纪大哥洗洗脸漱漱口，给做顿饭，打点儿酒，让他在这儿踏踏实实就睡了个觉。

“谢谢您，我得回去了，那车还等着修呢。”

当然，乐凤鸣也是千恩万谢，然后这位姓纪的车把式离开乐家，就回大兴了。回到大兴之后，第二天，这车修好了，就赶着乐家这车来到打磨厂，给送这辆车来。乐凤鸣很感激，把这位赶车的车把式纪大哥接到屋中，说了会儿话，沏上茶，让翠莲给做顿饭，这位纪大哥由打怀中掏出一样东西来。

“东家，这是您的吧？”

“哎哟……”

往身上一摸，才知道，乐凤鸣身上带的玉牌子。咱们北京人讲究男人带玉，女人戴翠，男人带的玉，玉牌子。这是乐凤鸣随身带的一块玉，而且是父亲传给他的，是宫中的东西，可以说价值连城。和田羊脂玉，就这么一个平安牌，那叫漂亮极了，万也没想到现在在这个车把式的手里。

“呦……您……”

“嗨，我回去跟乡里乡亲把您这车给扶起来，一看这儿一牌子，就知道是您的，我拿这牌子就给您送来了。”

乐凤鸣接过这牌子，想起父亲，没想到面前有这么好的一个人，我们乐家是知恩就报啊，我得想办法接济这位纪大哥。

第二十回

北宋名医杨子建，十产论述是文献。
日本医林全惊动，早于北欧五百年。

您看咱们书说到现在，已然说到二十讲了。打开始说到现在，出现了好几位咱们中国古代的医药名家，北宋的特别多。刚才我说这开场诗说的北宋名医杨子建，杨子建写了很多的论述，十产就是十产之论。什么是十产呢？就是难产，应当怎么生孩子。写出这部论著来，早于北欧五百年，所以咱们中国是相当了不起的，不但文化底蕴很深，而且医药的成就也非常大。说妇女生孩子，现在说起来，有时候遇见难产，到医院还能产生危险，何况古代了，那时候医学并不发达。那么杨子建这《十产论》，一产二产三产四产五产六产七产八产九产十产，他这个异常胎位的转位术，在清朝的时候传到了日本，把整个儿日本的医林全都惊呆了，没想到中国这十产竟写得这么好。都说是北欧法国医生最早，其实杨子建先生的《十产论》是早于北欧这法国医生五百年。这法国医生叫什么呢？叫阿姆布鲁斯·巴累。说您看我七十五了，这我也得记住，所以说完之后，我觉得我也够半个专家了，是吧？你得研究这医药界到底怎么回事儿。

那么乐凤鸣到固安去求这秘方，然后途经大兴，天降大雨，遇见瓜地旁边瓜棚里有一个妇女难产，他去接生了，就因为他看了《十产论》。那么他这《十产论》从何而得呢？那时候买书不像现在这么方便。咱们一点击网上啊，一购，然后付了费，明儿就给送家来了，没那么容易。当初乐良才闯北京的时候，在闯北京之前，他就在老家杭州城外头也遇见过难产，他的祖上也遇见过难产。后来乐良才到了北京之后，想办法买到杨子建先生的《十产论》，如饥似渴呀。得着一本书，代代瞧，代代记。所以说遇见大兴这个产妇，当时乐凤鸣为了救人，就想起了《十产论》里边说的，说子将欲出，这儿子该出来了；其母疲倦，这女人老使劲老使劲，生不出孩子她累坏了；此毋疲倦，久坐椅褥，抵其生路，她老在这儿躺着在这儿坐着，就把这孩子的出路给堵住了。乐凤鸣记着这几句话，然后让她丈夫把裤腰带解下来，在这个棚子的梁这儿系上了，套了个扣儿，然后让这女人在这儿揪着使劲，如同蹲着烧柴禾一样，把这孩子的出路给放开了。他帮着使劲，一二三，这么扶着，这孩子生下来了。说救人一命胜造七级浮屠，其实乐凤鸣他继承乐家的高超的医术，而且传承乐家的医德，乐家医德就是医药济世。我救了一个产妇救了一个孩子，没什么关系，然后就走了。当时车已然坏了，赶车的是谁呀？赶车的是当地的一个小伙子，姓纪，叫纪魁元。给送回来之后，人家回去了。第二天就把这车给扶起来，然后修好了，又把这车送回来了。没想到把这车送回来了，拿出一块玉来，乐凤鸣一看就呆了，哎哟……再一摸才想起来，自个儿这传世之宝，也是家里边的非常值钱的一个宝贝，丢在大兴了，一想什么时候丢的呢？

“请问您，您在什么地方捡着的？”

“哎，您这车蹎窝了，就在这轱辘旁边呢。”

“哦……”

乐凤鸣一想，我由打车上跳下来的时候，这牌子掉地下了。这牌子可值钱，说和田羊脂玉，还得分什么地儿造的，宫中造办处，赏到乐家，乐家往下传，带到了乐凤鸣身上。那真是传家之宝。说拿到拍卖市上现在要卖，拍卖行，那可就值了银子了。没想到这个车把式愣给我送回来了，这车把式要拿着这块玉，得值多少钱啊？他就财主啦。手里攥着这块玉牌，心里边感激这个赶车的车夫。

“啊，我想问问您，我应当给您多少钱啊？”

“哎？您要是给我钱，您可就见外了。这是您的东西，我就应当给您送回来。您知道，您救了我们这乡亲，生了一孩子，把他奶奶乐坏了。哎哟，奶奶抱着这孩子，感激同仁堂乐家，感激同仁堂乐家呀。

天天这么念叨，我们谢您还谢不过来呢，您要是提银子，那我可站起来走了。”

乐凤鸣是个有心之人。

“好吧，既然这样，我就心领了。嗯……您就住在那儿吗？”

“我呀不是那儿的人，也是要着饭到那儿的。爹死了，妈死了。哎，这村儿里的人啊真好，人家开车场的就把我留下了，让我在那儿赶大车。嘿嘿，跟您说实在的，就我一人，三十出头了，连媳妇儿还没娶呢。”

“哦……您怎么称呼呢？”

“哎，姓纪，我叫纪魁元。”

“哦，好吧，这么着，您家里没什么事儿，您在我这儿住几天，北京玩玩儿。”

“不不不，我今天就走。”

“那我套车给您送回去。”

“嘿嘿嘿……东家呀，您套车给我送回去，我再把车送回来，咱们来回来去净送道儿了。得啦，我也在您这儿吃饱了，我也喝足了，我上北京逛逛，我也老没来了。顺便我就上棉花地找一个亲戚，听说我这亲戚住在棉花地。如果要住在棉花地，我要是找着了，那不是多一门子亲戚了嘛，我上北京也有去处了。”

“好吧，您要是找着亲戚好，找不着亲戚，我就是您亲戚。您什么时候上北京，什么时候就上我这儿住来。”

“哎哟，那就多谢东家了。”

把这纪魁元送走了，乐凤鸣就把媳妇儿翠莲叫过来了。

“刚才来这车把式把这玉送回来了，这玉牌子可是爹给我的。”

“我走到门口儿没进来，我听见了。你说你呀，你怎么把这牌子丢了？幸亏遇见好人了，要是遇见歹人……甭说遇见歹人，人家捡着就是人家的。嗞……你说这车把式怎么这么好啊？”

“嘿，天底下好人多嘛。”

“我想问问你，那天你上大兴，遇见个难产的，到底怎么回事儿啊？”

“还说怎么回事儿呢，我要没有祖上给我留的杨子建先生这本《十产论》啊，这孩子我也接生不了啊。”

“你这能耐倒不小。”

“哎，没事儿你也看看。”

“行啦，你还让我当接生婆是怎么着？”

“翠莲啊，我想跟你商量个事儿。”

“什么事儿？你说吧。”

“这纪魁元这人这么好，又不是大兴人。爹妈也没了，也没娶媳妇儿。我想……出去给他找块地，帮他开个车场，你看怎么样啊？”

“不错，我觉得挺好的，你说哪个地方好呢？”

“我常上鹤年堂，离着鹤年堂不远这棉花地，净是空地。这么办吧，今儿我也没什么事儿，让六子赶车，我们爷儿俩上这棉花地看看。”

翠莲也很支持，乐凤鸣就让六子套车，然后坐着车就直接奔了棉花地了。这棉花地在哪儿呢？咱们北京人都知道，菜市口虎坊桥，当中间是果子巷四川营。就在四川营里头，棉花头条、二条、三条、四条……一直到棉花九条，这块地叫棉花地，是当初清兵在这儿驻防的营地。我生在国门关，国门关在琉璃厂；解放那年由打琉璃厂搬到棉花八条，我是在棉花地长大的。那么棉花地，后来就成为梨园界居住之地，也有很多曲艺界的人士也在这块地方住。棉花地奔铁门，出铁门就到了西鹤年堂了。乐凤鸣经常上鹤年堂，他对这块地方很熟悉，六子赶车就来了。选来选去，选在棉花八条路北了，有这么一块空场，打听好了，咱们书不说废话，然后把这块地买下来。这地买下来写谁的名字？毫不犹豫，乐凤鸣就让写上了：纪魁元。然后让钱掌柜来了，就在这地方平地起了个院子，又拿出点儿银子来，让六子跟着钱掌柜套了四辆大车。都办好了，钱掌柜让六子赶车直接就送到了大兴。纪魁元接到手里，他不认识字啊。

“大哥呀，东家让写上您的名字：纪魁元。”

“哎哟，这仨字是我的。老天爷呀，这乐东家可真是好人啊，好人啊……”

你说这份儿厚礼接不接？你说不接，就太客套了；说接，那从心里头感激乐家。纪魁元就在这棉花八条开了个车场，而且乐家东家就告诉鹤年堂，您要是买药干什么事儿，您就找纪家；同仁堂要是有什么事儿呢，也找纪家。可有一样，不白使唤，出一趟车给一趟车的车钱，后来纪魁元在这儿娶妻生子。那么您说我说这事儿是真的是假的？我告诉您是真的，纪家的后代我都认识。而且我们管他叫纪大爷的这个人呢，亲口跟我父亲说的，就是有一回赶车，无中生巧，他也不是给乐家赶车的，正好乐家有事儿，他赶车，乐家东家车上掉了一块翠牌子。那块翠牌子可了不得，湛清碧绿，水头儿特别足，那要是上拍卖会也值了银子了。拿起这块翠牌子给乐家送去了，结果乐家为他开了车场，娶妻生子。您说乐家呀，他能够医药传世，而且也能够忠诚待人。

转脸到夏天了，这天伙计正忙着，突然间门前大车来了，车上全都是西瓜，哎哟，这一车堆得这高啊，车把式跳下来一推门。

“请问，乐家东家在吗？”

伙计赶紧过来了。

“您有什么事儿啊？”

“呵呵，我是大兴的，车把式，呃，我给，我们家种瓜的，送来一车西瓜。”

钱掌柜知道这事儿啊，钱掌柜也去过，钱掌柜赶紧出来了一看，哎，正是乐凤鸣给接生的这个小孩儿他的父亲。高兴啊，一子单传，生个儿子，要没有乐家，没有这东家，这孩子就落生不了，媳妇儿也得死啊。瓜熟了，送来一车西瓜，钱掌柜赶紧让这伙计往里搬。搬着搬着，剩了这么十个八个的。

“别搬了，别搬了，麻烦你们谁跟着跑一趟，给贾家茶楼送去。”

您瞧，贾掌柜从今以后吃西瓜也不用花钱了。小伙子下了车，就在这乐家同仁堂喝了茶，然后陪着饭馆吃完饭，临走的时候跟钱掌柜说。

“您跟东家说一声儿，冬天我是整车的白薯给拉来。”

从今往后，同仁堂夏天不用买瓜，冬天不用买白薯。贾家茶楼也沾光啊，夏天甭买瓜，冬天吃白薯。所以说乐家办出这样的好事来，他本来不求报，那么人都是有恩之人，有心之人，有恩必报。所以从那一年开始，同仁堂从来不用买西瓜，同仁堂从来不用买白薯。

光阴似箭，日月如梭，乐凤鸣不但经营同仁堂，好好研究药，而且他把祖传的药方、父亲留下的宫廷秘方，还有各处得来的咱们中国古代医生所留下的方子，经过调整之后，经过五年的时间，研究出《同仁堂乐氏世代祖传丸散膏丹下料配方》和《同仁堂虔修改诸门应症丸散膏丹总目》，收载了宫廷秘方、古方、家传秘方、历代验方 363 首，在序言中提出“炮制虽繁必不敢省人工，品味虽贵必不敢减物力”，成为同仁堂的制药古训。说同仁堂的药真是不简单，同仁堂的药好，声誉好，整个北京知道了，整个河北知道了，整个北方都知道了，全国都知道了。上北京上哪儿？同仁堂买药去。

现在乐凤鸣多大了？乐凤鸣已然过六十了。朝中是雍正皇帝登基，就在雍正皇帝登基的这一年，同仁堂发生了一个大的变化。什么事儿啊？那就是雍正皇帝钦定同仁堂供奉御药。这事儿可了不得了，您想想北京这么多药店，那为什么同仁堂能够供奉御药？声望，药的质量。从打雍正皇帝开始往下，乾隆；乾隆完了，嘉庆；嘉庆完了，道光；道光完了，咸丰；一直传到小皇上宣统。您看看，咸丰完了是光绪；光绪完了是同治；同治完了就是宣统。由打雍正开始，一直传到了宣统，整整八个皇帝，同仁堂供奉御药一百八十八年，从来没出过一点儿差错。那么雍正皇帝为什么让同仁堂来供奉御药呢？宫中有没有御药房？宫中有御药房。宫中有没有太医院？宫中有太医院。既然宫中有御药房，宫中有太医院，那为什么非得让同仁堂供奉御药？您想想，清兵进关头一个皇帝是顺治皇帝，第二个皇帝就是康熙皇帝；顺治皇帝六岁登基，康熙皇帝八岁登基。顺治皇帝呢，他在登基亲政之后，他非常喜欢汉文化，而且顺治皇帝是一个很聪明很有作为的年轻人。从顺治皇帝亲政开始，清朝就开始走向昌盛，后来又到了康熙年间，北京越来越大，清室的人越来越多；北京商铺林立，宫中也有发展，宫中御药房、太医院已然满足不了宫中所需的药材了。所以雍正皇帝跟宗人府商量，跟太医院商量，最后决定在北京找一家药店来供应御药。这风儿往出一传，北京就炸啦，哪个药店不愿意争这份儿啊？这是喜帖啊。这要是得了供奉御药的匾挂在自己的药店里头，那是终身的富贵，流水的银子“哗哗”往里进啊。所以大家伙儿都想供奉御药，没想到喜从天降，就在雍正初年，雍正皇帝供奉御药的旨意就传到了同仁堂。

第二十一回

乐家敬业得回报，雍正钦定供御药，
整整供奉清八帝，安全可靠信誉高。

同仁堂供奉御药，整整一百八十八年。那么清朝什么时候有的御药房呢？顺治皇帝十年，御药房的建制是根据明朝制度沿承下来的。如果说没有御药房，传不到康熙的御药房，太医院；如果不是清宫宫内有发展，也不会让同仁堂供奉御药；都说这件事跟顺治皇帝有关系。

说顺治皇帝要建立御药房，在顺治十年。顺治六岁登基，顺治十年，咱们不用算了，顺治十六岁。有人说顺治登基，十年要建这御药房，跟他喜爱的董鄂妃有关系。咱们世上流传董鄂妃的故事太多了，那么董鄂妃到底是谁？流传是流传，电视剧是电视剧，真正的历史呢？据我所查啊，我不是历史专家。这董鄂妃是谁呢？董鄂妃是内大臣鄂硕的闺女。董鄂妃进宫的时候多大了？十八了，董鄂妃比顺治皇帝稍微小点儿。那么按清朝的制度，选秀女进宫十三岁到十六岁，到十六岁就截止了。董鄂妃进宫的时候十八岁，那就可以断定她不是按照正常的规矩，按照正常的制度进宫的。她为什么进宫？为什么顺治皇帝那么爱她？您看咱们中国历史上，关于皇帝爱情的传说太多了，其实总结一句话，这皇上都是好色。对爱情最忠诚的，那就是清朝的顺治皇帝了。顺治皇帝头一个皇后死了，第二个皇后大婚，大婚的时候，清朝内务府有规定：皇上大婚，所有亲王的福晋得入宫侍宴。那么董鄂妃她也是选秀选进来的，她十六岁选完秀以后嫁给谁了呢？指定嫁给了顺治皇帝的弟弟，皇太极的第十一个儿子襄亲王，做了襄亲王的福晋。顺治皇帝是皇太极第九个儿子，是他的十一弟襄亲王。他娶第二个皇后的时候，襄亲王的福晋跟其他亲王的福晋，都得入宫侍宴。这可了不得了，顺治皇帝一眼看见董鄂妃，董鄂妃再一看顺治皇帝，从此魂牵梦绕，爱上了。这一爱把襄亲王挤对得气愤交加，自个儿给自个儿弄死了。虽然说如此，但是人家的福晋在家中居孀守寡，别人不能管。顺治皇帝冒天下之大不韪，也不顾孝庄皇后的反对，也不顾满朝文武的反对，也不顾影响，愣把董鄂妃接进宫中，所以董鄂妃进宫的时候已然十八岁了。爱得了不得，他还不是像唐明皇对待杨贵妃这样，那是真爱。后来又想把第二个平庸的皇后给废了，让董鄂妃当皇后，文武大臣不干，为了顾忌影响，这件事儿作罢了，但是董鄂妃被封为贵妃，她享受的待遇比皇后要高得多了。

六岁顺治皇帝登基，十八岁董鄂妃进宫。顺治皇帝在位十八年，二十四岁死的，就在他在位第十七年的时候，董鄂妃死了。打进宫开始，她身体就不好，身体特别的弱，体弱多病。说两口子爱的深沉，爱到什么份儿上？据说董鄂妃临死的时候，她跟顺治说：我冷。顺治皇帝给她盖了一个被子，说你还冷吗？我还冷。又给盖了一床被子，你还冷吗？我还冷。顺治皇帝就把董鄂妃抱到自己的怀中，用自己的体温让董鄂妃暖和一点儿，他再问这董鄂妃，你还冷吗？我还冷。唉……我实在是没有办法了。身为皇帝，对自己心爱的人这病也没办法。要搁现在就好办了，是吧？可是咱们说的是清朝，说的是顺治年间。董鄂妃就这样死了，死了之后，这顺治皇帝就要自杀，跟着走。那当然，孝庄皇后也不干，所有的文武朝臣也不干，后来他削发，给自己有一个出家的号，是吧？这个僧人都得有名字，叫行痴。根据这个，就流传下很多的故事。其实顺治皇帝并没出家，孝庄皇后能让他出家吗？然后就让他身旁的一个太监替他出家。但是因为想念心爱的董鄂妃，顺治皇帝不思朝政，最后在位十八年，年纪轻轻二十四岁，就在董鄂妃离开人间三个多月，顺治皇帝也死了。

那么有人说顺治皇帝建御药房是跟董鄂妃有关系，刚才我为什么说这个历史的故事呢？咱们算算这年头。顺治皇帝六岁登基，在位十年的时候建的御药房，那时候顺治皇帝十六岁。顺治皇帝比董鄂妃还大点儿，董鄂妃进宫的时候十八岁，所以说建这御药房，根本跟董鄂妃没有关系。有人就乱往上拉，那时候根本还不认识董鄂妃。如果当初选秀的时候要是看见董鄂妃了，他就选秀了，是吧？董鄂妃后来嫁给了他的十一弟襄亲王，十八岁进宫俩人才开始爱上的。所以顺治皇帝传旨，在他在位十年的时候建立这御药房，根本跟董鄂妃没有关系。顺治皇帝确实是一个年轻有作为的皇帝，他喜欢汉文化，而且喜欢出外走走，喜欢接触新鲜事物。他喜欢草药，他一看清宫在这儿发展，天下越来越安定，所以他就想建立这御药房。建立御药房，皇上也得调查，他不是坐这儿就听汇报。顺治皇帝溜达出来了，到了礼部，挨着地方跟大家伙儿研究，征求意见。这一天到了礼部，礼部尚书把皇上给接到礼部正堂，皇上就跟礼部尚书聊天。啊，咱们上回说过，礼部尚书是从一品正二品。跟他聊什么呢？就聊中国的医药。说你们这儿有没有汉官？有汉官咱们一块儿聊聊，汉人的草药对人治病确实太有好处了，是吧？号脉，寸关尺。开出药来能够定人心弦，能够医治百病。顺治皇帝是一个很随和的人，他那时候年纪轻轻才十六岁。跟礼部尚书这儿聊着天，那么礼部这些官员就都不能走，说下班了回家？这不行，礼部尚书一想啊。

“哎，我们这儿有汉官。”

然后就把话传下来了，哪位是汉人，知道汉人的医药，知道草药，哎，哪怕你稍微懂一点儿，到皇上面前来给皇上进进言。往下这么一传话，走进一位，这人姓郭叫郭一鹍，顺治三年的时候中过进士。他现在是礼部什么官呢？礼部的祠祭司的一个郎中。啧，这人年轻，挺傲气。嘿，我都当了进士好几年了，现在在礼部这儿，皇上要问，我知识多，我得在皇上面前露一手。然后就迈步进来了，跪倒在地给皇上施礼，皇上用手一指。

“平身吧。”

书不说废话，赐座，这位还就坐这儿了，顺治皇帝就问他呀，说。

“我想建这御药房，你看看你有没有什么好的办法？”

没想到这位郭一鹍把脸往下一沉。

“皇上，说建御药房，您就得关心这御药房。御药房要进药，进的都是汉人的草药，这汉人的草药种类可太多了。您看我，现在到了礼部当了祠祭司的郎中，跟这些汉人的医药也有点儿接触。您身为大清的皇帝，没事儿您建御药房干吗呀？下边有太医院，有病有太医院治，该抓什么药该怎么煎药太医院就去办了，您没有工夫去观察这些事儿，我看御药房啊建不建无所谓。”

“哦……那么你说御药房建不建无所谓，我就不能关心咱们宫中的太后啊，嫔妃呀，还有这些管事的，还有这些文武大臣府邸，官员的家属诊病吃药吗？”

“皇上，您要是观察这些事儿不就麻烦了吗？您是皇上啊，您现在刚刚亲政，您应当关心国家大事啊，您关心这草药干什么呀？您要是老关心这些花花草草的，没事儿跟这个聊聊天，再研究研究药，把国家大事就耽误了。”

顺治皇帝满腔热情，听郭一鹍说这话，心里就不高兴。您想他是皇上，那皇上跟别人就是不一样。顺治皇帝小脸儿往下一耷拉，脸往下一沉，这尚书都看出来了，这郭一鹍没瞧出来，还接着往下说。

“皇上，您应当亲近大臣，您应当亲民，您看看您这皇上应该管理国家大事，应该做什么，您别弄这草药，这一点儿用都没有。”

他还往下说，顺治皇帝用手一指。

“你给我出去！”

愣把这位给轰出来了。其实顺治皇帝关心汉人的草药，也是一件好事儿。后来到了康熙，还亲自把脉，还能开药方呢，是吧？满人进关之后，关心汉文化，确实是对清朝一件最好的事。不但把这位给轰出来了，顺治皇帝传下旨意，降级。本来是进士，当了礼部尚书手底下一位官员：祠祭司郎中。这降了一级，您看历史上有记载，到顺治十二年，把这位给轰出北京去了，湖广按察使司佥事，湖广两广那儿监察兵道去了。这一下就给轰出北京，您想再回北京再禄位高升，那就比登天还难了，那得做出多大的功绩呀。

顺治皇帝就这样传下旨意，在位十年的时候，就把清宫里边的御药房建立起来了，然后传到了康熙年间，又传到了雍正年间。上回书我说了，因为皇宫之内，文武官员这些府邸这些亲戚，所有的地方都添人，有人他就得会生病，所以御药房就得扩大。不能宫中老扩大御药房啊，后来雍正皇帝就想出一个主意来，北京这么多药房，怎么办？选一个最好的药房，给御药房供奉御药。这样选来选去，就选了同仁堂了。

上回我说了，乐凤鸣多大了？乐凤鸣在雍正亲政登基的时候，乐凤鸣已然六十开外，儿孙满堂了。乐凤鸣有时候干的活儿多，晚上再研究书，再看经典，然后再写处方，根据这处方再调整。有的时候也跟他父亲一样亲自尝药，熬到很晚才睡。他的媳妇儿早上起来就不愿意叫他，什么时候睡醒了，什么时候起来，再让他去巡柜去，反正巡柜那是每天必然坚持的。

这一天晚上，睡得挺晚。第二天早上起来日出三竿了，乐凤鸣还没醒。这乐家现在可了不得，里外好几层院子，那有管事的。乐家管事的叫刘成儿，这刘成儿是怎么来的呢？他是山东曲阜人，生下来母亲就死了，难产，然后父亲把他带到北京投靠亲戚，在北京做一小买卖，结果赔了，上吊了。他为什么赔了就上吊呢？因为把家里几间破房全卖了，回家也没法活着了。把儿子忘了，上吊死了，这孩子就要了饭了。正好乐显扬看见这孩子要饭，就把这孩子领家来，在他们家养活大的，在他们家开始干活，现在升了管家了，那对待乐家是忠心耿耿，给东家省了不少的事儿，刘成儿“腾腾腾……”就过来了。

“东家，您还不起？您快醒醒吧。”

“哎？”

其实乐凤鸣一翻身刚一睁眼。

“成儿啊，平常你说话慢声细语的，今天怎么了？你进来。”

一开门，刘成儿进来了。

“东家，您快起来吧。”

“什么事儿啊？你这么着急？”

“宫中的总管到同仁堂店里头传旨，已然到了一碗茶的工夫了。”

“嘿……”

乐凤鸣一听，赶紧起来了，往院里一看，自个儿的媳妇儿翠莲在这儿站着，呆呆发愣。

“哎，你这儿干吗呢？这么大的事儿。”

“啊……我让……王妈，给你烫好了衣服。”

“怎么说话都不利落了？高兴的？”

翠莲没说话，把衣服烫得了，进屋伺候乐凤鸣穿衣裳。整整齐齐的长袍穿好了，马褂也穿好了，帽子也戴上了。

“爷，您接旨去呀？”

“是啊，这么大的事儿，多高兴的事儿啊，你这是怎么了？”

“我可告诉您，这皇家的事儿啊，好坏可说不清楚。虽说这么大的事儿，我盼着呢，我也高兴，可是东家啊，您留点儿忖量好不好啊？让底下人也搂着点儿。”

“对呀，你说得太对了。”

乐凤鸣很佩服翠莲，您想这么大的喜事儿，京城就得轰动，京城多少家药铺？唯独皇上看上同仁堂了，现在到同仁堂传旨，宫中的总管已然到了。如果说同仁堂上至东家，下至所有的伙计，还有刘成儿他们这些用人，一个一个欢蹦乱跳，喜笑颜开的。那让人家看着也就有点儿太不知道深沉了，所以翠莲的这几句话就给乐凤鸣提了个醒。

“你说得太对了，孩儿他娘。成儿啊……”

“哎。”

“有什么事儿大惊小怪的？给我压着点儿。”

“哎，我明白了。”

您别看刘成儿的话不多，但是是个有心之人，整个儿院子这一下“欻”的就静下来了。外边车已然套好了，乐凤鸣由打屋中出来，走过院子到门口，然后撩衣服上车，车把式赶着车就直奔大栅栏同仁堂。等到了大栅栏一看啊，哎哟……看热闹的可就多啦。但是同仁堂这儿封着，一般人不能进去，为什么呀？宫中的大总管前来传皇上的旨意，圣旨到了，谁敢近乎呀？钱掌柜在外头等着呢。

“哎哟，快来吧，快来吧。”

车止住了，车把式拿手一伸，乐凤鸣一扶他这手，“噌”一下由打这车上跳下来了，正跳到钱掌柜面前。

“等急了吧？”

“哎哟……东家，您都六十开外了，您还蹦呢？怎么这么淘气呀？您快进去吧，总管都等急了。”

有人掀起门帘来，乐凤鸣进来了，一看宫中的大总管正在这高间这儿，坐在八仙桌旁边的太师椅上，乐凤鸣赶紧走到近前。

“总管。”

然后请了个安，宫中的李总管手中的圣旨“啪”这么一抖，总管传旨。那么供奉御药到底有多么艰难？请听下回。

第二十二回

斗大黄金印，天高白玉堂，
读书千万卷，随朝伴君王。

您看，说过去念书、会考、中举人、保皇上。念书干吗呀？将来保了皇上，高官得做骏马任骑。其实万物都一个道理，您说北京这么多药铺，谁不想供奉御药啊？谁不想巴结皇上啊？同仁堂能得到这个美差，在乐凤鸣的心里头就能告慰先祖了。不但自己的父亲进了太医院，自己开了同仁堂，现在能供奉御药了，心情就无法形容了。

进了同仁堂这下洼子门，倒下台阶，往这客厅的雅座一看，宫中的李大总管在这儿坐着呢，五十开外了，赶紧上前请安。这位李总管一看东家到了，把手中的圣旨打开了，“欸……”

“奉天承运皇帝，诏曰……”

外边的伙计直哆嗦，心说这嗓门怎么这么尖啊？可是谁敢言语啊？伙计站了一排，门口有人看着，谁也不能随便进来。钱掌柜在后边儿伺候着，就听着这位李大总管朗读圣旨。

“旨下，诏京城乐氏同仁堂药铺，即日起供奉御药，供奉御药房所需一切药料，承制宫中所需所有成药，不得有误。钦此！”

乐凤鸣跪倒在地。

“乐凤鸣遵旨。”

然后站起身形，把皇旨接过来交给钱掌柜。

“总管，您请坐。”

宫中的大总管可了不得，往这儿一坐，茶就献上来了。盖碗儿茶，稍微吹了吹，抿了一口茶，往这儿一放，这乐凤鸣就得在旁边伺候着。

“东家，谢了恩了？旨已然传下了。”

“哎哟，总管，还让您辛苦一趟。”

“你瞧这话说的，什么叫辛苦一趟啊？这不是替皇上老爷子办事儿嘛。乐东家呀，从今以后，你们同仁堂就供奉御药了。”

“总管，您说北京这么多药铺，我们接了皇上的旨意，接这喜帖，这是我们乐家祖上的德行啊。可有一节，今天把话跟您说在头了。这供奉御药可不是一般的事儿，这药吃不好伤人啊。大总管，您在皇上身旁，无论如何，您得替我们多担待担待。”

“那是……”

乐凤鸣把话递过去了，总管就得把这话接过来。就“那是”两个字，那就肯定了。

“我说东家啊，保着您就保了同仁堂了，保了同仁堂，嘿嘿……我这份儿差事也算没白干啊。”

这时候凭眼神，这钱掌柜已然让管事的把这银子拿出来了。二十两一锭的银子，往这桌上一放。

“总管，您……买包茶叶吧。”

“哈哈……”

钱掌柜心说：有这么贵的茶叶啊？二十两。

“那我可就不客气了。”

往这边一挪，这二十两就归他了。

“我说东家啊，你挺高兴的吧？你放心，有我在宫中管着这事儿啊，皇上传下旨意了，啊，我什么时候也得想着你们同仁堂。”

他凑过来，就要轻轻地跟这乐凤鸣说话。乐凤鸣很聪明，就把这耳朵递过去了。

“东家，甭说别的，当初我净身的时候，呵呵，吃的就是你们同仁堂的黎洞丸，我是连敷带吃，两天的工夫齐活了，谁不信服同仁堂啊？”

说得乐凤鸣心里挺舒服。提起黎洞丸，那可是同仁堂的宝贝，到现在故宫都存着同仁堂的黎洞丸，同仁堂的紫金锭，百年以后了，药质一点儿都没变，您说同仁堂的药地道不地道啊？说这黎洞丸，据说是异人所传。异人所传不是我们说书的传的，作艺的艺？不是，奇异的异，异人所传的方子。您说这太监净身之后，连吃带敷，两天之后就齐活了，这太监感激不感激同仁堂？您说这药有没有神效？同仁堂的药确实了不起。

“哎哟，大总管，那……您真是抬举我们同仁堂了。”

“我说东家呀，既然您这么看得起我，管我总管长总管短的，我问问您，这供奉御药您知道怎么供奉吗？”

您要是看我父亲写的《江湖丛谈》，是吧？您就琢磨，这太监啊也是，我们管收钱叫杵门子，头道杵门子，二道杵门子，三道杵门子，都得给你摆匀了。您知道怎么供奉御药吗？那么到底怎么供奉御药，乐凤鸣也不太清楚。虽然这件事儿在京城嚷嚷动了，到底这手续怎么办呢？乐凤鸣也不知道。

“啊，那就请大总管您给我说说？”

“东家，您坐下。”

看起来一让坐下，这话可就长了。

“总管，请您明示。”

“我说乐东家呀，您说宫中需要药了，那么多人吃药，我来呀？我来完之后您赶着车给送去？没那么省事儿。我告诉您，这御药房过几天就得往下传话，这话就传到崇文门外头税务衙门。”

“哦……我知道，崇文门外头有这商税事务衙门。”

“怎么着，知道吧？那外边进来的车赶着货，在这儿上了税才能进城。等这衙门的人通知您，啊，您就得给举荐一个药商。这药商定下来之后，往上报，等报到御药房批下来，御药房把这话还得送到这衙门，这衙门还得找您，对不起您，您得四个人联名具保。这四个人当中，我琢磨着你们同仁堂只能出两个人，乐家只能出两个人，四个人联名具保，可有一节，要保了可就得担这份儿责任。我说东家，今后供奉御药要是出了事儿，那么这四个人可连带着有责任。您可想好了，您心里边有没有个人能当这药商啊？”

乐凤鸣可没想到这么复杂，知道供奉御药不是简单的事儿。哦，我还得提出这药商来，还得四个人联名具保。

"总管，您这么一说呢，我还真得好好琢磨琢磨。"

"几天琢磨出来呀？"

"我估计他们要传下话来也得一两天，我要琢磨出来呢，也得四天五天的吧。"

"呵呵……四天五天就能琢磨出来啦？"

那乐凤鸣多聪明啊，就知道这话里有话。

"总管，那么您的心中有没有合适的人选啊？"

"嘿，东家，那是你问到我这儿了，我提出一个药商来，这个人经常在你们这些药铺来回的走动，嗯？当初在王府当过差，也在太医院干过事儿，这个人很懂药也会治病，叫张玉山，你知道吗？"

"知道，在贾家茶楼我见过，只是一面，没有交情，听说这人很精明啊。"

"不错吧？我告诉你，你要是没有人，你就找这位张玉山。这张玉山宫里边跟我们都挺熟的，而且又聪明又实在。用他，恐怕出不了事儿。"

钱掌柜在这儿听着呢，乐凤鸣也明白了，既然是李总管说出来的，宫中他就有人，宫中有人就好办事儿。既然李大总管说出来，那么这个人宫中就能保着他，我何乐而不为呀。

"那好啊，总管，可惜我不认识他，跟他不熟啊。"

"没关系，过两天我让小太监给你送个信儿来。我告诉你，我常上贾家茶楼喝茶去，嗯？他们那儿有高间，我把这张玉山也叫来，咱们就在贾家茶楼商量商量，您把他的来龙去脉问清楚了，等衙门找您，您不是就有的说了嘛。"

乐凤鸣喜出望外，赶紧站起身形，又给宫中的总管请了个安。

"那就谢过大总管了。"

"行啦行啦，没那么多事儿说的。我说，这么好的差事，皇上传旨。哪天您要是想见皇上，我倒能想办法给您提个醒儿。"

"那可就多谢总管了。"

说完这话，又瞧了钱掌柜一眼，钱掌柜当时就明白了。

"总管，贾家茶楼我去给您订吧，您说哪天，我就给您订好了，您到时候喝茶就行了。"

这总管就明白了，到时候上贾家茶楼喝茶去，一切费用就归同仁堂乐家了。伙计赶紧又给续上茶来，看这意思，这李大总管没有走的意思。

"总管，我请问问您，咱们宫中需要的御药多还是不多呀？"

"嘿嘿，那你是问到这儿了，我告诉你，宫中御药房管的地方可不小。有外药房，外药房就是我们的，什么太监啊，什么总管啊；内药房可了不得，皇上、太后、嫔妃，内药房还得代煎药，还得代制药，内药房还得管着外边的行宫，嘿，还得管着宫中这几个殿，像乾清殿啊，什么康宁殿啊，所有的殿都归内药房管，您说这量小得了吗？"

"那我们怎么准备药啊？应当怎么个供奉方式呢？"

"我可告诉你，乐东家，这供奉方式分三种。一种是定时供奉，您把那常用的药备好了，三个月一回。这三个月一回的常药好办，第二回的那就是传票啦，传票交进。这传票交进有快有慢，好比说皇上出巡了，好比说皇上出去打围去了，那么需要备药，您就得把药给备好了。最厉害的那就是第三种：遴选药品。遴选，懂吗？乐东家，到遴选的时候，慢选还好办，就怕这快选，要是快选着急了，也许，呵呵，太后老千岁就派人传下话来，这传票送到你们同仁堂。也许乾清宫这话就下来，不通过药商，到时候您也得直接把这药想办法送到宫里去。您说麻烦不麻烦啊？"

"啊……看起来我跟钱掌柜得精心伺候这御药房。"

"那就对了。我说乐东家呀，你可记住了，等这药送进去，药商把这话递下来，传票传单都拿下来了，都给预备药，您给预备好了，人家拉进宫中得交给御药房，两个吏目得看，所有的药对不对。您可记住了，有的时候皇上亲自得过目，太后亲自过目。呵呵，等过好了之后，药入了库，一步一步您等着，到广储司领银子的时候，那粘单就好几尺长了，哪儿都得批，哪儿都得明白，哪儿都得过目。入了库了，您到领银子，那您可就得耐着点儿心思了。"

乐凤鸣这么一听，供应御药还真不是省心的事儿啊，尤其是药，人命关天。你说不接这旨意，北京这么多药铺，没有不惦记承办御药的，我同仁堂承办御药，祖上增加荣光。我承办御药了，就说明我在北京这些药铺当中首屈一指，实力雄厚，药质量上乘。可是前程多舛呀，乐凤鸣心里一狠心，看了看钱掌柜，心说咱们哥俩这担子可就重了。李公公，就这位李总管，已然把事情交代得差不多了，看了看乐凤鸣。

“总管大人，那么这件事儿就全都按您的话办，您可千万在宫中替我们多多担待。”

“行啊，有乐东家这句话，只要这药商跟你们接上了头，下边一步一步我全给你们盯着。哪天皇上高兴的时候，我就把话递进去。皇上哪天要是召见您，您可想着我这点儿好处。”

您说这太监厉害不厉害？然后站起身形。

“那么我就不多耽误您工夫了，告辞了。”

掌柜的跟东家就把这位宫中大总管送出同仁堂，上了轿子，然后轿子抬起，总管大人回宫了，同仁堂要供奉御药了。等乐凤鸣回过身来，看了看钱掌柜，钱掌柜看了看乐凤鸣，两个人相视无言。为什么？刚才公公的话已然都听见了，供奉御药不是简单的事儿。

过了没几天，御药房话下来了。这话就传到了崇文门商税事务衙门，衙门的主管来到同仁堂，见东家，咱们书不说废话。

“您要供奉御药，请您举荐一个药商。把药商的情形问清楚了，我们往上禀报，咱们一步一步地来。”

“好啊，那您得让我准备准备，因为我还不知道有这么个程序，至于请哪个药商，我们也得合计合计。”

“好吧，那我就听话，几天为期呀？”

“少说也得个三天五日吧。”

“那可快着点儿，耽误了公差，我可担罪不起。”

“好，谢谢您，谢谢您。”

那没别的，留喝茶，饭馆吃饭，然后送上银子。宫中大总管让小太监送话了，某年某月某日，这个历史上我还真查不着，就到了贾家茶楼了。里边单间早就预备好了，那是精致的小点心，高档的茶叶，这位宫中大总管就把这位药商张玉山找来了。乐凤鸣跟钱掌柜在这儿等着，一看这药商，三十岁出头，那叫精神，两只大眼睛，眼睛会说话；眉毛特别长，眉毛拔下来一根都能当哨吹，聪明啊，不聪明能干得了这个吗？几个人寒暄之后，到了贾家茶楼的这间密室，也就是所谓的高间，把事情全都商量定了，然后各自告辞各自回家。李总管回宫，乐东家跟钱掌柜就把这份履历表全都写清楚了，然后交给了衙门。衙门总管往上递，递到御药房，御药房批下来了。等御药房批下来了之后，衙门口就接到通知了，找到了乐凤鸣，你得找四个人联保，保这位药商，他才能开始为宫中供奉御药。拿着这联单，乐凤鸣可就着了急了，我一个，乐家只能出两个，第二个我大哥，第三个钱掌柜，第四个我找谁呀？如果说要联名担保，这药要是真出了差错，那可是全家抄斩，灭门九族之罪，这第四位我去找谁呢？！

第二十三回

晋人北京开饭庄，门前幌旗随风荡，
三个大字杏花村，店东老板本姓张。

您一听这开场诗，咱们今天得说饭庄子了。上回咱们说到上边定这位药商，好让同仁堂供奉御药。药商定下来之后，得四个人联保，四个人联保当中乐家只能出两个人。那无疑问了，大爷凤翔，二爷凤鸣，掌柜的姓钱，可以联保，还差一位呢。二爷看了看钱掌柜，钱掌柜看了看二爷，两个人相视一笑。

“走吧，咱们奔茶馆儿吧。”

两个人想的是一个人，找贾掌柜去了。溜溜达达到了贾记茶楼，掌柜的一看。

“哟，二少爷来啦，您进来吧。”

钱掌柜一看。

“哎？我说东家呀，我很少听有人管您叫二少爷了。”

“那是，只有贾掌柜才能叫我二少爷呢。我多大岁数儿了？六十多了，贾掌柜都七十多了。您不知道我们这关系，贾掌柜的父亲那是我父亲跟我母亲的媒人。您想啊，他又比我大，叫我二少爷那不是应该的嘛。”

说着笑着，就进了贾家茶楼了，赶紧给让到单间，把茶沏上了，贾掌柜亲自伺候着。

“怎么着？二少爷，您是不是找我有事儿啊？”

“嘿，您真是老江湖，有事儿，您瞧这个。”

把这保单往这茶桌儿上一放。

“什么保单啊？”

“这么回事儿，现在朝中传下旨意，皇上钦定我们同仁堂供奉御药。但是御药房传下话来，商税衙门得往上报，报这药商上同仁堂取药，然后送到宫中，这药商叫张玉山。”

“哎哟，呵呵，张玉山可常上我们这儿喝茶来，我认识啊，那人可精明到家了。”

“是啊，话是传下来了，这人也定下来了，咱们四个人得联保。跟您说头喽，我们今天请您来了，四个人他算一个，我算一个，我大哥算一个，您得算一个。贾掌柜，联保是联保，那可捎带有责任啊，我不敢求别人，只能求您。”

“啧，你瞧你说的，二少爷说这话就框外了，乐家的事儿我不能不管。再说你们乐家的药材我还真敢保。”

其实贾掌柜心里明白，谁愿意保这个呀？但有一节，推脱不了。一个是跟乐家这关系，二来相信乐家这药。贾掌柜心说：啧，我也不应该得罪乐家呀。我七十多了，我又没儿子，嗨，真出了事儿，我也得担待担待。但是从贾掌柜的直觉，同仁堂是出不了事儿的。

“好吧。”

拿起笔来。

“我写哪儿？”

把名字给添上了，二少爷把这保单收起来了。

“那谢谢您，喝碗茶，我们可得走了。”

钱掌柜说：

“走吧走吧，从早起到现在，我水米没打牙呢，怎么着咱们哥俩得吃点儿东西去呀。”

“在我这儿吃吧，我让老伴儿给你们炒几个菜。”

“算了算了，就别劳烦她了。”

这么着呢，茶钱记到账上，那贾掌柜记不记，也就是那么回事儿了，一碗茶的事儿，这哥俩由打贾家茶楼出来。

“咱们奔哪儿啊？”

"噝……听说鲜鱼口里头开了一个新的饭庄子，咱们进去瞧瞧去。"

哥俩溜溜达达进了鲜鱼口，一看路南，嘿，新开张的，高台阶，五间门脸，从外边往里看这进深就很深，而且有二层楼，上边插着幌旗，三个大字：杏花村。

"噝……杏花村？谁开的呀？"

"嘿哟，我说东家呀，杏花村，不言而喻呀，那是山西人开的。"

"山西人可讲究，咱们进去尝尝，尝尝山西菜。"

"好嘞。"

两个人迈步上台阶，进了这酒楼一看啊，迎面是个屏风，这屏风上画着什么呢？画的是山水。就在这屏风头喽，有一个石头的大鱼缸，里边有这么二三十尾金鱼来回游，特别的好看，乐凤鸣站在这鱼缸头了。

"钱掌柜，按说这大户人家都应该养金鱼呀，你说咱们呢？噝……我怎么把这事儿给忘了？"

"您往哪儿养啊？咱们同仁堂药都搁不过来呢。"

"我不是说同仁堂，我说的是家里。"

"家里您养啊？您回家能看得见吗？早上起来您就溜达出来了，晚上您跟这药干上了，您还看金鱼呀？"

"那别人也能看啊。"

"得了，别争执了，您要是想要，明儿我给您买。"

俩人这儿说着，伙计就过来了。

"哎哟，同仁堂乐大爷、钱大爷，上我们这酒楼来，我们这酒楼可是蓬荜生辉呀。刚才这儿忙着没听见。哎，听您说话，赶紧过来了，敢情是同仁堂二位爷呀。"

这哥俩顺声音一看。

"我说，我还以为山西人开的买卖，你看，一口的京片子。"

面前这伙计长得特别讨人喜欢。书中暗表，这伙计姓王叫王三儿，有个外号叫"小画眉"。画眉能说呀，叽叽喳喳，叽叽喳喳，那话说得特别多，而且特别好听，让人爱听。所以街坊邻居买卖铺户给他起个外号，叫小画眉王三儿。这小画眉王三儿，按岁数也就二十刚出头，个儿不高，长得匀称，长得精神，白白儿的，俩笑眼，高鼻梁小嘴儿，一嘴的齐牙，俩元宝耳朵；梳着辫子，辫子在脖子上一盘，短衣襟小打扮，肩头上一块堂布手巾，手里提溜着一铜茶壶。

“嘿，二位爷，您说我京片子啊，不错，北京长大，北京人，就住天桥福长街。呵呵，跟您这么说得了，我们掌柜的还真是山西人，太原府的，太原府有名的财主，到北京来开这个饭庄子。”

“那你干吗的呀？应当是山西人啊。”

“那您就想错了，山西人上北京来开饭馆来，得用我们北京人，我们北京的伙计一张嘴：您哪我哪的。说这市面应该说什么讨客人欢喜的话，那当然是我们说得利落了。再说我们懂得北京这些行规，我们绝不得罪客人，准得为买卖生辉。您说是不是啊？我们掌柜的高瞻远瞩，找来我们几个北京会说话的伙计，我有个外号叫小画眉。我姓王，我叫王三儿。”

“嗯，够个小画眉，掌柜的是太原府的人？”

“那没错儿，您楼上请。”

转过这屏风，把这二位爷往里让，乐凤鸣跟钱掌柜往里边这么一看啊，这里边是个大堂，虽然说这饭馆路南，但是这饭馆的大堂后边的院子还挺大，种的花花草草，所以东西两边都是窗户，往里一照，阳光还真不错，后边就是厨房了。就在厨房头了有个明楼梯，从明楼梯就可以上去，上边就是雅座，当中间全都空着，看起来雅座在四周围，布置得非常好。小画眉王三儿往这儿让：

“二位爷，您瞧，您上山西太原府去过吗？”

“对不起，还真没去过。”

“有工夫您溜达溜达，您知道我们这酒楼照着什么楼盖的吗？”

“那我们哪儿知道啊。”

“明儿您上太原府您看看，太原府街头有个大酒楼，叫庆丰楼。当初康熙爷可去过，康熙爷私访，好家伙，庆丰楼伺候过康熙爷。我们掌柜的瞧了瞧庆丰楼，然后这饭庄就按庆丰楼设计的。”

“好，不错。”

“您……哎，二号儿请。”

把帘子打开了，给让进去，里边的摆设也相当不错，哥俩坐下了。

“我给您沏壶茶?”

钱掌柜由打腰中把茶叶掏出来了。

“给你，带着茶叶呢。”

“嘿，啧，您这茶叶准好，一会儿您赏我碗喝?”

“没错儿，让你喝个够。”

“喝酒吗?”

“山西的馆子，就喝山西汾酒啊。”

“嘿，您可真会点。给您上几个凉菜，上几个热菜?您点菜吧。”

“山西菜不会点，您就告诉灶上。啊，凉菜捡这叶儿的挑。热菜呢，当然灶上师傅什么做得好，您就往上端什么。”

“好嘞，那您候着。”

把茶也沏好了，酒也拿来了，然后布碟、筷子、酒盅，全都准备好了，小画眉王三儿就奔这厨房了，灶儿上的伙计一瞧。

“哟，你上后边有事儿吗?王三儿。”

“有事儿，我跟您说，咱们可来了贵客了，北京同仁堂乐家掌柜的跟东家来了。啧，嗨，跟你说也没用，你山西人，也不懂得什么叫同仁堂。”

“废话，我不知道同仁堂?我告诉你我从哪儿来的?我是掌柜的东家家里的厨子，我们掌柜的他……他祖母，就是他奶奶，闭眼吐白沫子，醒不了了，老爷子把他的嘴给掰开了，一丸子同仁堂的安宫牛黄丸，老太太到现在活得硬朗着呢，我怎么不知道同仁堂啊?我们家谁不知道同仁堂啊?”

“啧，知道同仁堂你瞪什么眼啊?我告诉你，同仁堂乐家呀，东家来了，掌柜的也来了，你可好好的啊，拿手的菜赶紧给炒上来，应时当令，菜又好，一会儿掌柜的肯定有赏。”

“行嘞，你放心吧。”

小画眉王三儿上前边去伺候着，这掌勺的给大师傅开始调了，那调货，最嫩的肉，最水灵最鲜亮的菜，刀工又好，就给乐大爷和钱掌柜这儿炒上菜了。那么二位在这茶座这儿等着，一边喝茶，一会儿等着上菜，钱掌柜就问这个乐家二少爷。

“东家，您说这张玉山……”

“你放心，没错儿，他在宫中这么吃得开，李大总管保举他，你说这人能错得了吗？要真出点儿错，李大总管也得担待着。咱们啊，弄咱们的药，甭提溜这心。说皇上为什么钦定咱们同仁堂供奉御药？不是咱们的药好嘛。咱们从今往后药更好，药还好，就按着咱们祖训去做，招不出事儿来，惹不出事儿来。这张玉山啊是大总管举荐的，你说贾掌柜不也认得他嘛，这人甭提多精明了，你放你的心。”

“那咱们这保单递上去，这事儿就完啦？”

“没完。保单递上去，衙门往上递，御药房批了，跟你说，还得上景运门档房去立案。”

“哦……还得立档？”

“那是。立完之后还得上这衙门，崇文门这衙门，得去备案去。然后发一腰牌，这腰牌上写得很清楚，正面写的是：特别执照；下边还有小字：内务府因特别事务衙役进神武门，发此执照，以便稽查。翻过来您再瞧，好比说咱们这药商，上边写着：张玉山，男，多大岁数，他的体貌特征是什么，都得写得清清楚楚，明明白白，这腰牌也得上衙门备案去。崇文门这衙门所有的人都知道这药商是张玉山，他从外边要是赶着车，车上有药，有这牌子，也可以进崇文门。”

“哦，我明白了，唑……看起来还真得下心啊。”

“我可告诉你啊，你是掌柜的，李大总管告诉我了，三种进药的方式，第一种，三个月定期；第二个遴选药物，这你可就细心了，一般遴选药物，一般的慢选还好办，要是快选呢，那就是皇上事儿，出巡啊，打仗呀，让你预备药，你可不敢耽搁，不准弄错了；还有一个就是传票交进，这传票交进，张玉山拿着传票到咱们这儿，定期你得把药预备好了。”

“呵呵，要吃饭得等咱们做吧？”

“是啊，做饭你得提前预备调货吧？啊，你就多准备点儿药，多准备点儿细药，千万别让皇上着急，别让张玉山找麻烦，咱们就踏踏实实地就供奉御药了。”

“好吧。”

说着，小画眉王三儿进来了，这嗓子非常脆。

“过油肉了您哪……”

“欸……”往过一走，“啪”往这桌儿上一放，嘿，乐凤鸣跟钱掌柜这么一看，还爆着油星儿呢，最嫩的肉，最水灵的菜，一盘山西过油肉，上边明油这么一浇，往这儿一搁，这叫鲜亮。也搭着饿了，也搭着馋了，这乐凤鸣特别爱吃，拿起筷子来夹了一口“啪”往嘴里一搁。

“掌柜的，下筷子，四个字：鲜嫩香滑。没啦，入口即化，你闻闻，真香。”

“我闻这干吗？我闻你？我还吃呢。”

拿筷子一夹，往嘴里一搁。

“真好啊，啧……”

小画眉王三儿转身形就走了，一会儿的工夫，端上第二盘来，肉丝炒蒜苗。说菜普通，你瞧人家这蒜苗，又嫩又水灵，这肉丝切得甭提多匀实了。

“嘿……这菜真好。哪天啊我让翠莲，啊，让你妹妹带着儿媳妇儿带着孙子，也上这儿尝尝来。哎，我说，喲……你这位小夫人老在家中金屋藏娇可不行，哪天你也带着她上这儿叫俩菜来？”

“行啦，您别嘱咐了。”

俩人这儿说着话，一盘菜一盘菜往上递。咱们都吃过山西的馆子，山西的菜要做起地道来，那就甭提多香了。俩人这儿吃着呢，门帘一挑，小画眉王三儿挑着门帘往里让。

“掌柜的，请。”

乐凤鸣跟钱靖方抬头一看，就知道本家东家掌柜的来了。嘿，这掌柜的长得这叫富态，胖，白，肉皮儿白，白中透红，红中透嫩，粉不噜的那么好看，脸上一个黑疙钱儿都没有。您看我说北京话，咱们说的是北京评书，脸上连个黑疙钱儿都没有，这就是北京话。下巴颏仨，扽（dēn）拎扽（dēn）拎的，两道弯眉一双大眼，眼睛特别水灵；高鼻梁四字口，牙排碎玉，年纪轻轻，俩元宝耳朵；头上戴着六块瓦儿的瓜皮帽，青缎子的；身上穿着古铜色的长衫，上边绣着朵朵团花纹，一看就讲究，外边是马褂，也就是说清朝的人说的叫傲龙带；青绸子的中衣，两只家做的缎鞋，手里头拿着棕竹骨的扇子。

“哎哟……同仁堂乐大爷、钱掌柜，我得给您磕一个。”

把这扇子往桌上一放，过来就磕头，乐凤鸣赶紧一个马步接住了。

“别介呀，您把我折寿死啊？我可不敢接您这头，您起来起来，有什么话坐着说。”

“我先别坐着。乐大爷呀，没在北京开买卖时候我就知道您了，名声在外呀，不知道哪天有缘分能看见您，我先给您请个安。”

那么乐凤鸣就得回个礼。

“掌柜的，有什么话您坐着说。”

“先别坐着呢。我跟您说，久慕同仁堂。再跟您说一句实话吧，我祖母都吐了白沫子了，两只眼都闭上了，牙都紧闭张不开了，我们家老爷子马上请大夫看后，把我祖母这嘴掰开，一丸子你们同仁堂的安宫牛黄丸下去，好家伙，我祖母一会儿的工夫活啦，到现在硬朗着呢。您知道吗？我到北京开买卖，冲着同仁堂来的。临出来的时候，我爹嘱咐什么您知道吗？”

“嘿……那我倒想听听。”

第二十四回

掌柜钱靖方，急忙离饭庄，
夫人要流产，乐氏施妙方。

上回咱们说到东家乐凤鸣跟掌柜的钱靖方，在山西人开的饭馆杏花村吃饭，东家掌柜的进来了，长得又胖又好看又精神。您别瞧胖，同字体格，身体一点儿毛病都没有，体型看着很舒服。

“东家，我看见你们乐家的东家，甭提多高兴了。您知道，得嘞，干脆我添双筷子吧。伙计，王三儿啊，添双筷子，我坐这儿，跟咱们东家聊会儿天。”

小画眉王三儿赶紧添上一布碟儿，添上一酒盅，加上一双筷子，给搁桌上了。钱掌柜赶紧拿起酒壶来，给倒了一杯酒。

“你说这山西这汾酒，嘿，多少年了？”

“啧，有人说四千多年，有人说一千多年，反正是打我一落生，我们家就喝这汾酒，甭提多香了，您喝吧，喝多少，管够。跟您这么说吧，我上北京开饭庄来，就是因为我这祖母一丸子安宫牛黄丸，我们家老爷子从那时候开始就迷上你们同仁堂了，每天拿着您写的那个《同仁堂药目》，嘿，翻来覆去地看，他都背熟了。我们家里年年派人上您这儿买安宫牛黄丸，买牛黄清心预备着。”

“哦……”

“让我上北京开饭庄来，您猜临走的时候，我爹把我叫跟前说什么？说‘仁兴啊……’”

钱掌柜一听，这人姓张叫张仁兴，明白了。刚才说了嘛，张掌柜，张仁兴。

“‘说仁兴啊，你上北京开买卖你可要记住了，虽然说同仁堂是药铺，但是同仁堂的祖训，你看，东家写这个药目，你翻翻，头一篇写着两句话：修合无人见，存心有天知；懂吗？’‘我懂啊，就是人家制药的时候啊，不能含糊一点儿，旁边有神仙，有老天爷看着呢。修合无人见，存心有天知；不能对不起良心。’‘对了，我可告诉你，上北京开饭馆，天子脚下帝王都城，而且你开这买卖离着同仁堂要近。这两句话也适用咱们呀。你这下料要下得不好，拿着破肉破料对付人家顾客，咱们这买卖能开得起来吗？你也得按着同仁堂的祖训，修合无人见，存心有天知。你这买卖才能火，你明白吗？’‘爹，您放心，我一定按着同仁堂祖训去办。’乐东家呀，钱掌柜，您说咱们是不是缘分啊？嗯？一会儿我写封家书，赶紧让我们家老爷子知道，同仁堂乐家上我这儿吃饭来了。跟您这么说，从今天往后，只要乐家上我这儿吃饭来，一律免单。”

“呵呵……”

乐凤鸣瞧了瞧这掌柜的，回头一瞧钱靖方，你说不答应吧，就假了；答应吧，随随便便就答应，明儿不来吃饭了，这像话吗？

“这么着，您既然说到这儿了，从今往后我们乐家人来吃饭免单；您要上我们同仁堂买药去，可给您打折扣，咱们就一言为定了。”

“行嘞，那我先谢谢您了。冲这个，我也得给您磕一个。您知道，没您，没我祖母；没我祖母，没我父亲；没我父亲，我没法在这儿开饭庄啊。”

“得嘞，我可接不了您这头，您赶紧坐着吧。”

坐这儿说话。

“您尝尝我们这菜好。”

钱掌柜说。

“你记着这两句话了：修合无人见，存心有天知。明儿你上我们同仁堂看看去。”

“跟您说，我去了好几趟了，我没敢说我是谁。我看啊，同仁堂真好，我就是把这个药目给要回一份儿来，买点儿药，我也没敢声张。”

“那你看没看见我们同仁堂挂着乐家的堂训啊？”

“看见了。炮制虽繁必不敢省人工，那句是品味虽贵必不敢减物力。跟您说，我父亲跟我说了，同仁堂的祖训不但是修合无人见，存心有天知，应当我照着做；就是这两句话也适合我们勤行儿啊。我们勤行儿下料得对得起顾客，我们也得‘品味虽贵必不敢减物力’。”

“您慢着，这句话我可不敢苟同。说我们药必不敢减物力，您天天这做买卖炒仨弄俩的，一会儿能炒二十个蒜苗炒肉丝，一会儿您哪哎，嘿，做十个过油肉，您都挑精选的，不是里脊您不下刀，那您这买卖还不得赔到姥姥家去啊？”

“嘿，跟您这么说，反正我们得按着同仁堂祖训去做。不然的话，老爷子怪罪下来，把这钱往回一收，我这买卖还就甭开了。”

正说到这儿呢，小画眉王三儿进来了。

“掌柜的，楼下有人找您，还有点儿急事儿。”

“好吧，嗯……那，哪天我上同仁堂，我再去拜访您二位，今天跟您告辞了。”

临走的时候还给请了个安，乐凤鸣用手一指，掌柜的就和小画眉王三儿下去了，这俩人接着吃接着喝，钱掌柜就跟乐凤鸣说。

“东家呀，您瞧这人怎么样啊？这人姓张，叫张仁兴。”

“我听明白了，张仁兴张掌柜。看起来，他们家在山西是个大财主，他们家老太太都能吃咱们的安宫牛黄丸啊，他不是钱的问题，多远的道儿啊。啊？而且还存安宫牛黄丸，存牛黄清心，这家儿恐怕财力不浅。”

“啧，东家，我有个建议。”

“说吧。”

“您应当跟他交个朋友。”

“看人家有钱？”

“不是。”

“多个朋友多条道，多个冤家多堵墙。咱们可是做买卖的，全国各地的药材您想不想要？咱们得拔着尖儿的要。您要是跟他交了朋友，下半年咱们上山西去一趟，山西所有的药材可着劲儿地挑，以后对咱们同仁堂制药有好处。再说了，山西您去过吗？”

“我没去过，你呢？”

“我也没去过，我就听说山西山连山，山套山，崇山峻岭，可这山旮旯儿里头可都是好地方。您知道吗？康熙爷的老师在那儿修了个皇城相府，这玩意儿十万八万的兵都打不进去。如果将来有个兵荒马乱，咱们要逃到山西，要有张家的交情，咱们要躲起来，财产、人，都没损失。”

“嘿……钱靖方啊钱靖方，我的大舅爷，看起来你眼光挺远啊，嗯？处处为我们老乐家想。”

“啧，您错了不是？什么老乐家老钱家，我早就拿我当老乐家的人了，我可不是处处为咱们同仁堂想嘛。”

“啧，也真是，你真是我的好掌柜的。”

俩人这儿说着呢，突然间就听见脚步声音响，外边进来这么十几位，一边聊着一边就进来了。

“嘿，我可告诉你啊，以后你别叫着我，这这这……这个，这鹤年堂我不去。这玩意儿，这菜市口一宰人，这脑袋‘咔嚓’就掉下来，我当时我都快堆在那儿了，你没事儿带我去干吗？”

“是你找的我，你说你要去看热闹，您想看宰人的，看见了吧？还去吗？”

“不去了，我受不了……”

敢情这十几位呀是在菜市口刚看完宰人，这些人成群结伴地上杏花村这儿吃饭来了，钱靖方用手一指。

“掌柜的您瞧，哎，东家您看见没有？菜市口宰人。”

“咱们做咱们的买卖，跟咱们有什么关系？你吃饱了没有？”

“我吃饱了，我跟您说什么意思？当今皇上可跟康熙老佛爷不一样啊。皇上疑心病，皇上脾气古怪，您就知道自打皇上登基之后，杀了多少故交了？罢了多少故交了？”

“呵呵，杀我呀？跟咱们没关系，咱们卖咱们的药啊。皇上钦定同仁堂供奉御药，是因为咱们药好，咱们保证药的质量不是就完了嘛。你是掌柜的，你可得给我盯住了。”

“我说的不是这意思。咱们供奉御药就跟宫中有关系，供奉御药就跟皇上有关系，咱们留点儿神小心着点儿，对不对呀？”

“我看你呀吃多了撑的，把这嘴给我闭住了，啊，这大嘴巴招事儿，你就好好地干，咱们把这药给盯住了，药材给进正了，就平安无事，管他皇上什么脾气呢？”

那么钱掌柜担心的是不是？担心的也是。现在雍正皇帝跟康熙皇帝的脾气可不一样，众位，咱们大家对清史基本上都了解，都知道雍正皇帝的脾气古怪，年羹尧陪着那么多年，最后不还是死在雍正皇帝之手嘛，是吧？而且我们有一部很有名的评书《雍正剑侠图》，虽然说是野史吧，也能看出雍正皇帝的脾气。所以钱靖方就嘱咐乐凤鸣，跟皇家做买卖你必须得多留神。

哥俩说到这儿了，突然间帘子一挑，管家刘成儿进来了，乐凤鸣以为家里有什么事儿，赶紧站起来。

“哎，什么事儿？”

刘成儿叫了一声东家，就冲着钱靖方说话了。

“钱大爷，您赶紧回去吧，夫人流产了。”

“哎哟……”

钱靖方哎哟一声，眼神就定了，坐这儿动换不了了。为什么？六十多啦，好容易娶一媳妇儿，媳妇儿怀了孕。那么钱靖方祖上是祖传的世家，而且还专攻小儿科的，给媳妇儿一号脉，估计这胎是男胎。现在要流产，您说还不着急吗？傻了，乐凤鸣这么一看。

“哎，我说大舅爷，大舅爷，你醒醒，大舅爷……”

“啊……流产？”

“嘿哟，不是你流产，也不是我流产，赶紧起来吧。成儿啊，车呢？”

“车已然给您备好了。”

这两个人知道也用不着付钱了，也别跟掌柜的打纠隔了，也甭跟伙计说一声儿了，赶紧下去吧。到了楼底下，六子把轿车已然准备好了，哥俩上了车。刘成儿回家了，车把式把鞭子一摇，“啪……”这车“骨碌碌碌……”离开杏花村，出了鲜鱼口，直接奔钱靖方的家。拐过去弯儿去奔珠市口，然后往西走，钱靖方着急。

“你说这车怎么这么慢呢？”

“不慢，这是你心里着急。”

好容易到钱府了，轿帘一打开，“噌嘣”一下，这钱靖方就跳下去了。

“留神崴脚。”

跟着乐家二少爷也跳下去了，家人赶紧把门开开了，这儿等着呢，哥俩进去了，赶紧直奔上房，上房的西间是睡房。钱靖方进去一看，自个儿这小夫人呢，抱着两层被子，后头拿枕头顶着，在这儿流着眼泪哼哼着，流着眼泪哭。

“嘿哟……哦……哦……”

哭得挺难受，她心里也难受啊。你说人家明媒正娶我这么一个要饭的丫头，到这儿当了夫人，好容易怀了孕了，这孩子要掉了我对得起钱家吗？钱靖方这么一看。

“您进来吧。”

“她……她……你是我大舅爷……”

“那病要紧啊。”

不能轻易进人家睡房啊，现在顾不得了，赶紧进来了。

“得了，嫂夫人您把那个……手伸过来，我给您号号脉。”

寸关尺一号脉，旁边站着老妈子呢，这老妈子就说话了。

“哎哟……乐家东家呀，您可不知道啊，这这……这玩意儿……”

“怎么着？见红了吗？”

“早上起来见了点儿，刚才又见了点儿，我就着急啦，我赶紧撒腿就跑，我也没敢跟夫人说一声儿，我撒腿跑跑到药铺，到药铺一看没有，我出来找吧，没辙了，我……我就上您府上去了。这不是管家刘成儿就跟着我找，后来听一个卖蚕豆的说，说您哥俩上这杏花村饭庄吃饭去了，让我赶紧回来，他让别人上家里弄车去了，赶紧就把您请来了。您瞧，这多着急呀。”

钱靖方听着直皱眉头子。

“你把事儿说了不是就完了嘛，啰啰啰啰表功是怎么着？啊？出去。”

“哎。”

老妈子出去了。

“哎，你回来。”

“哎。”

乐凤鸣叫她。

“您叫我什么事儿？乐东家。”

“我问问你，早上起来见红，刚才见红，刚才多还是早上起来多？”

“嗞……我我我……我琢磨着是好，好好……好像早上起来多。”

钱靖方呲儿一顿，说话都不利落了。

“你告诉我，到底早上多还是现在多？”

“是早上，早上那么一块，现在这……那么一块……”

“行了行了，你赶紧回去吧。嫂子，您甭着急，没事儿。”

一回头就问钱靖方。

“大舅爷，您这个……黄芩，白术，家里有吗？”

“早就备好了的，安胎药都备齐了。”

“那好吧，我开个方子，你放心，没事儿。嫂子啊，您就踏踏实实地在这儿，这叫老鸡抱窝。老母鸡抱窝，您踏踏实实地忍着，吃喝拉撒睡就在这儿了，让她们下人好好伺候着您，平安无事。您放心，您可千万千万就是别动换。”

“哎。”

史虹萍点了点头，钱靖方舍不得出来，那不成啊，那还得伺候着乐东家，乐东家拿起笔来把这方子开得了。

“赶紧照这方子给煎药。这么办，店上要忙呢，我一会儿让翠莲过来，啊，这是她嫂子，这是你们钱家的事儿。”

钱靖方站在前院，就把这家人全叫来了。

“我可告诉你们，好好伺候着啊，如果夫人平安无事生下孩子来，全都有赏。如果你们要招夫人动了胎气，我告诉你们，挨着个儿的我给你们轰出去。”

大家伙儿谁敢言语啊？把乐东家伺候走了，六子赶车，乐东家走了，钱靖方今天就得在家伺候着媳妇儿了。乐凤鸣回家了，还没下车，就看见媳妇儿在门口站着呢。嘿，钱家的事儿钱家人着急呀，跳下车来了。

“怎么着？夫人。”

“我嫂子怎么着了？”

“你看，着急了吧？我告诉你，是你们家的果儿就得在你们家结，千万别着急。”

“你说你说话怎么那么难听啊，嗯？什么叫是我们家的果儿就得在我们家结呀？我问你胎位保得住保不住？”

“差不多吧。”

“我可告诉你，你可是大夫，现在供奉御药的都是你，你们家都给皇上看过病。”

“别你们家我们家的。”

“那是，我这小嫂子怀的可是我们钱家的骨肉，这孩子要掉了，我跟你玩儿命，我跟你没完。”

“你说你讲理不讲理呀？嗯？这是她要流产，跟我有什么关系呀？我给治了。哎，干脆你呀现在就走，啊，你哥哥得上同仁堂支应着去。你现在就走，等你嫂子生完孩子你再回来，还不行吗？”

“说走就走，六子，我上车，回娘家。”

这翠莲可真急了，好容易哥哥娶了媳妇儿怀了孕了，这要是流产可怎么办啊？六十多了还能再有吗？上了车了，赶着车，六子就走了。嘿嘿，乐凤鸣心说：那没办法了，谁让她是钱家的闺女呢，照顾着去了。过了几天，踏实了，翠莲回来了。

“我回来了。”

“您回来啦？生了吗？”

“哪儿那么快呀，没事儿了。”

“没事儿了不是就行了嘛。”

“但是我可嘱咐了，让我嫂子甭动窝，吃喝拉撒睡，就跟你说的，就在那炕上。”

“行。”

“时不时地我得回去照看着，不成的话你这儿多加俩老妈子。”

“行，只要你们钱家有后，你说怎么行就怎么行。”

这个事儿就算比较踏实了。这一天，这钱掌柜从家里头安排好了，出来到同仁堂。先巡柜，巡完柜刚要上后院，从后院出来一伙计。

“哟，刚才我在这儿当值，掌柜的，宫里可来话了啊，三月二十九，您可记住这日子，三月二十九，宫中皇上这供奉御药的牌匾可就送来了。”

“嗞……三月二十九是什么日子呀？”

“是啊，我也想问问您什么日子呢。”

“甭问了，咱也甭查了，肯定是诸事皆宜。到了这天啊，咱们响炮，请来鼓乐，高高兴兴地迎接皇上的御匾。”

第二十五回

供奉御药众家争，京城之内选一名，
品味纯正人称赞，同仁老店功自成。

今天咱们说同仁堂挂雍正皇帝的御匾，上回咱们说到宫中传下话来了，三月二十九，雍正皇帝的御匾送到同仁堂。钱掌柜知道这消息了，就在这儿翻这黄历，这边这伙计就问那边柜台那伙计。

“哎，我说，李头儿。”

“什么事儿您哪？”

“这三月二十九什么日子呀？”

钱掌柜把黄历放下了。

“甭问了，宫中肯定查好了，四个字：诸事皆宜。”

您看咱们说到黄历了，这黄历为什么叫黄历？那么实际上它是日历。有两种说法，我觉得也挺自相矛盾的。一种说法是轩辕黄帝做的这个日历，所以叫黄历，就是黄颜色的黄；还有一种说法在辛亥革命之前是皇上家用的，辛亥革命以后没皇上了，老百姓用了，皇上那皇就改成黄颜色的黄了。所以我觉得这说法也有点儿自相矛盾，不过黄历传到今天，确实也是中国咱们一个很好的文化传统。首先二十四个节气，另外生肖属相，还有就是我们古代的劳动人民把这一年当中喜怒哀乐、吉祥凶福，全都记录下来，然后总结出来了，给人们后世留个经验，我觉得传承文化这是最主要的。那么黄历上写着没写着诸事皆宜呀？也可能写着，也可能没写着，总而言之那么宫里边要传雍正皇帝这御匾，您想能不挑好日子吗？正说着话，帘子一挑，乐东家来了。

“掌柜的，忙什么呢？”

“嘿，还要给您送信儿去呢，您怎么才到啊？”

“办点事儿。”

“后天三月二十九，宫中皇上这御匾可就到了。”

“哦……御匾到了。兹……咱们也得忙活忙活呀。”

“是啊。”

“你这掌柜的我告诉你啊，头一个我嘱咐你，明天你先预备半扇猪。”

“什么都不预备，您预备猪？”

“对，半扇猪肉。等这匾送到了之后，晚上咱们东家伙家热闹热闹，让大家伙儿也痛快痛快。”

“行嘞，这件事儿好办。”

“还有啊，告诉你啊，鞭炮齐鸣，鼓乐喧天，麻雷子加二踢脚，你全给我准备好了；散碎银两，铜子儿，全都给我准备好了啊。门前谁收礼，谁赞礼，怎么接这匾，你这掌柜的全都得给我准备好了。”

“还有吗您哪？”

“还有一样我得嘱咐你，上回李大总管来了，咱们使的谁的茶壶啊？”

“那不是您常用的那个嘛，待客的。”

“这回呀，把宫中那茶壶茶碗给我请出来，让李大总管也看看，咱们乐家受过两代皇恩呢。”

“行嘞，我明白了。这些事情都好办，不过两件事情得跟您好好商量商量，您得拿主意。”

“什么事儿？你说吧。”

“头一个，您说这赏银怎么办？”

“嘿，我告诉你，瞧事儿做事儿，李大总管要是坐着轿子来了，他要带着人少，你就预备单份；如果他带的人多，你就预备双份，明白了吗？”

“明白了，东家，我心里有数了。”

“还有呢？”

“还有啊，皇上这匾到了，挂哪儿啊？”

“不是就匾吗？”

“嘿，您说得挺轻巧，那匾可比祖宗牌位还重要啊。”

“比祖宗牌位还重要？看你说的，谁家祖宗不重要啊？”

“您可别这么说，东家，您说自打宫中传出风儿来，咱们北京有多少家药铺？全都争，这香饽饽给谁呀？这往宫里托人办事儿的，那银子呀跟流水似的就流到宫里啦。哪家儿不花钱啊？哪家儿不想承办御药啊？您瞧，这好事儿落在咱们同仁堂了，谁不生气呀？惦记的生气，不惦记的也生气。我跟您说，瞧着都眼儿热，除了两家，一个鹤年堂，人家不争这个，再说鹤年堂跟咱们这么多年的交情；还有，那就是三爷那万全堂了。北京这些药铺掌柜的，眼睛都红了，盯着您呢。呵呵，皇上的御匾，那不比祖宗牌位还重要吗？”

“既然你这么说，比祖宗牌位还重要，这么办，祖训，啊，品味虽贵，炮制虽繁，往两边一摆，当中间给这皇上的牌匾给留出地来，到时候一挂不就行了嘛。”

“那可就听您的了，咱们现在就开始干活儿。”

等皇上的匾再到了，你准备地方儿不行，必须事先都准备好了。

“还有事儿吗？钱掌柜。”

“没事儿了，就这么着了。”

“那这麻雷子，二踢脚，鼓乐班……”

“嘿，不单鼓乐班啊，告诉您，要狮子的都请到了。”

“那就行了，到时候你给我好好盯着。”

说盯着盯着，这两天可就把钱掌柜跟柜上的伙计忙活坏了。等到了三月二十九这天，打磨厂乐家，大爷凤翔说话了。

“这么办吧，呃……刘成儿啊，你是管家，我在家我管着你，谁都想看这热闹，让他们全去啊。咱们爷儿俩看家，你看怎么样啊？”

“行嘞，大爷，我听您的。”

这么大宅院，几十口子，就留着大爷还留着管家刘成儿看着院子。那么乐凤鸣的媳妇儿翠莲呢？在家主着事，就把大嫂请出来了，然后带着大爷的儿媳妇儿孙子，带着自个儿的儿媳妇儿孙子，连丫鬟带婆妇全都换好了新衣裳，离开家就奔这大栅栏来了。等到了大栅栏口这么一看，哎哟……人山人海呀。您想想，北京人本来就爱看热闹，皇上御匾送到同仁堂，多大的事儿啊，那要能看见皇上亲笔的字可就不容易了。哎哟，人山人海，看热闹的特别多。可是北京老百姓特别讲礼，一看乐凤鸣的媳妇儿，堂堂乐东家的夫人到了，也有认得大爷的媳妇儿的，可都认得乐凤鸣的媳妇儿，一看，嗬，缕缕行行好几十口子，大家伙儿自动地就把当中间闪出一股道来。

“哎哟，谢谢了，谢谢了，谢谢了……”

翠莲就带着自家人往前走，等到了同仁堂门前一看，哎哟，可了不得了，悬灯结彩，门前伙计拿着晃绳，挑着鞭炮，旁边预备好了二踢脚麻雷子；再一瞧鼓乐班在这儿坐着，就等着吹吹打打了；旁边舞狮子的也全都准备好了。就在这门前有一张桌子，上边铺着一块红布，有伙计在这儿拿着本在这儿记，有毛笔，研好了墨，记什么呢？谁送礼，送什么礼，得把人记下来，那将来人家有事儿好还礼，这是规矩。外边全都准备好了，再一瞧，乐凤鸣，掌柜的钱靖方，哥俩在门前这么一站。

“哎哟，呵，您来了，呵呵，您来了，李爷，您来了。谢谢您，谢谢您，谢谢您……”“哎，东家，礼可到了。”

“哎哟，多谢多谢多谢……”

这哥俩在这儿支应着，就听见有人喊了。

“快瞧啊，宫中的轿子到了。”

也不知道是谁这么一嗓子，大家伙儿全都顺声音看，由打这大栅栏的口就进来宫中的人了，四个侍卫，四个小太监，两乘轿子，太监手里提着金锁提炉，里边香烟缭绕，围着的是后边这乘轿子。那聪明的人一看就明白了，肯定后边这轿子里头那就是皇上亲笔题的牌匾。太监围着第二乘轿子，两乘轿子走到了同仁堂前边，轿子落平，轿杆打杵，掀起轿帘，头一个，宫中的李大总管下了轿子了。

“哎哟呵，东家在这儿等着呢。来呀，请万岁爷的御匾。”

把头了这乘轿子往旁边一挪，亮出来第二乘轿子，李大总管亲自把这帘给挑开了，乐凤鸣带着钱掌柜，带着所有同仁堂的人“呼啦”一下全跪下了。皇上给写的，那能不跪着吗？看见皇上的匾就如同皇上到了一样。大家伙儿这一跪，李大总管挺高兴，看了看周围。

"同仁堂东家乐凤鸣，跪接皇上的御匾哪。"

就这一嗓子，旁边人直捂耳朵，心说差点儿把我耳膜给扎透了啊。

"草民乐凤鸣，谢过万岁万万岁。"

侍从往旁边一闪，小太监把金锁提炉往地下一放，然后在这轿子里就把皇上这御匾给抬出来了。一边两个太监，钱掌柜赶紧把同仁堂这帘栊挑开了，四个太监抬着御匾，倒下台阶，就进了同仁堂了，乐凤鸣用手一指。

"大总管，您请。"

"行啦，咱们一块儿进去吧。"

"那还是您先请吧。"

头一个进去的是李大总管，跟着乐凤鸣进去，这几个侍卫在外边看着，缕缕行行的人群可就往上围呀，"欻"的一下，一把散碎银两就抖出来了。扔银子的是谁？大爷的儿子乐好善，二爷的儿子乐礼，两个人老在同仁堂这儿支应着。那后辈人不学行吗？乐家得传承啊。把这散碎银子一扔，嗬，这抢银子的可就多了。乐凤鸣跟钱掌柜在里边支应着，乐家这晚生后辈，老大的儿子，老二的儿子，乐好善乐礼在外边支应着，这时候麻雷子"噼里啪啦……"，二踢脚"咚……噔……"，"咚……噔……"。说为什么麻雷子加二踢脚？光二踢脚它没那么热闹，"咚噔……咚噔……"老这么响。"噼里啪啦噼里啪啦……"麻雷子一响，跟着"咚……噔……"，鼓乐喧天，好，吹吹打打，舞狮子就开始舞上了，同仁堂门前这热闹啊。咱们放开外边再说里边，李大总管往这儿一站。

"乐东家，我可给您揭匾了。"

"那……您就受累了。"

"哎哟……揭皇上这块黄缎子我还叫受累？那我太荣幸啦，谁能有这美差呀？"

"啪"把这匾上的黄缎子一掀，乐凤鸣钱掌柜跟这些伙计一看皇上这四个字：供奉御药。写得好，气势磅礴。匾上是这四个字，黑匾金字，耀眼生辉，在下边有皇上的印章，皇上的印章上边四个大字：雍正宸翰。雍正是他的年号；宸就是一宝盖儿一个辰时的辰；翰，浩瀚的瀚去掉三点水，翰林的翰。这宸翰当什么讲啊？就当御笔讲，等于是雍正御笔。了不得呀，皇上能亲自题匾送到同仁堂，这同仁堂多大的荣耀啊，您说高兴不高兴。乐凤鸣虽然脑袋上顶着个雷，他知道供奉御药正如媳妇儿翠莲所说的，福兮祸所伏。可有一节，那北京城谁得着这个香饽饽，那真是美飞了天啦，自个儿对得起乐家老祖宗啊。父亲进了太医院，自己开了同仁堂，现在供奉御药，皇上的匾到了，胸脯是挺着的。即便我死了，我对得起乐家老祖宗，对得起乐家后代，乐凤鸣眼泪在眼圈里转啊。

“来呀，把匾请上去。”

伙计由打小太监手中接过这匾来，就挂在了同仁堂的堂训的正当中，真漂亮，真好看。

“嘿……皇上这笔字啊，哟……怎么看怎么舒服。”

“啧，您瞧，东家您说话，皇上的字看着还不舒服？”

“哎哟，公公，您请。”

赶紧让李公公坐，就坐到套间八仙桌旁边这太师椅上了，马上钱掌柜让人上茶。

“您用茶。”

“哦？”

大总管拿起这茶碗来仔细一看。

“哟，东家，我赶紧给放这儿吧，这是前朝皇上赐的吧？”

“您可说对了。”

“我瞧着就像宫中的东西。哦哦……看起来乐家受了两代皇恩。那么上回我来，您怎么没给我使这宫中的御用之物啊？”

“您瞧，李大总管，上次您来我不是不知道嘛。这回下了话了，说您今天来，我就给预备着了，您是宫中的人，就得使宫中之物。”

“得啦，东家，我可告诉你，今天就这一回，我也就看看，抿这么一口，您赶紧给我换上家伙什儿。我可告诉你，康熙老佛爷给您家的赏赐，到现在当今万岁赐下御匾让您供奉御药，乐家两代皇恩，您承受得住吗？您赶紧收起来在您祖先牌位那儿供着吧。就这碗，就这壶，嗯？您这满屋子贵重药品，也比不了它不是？下回我来我可不能看见了，这是对老佛爷的不恭。”

“是是是，就是让您看看，您是宫中的总管。”

“行啦，对我这份儿孝心我也明白了。”

李大总管不说话了，钱掌柜聪明啊，看了看外边四个侍卫，四个太监，就明白了，按着东家的意思，那这大份儿的银子就得出来了。您想想这小太监跟宫中侍卫每个人得五两吧？给二两寒碜。如果来四个人那就是二十两，这回来八个人那就是四十两；那宫中大总管这银子就不能低于这些人加在一块儿的数儿，那就是双倍的了。如果说他带着四个人，顶多是李总管三十两，他们大家伙儿分二十两，五十两够了；这下得拿八十两，再加上外边扔的散碎银两，一百两。钱掌柜看了看东家，心说这回您大发了。东家点了点头，就这么着吧。俩人心照不宣了，把银子往上一搁。

“大总管，您笑纳。”

“哎哟，我说东家呀，您赏这么多？这玩意儿往后要是有更好的差事，您还怎么往高里抬呀？”

您说这太监缺德不缺德呀？处处得让你往上涨，这话就给你噎在这儿了，你只能回回给我往上涨份儿，你不能给我落份儿。你说宫中的差事你能说哪份儿不是好差事？所以这李总管相当厉害。

“这个……”

李大总管一看。

“哦，他们的？快谢过东家，谢过掌柜的。”

把这银子就交给了太监了，小太监回去怎么分，咱们就不管了。

“唉……”

李大总管低着头。

“我说乐东家呀，您俯耳过来，我跟您说一档子事儿。”

“哎哟……”

乐凤鸣心说跟我说什么事儿啊？我得洗耳恭听。

第二十六回

精读医典学识长，一语惊醒乐梧岗。
梁朝名医陶弘景，金箔入药安心房。

上回咱们正说到李大总管把雍正皇帝供奉御药这块匾送到了同仁堂，这太监啊也真够厉害的，东家赏下这么些银子了，跟着就要下一拨儿，这话里就带出来了。

“乐东家，这回您赏这么多，往后再有好差事，您怎么往上抬呀？”

“嗨，不多，大总管，今后宫中的事儿，还不得指望着您照应着嘛。”

“那是，那是。东家，您俯耳过来。”

外边锣鼓喧天，二踢脚直响，舞着狮子，大家伙儿叫好，李总管低低的声音蹭到乐东家的耳朵这儿。

“我可跟您说，皇上那儿我递过话去啦，哪天皇上一高兴可就召见您，您可琢磨盯着点儿。”

“哎哟，那我可就谢谢您了。”

这话送到乐凤鸣的耳朵里，乐凤鸣不得好好琢磨琢磨呀？皇上的匾送到了，皇上再召见我，下回这银子得加着倍的给。刚才我说了四句开场诗，说的是梁朝名医陶弘景，一语惊醒了乐梧岗。咱们说了这么多场书了，二十多段了，都知道开同仁堂的是乐凤鸣，乐凤鸣字梧岗，梧岗也就是乐凤鸣。乐凤鸣每天晚上都要苦读医书，那么知识从何而来呀？一个是实践经验；另外要读书，要认真的学习；所以今天才有了同仁堂的荣耀。总管这么一说，这乐梧岗也得琢磨琢磨呀，皇上要召见我，到底什么意思啊？他知道当今皇上可跟康熙老佛爷没法儿比，话不能多说了。

“那我就谢谢您了。”

“既然这么着，那我就跟您告假了。”

“您不多待会儿啦？”

“不多待会儿了，宫中皇上还等着我办不少事儿呢。”

“那我就送您。”

这边是掌柜的，这边是乐东家，两个人把大太监送出来了。小太监跟着出来，高高兴兴，跟着大总管出来没少得银子。我也纳闷儿，你说这太监不结婚，没儿没女，要这么些银子干吗使？咱们不知道，是吧？又没地方投资去。上了轿子了，起了轿了，两乘轿子回归紫禁城。哎哟，门前这热闹啊，这边是老大的儿子乐好善，这边是老二的儿子乐礼，“欻欻欻”就扔这铜钱，好家伙，那边打着竹板儿就过来了，穷家门的呀，上这儿要饭来了，借这机会还不多要钱啊？门前这一通热闹，把礼物也该收收起来了，送礼的也还真多。把门前收拾收拾。

“得，对不起众位了啊，嗯，咱们也该散散了，宫中的人都走了。”

这些要饭的穷家门的堵着门不走，钱掌柜掏出一把铜子儿来，“欻”一攘。

“最后一把了啊，众位散了吧。”

门前已然没人了，静悄悄的了，翠莲带着全家老少也回去了，就在这时候，由打东口这儿迈着四方步来了一位，乐家三爷乐凤仪。三爷迈着四方步走到同仁堂，掀这帘栊，倒下台阶下来了。

“二哥。”

“哎哟，三弟，你来了。你怎么早不来？刚才多热闹啊。”

“哼，我呀，躲的就是这热闹劲儿，太乱，我受不了，我来看看皇上这匾。”

迈步走到皇上这匾之下，抬头这么一看。

“嘿，二哥呀，真好。您说爹进了太医院，您又开了同仁堂，给老乐家争了气了。现在‘供奉御药’四个大字在这儿一摆，您这财源广进啊。嗯？”

“三弟，有我的好，不也有你的好吗？”

“那是，哥哥能不疼兄弟吗？二哥，哪天您跟大哥商量商量，咱们找个日子，得上祖先堂祭祭祖，给老祖宗磕头了，让老祖宗在天之灵也知道知道，咱们没白干。”

“行嘞，那你就等我的信儿。三弟，坐着吧。”

老三往这儿一坐，伙计把茶沏上来了，端起这盖碗儿，吹了一口，一喝这茶。

“嘿，二哥，这茶叶真好啊，清香清香的。”

“他们刚从南边给我带来的。咱们北京的茶叶不行，一个是南边带来的茶，清香清香的；另外就是宫里的香片；再说宫里的香片咱们也得不着啊，这是南边新给带来的。哎，我说乐礼，给你三叔包一包。”

“哎。”

赶紧给包了一包茶叶交给三爷了。三爷在这儿一看，这买卖真不错。

“嘿，真没白干，二哥，我都谢谢您。”

正说着话，从外边“噌蹦”进来一个，这位也不知道同仁堂下洼子门，差点儿来一跟头。正好旁边有俩伙计，用手一扶。

“您怎么着？买药吗？”

“不买药。”

“不买药您干吗呀？”

“不买药，我看看这匾。”

“这匾是皇上的御笔，现在已然挂上了，您这不是抬头就看嘛，您忙活什么呢？”

“不成，我得上跟前看看去。”

乐梧岗觉得奇怪呀。

“嗯，您有什么可看的？这是当今皇上赐下来的。”

“我得看看，摸摸行吗？”

“摸摸不行。”

这位年轻的小伙子走到这牌匾下边，仔细抬头一看。

“哎哟，我以为是金的呢，敢情是金粉抹的呀。”

“这是金箔。”

“哈哈，金箔？金箔能抠下来吗？”

“这位先生您是不是缺钱花了？您要缺钱花言语一声。”

“不是不是……我听说你们同仁堂入药啊，都使金子。我看看来，如果要是金子呢，你们晚上天天抠一点儿，天天抠一点儿，你们入了药可怎么办呢？”

“啧，您瞧您这笑话，皇上的御匾，我们敢动吗？啊？您放心，将来同仁堂要是有金箔入药，您明白了您马上来，头一个就让您吃。”

“嘿哟，那我可就谢谢您了，告辞，告辞。”

乐梧岗乐凤鸣为什么说这句话？他一听突然间就惊动了。刚才开场诗时候我说了，一语惊醒乐梧岗，他看过梁代名医陶弘景的医书，陶弘景是个了不起的医学家。而且李时珍书中也写过，说金箔可以入药，当然制作金箔的工艺是非常复杂的。金箔入药管什么呢？名医陶弘景写得非常清楚：镇精神，坚骨髓，通利五脏邪气。所以这金箔入药，入多了不行，入少了不行，应当怎么适中？前世的医生有经典论著写得很清楚，我怎么给忘了？晚上我回去，我好好得琢磨琢磨。这位愣头磕脑地走了，可提醒了乐梧岗了。三爷待会儿走了，店里头已然消停了，凤鸣说：“这么着，掌柜的你盯着，我得回去，我今天有点儿累得慌了。”

其实他想回去查书去，为什么？他对待医药是十分的认真。回去经过看书以后，经过研究，经过亲自自己试验。您看，后来同仁堂的安宫牛黄丸，牛黄清心，上边都有金箔。说这金箔怎么做？说里边撒点儿金箔？不是。那金箔薄着呢，薄得厉害，一层金箔。您看老的安宫牛黄丸，老的牛黄清心，外边包着一层金箔纸。据说，弄好了药丸之后，要在金箔粉里蘸一下，然后再拿这金箔纸再一包，上边这安宫牛黄四个字，还有牛黄清心四个字，都是金箔粉点的。有用没用？确实镇精神，确实坚骨髓。所以同仁堂的药啊搁到现在，您就是买上几十年，百八十年，现在故宫博物院已然有百年之久的黎洞丸、紫金锭，质量一点儿都没变，您说同仁堂的药棒不棒？所以说品位极高，乐家世世代代都把这心搁在药上。

过了没几天，乐凤鸣前来查柜，查完柜之后上后院，挨着屋地瞧瞧，看有什么事儿没有，这时候，儿子进来了。

“爹，您瞧瞧去吧。”

“什么事儿啊？”

“宫里头下单子，宫里头来人了。”

“你干吗这么说话呀？下单子咱们给拿药啊。又不是皇上来了，你瞧瞧你，以后稳当着点儿。”

“爹，您快去吧。”

“哎。”

二爷由打里边出来，到前边一看，药商张玉山在这儿坐着呢。一看东家出来了，张玉山赶紧站起来了。

“哎哟。”

请了个安。

“东家您好。”

“先生坐吧。”

有人献上茶来，俩人坐这儿喝茶，茶罢搁盏。

“怎么着啊？先生，宫中单子下来了？”

“是啊，单子下来了，我得来呀。”

“还用您亲自来吗？您写张字条儿不就行了嘛。”

“那可不行，我只要在北京，我就得来，尤其头一张单子。我可跟您说好了，东家，以后如果我来，您给药；如果我不来，必须有我亲手写的条子，条子上边有什么药您给什么药，可不能有误，这药可不是一般的事儿，针鼻儿大的娄子咱们也受不了啊。是不是东家？没有我没有条子，您可不能给宫中进药。”

“那是。”

“再说，我可跟您说，今天这单子药不多，我给您打开您瞧瞧，您可得给挑好的。”

“张先生，您可错了。您抬头看看，这就是我们同仁堂的祖训，就在万岁爷这御笔的御匾旁边挂着呢。炮制虽繁必不敢省人工，品味虽贵必不敢减物力。甭说宫中要药啊，就是普普通通的老百姓吃我们同仁堂的药，跟宫中要的药配方是一样的，药下的也是一样的，我们是童叟无欺，这是我们乐家的祖训。”

“哦……是啊，世上都知同仁堂，世上都吃同仁堂的药，可知道这两句祖训的可不多呀。好，太好了，怪不得万岁爷钦定同仁堂供奉御药呢，百闻不如一见。”

“张先生，您坐，您把单子给我吧。”

把单子拿出来，乐凤鸣接过这单子一看，细料多少种，成药多少种。

“钱掌柜呢？”

儿子乐礼在旁边呢。

“爹，舅舅出去办事儿去了。”

“哦，那你把这单子拿到后边，按这份儿把所有的药都点齐了，拿到柜台上让张先生过目。”

“好。”

乐礼就把这单子接过来了。

“张先生，这是犬子乐礼，见过张先生。”

“张先生您好。”

赶紧给请了个蹲安，拿着这个单子上后边去了。乐礼那儿归置药，这张玉山就跟乐家东家二爷在这儿聊天。

“啧，嘿，刚才我说话伤着您了吧？不是我小心眼儿，您说在宫里边出来这单子，我是药商，一点儿错都不敢出啊。听您这话再看这祖训，我可放心了，这回我这药商可做值了，有同仁堂在这儿垫着底，有品位，药也好，那我可就没什么不放心的了。”

俩人这儿聊着天，一会儿的工夫，乐礼跟着伙计就把所有的药准备齐了，往这柜台上一码。

“张先生，您过目吧。”

张玉山站起来，挨着个儿地对着单子瞧，嘿，这满柜台上头摆的药材呀，漂亮，鲜亮，好。这张玉山他是个药商啊，他什么不懂啊，一看都是上等的药材、成药，全都准备好了。

“啧，今儿我可真开了眼了，东家，给您当药商，我可二百个放心。我也不跟您留心眼儿，这行不好干啊，出点儿事儿咱们谁都担待不起。”

“是啊，您放心。我们同仁堂做事有规矩，没规矩是不成方圆的，您放心，我让伙计跟乐礼把这药给您包上，给您搁到车上去。”

“好吧，那就多谢了。”

乐礼带着伙计干这些活儿，那么张玉山就准备把东西搁到车上，然后就告辞得走，他站在门口这儿。哎，正在这时候，下台阶，钱掌柜回来了。

“哎哟，张先生到了。”

“掌柜的。”

“东家。”

“你干吗去了？宫中头一张单子传下来了，你这掌柜的就不在。”

“嗨，我不是出去办事儿去了嘛。”

“办什么事儿去了？这么急。”

“您看，您没闻见味儿吗？北京可开始挖臭沟了，这味儿要传出来可了不得。咱们同仁堂的惯例呀，我预备灯笼去啦，香包已然准备不少啦，这香囊都做好了。再说我得做点儿布的呀，我出去扯点儿布，灯笼已然订好了，明天就给送过来。”

“你也够忙活的。”

那么钱掌柜说的是什么事儿呢？北京过去没有这么好的卫生设施，啊，当中间这道都是土道，两边都是沟。为什么叫臭沟呢？您看下雨呀，这些雨水都流到这沟里头，由打当中间往两边沟里流。再说了，老百姓洗个菜呀，倒个水呀什么的，全都倒到这沟里头，那能不泛味儿吗？每年一到春天，得把这河里的淤泥，这沟里的淤泥给挖出来，然后拉走，干吗去呀？施肥去呀。但是您想想，挖河里的淤泥，挖臭沟里的泥，能不臭吗？那时候北京可臭得要命，得臭上好几天。同仁堂净做好事儿，挖臭沟他得一段一段地挖，不能大家伙儿“嘁里咔嚓”把北京的臭沟都挖了，哪儿那么些人啊，是吧？今天挖这段，继续往前挖，挖那段。同仁堂就预备好多灯笼，灯笼上边有三个大字：同仁堂。伙计提着这灯笼，等到晚上天一擦黑，或者早上起来蒙蒙亮的时候，打着这灯笼，给这些挖臭沟的工人照个亮。说照亮行好，那么广告效益也就起来了。而且同仁堂舍药，带点儿藿香正气呀，压点儿邪气的药啊，同时还做点儿香囊。做点儿好的缎子的香囊，里边白芷啊，川芎啊，陈皮呀，冰片啊，拿起来闻着挺香。那么这些好的香囊送给谁呀？好的街坊邻居，买卖铺户，有关系的，是吧？这些布的香囊，药是一样的，就是这些点灯笼的，提着灯笼的这些工人，这些伙计，另外给那些挖沟的，这些老百姓，每人发上这么一个香包，让他们闻闻，省得臭得慌。再说带点儿药，藿香正气呀，黎洞丸啊，谁要崴了脚的，黑灯瞎火的，就做点儿善事。钱掌柜出去订灯笼去了，另外，这个缎子的香囊都做好了，扯几尺布，好做点儿布的香囊。钱掌柜这么一说，这张玉山在旁边听见了。

“掌柜的，您赏下一个让我看看。”

“哎，好，我身上还带着呢。”

钱掌柜拿过一个缎子香囊递给了张玉山，张玉山接过来一看。

“好哇，真漂亮。东家，我可跟您张嘴了。”

“啧，有话您就说。”

“您能不能赏给我点儿啊？”

“您要有什么用啊？”

“嘿，同仁堂的东西我送到宫中，它不是就有用了嘛。”

“嘿哟，您倒早说呀。”

“还有多少啊？”

“还有这么几十个。”

“那您都赏下给我吧。”

把香包接在手中，这些香囊送到宫中，才引出来雍正皇帝要召见乐梧岗。

第二十七回

宫中传来第一单，药商急忙到堂前，
各种御药码放好，鲜亮品正样样全。

同仁堂供奉御药，宫中第一张单子下来了，药商张玉山拿着这单子到了同仁堂。哎，正好这钱掌柜没在，乐凤鸣就把儿子叫来了，说乐礼呀，你照着这单子啊，跟后边这些伙计，把这些药准备齐了。乐礼接过单子上后边去了，一会儿的工夫，全都给准备好了，往柜台上一码，张玉山这么一看啊。

“嘿，我今天真是开了眼了。说同仁堂好，那药就是好。你瞧瞧，都是上等的药材。”

乐凤鸣就让这孩子包好了之后啊，放到张玉山的车上。张玉山要走，这时候掌柜的回来了。干吗去了？买灯笼去了。干吗去了？买布去了。因为每年一挖臭沟，同仁堂伙计挑着灯笼，给这挖臭沟的人照着。如果真崴了脚受点儿伤，带着药，黎洞丸啊，藿香正气呀，因为气味不好嘛。而且做了不少的香囊，做了一百个缎子香囊，上边绣着花，非常的漂亮。里边装的什么呀？川芎、白芷、陈皮、冰片。这些布干什么呢？做点儿布的香囊。让这些挑着灯笼的呀，同仁堂的伙计，另外发给一些挖臭沟的这些老百姓，同仁堂净办好事儿。这张玉山这么一看：

“能不能赏给我点儿啊？”

乐凤鸣这么一看啊。

“行，还有多少啊？”

伙计全拿出来了。

“您看，就剩这四十多个了，都是缎子的。”

“那对不起，东家，我可就全要了。”

“行啊。”

其实掌柜的不愿意，因为现在药材特别缺乏，那没办法，张玉山既然说了话了，肯定拿到宫中去讨好去。给包好了，张玉山告辞，带着药回到宫中面见李大总管，先把这香囊递上去了。

“您瞧。”

把这香囊的事儿一说。

“嘿哟，好事儿啊，嗯……都给我留下吧。”

“您瞧，我都给您带来啦。”

“多少个呀？”

“二十。”

您看，他扣了不少吧？李大总管接过来一看。

“嘿嘿，真漂亮，真漂亮。”

张玉山走了，干吗去了？上御药房交药去了。把这药往这儿一摆，御药房两个吏目这么一看啊，嘿，别说皇上钦点同仁堂，这药怎么这么好哇，开了眼了。登上记，在单子上签了字。就在这时候，皇上来了。说皇上老上御药房？不是。皇上知道头一张单子下到同仁堂，药回来就得给我送个信儿，头一回我得亲自看看，到底同仁堂是不是名不虚传。皇上迈步进来了，大家伙儿赶紧跪地下磕头，咱们书不细表，后边就跟着李大总管，雍正皇帝一看这些药。

“这都是同仁堂供奉的吗？”

“不错呀，我们刚都一一查对清楚了。”

“好哇，细料，成药，嗞……看起来朕这道旨意还真传对啦。好，太好了。”

说皇上懂不懂药？说他一点儿不懂，那叫胡说；说他全懂，那也叫胡说；总而言之，他能知道一些皮毛，有的重要的药材他也能认识。尤其是满族清朝这几个皇帝，头一个入关的皇帝顺治就喜欢汉文化；康熙更是喜欢汉文化，而且康熙连几何代数都学；雍正皇帝也是如此，别说雍正他这皇位怎么得来的，但是雍正治国还是有一套的。看完了。

"行啦，你们该怎么办怎么办，该入库入库吧。"

然后转身形出来了。雍正皇帝在头了走，李大总管在后边跟着。那么这些药还有什么手续呢？上回我说了，一道一道的关口，一直到入库，这粘单就一大串，层层都得有人签字，那么层层扒皮咱们就不细表了，最后落下四个字：入案可以；这就是说可以入库了。把这药一入库，那就归皇上家了。那您要是再问同仁堂什么时候上广储司去领银子？这个就不得而知了，反正由打宫中往回拿钱，那可不是一件容易的事儿。所以说同仁堂供奉御药，那是无比的荣耀；供奉御药的苦处，那是苦不堪言。

咱们单说雍正皇帝，慢慢儿往前溜达着。

"啧，大总管。"

"哎哟，皇上，您可别这么称呼我呀。"

"跟你说两句闲话，你说这气暖晴和，天还挺好哇。啊？嗞……哎？我怎么闻着你身上有点儿香味儿啊？"

"呵呵，我这儿预备着呢，您瞧。"

李大总管拿起一个香囊来。

"您瞧这个。"

"这是什么呀？"

"呵呵，这是同仁堂做的香囊。"

"哦……香囊。啧，为什么要做这香囊呢？干吗给你送来呀？怎么不给朕送来呀？"

"您瞧，我不是还没来得及跟您说呢嘛。皇上，老爷子哎，我跟您说，这同仁堂净办好事儿，北京年年挖臭沟。"

"是啊，臭得不可闻啊，有时候宫中都能闻上一鼻子两鼻子的。"

"您瞧，是不是啊？人家同仁堂啊做的香囊，所有的亲戚里道，所有的买卖铺户，没有送不到的。而且还做了一些呀，就发给那些挖沟的人，同仁堂的伙计挑着灯笼，每天晚上，挖沟的这些人干活儿的时候，挑着灯笼给照着，而且还带着药。崴了脚了有黎洞丸，说受了邪气了有藿香正气，那药带得特别的全，您说同仁堂怎么净办好事儿啊。"

"是啊，同仁堂要不是心善，能够祖上往下留传'修合无人见，存心有天知’啊？药好，刚才我已然看见了，而且制药也制得好。行啦，这个呀我也不带了，还给你吧。”

“哎哟，谢谢老爷子，谢谢皇上。”

李大总管把这香囊又带好了，走到乾清宫了，皇上往这儿一坐。

“我说，同仁堂这么善，你说朕钦点同仁堂供奉御药，对不对呀？”

“那太对啦。您说同仁堂药好药正，而且我跟您说，同仁堂要给穷人看病，他不收钱啊。”

“哦？给穷人看病不收钱？”

“那是，我可听人说不是一档子两档子了。跟您这么说，您说同仁堂心眼儿好，啊，把脉看病，施舍药，北京城这些老百姓，一个个吃着同仁堂的药，身子骨硬朗，那不是也是皇上您的造化嘛。要是老百姓都是病秧子，您不是还替他们着急嘛不是。”

“嘿，你这嘴是越来越会说啦。这么办吧，既然朕传下旨意让同仁堂供奉御药，同仁堂的药又这么好，我还没见过乐家的人呢。哪天你把乐家东家叫来，让我也看看这个药材业中这么好的人才到底什么模样。”

“哎，那我先替他们乐家谢谢您了。”

他嘴上替乐家谢皇恩，心里就甭提多高兴了，心说这话往出这么一递，哪天乐家东家要来见皇上，那是我的功劳，一笔银子，嘿……我又入柜了。想到这儿，听见后边脚步声音，回头一看，自个儿的徒弟过来了。李大总管的徒弟叫英子，这孩子甭提多聪明了。

“英子啊……”

“哎，师父。”

“你呀，赶紧上同仁堂乐家送个信儿啊，皇上老爷子哪天高兴，要召见乐凤鸣，让他着实的准备着，去吧。”

“哎。”

英子转身形撒腿就跑，干吗跑那么快呀？他明白，到那儿就有赏。果不其然，跑到同仁堂了，一挑帘子，倒下台阶下来了，正好看见钱掌柜在柜台上那儿站着呢。

“钱掌柜。”

“哟，英总管。”

"您瞧，您怎么这么叫啊？我师父是总管，我就是个小太监，您可别这么叫，我可受不了。"

"英总管，来到同仁堂必然有话。"

"那是，跟您这么说吧，您这头张单子的药送到御药房，皇上亲自过目，哎哟，这夸呀。我师父借机会把您的香囊递上去了，就把您让伙计点着灯笼，给老百姓站着挖臭沟这件事儿也说了，还说您白给药白发药。皇上老爷子高兴，传下话来了，说哪天啊闲着没事儿请您入宫，那就您当面儿去谢皇恩了。"

"我不是乐凤鸣。"

"他，您……他这话是这么学的，您不是钱掌柜嘛，我知道您，但是这话就是这么说的，您就把这话就这么传给乐东家也就是了。"

"嘿，你呀，还得跟你师父学，你可没李大总管那两下子。"

"那是啊，我这不是刚学了一年两年嘛。"

站这儿不走，钱掌柜很明白，从柜台上拿了一两银子。

"得了，这点儿心意，买杯茶喝。"

"哎哟，那可就谢谢您了。"

您说这小太监得一两银子得多高兴啊，心说这玩意儿将来我要是混到宫中的总管，我能拿到多少谢礼呀，我可就发了财了。我也纳闷儿，你说这太监老想发财，又结不了婚也娶不了媳妇儿，又没儿没女的，是吧？也不知道他这钱往哪儿搁。英子走了，什么时候了？已然到了快上板的时候了。按现在说这钟点呢，就是四点多钟快五点了。

"这么办吧，哎，好善啊，乐礼。"

哥俩出来了。

"大舅，您什么事儿？"

"刚才宫中可下了话了，皇上老爷子要召见咱们东家。"

"啊？哎哟，那可是好事儿啊。那您说怎么办呢？"

"我呀今天闲着没事儿，柜上的事儿也差不多了，你们哥俩忙活着，我上打磨厂去一趟，给东家送个信儿，从那儿我就回家了，我就不回柜上了。柜上你们哥俩招待着，啊，千万千万把板都上好了，别出差错。"

"您放心吧。"

这乐好（hào）善是大爷的儿子，乐礼是二爷的儿子。其实大爷的儿子叫乐好（hǎo）善，咱们北京话就给说着说着，就叫好（hào）善了。乐好（hào）善，乐礼，这哥俩在这儿支应着，钱掌柜收拾收拾呢就离开同仁堂出大栅栏，拐弯儿奔打磨厂，好上乐家去。刚一出口，嘿，前边一辆车站住了，钱掌柜一瞧啊，开车店的纪魁元。

“哟，纪老板。”

“哎哟，您可别这么称呼，掌柜的，您这是上哪儿啊？”

“我呀，上东家家里去一趟。”

“您上车，您只要不嫌车脏。”

“不不不不不……我溜达着。这儿也不远，你该干什么干什么去。”

“您真不上车？”

“真的，跟你不客气。”

“那行，那您见着乐东家给我请个安，带个好儿。”

“好嘞。”

这纪魁元赶着车走了，钱掌柜一步一步溜溜达达就奔了乐家了。钱掌柜心里很高兴，您琢磨琢磨，六十开外了，小媳妇儿怀孕了，而且从脉象上来说是个儿子，那钱掌柜心里甭提多高兴了，媳妇儿要流产，现在保住啦，马上钱家要有后啦。嘿，高高兴兴迈着四方步儿就奔了打磨厂了。等到了乐家门前，上前“啪啪啪……”一叫门，开门的刘成儿。

“哟，大舅爷来啦，您请进。”

钱掌柜迈步进来了，刘成儿反身把门关上了。

“舅爷，东家在花房呢。您自己去？我不陪您了，我这儿还有点事儿。”

“行啊。”

他们俩人一说话，没想到翠莲正往前院走，听见了。现在乐家可了不起了，三进三出的大宅院，翠莲一听哥哥来了。

“哥。”

钱掌柜回头这么一看，一愣。

“哥，您怎么了？”

“哎哟，我以为是娘呢，吓我一跳，你怎么越长越像了？”

“哼，哥，你干吗来了？”

“找东家有事儿啊，喜事儿啊。”

“在花房呢，你去，一会儿我让他们给沏上茶去。”

这钱掌柜直接就奔后院，奔这花房来了，乐凤鸣止在这儿看花儿呢，什么花儿啊？基本上种的都是药材，他就喜欢上花房。听脚步声音响，回头一看，钱掌柜来了。

“哟，舅爷来了。”

“啧，你瞧，平常老掌柜掌柜的，现在怎么叫舅爷了？”

“这不是家里嘛，来，坐。”

在花房的外边左侧有一间待客室，哥俩就坐下了，当中间有茶儿。时间不大呢，刘成儿就命伙计把茶沏来了，给斟上了，然后就退出去了。

“我说舅爷呀，不在柜上盯着，你干吗来了？”

“好事儿，太好的事儿了。”

“哎哟，什么事儿啊？谁白给咱们一车药材？”

“您心里就有药是不是？我跟您这么说，宫中总管的徒弟英子来啦，说皇上要召见您。”

说到这儿呢，钱掌柜就看着这乐凤鸣，他以为乐凤鸣一听，“噌”能乐得蹦起来：嘿，好啊！皇上召见了得吗？天底下地上就一个皇上，谁能平白无故地见着皇上啊？没想到话说出来了，再瞧这东家，把头一低。

“哎呀……”

“你有病吧？”

“没有啊。”

“那谁要听说皇上召见，得高兴得蹦起来，喜笑颜开的，我怎么瞧你不太高兴啊？”

“唉……要说不高兴，那是瞎话。皇上召见，咱们同仁堂得着这香饽饽供奉御药，我能不高兴吗？可有一节呀，你说皇上见我干吗呀？”

“啧，您瞧，没事儿又小心眼儿犯嘀咕吧？皇上也想开开眼，看看您乐家东家到底什么模样。”

“那他跟我说什么呢？”

“那我哪儿知道啊。总而言之，皇上召见是好事儿。”

“啧，我呀，我就琢磨，你说我父亲也见过皇上，那是哪个皇上啊？康熙老佛爷。现在这皇上……”

“啧，您甭说了，又什么疑心病吧，喜怒无常吧，谁不知道皇上这脾气呀。您又没招他没惹他，召见您是好事儿。”

“好事儿是好事儿，嗞……我就琢磨他干吗要召见我呀？有什么跟我说的呀？这皇上不好惹呀，跟老虎似的，我跟老虎坐这儿聊天，一张嘴再把我吃了。”

“您是不是想全家抄斩啊，啊？这话也就是当着我说。”

“我可不就是当着你说嘛，进宫我也不敢说呀，出这门就不敢说。”

“那不结了嘛。您去不去呀？”

“去是去，我就琢磨皇上为什么找我。”

正在这时候翠莲进来了。

“行啦，一个男的家家的小心眼儿，我告诉你，皇上召见，你就踏踏实实地去。有什么事儿，男子汉大丈夫，你还搪不住吗？”

第二十八回

雍正要见乐家人，李大总管乐在心，
只要乐家人一到，囊中又增添一笔银。

这太监啊他不管这套那套的，反正有事儿我想办法得赚钱。乐凤鸣听见这句话呢，皇上要召见他，心里打鼓。说心里有愧吗？没有。因为知道雍正皇帝这人喜怒不形于色，而且性情多变，疑心病挺重。说他手下的功臣，一奶同胞的兄弟，那让他治得是不亦乐乎。我一个卖药的，给你供奉御药就得了，你找我干什么呢？这钱掌柜呢在旁边一听。

“啧，他也是这个理。可有一节，那皇上反正是高兴吧。再说了，你们乐家祖上也见过先朝的皇上，见皇上终是一件好事儿。”

“嗨，说是好事儿是好事儿啊，我父亲那是给康熙老佛爷看病去了。这是找我闲聊，这玩意儿咬我一口我受得了吗？”

媳妇儿进来了。

“行啦，一个男子家家的，怎么心里搁不住事儿啊？谁不巴着皇上召见啊？你存心就行了。知道的就说两句，不知道的抿嘴就这么一乐，别招他老人家生气也就是了。”

正说着呢，刘成儿过来了。

“二奶奶，外边杏花村张掌柜让伙计提溜一提盒进来了。里边红烧大鲤鱼两条，现做的，做得了，倍儿香。您看……”

“行啦，反正他们也不要赏银，哪天我过去给拿点儿东西谢贺谢贺张老板，放着吧。哎，哥哥，今天您甭回家了，就在这儿吃吧，我给你们哥俩预备点儿酒。”

“我们哥俩没酒量。”

“喝点儿聊着，要按日子可应该去进药了。上祁州，你们哥俩谁去呀？”

乐凤鸣低头想了想。

“翠莲啊，你先甭问这个，你该准备准备饭。”

“不行，我得走，不然的话，你嫂子不放心。”

“行啦，我让刘成儿找个伙计上家送个信儿，你在这儿吃，吃完喝了你们哥俩商量完了事儿，省得明儿再商量了。”

钱掌柜只好答应啊，翠莲就告诉刘成儿，刘成儿就派了个伙计马上给钱府去送信儿，说钱掌柜在乐家吃完了饭再走。翠莲上厨房忙活去，一会儿的工夫，凉的热的，酒、菜全都准备齐了。伙房这儿准备好了，大家伙儿吃饭有大家伙儿的餐厅，现在叫餐厅，那时候就叫厨房，有吃饭的地儿；那么东家跟掌柜的要吃饭，就摆在书房了。一桌，这桌家宴也挺丰盛的，哥俩坐这儿一边吃一边聊。

“你说今年这祁县买药去，咱们谁去呀？”

“我去呀，皇上要召见您，您不能躲开呀。”

“你去我不放心啊。你说嫂子现在身怀六甲，马上就要临产了，你要走了谁照顾她呀？”

“这不是挺好的嘛，孩子保住了，没事儿。我去吧，你还是盯着皇上这档子事儿吧。”

“不成，我得好好琢磨琢磨，还是我去吧。”

“你别去。要不这么着，让翠莲上我们家把事情安排安排，然后我带着好善去，乐礼也惦记去。”

“乐礼不让去，好善跟着你学点儿能耐，将来乐礼盯着柜台，好善好去进药，哥俩得分着学。哥俩能耐不学习去，我死了也不能闭眼啊。”

“啧，您瞧，说这话干吗使啊？”

哥俩一边说着一边聊着，这顿酒菜就吃得差不多了。吃完了之后，钱掌柜告辞，翠莲就让人捆了两只老母鸡，把这爪子全捆好了。

“哥，你带走，给我嫂子吃去。”

“行啦，家里边的鸡还吃不完呢，你说让我拎着两只鸡……”

“没关系，我让六子套好了车，给您送家去。”

不收也不合适，收了吧。这么着，六子赶车就把钱掌柜送回家去了，钱掌柜在哪儿住啊？不远，珠市口一拐弯儿，留学路。六子把钱掌柜送走了，两口子喝了点儿茶说了会儿话，一会儿的工夫，该安歇睡觉了，那么乐凤鸣在临睡觉之前，一个是要辨辨药味；另外要写点儿方子，看看中医书。掌上灯光看了半天了，翠莲进来了。

“行啦，差不多该睡了，明儿早起还巡柜呢。”

两口子躺下了，那也不能闭眼就睡觉啊，说点儿体己话吧。

“我说，你怎么老咳声叹气的呀？”

“啧，你说，你说皇上找我干什么呀？会不会给咱们乐家招事儿啊？”

“你怎么心眼儿这么小啊？一个男的家家的，我告诉你，我要是你，这买卖比你做的还大。”

“行嘞，这买卖做的就够可以的了，我不是怕说话得罪皇上嘛。”

“我告诉你了，皇上要问你的话，知道的说点儿，不知道的少说；都不知道，你抿着嘴一乐，他还能掰你的嘴是怎么着？睡吧。”

两口子吹灯睡觉了，第二天早上起来翠莲一睁眼，一看啊旁边没人了，赶紧穿衣裳起来了。到厨房这儿，张妈过来了，张妈是翠莲从娘家带来的，又能干又是翠莲的贴心人。

“二奶奶，您起来了。”

“老爷呢？”

“走啦。”

“吃早饭了吗？”

“没有啊，慌慌张张就走了。”

“哎，甭管他了，他就爱喝那口粥，喝粥去了。有事儿吗？”

“有点儿事儿，我想问问您，大奶奶的早点是不是给送到屋里去呀？”

“怎么啦？”

“大奶奶折腾一宿了，心口疼啊。”

“那我怎么不知道啊？二老爷也不知道啊，怎么不言语一声儿啊？啊？”

说着话翠莲一回头，看见大哥由打后院过来了。

“大哥。”

“哎，弟妹呀。”

“您拿着笤帚干吗呢？”

“啧，嗨，心里闷得慌，我扫扫后院去。”

“我嫂子怎么了？”

“折腾一宿啦，心口疼，吐了一炕，我给她收拾干净了。她也睡着了，我就溜达出来了。”

“嗞……您怎么不说话呀？让您兄弟号号脉呀。走，看看去。”

翠莲是个急脾气，跟着大哥就到了大哥的睡房，一看嫂子还在那儿睡觉呢。等到跟前这么一看，翠莲可愣了，大奶奶闭着眼，头发散着，一命呜呼归天去了。看见嫂子满头白发，旁边吐得一片狼藉。

“唉……你说家里这么多，好几十口子人，怎么就没人在跟前啊？大哥，您也是，您怎么夜里就不说句话呢？让您兄弟号号脉至于的吗？”

“弟妹呀……”

说完弟妹两个字，大爷的眼泪“欻”就下来了，没话啦，跺着脚地哭啊。刘成儿也过来了，刘妈也过来了，孩子们也都过来了。

“成儿啊，你赶紧去叫二老爷回来吧。”

“哎。”

刘成儿没叫六子，赶紧自个儿赶着车就奔大栅栏了。到大栅栏，下了车，挑帘栊下台阶。

“东家。”

“什么事儿啊？”

“您回去吧，大奶奶殁了。”

“啊？昨儿还好好的呢。”

乐好善正好由打后院奔前院来。

“我妈怎么了？”

“大奶奶殁了……”

“哎哟……”

乐好善哭啊，乐礼在旁边扶着，咱们书不说废话。

“得了，快走快走快走……”

这乐凤鸣带着俩孩子出了同仁堂，回头就嘱咐钱掌柜。

“你盯着啊。”

“那我就待会儿再去，我盯着。您可千万别着急，人死了不能复生。”

“哎呀，这理儿我都懂啊。”

正在这时候，“腾腾腾……”撒腿跑过来了，宫里的李大总管的徒弟英子过来了。

“乐东家。”

“英总管，有事儿吗？”

“皇上说今天有空，让您进宫一趟呢。”

“啧，唉……你呀，回去多多替我在李大总管面前美言吧。你瞧，家里出事儿了。俗话说得好：长嫂比作父母啊，爹妈已然过世了，就大哥大嫂，嫂子跟我的妈一样啊。我大嫂故去了，今儿早起来闭的眼，我得赶紧回去办丧事。您说，办丧事，丧服在身，我怎么进宫见皇上啊？请李大总管在皇上面前给我美言几句，等把家里丧事办完了，我马上进宫给皇上老爷子磕头去。”

“那好吧。”

英子看了看，心说我也别要赏钱了，人家怪烦的。

“那我可告辞走了。”

“那你慢着。”

小太监英子走了，这爷儿仨上了车子，六子“啪”一摇鞭儿，这车“骨碌骨碌……”离开同仁堂直奔打磨厂，回家了。这时候三爷三奶奶也来了。大奶奶跟三奶奶本来就不和，在外头住呢。三奶奶这么一看。

“唉……大嫂啊，都说咱们姐儿俩隔着心呢，其实您就是憋着不爱说话，我这脾气也太暴了点儿，老想跟您喝点儿茶，唉……没想到您走了……”

翠莲这么一看，翠莲的眼泪也“哗哗”的。

“得啦，弟妹呀，人死了也就死了，知道你心里也没什么格扭儿。得啦，大嫂也怪不容易的，七十都出头了你说，大哥怪可怜的。”

一家子都劝大爷凤翔，咱们书不说废话，俗话说得好，简洁为妙。二爷拿出一百两一张的银票，就递给好善了。

“好善啊，让你兄弟跟着你把银子兑出来，给你妈办这棚丧事。怎么好怎么办，钱不够再跟二叔我要，明白吗？”

“我明白，那就谢谢您了。”

“你瞧，一家子事儿，谢什么呀？”

大爷本来就不爱说话，就蹲在墙角这儿哭。二爷就劝吧，三爷也劝吧，好容易把大哥扶起来，让他在屋中坐着，好善就带着乐礼兑银子，办这丧事去了。丧事办得确实不错，乐家现在日月儿也好，等把这丧事办完了，乐凤鸣到了同仁堂就跟钱掌柜商量。一个皇上要召见，再有祁州的药市可要开了。啊，现在没几天了，四月二十八，咱们谁去呀？咱们得定定。

“还是我去吧，您盯着皇上老爷子传见您的这件事儿吧。”

“呦……你去，可是家里头怎么办呢？对了，我让翠莲上你们家去一趟，把事情安排好了，没事儿你踏踏实实地再走。”

“行，只要没事儿了，您啊多让我带个伙计，我带着好善，您把南刀房这姚师傅给我借来。他能辨药材，我带着他，我也能省点儿心不是。反正我也六十多啦，奔七十的人了。”

“好吧。”

就这么着商量好了，乐凤鸣回到家中就跟翠莲说。

“你呀，回家把你嫂子的事儿都安排好了，让你哥哥踏踏实实奔祁州进药去。”

“好吧。”

这翠莲是个痛快人，买了不少东西，那都是怀孩子的女人吃的，都是保养身子骨的。带着个丫鬟，让六子赶车，直接就奔了钱府了，娘家嘛。等到了之后，丫鬟给她搀下车来，手里头提溜着不少东西，六子也从车上往下拿东西，翠莲迈步上台阶，刚要叫门，就听见里边有人说话。

“赵妈，您说大奶奶，她……她，她不吃这馅儿饼，又让我给端回来，就喝点儿粥，这盯不过去呀，您得想想主意呀。”

“行啦，哼，一个卖唱的丫头，当了府里的大奶奶，挑吃挑喝的，她不吃咱们吃。”

“啧，您瞧，她说荤气的味儿，一会儿她要是不吃，回来要跟钱老爷说了，咱们不是又得挨数落不是？”

“数落就数落，她敢吗？她敢说吗？钱老爷数落咱们一回呀，今儿是馅儿饼，明儿还吃烙饼了呢，让她嚼不动。”

嘿……您想翠莲是姑奶奶，听这她受得了吗？

“开门！”

把里边这俩吓一跳，赶紧把门开开。

“哟，姑奶奶来了，您请。”

看见姑奶奶回娘家，那可都害怕，翠莲能镇乎人。丫鬟跟着进来了，六子跟着进来把东西放好了。

“二奶奶，我可回去了。”

“你回去吧，盯到晚上接我来。”

“哎。”

六子出去赶车回去了，翠莲看了看带的丫鬟，这鬟环叫倩儿。

“倩儿啊，咱们进去。”

里边这钱大奶奶听见小姑子来了，就站起来了，迈步往出走。

“嫂子，别走啦，挺累的身子骨儿。”

那么院里的这些丫鬟呢，这些老妈子就跟着。

“别跟着啦，这一大堆，有什么用啊？”

迈步上台阶。

“倩儿啊，在外头给我站着。”

倩儿在外头一站，那都是翠莲的贴身丫头，那就明白二奶奶的意思了。我往这儿一站，你们钱家的人都得往后退，谁打算听悄悄话，谁也甭听了。姐儿俩坐这儿了。

“嫂子，你怎么样啊？”

“还行，胎保住了，我就高兴，你哥哥也就高兴了。”

“说高兴是高兴，我问问您刚才吃的什么？”

“刚才她们给我烙的馅儿饼。”

“吃几个？”

“嗨，那大油烙的，荤气的味儿我不爱吃，我就喝了碗粥，吃点儿六必居的酱菜。”

“盯得住吗？俩人吃呢。”

“那他……我吃不下去怎么办呢？”

“想吃什么让她们做。”

“得嘞，别麻烦她们了。一麻烦她们，啧，耷拉脸子，我也不爱瞧。”

“干吗不跟我哥哥说呀？”

“那他……你哥哥一叨唠她们，那明儿指不定给我做什么吃呢。”

“好哇！”

翠莲把脸往下一沉。

“嫂子，您可不能让她们这么支使着，让她们这么气您。您甭管，明天我就让张妈回来，张妈在这儿盯着，她们什么也不敢。”

“妹妹，你就别招事儿了。”

“听我的，没错，踏踏实实把我们钱家的后生下来。我呀，还不待着了。我走，明儿我就带张妈来。”

这虹萍就明白小姑子的意思了，张妈是钱家的，由打钱家带到乐家，张妈知道钱府的事儿，张妈厉害又利落啊，有张妈在这儿一待，谁敢欺负我呀？也想明白了。

“行啊，那你就回去吧。”

翠莲回家了，雇着车回去的，没等六子来。一边走一边生气，一边走一边生气。

“不回家了。”

“哟，二奶奶，上哪儿啊？”

“同仁堂。”

让车拐弯，奔同仁堂了。到同仁堂，车止住了，丫环搀着二奶奶下车。一挑帘栊下台阶。

“东家呢？”

“后……后院呢。妹子，你怎么了？急是急，火是火的。”

“哥，你甭管，你们家的事儿。”

“噌噌噌……”奔后院了，乐凤鸣赶紧迎出来了。

“有什么事儿吗？”

“门房，你把伙计轰出去。”

这伙计自个儿就出来了，后院门房啊，两口子就坐这儿了。

“你怎么了？”

“我告诉你，这玩意儿，钱家上上下下欺负我这小嫂子，明天我得把张妈派回去，跟你商量商量。”

“甭商量，你说怎么办就怎么办。二奶奶，我全听你的，我全放心，你办事儿办得太利落了。你回家，该怎么办怎么办。”

“那我可从你这儿领了话了。”

二奶奶回家了，往这儿一坐。

“张妈，你过来。”

“二奶奶，您跟谁生气呢？”

“我跟你。”

“我没招您啊。”

“你们钱家招啦，嗯？”

“那您不姓钱啊？”

“嫁给乐家，我是乐家的人。我告诉你，你可是钱府我带过来的。”

“嗞……哎哟，钱府人招您生气，您干吗跟我撒气啊？”

“这么办，明天我带着你回钱家，从打明天开始一直到我小嫂子把孩子生出来，坐了月子过了百日，你再给我回来。在他们家谁要是欺负我小嫂子，你心里也明白，该轰就轰，该罚就罚，你在钱府这些日子，姑奶奶我给你双饷。”

“哎哟，我可不是为了钱啊。您放心，这件事儿您交给我了，不用您去，我回去我就给她们立个规矩。”

第二十九回

进宫见皇上，从容不慌张，
坦然有气度，刚直禀君王。

咱们这回得说乐凤鸣进宫见皇上了。上回咱们说到翠莲让张妈回到娘家，把娘家处理踏实了，这样哥哥好到祁州去办药。那么张妈第二天没让翠莲跟着，“您放心，姑奶奶，这事儿就交给我了。”让六子赶着车，带着随身的东西，就到了钱家了，下了车。

“六子，你回去吧。”

“我给您送进去。”

“不用，就我一人。”

张妈还挺横，由打钱家出去的，跟着姑奶奶嫁到乐家，现在回来处理娘家的事儿，那心里有数啊。总而言之，知道这些丫鬟这些婆子是看不起钱大奶奶，一个卖唱的出身，不过长得有几分姿色，现在当了大奶奶管着我们？这些人不服气，就欺负这虹萍。张妈进来了，这些人这么一瞧，知道张妈的厉害。

“哟，您来啦。”

“来了！”

进门见过大奶奶，这虹萍可跟翠莲不一样。

“张妈……”

“您甭客气，事儿交给我了。”

往屋里一坐。

“全都给我过来。”

其实院子里人也不多，俩院工，四个丫鬟，俩婆子，还俩厨子，就伺候这么一个钱大奶奶，您说就这么生事儿。这位张妈把脸往下一沉：

“我问问你们，昨儿吃的什么呀？”

那厨房大师傅得说话呀。

“张妈啊，昨天早上起来吃的是那个……大油葱肉馅儿饼，熬的粥，六必居的酱菜，拍了点儿黄瓜。”

“胡说八道，这时候能买黄瓜吗？”

“您瞧，这不是……大奶奶她嘴里想吃这口嘛。”

“大奶奶，昨儿拍黄瓜了吗？”

“我好像没看清楚……”

您说这大奶奶软不软？张妈把脸往下一沉。

“胡说八道，哪儿买的黄瓜呀？晚上吃什么？”

“晚上？晚上吃的饺子。”

“大奶奶，您吃几个呀？”

“白天的馅儿，荤腥的味儿，我实在是吃不下去，又喝了一碗粥。”

“娘儿俩一天就两碗粥啊？谁出主意吃的馅儿饼啊？”

厨子不言语了，这领头的这李妈出来了。

“我出的主意，我听那意思，大奶奶好像要吃馅儿饼似的。”

“行啊，你呀回你们家，开个买卖，卖馅儿饼卖粥，啊。今天我就把你给打发了！”

咱们书不多说了，就轰走这一个，全老实了。如果不让张妈回去，钱家的事儿不踏实，那么钱掌柜怎么上祁州去买药去？这些琐碎的事情咱们就不说了。让张妈这么一整治，钱家踏实了，有张妈伺候着，这虹萍脸一天一天红润，肚子一天一天大，不但是钱掌柜高兴，那乐家上上下下都高兴啊。掌柜的踏实了，这买卖都好做。日子可临近了，该走了，钱掌柜说：“这么办，家里没事儿了，有我妹妹盯着，我放心。啊，我上祁州办药去，您就把人给我配备好了，多给我配辆车就行了，您放心了吧？”

“行，我让好善跟着，有什么事儿让好善去跑，你出个主意就行了，教给他认认药。”

“行，您放心，您放心，您就盯着皇上老爷子召见您这件事儿。”

“好吧。”

就这样准备好了一切东西，乐凤鸣就把钱掌柜他们这些人送上车，直接够奔祁州去买药。提起祁州来，咱们都知道，现在叫安国啊，古时候叫祁州，离北京多远啊？二百五十公里，五百里地。它这位置好，这边是天津，这边是北京，这边是石家庄，正在这三角地带中心。距北京二百五十公里，距天津二百四十公里，距石家庄一百一十公里。由打明朝到清朝，一直到现在，祁州这药市是一天比一天大，那可了不得啦，现在是咱们中国北方的第一大药市。多大？占地十五亩。每年成交的钱六十个亿，您说这大药市了得了不得。中国的传统，这些中药药材，还有这些中医这些文化，那简直是深不可言。

钱老板带着这些人到祁州去购药，咱们放下不表，回头单说乐凤鸣。问了问媳妇儿，钱家那儿没事儿了，踏踏实实了，家里也挺好的；买药的人送回信儿来，已然平平安安到了祁州了。乐凤鸣赶紧找了药商张玉山，让张玉山往宫里带信儿，说我现在踏实了，家里边丧事已然办完了，哪天皇上老爷子要是有工夫，我去给他老人家请安去。话是带到了，没有几天的工夫，小英子跑来了。

“东家，我师父说了，一会儿的工夫，宫中派轿子接您进宫，给皇上磕头去。”

“哎哟，那可就谢谢你了，别白跑。”

伸手拿出一两银子就交给了英子。

“谢谢东家，谢谢东家。”

这道儿可爱跑。您想想从宫中紫禁城就跑到大栅栏才多远啊，来回跑这么一趟，一两银子，那么这小太监在宫中这一个月才多少俸钱啊？高高兴兴回去了。乐凤鸣就在这同仁堂里等着，中午饭吃完了之后，稍微就在这儿眯瞪了一会儿，一会儿宫中的轿子到了，两个小太监陪着。

“乐东家，请您上轿吧，万岁爷在乾清宫候着您呢，请您去请安。”

“哎哟，多谢多谢。”

早已然穿戴整齐了，规规矩矩，长袍马褂，戴着瓜皮帽，两只崭新的鞋。出来了，掀起轿帘上了轿子，轿帘落，轿子起杠。这轿子出了大栅栏，直接就够奔棋盘街，这一路之上叫买的叫卖的，您想前门外头多热闹啊。到棋盘街这儿，这轿子稍微走得慢一点儿，因为人太多了。乐凤鸣就由打这帘缝往外这么一瞧，嘿，摆地摊的海了去了，卖什么的都有。他这一歪头，也正好看见一个卖野药的，这卖野药的地上摆着不少的药啊，一边张嘴一边吆喝一边张罗。就在这药摊旁边站着一个老人家，看岁数也就在六十开外，手里拿着一帖膏药，正在这儿看呢。乐凤鸣一看这老爷子这神情，突然间就想起来自己祖上进北京，跟这老爷子一样，手里拿着虎撑，走街串巷。今天我们能创下这片天地，开了同仁堂，我父亲进了太医院，今天皇上召见我，哎呀……这都是祖宗积的德呀。想到这儿，不知道心中为什么一阵难过，拿手往下这么一摁，"吧嗒"一下，眼泪就落在手背上了。说是眼泪，可觉得特别烫，这叫热泪呀。嗞……我怎么就哭了呢？您说，这人喜极伤悲，也不知道心中是酸是甜是苦是辣，总而言之乐家混到现在了，心里边想着：祖宗啊，您也没白养我呀。就在这时候，小太监说话了："乐东家，您坐着稳着点儿，咱们可进紫禁城了。"

不敢再看了，也不敢再流眼泪了。这轿子进了紫禁城，慢慢往前走着，乐凤鸣可不敢往外看，恐怕看见什么招惹是非。走着走着，小太监说话了。

"乐东家，到啦，到了乾清宫了，您下轿子吧。"

轻轻的轿子落平了，把轿帘打起，乐凤鸣下了轿子抬头一看，三个大字：乾清宫。就在台阶底下站着一位，正是李大总管。李大总管冲他一招手，往里头一指，那意思皇上在这儿等着你呢。乐凤鸣赶紧迈步往前走，走到李大总管面前请了个安：

"总管，您好。"

"您候着啊，东家，我给您启奏皇上。"

"那您受累了。"

乐凤鸣在外头等着，李大总管进去了，时间不大出来了。

"东家，您请进吧。"

"哎。"

两个人离着近了，乐凤鸣轻轻地就跟李大总管说：

“哪天您上同仁堂喝茶去。”

“那是，您可要预备好了茶叶。”

您瞧这话里有话。

“您请吧。”

乐凤鸣在前边，李总管在侧边后边跟着，两个人一前一后就进了乾清宫了。乐凤鸣抬头一看，就在床榻之上坐着一个中年人，看岁数已然过了四十五六了，穿着便服，身上是黄缎子袍子，腰中系着带子，带子上满嵌明珠，光华灿烂；白袜子，黄缎子靴子；大辫子蓄着辫帘子，在脑后这么一垂。那乐凤鸣还不明白吗？这位就是雍正皇帝。李大总管要往出退，皇上说话了：

“总管啊，你就陪着说话吧。这位是乐家的人吗？”

乐凤鸣赶紧跪倒在地。

“草民乐凤鸣叩见皇上，望皇上万寿无疆。”

“起来吧，坐吧。”

“谢皇上。”

乐凤鸣站起身形，一看皇上旁边俩座位，离着近的一个座位，旁边有茶儿；离着远的还有一个座位，旁边也有茶儿。一想：我离皇上远点儿吧。就离着皇上最远的那座位，乐凤鸣在这儿站着呢，站在这儿再一瞧这皇上，乐凤鸣眼前一亮。雍正皇帝身材比中等身材略微高这么一点儿，长方脸，白中透黄，黄中透白，黄中还透点儿润色，满脸的宝光。雍正皇帝脸比较长，宽前额，两个眉毛比较短，俩眼睛比较圆，但是俩眸子烁烁放光，鼻子比一般人稍微长一点儿，薄嘴唇，一嘴的细牙，俩元宝耳朵相称，显着十分的有气度，这位就是雍正皇帝。说咱们历史上提起来雍正皇帝，雍正皇帝的传说太多了，都说雍正皇帝这皇位是偷来的啊，康熙皇帝传位于十四子，他给改了，传位于四子，是吧？那么我们评书界说评书也很多了，《雍正剑侠图》主要说的就是雍正皇帝，那么雍正皇帝的血滴子，一类一类一类的传说太多了。那么雍正皇帝到底是不是偷来的皇位呢？这件事儿咱们说书的不去做评论。最近广东展览，展出一件文物，虽然是复制的，但是只此一件，复制的就是康熙皇帝传的旨意：我死后传位于胤禛。胤禛就是雍正皇帝。那么有的学者就不同意，说这是假的，说还是传位于十四子，他给改了。可是有的学者就说，这份儿旨意满文汉文蒙文，满文是由打上往下写的，他不可能横着写；再说传位于那于应该是方字旁，人字底下俩点的於，不应当是干钩于。那学者当中讨论这件事儿讨论得很热闹，太多了。后来说这份儿康熙的遗诏是雍正皇帝自己私造的，我是这么想啊，甭管是真的，甭管是假的；甭管是篡位，也甭管是他把他爸爸害死了；总而言之那皇上是雍正的。雍正皇帝疑心重，对待同胞弟兄也下狠手；对待他的功臣他的舅舅，是吧？功臣年羹尧，他舅舅科隆多，他也下狠手；可是雍正皇帝在历史上他还是有所作为的。康乾盛世当中间夹着一个雍正，雍正也给王朝积攒了不少银两，他治国也有一套的方法。所以不管雍正如何，他跟咱们这同仁堂没什么关系，总而言之同仁堂供奉御药是雍正决定的，咱们就接着这茬儿往下说。

站这儿看着皇上，皇上一乐：

"坐吧。乐家人怎么称呼啊？"

李大总管在旁边说话了。

"皇上，这位是乐家东家，叫乐凤鸣，字梧岗。同仁堂就是他开的，供奉御药就是他接的……您的……旨意。"

"我说你今儿说话怎么那么不利落啊？嗯？就问问你乐家人怎么称呼，你怎么这么些废话呀？嗯？"

话虽然是这么说，可是雍正皇帝脸上是带着笑容的。

"乐东家。"

"皇上。"

"你干吗离我这么远啊？朕又不是老虎，又不吃你，坐这儿说话。"

"嗨，我这……不是……"

李大总管看了看。

"老爷子可刚说完我，说我说话磕磕巴巴的。东家，我们皇上和蔼可亲，有什么你就直言来奏。"

"哎。皇上，您说我一个平民老百姓，您传旨召见我，这是我们祖上积了德了，我们乐家的荣耀。可有一节，我这满身的杂味，恐怕熏了您不是？所以离着您远点儿，就怕把您熏着。"

“嘿呀，这人身上还能有什么杂味儿吗？”

“哎哟，您可别说，我身上五味杂陈。”

您别瞧雍正皇帝他笑着，和蔼可亲这么一说话，这样就把他跟乐凤鸣之间的距离感就缩小了，乐凤鸣也就放开了。

“来，坐吧。”

“谢皇上。”

由打这边这座位挪到靠近皇上这座位，往这儿一坐，小太监献上茶来。

“喝口茶再说吧。”

端起茶来，哎哟，这茶叶这香啊。您想想，皇上喝的茶，这得多少钱一斤啊？抿了一口之后，放在茶几之上。

“乐东家，你说你不愿意挨着我，怕熏着我，你身上五味杂陈，身上都有什么味儿啊？”

“啧，皇上您要问啊，您知道我住哪儿吗？我住在打磨厂，我们这药铺开在大栅栏，这都是南城，南城可是杂巴地呀。走水路的进朝阳门，直接奔南城；骑着马的，坐轿的，步下撵的，进北京得进彰义门；您说这些人到了南城之后，山南的海北的，什么人都有，做买的做卖的，是吧？有卖酒的有卖肉的，有打鱼的有卖药的，什么味儿都有，到了南城之后就住在这些客栈里头。您说这味儿好闻吗？再说了，我们家在打磨厂，离着崇文门衙门又近，这酒车一进，都得在这儿交税，酒味儿熏天啊。更何况，您说我是干什么的？我是制药的，在家里制药，在店里有药，浑身的药味儿，这些味儿都杂在一块儿了，再加上大栅栏，离着八大胡同又近，那些胭粉味儿；嘿，我们这大栅栏口，卖鼻烟的，闻上一鼻子这鼻烟，这味儿还真大。我跟您说，所以我身上那早超过五味了，恐怕熏着皇上您不是？所以我离着您坐远点儿，就怕把您熏着了。”

“哎哟，看起来乐家人不但会制药，而且还真是个说话的好口才呀。”

“皇上，您可夸奖了。”

说到这儿呢，雍正皇帝伸手拿起一本书来。

“这本书是不是你写的呀？”

乐凤鸣抬头一看，皇上手里拿的书，正是自己写的《同仁堂药目》。

第三十回

养生济人最为先，天知修合神灵看，
同仁制药在功力，品味至高留人间。

上回咱们说雍正皇帝召见同仁堂的东家乐凤鸣，最提心吊胆的一个是全家老少，一个就是宫中的总管，这位李太监。李太监为什么着急？恐怕哪句话得罪了皇上，自个儿可吃罪不起。等乐凤鸣见到皇上行完礼之后，皇上很高兴。

“乐东家，坐吧。”

离着皇上近的有个座位，离着皇上远的有个座位，乐凤鸣就坐在离着皇上远的这个座上了，皇上一看。

“朕有这么可怕吗？来，这边坐。”

“哎哟，皇上，我是怕身上的气味把您给熏着了。”

“哎哟，那么你身上有什么气味呀？”

“您知道我住在前门外头……”

接着乐凤鸣就把城南这些传流的人息还有各种的买卖铺户，这些人间的杂味儿，就全都说给皇上了，说的还挺在理，皇上一听。

“是啊。”

皇上这儿点头，这李大总管可急坏了，心说您跟街坊二大爷这儿聊天呢？跟皇上什么都说，甚至连六必居酱菜都说出来了，八大胡同那胭粉味儿也说出来了。皇上一动怒，砍头杀罪，连我都得跟着倒霉呀。李大总管不敢抬头，听了半天没动静，稍微侧眼这么一看，嘿嘿，皇上乐了，雍正皇帝还挺高兴。

“你呀，不但是个制药的行家里手，看起来口才也相当不错呀。”

“皇上您夸奖，我也不是随便说说嘛。皇上，您可千万别往心里去。”

“唉……说的一点儿都不假。我告诉你，自从用了你们同仁堂的药，这两天我也把你们同仁堂的书拿起来看看。”

说着话，雍正皇帝顺手就拿起一本书来，乐凤鸣这么一看，这是自己写的《同仁堂药目》，皇上打开这么一看。

“这本《同仁堂虔修诸门丸散膏丹应症总目》，是你写的吗？”

“不错，正是草民所写。”

“看起来呀，你写得不错，确实在制药方面非常有知识。而且虽然是个制药之人，但是你的学问可以说明一切。”

“皇上，您太过奖了。我也是揣摩着家中的祖训，还有自己的心得，我就全都给写上了。”

“是啊，尤其是前边你写的这几句话：可以养生、可以济人者，唯医药为最。好啊好啊，太好了。”

李大总管也看过这本书，您别瞧他是个太监，这人还很用心，不然的话他能伺候皇上吗？心说皇上您说的不是原话呀。他敢指责吗？皇上能把这意思说对了就很不错了。

“皇上，我说的确实是祖上所传，说的是实话。”

“是啊，这本书写得不错呀。尤其是，你看这个啊。”

皇上拿着这书站起来了，走到了乐凤鸣跟前，乐凤鸣赶紧就站起来了，皇上拿着书。

“你看，就这几句话：汲汲济世，竞竞小心。虽不能承继先人万一，而至于遵肘后、辨地产，炮制虽繁必不敢省人工，品味虽贵必不敢减物力。可以质鬼神，可以应病症，庶无忝先君之志也。好啊好啊，写得确实是好。”

“皇上，您坐。”

乐凤鸣看起来呀，他知道了，他明白皇上今天是特别地高兴。皇上拿着这本书回到龙榻之上，把这本书往这儿一放。

“乐东家，你这几句话写得真是在理。”

“皇上，我也是揣摩先人的心思，加上我这么多年制药的经验，所以就把这几句话写上了，这也是我们同仁堂的祖训。”

“是啊，看起来你不是虚写，写得很在行。以前我就听这些药行里作坊传闻，说你们同仁堂的药这么神那么神的。可现在一用你们同仁堂的药，确实觉得你们同仁堂按照这两句话来制药，货真价实，品味高尚，我们宫中用的药都是你们同仁堂的药。你想想，朕现在传旨，用你们同仁堂供奉御药。可你要知道啊，朕并没传旨说必须按照什么什么规矩制药，可以说朕在这方面是个药盲，只不过对甘草啊、鹿茸啊、人参啊、大黄啊，这些事儿稍微知道这么一点儿，哎，说句文言吧，就是略知一二，比起你们来可就天地之别啦。看起来你们的药货真价实，确实是按照祖训这两句话做的。再说，我知道你们同仁堂制起药来记住两句话：修合无人见，存心有天知。你们在制药的时候秉承自己的心意，绝对不能欺骗自己，也不能欺负百姓，所以我才放心吃你们的药。药不错呀，而且你这些话确实在理。我看不光是制药，你就是摆个小摊卖些杂品，上到我治国，我想都能遵循这个道理。百姓踏实，百姓太平，我治国有道，天下太平，不也得是按照这两句话去做吗？乐东家，你说是不是啊？”

“皇上，您这么夸奖，使草民无地自容。”

话虽如此，乐凤鸣听得出来，皇上自是出于肺腑之言，绝不是敷衍自己。看皇上这么喜欢同仁堂的药，乐凤鸣当然很高兴。俩人正聊着，就听见外边有动静，声音还越来越大，皇上听见了。

“李总管啊，看看外边什么事儿这么喧哗？”

“是。”

李总管赶紧出来了，一看啊是祺贵妃下边一个小宫女，也就是伺候祺贵妃的一个女人，上这儿来找，找谁呢？就找李公公来了。

“大总管，您可出来了，我找您有事儿。”

“怎么了？”

“您不知道啊，祁贵人啊疼的呀，心口，哎哟……汗都流下来了，疼得直打滚儿。”

“那怎么不让太医看看啊？”

“找太医了，太医院说太医都出去治病去了，没工夫，要来少说得两个时辰。”

“那……你上这儿干吗来了？”

“不是……想求您给想个办法嘛。让皇上传道旨意，那太医不是就来了嘛。”

“哦……”

李大总管心知肚明，头天雍正皇帝临幸了这名妃子。今天这位妃子有点儿病，就找皇上来了，李大总管就没相信这病这么厉害。

“行啦行啦，一会儿我禀报皇上还不行吗？”

“哎哟……您快着点儿吧，我们家主子实在疼得受不了，在炕上直打滚儿啊。”

李大总管没办法，只好进来了。

“皇上，祺贵人心口疼得受不了了。”

“为什么不上太医院传太医来呀？”

“太医都出去治病去了，说得两个时辰以后再来，祺贵人怕疼得受不了了，所以打发人来找老奴我，我只能启奏皇上您。”

“哦……”

雍正皇帝还没说话呢，乐凤鸣这么一琢磨呀：好机会，我正好借这个机会让皇上开开眼，看看我们乐家的医术如何，乐凤鸣站起来了。

“皇上。如果您要是看得起草民呢，草民可以为贵人诊脉。”

“好啊好啊，正好赶上朕也没事儿，朕随你前去。李总管，头前带路。”

“嗻。”

李总管用手一指。

“请。”

当然，头一个出来的是皇上，第二个出来的就是乐凤鸣，李大总管在旁边跟着，这时候这个小侍女早已然跑回去了。咱们书以简洁为妙，到了祺贵人这间卧室，就听见里边哼哼嗨，唱起洋梆子来了，那是真疼。从这声音里就能听出来，确实这位贵人心口疼得厉害。皇上迈步一进来，您别看这贵人多难受，但是看皇上进来了，她就得起来行君臣大礼。皇上这么一看，用手一摆，那意思你不用起来，紧走两步到了床榻前，拿肩膀往下这么一摁。

“别动啦。太医虽然没来，你要知道北京同仁堂乐东家来了，乐东家亲自给你诊脉。啊，别着急，一会儿这病就好。”

“谢谢皇上。”

乐凤鸣过来了，赶紧把脉枕往这儿一放，祺妃把这手往这儿一放，乐凤鸣寸关尺一号脉。号了一会儿，一歪头，就问这宫女。

“您家这位主子这不是心口疼，是胃疼。是不是她爱吃凉的呀？”

“您可说对啦，我们家主子就是喜欢凉的，您看，这还没到夏天，什么东西都得晾凉了再吃，昨天就开始嚼冰啦。老喜欢吃凉的，一口热的都不愿意吃。”

“是啊，从这脉象里可以看得出来呀，您这位主子太喜欢吃凉的了，天还没热呢，生冷入怀，所以她胃疼。本来身子骨并不好，爱吃凉的，嘴上倒挺壮，身子可盯不过去了。没关系，这病啊好办，您千万也别着急。”

雍正皇帝在旁边看着呢。

“乐东家，那您就给开个方子吧。”

“用不着，皇上，这点儿小病嘛，用生姜熬水，然后再用大枣，莲子，山药，熬点儿粥，每天这么养着，一个月之后肯定就好了。”

嘿……雍正皇帝两只眼睛看着乐东家，心说你们乐家给人看病就是不开方子呀？当初你爹在太医院，乐显扬，给我们这位老皇上康熙治病的时候，也不开方子，呦……乐家可有点儿神。可有一节，得上你们那儿去买药去呀，你还真会经营。雍正虽然这么想着，雍正可就没说。这位祺妃还是疼，疼得受不了。

“哎呀……我实在是刺疼，受不了……”

“没关系，这么办，您要是确实觉得太难受了，您就站起来下地，让手下人扶着您，您在我面前走两步，我看看您疼得怎么样，也许岔乎岔乎就好点儿了。”

这位祺妃不看乐大夫，看皇上，皇上冲她点点头。那既然皇上都愿意了，赶紧轻轻地挪动身体，过来两位宫女搀扶着祺妃，穿上鞋就下了凤榻了，就在乐大夫面前这么一走。乐东家这叫什么办法呀？搁咱们北京的行话叫岔乎，就是你心里别老想这个，别老想着皇上疼你，你老想着这心口越想越难受，你这么一岔乎一走道儿，可能这刺疼就过去了。就在她的凤榻前，来来去去走了那么三趟。

“哎呀，皇上，我确实疼得好点儿了。”

“你瞧，是吧？你今天算走运啊，乐东家亲自给你诊脉。好好歇着你的，赶紧传话，让御膳房赶紧给祺妃熬粥。”

这等于皇上圣旨啊，借这个机会呢，乐凤鸣赶紧告辞。

“皇上，请您歇着，我就跟您告辞了。”

“李总管，把乐东家送出宫去吧。”

“嗻。东家，您请。”

李大总管这么一让，乐凤鸣就不用跟着皇上回去了，皇上就留在祺妃身旁，那么祺妃当然很愿意了。书就不表皇上跟祺妃了。李大总管陪着乐凤鸣出来了，然后上了轿子，一直看不见轿子影儿了，李大总管才回来，这轿子一直就把乐凤鸣送回打磨厂。轿子落平，轿杆打杵，掀起轿帘，乐凤鸣下了轿子，刘成儿正在这儿站着呢。

“哎哟，东家，您回来了。”

“你怎么了？”

“一家人都着急呢，不知道您见皇上怎么着啊？”

“皇上又不吃我。”

“您请吧，东家。”

等乐凤鸣进院子一看啊，嗬，当中间站着自个儿媳妇儿翠莲，旁边一大溜，什么张妈啊李妈啊，丫鬟婆妇，儿媳妇儿孙子，全都在这儿站着，大家伙儿直勾勾都看着自己。

“我说，你们怎么啦？皇上传旨召见我，挺高兴的，没事儿你们在这儿干吗呢？”

“他……不是害怕嘛。皇上没欺负您啊？”

“嘿，皇上欺负我？皇上还夸我呢，夸我这两句话呀是咱们乐家的祖传，这两句话他都能治国。”

“那可太好了，您赶紧上屋中喝点儿茶去吧，我们都急坏了。”

上花房吧，乐凤鸣最喜欢花房。到了花房，翠莲赶紧让人沏茶，把茶端上来了。

“掌柜的，东家，您喝茶吧。”

“你看看你急得那样，多大岁数儿了？头发都白了，怎么这么没出息呀？”

“哎哟……当家的，把我急坏了。”

就在这时候，外边脚步声音。

“老二啊，你回来了。”

乐凤鸣抬头一看，大哥来了。

“大哥，您请进。”

赶紧站起来，让大哥坐在自己的座位上。

“大哥呀，也怪我，这么多年我净忙活着生意了，再忙活去买药去，就没工夫跟您聊天。”

“兄弟，你坐下，你坐下。”

乐凤鸣赶紧给自个儿搬了个座位，就坐在大哥的对面了。然后拿起茶壶来，给大哥倒了一杯茶。

“大哥，您喝口茶。”

“老二啊，一家人都替你担心，皇上没说什么吧？”

“没说什么，直夸咱们同仁堂呢。”

“好哇，好哇。”

说到这儿，乐凤鸣再一看大哥，心中就很难受，为什么？自打大嫂故去之后，从来没面对面跟大哥说过一回话，也搭着制药太忙了。又要制药，又要看病，又要写书，所以没工夫跟大哥聊天。今天一看大哥，满脸皱纹堆累，须发皆白。

“唉……大哥呀，就怪兄弟我没工夫照顾您。”

“得啦，凤鸣啊，你为着乐家忙前忙后，我疼你还疼不过来呢。”

“是啊。哎？翠莲啊，你赶紧到厨房去，看看有什么汤给端过两碗来。”

“哎。”

翠莲知道，丈夫是把自个儿支开了，有心里话要跟大老伯子说。翠莲出去了，乐凤鸣又给大哥倒了一杯茶。

“大哥，您喝，我有件事儿想跟您商量商量。”

“是啊，我也想找你呢。”

“我知道大哥您想什么，您虽然七十开外了，大嫂这么一故去，没人在您身旁照料着。您看看，是不是我再续个大嫂，您觉得怎么样啊？”

“哎呀，老二啊，我心中所想。你呀，给说岔了。”

第三十一回

中国草药数不清，贵重药材有鹿茸，
皇后传药茄包鹿，传单出自乾清宫。

上回咱们说皇上召见了同仁堂的乐家乐凤鸣，乐凤鸣回来之后，大哥不放心，乐凤鸣跟大哥聊天，想着再给大哥续个弦。没想到这话一说出来，老大乐了。

"呵呵，嘿，兄弟呀，难怪你惦记着，我也知道你一天到晚为咱们乐家忙活呀。"

"大哥，有话您就说，续个嫂子，有人伺候您，我这心里不是更好受嘛。"

"唉……难怪你这么惦记着。"

说到这儿一看这兄弟呢，两鬓斑白了，乐凤翔心里头也很感慨，不由得这眼泪也在这眼眶里头转。

"兄弟呀……你错想了，大哥我是想挪挪地方，儿媳妇儿孙子一大群，伺候我伺候得那么好，我续个后老伴儿干吗？都七十多了，马上就要入土啦。"

"大哥，您可别这么说。您要挪地方？"

"是啊，我想挪挪窝。"

"您可不能搬出去呀。您想想，咱们哥儿四个，您在家掌着家；我前前后后忙活着；老三开个万全堂；老四成天的不着家，去弄他那皮货。您要是一搬出去……"

"别着急，别着急，老二，我呀，是想离开这院子，上同仁堂那儿待些日子。”

“大哥，您怎么想起上同仁堂来了？”

“嘿嘿，打你这同仁堂一开，挂上这匾，皇上传旨供奉御药，哪天我去过呀？”

“是啊，大哥，您老看家来了。”

“是啊，我就没进过同仁堂一步。我也看看怎么制药啊，怎么包药啊，这药怎么卖呀。我也学点儿啊，也不枉我姓乐，是乐家的人嘛。”

“好哇，大哥，您早说出来，咱们就这么办了。明天早上起来，我陪着您一块儿去。”

当天晚上睡觉的时候，乐凤鸣就跟媳妇儿翠莲说了。

“你瞧，大哥也是，为什么不早说？再说这么大岁数上同仁堂，他累得了吗？”

“我告诉你啊，有钱难买愿意，大哥这么一活动啊，兴许多活几年呢。”

“那就这么办吧。”

咱们书不说废话，第二天早上起来，乐凤鸣陪着大哥在厨房吃了早饭，那也无非是粥、豆浆、馒头、六必居的酱菜、俩油饼吧。大哥吃得挺高兴，然后六子套上车，哥儿俩坐着车就奔了同仁堂了。一进大栅栏，乐凤翔心里甭提多痛快了。

“哎哟，好哇好哇，老二啊……”

等到了同仁堂头了，车止住了，乐凤鸣搀着大哥下车，站在这同仁堂这匾额前，乐凤翔眼泪下来了。

“乐家几辈子就想开个同仁堂啊，哎呀……这匾怎么这么气魄呀。好，太好了。皇上那匾呢？”

“在屋里呢，您进去。”

伙计赶紧把帘栊挑开了，倒下台阶，二爷搀着大爷下了台阶了。

“大哥，您看。”

老大一看，皇上的御匾，两边是乐家的祖训。再一看，琳琅满目，卖药的伙计一个个儿的都特别的精神，老大挺高兴啊。哎，刚到这儿，这话可就传到后院了，老大的儿子好善来了，老二的儿子乐礼也出来了。

“哎哟，爸，您怎么来了？”

“大爷，您不在家待着，您怎么来了？”

“呵呵，看看，看看……看看咱们同仁堂的气魄，心里头舒坦。”

乐凤鸣说话了：

“好善呀，乐礼呀，你们好好盯着，钱掌柜到祁州去买药去了。好善，你爹来了，给你们个主心骨，岁数大的人懂得多，你们好好经营着同仁堂，千万可别给我耽误了买卖。”

“您放心吧。”

正说着话呢，门帘一挑，倒下台阶下来了，刘成儿来了。

“哎哟，东家您赶紧回去吧。”

“我刚出门啊。”

“您回去吧，您刚出门，宫中就来了两个太监，说皇上老爷子有赏。您不回去谁做主哇？”

“来了几个太监？”

“两个小太监，一个认识，英子；一个眼睛挺大的，还挺瘦，笑么呵眼的，挺好的。您赶紧回去看看去吧，别人应酬不了啊。”

“好吧，大哥，您在这儿盯着，我赶紧回家。”

刚进来就得回家。乐凤鸣坐着车回到了打磨厂，下了车，进来一看，俩小太监在这儿等着呢。

“乐东家，皇上传旨，给您送的赏物。”

往桌子上一看，一个黄缎子包袱，赶紧跪地下谢恩吧，得冲着紫禁城。磕仨头，谢完恩了，然后站起身形把包袱打开了，打开这盒子一看，可了不得了，价值连城，三件都是和田羊脂玉。当中间一件手提壶，那做的甭提多么精致了，这边一个盘子还有支架，这边是一对玉碗。羊脂玉呀，晶莹剔透，润滑无比，这油都快流下来了。

“啧，真好哇……”

翠莲在旁边支应着，赶紧把赏钱放这儿了，那二奶奶多聪明啊。乐凤鸣一看，两个五两银子，赶紧把这银子往这桌旁边一放。

“二位小总管，您买壶茶喝吧。”

“哎哟，那可谢谢乐东家了，回去就告诉我师父。”

乐凤鸣心说就想着让你们回去告诉你师父呢，让李总管知道，我乐凤鸣明白应该怎么叩谢皇恩，应该怎么对付你们这些总管。两个人接过银子，高高兴兴告辞走了，乐凤鸣低头看这提壶，怎么做工这么漂亮啊？这是宫中造办处做的呀，好，太好了。还没说话呢，刘成儿跑进来了。

“东家，您还得回去。”

“回哪儿去呀？”

“同仁堂啊。”

“我刚过来。”

“我知道，我接的您，您还得回去我跟您说。”

“什么事儿啊？”

“宫中传单下来了。”

“我昨天进宫见的皇上啊。”

“您瞧，这不是巧嘛。张先生在那儿等着您呢，见面您就明白了，您赶紧去。”

“啧……”

没办法，让媳妇儿看着，好把这东西收起来，皇上赐的，有什么话得大哥回来做主。没有爹没有妈了，那家中的长辈没有了，就得听大哥的了。翠莲赶紧把东西收起来。

“你说，我还说回娘家看看我小嫂子去呢，今儿又去不了了，我得替您看着呀。”

“行啦，明儿再去行不？”

“行，反正你们乐家的事当先，我们钱家的事当后。”

“你瞧，你这嘴又叨唠上了不是？我得赶紧上同仁堂，宫里传单又下来了。”

“怎么这么快呀？”

坐上车回到同仁堂，药商张玉山在这儿坐着呢。张玉山一看乐凤鸣来了，赶紧站起来。

“东家，您回来了。”

“我昨天进的宫，怎么今天这单子就下来了？”

“您瞧瞧，您瞧瞧，您看看，乾清宫出来的。”

“我昨天上的乾清宫啊。”

“您看看，您还必须马上得准备。”

“大哥，您看了吗？”

“看了，我这不是直着急，咱们柜上没这药哇。”

乐凤鸣看着也有点儿着急，宫中这传单上写得很清楚，皇后要，要什么呢？要茄包鹿茸。张玉山看着。

“怎么样啊？东家，您赶紧给预备着，我马上就得送回去，皇上亲自传的旨，这件事可一点儿也不敢怠慢啊。”

“他不敢怠慢我也得想想啊，大哥，咱们细料库还有吗？”

“啧，哎呀，老二，你怎么这么糊涂啊？你过来。我告诉你，自打爹死了之后，细料库的钥匙你一把，我一把。后来老三开了万全堂，老三回来要药，我当大哥的不好拦着，所以我就把钥匙交给你了，细料库的钥匙就你一人有哇。”

“嘿哟，您瞧，我给忘了。咝……这细料库还有没有哇？要真没有，恐怕北京也找不出一架来呀。”

张玉山心里明白，这茄包鹿茸最难找，什么叫茄包鹿茸？鹿茸是贵重的药材，这鹿长的头茬茸，还没分岔，长得跟茄包似的，这叫茄包鹿茸。生期很短，四五厘米长，只要一长岔，它就不是茄包鹿茸了，所以茄包鹿茸又贵又不好找，一般的药铺根本就不预备，也就是同仁堂鹤年堂这样的药铺，能有这么一架两架的就相当不错了。

“啧……我想想。这么着吧，张先生您在这儿等着，我马上回去，呵呵，细料库在打磨厂呢，我回家看看，如果有，我马上给您送来。”

“那要没有呢？”

“他没有我可就没办法了。”

“没办法呀？您就留神您的脑袋。”

“至于的吗？”

“至于。您知道谁不舒服吗？皇后，皇后要。所以宫中传下单子是乾清宫传的单子，您要知道皇后在皇上心中有多高的地位。”

“啧，这个我还真不太明白。”

“得啦，耽误一会儿啊我告诉您。您知道皇后是谁吗？”

“皇后就是皇后，还皇后还是谁呀？皇上的媳妇儿啊。”

“啧，您也就这么跟我说。我跟您说，当今万岁的结发之妻，当今皇上还没当皇上之前，雍亲王，对不对呀？这是大福晋。这大福晋可了不得，乌拉那拉氏舒兰，步军统领费扬古的女儿，跟当今皇上两个人青梅竹马，两小无猜，感情特别的好。您可不知道，就为了这位皇后，贵妃都得受委屈。皇上喜欢年妃吧？年妃都得让着，谁也不敢惹这皇后，皇后特别贤淑，那当今万岁对待皇后不敢红脸啊。所以皇后一有病，要这架鹿茸，皇上赶紧传旨，您必须得马上给拿来，如果您耽误了，哼哼，对不起，您留神脑袋，我这差事也就没法交了。您啊，快去快回，不然我跟着您去？”

“别介别介……”

乐凤鸣让张玉山坐这儿喝茶，赶紧上了车回打磨厂，拿这钥匙把细料库打开了，好容易找了半天，真找出来这么一架茄包鹿茸。赶紧包好了抱着，坐着车又回来了。嘿，您说我这一早上起来张罗着。回来一看，大哥皱着眉头着急呢。

“找着了吗？老二。”

“啧，大哥，您可别着急，找着了，您放心吧。”

打开张玉山这么一看。

“好，还真不错，我马上就走。”

“我跟您说说，这可是第二份单子了，头份单子现在这粘（读 nián）单还没下来呢，什么时候广储司领银子呀？”

“嘿嘿，我跟您说，您要跟皇家打交道，您千万千万别打听这些乱七八糟的事儿。”

“什么叫乱七八糟啊？我药材是花钱买的。”

“您别瞪眼，我得赶紧就走。”

因为张玉山呢，跟乐凤鸣两个人也认识，而且跟宫中李大总管也认识，所以两个人能说点儿这样的话。要是在宫中说这话，传到雍正皇帝耳朵里，那乐凤鸣就甭活了，张玉山赶紧把这鹿茸拿走了。

“唉……”

乐凤鸣轻轻出了一口气。

"大哥，您看见没有？红顶商人不好当啊。"

乐凤鸣在这时候已然感觉出来了，钱好进宫吗？是药好进宫吗？都好进宫。可是往宫里头往出拿，可就不好拿了。药是送到宫中，也入了库了，什么时候能拿着粘（读 nián）单到广储司去领银子？恐怕不知道是哪天哪月呀。

"老二啊，你也别着急，好在咱们同仁堂家大业大。"

乐凤鸣心说：大哥，家大业大也仗不了皇家这么折腾啊，皇家一要得要多少贵重药材呀，只能打掉牙往肚子里咽。忙活一天的生意，中午就在后院吃的饭，同仁堂有个规矩，掌柜的吃什么伙计吃什么。等到了晚上，药也卖得差不多了，病人也走了，也没什么事了，该上板了。

"大哥，咱们收拾收拾回家吧。"

"哎。"

两个人站起来，这时候门帘一挑进来一位。

"哎哟，赵老板。您今天怎么闲在呀？"

"给你送酱菜来了，嗯？你瞧瞧。"

谁来了？六必居掌柜的。赵老板抱着这么一匣子，往这儿一放。

"梧岗啊，好多天没看见你了，你看见没有？这都是你爱吃的酱菜。我知道，不吃六必居的酱菜，你心里痒痒。"

"那是，我看看。"

这赵老板跟乐家这老板俩人是好朋友，知道乐凤鸣爱吃什么，而且这酱菜用小罐装着，上边都写上乐凤鸣的号，乐凤鸣的字就是梧岗，这是专给东家预备的，往这儿一放。

"怎么样？够吃的吗？"

"够吃的，难为你老惦记着我。赵老板，哪天您早来点儿啊，咱们哥儿俩上旁边，喝点茶聊会儿？"

"没工夫，我今天不白给你送。我问问你，最近我们这儿来了几个新伙计，差不多有这么一个多月了吧，我就问问你，你现在吃我们这酱菜，有变味儿的地方没有啊？"

"嗞……赵老板，您这么一说我好像想起来了，最近来的这甜酱瓜，吆……好像甜点儿，不那么脆生了。”

“行。”

说完这句行，转身形“腾腾腾……”上台阶就跑。

“嘿嘿……”

老二指着赵老板的身后影儿跟哥哥说。

“大哥，您瞧见没有？就这脾气，回去这伙计就好受不了，你把他买卖给做砸了，他还干啊？”

“看起来呀，六必居老板也跟你差不多呀，真是太较真了。”

两个人这才起身，伙计们把板上好了，车在门口等着呢，伙计就把这酱菜搬到车上，哥儿俩坐在车上，把式一摇鞭，这车就把这哥儿俩送回了打磨厂。回到家中吃晚饭，一夜无书。第二天早上起来，翠莲就跟乐凤鸣说。

“你说大哥昨儿回来，你倒是商量商量皇上这赏赐怎么办啊？”

“呵呵，等一会儿，等一会儿我跟大哥商量。”

“你等什么我知道。”

“你知道什么？”

“等老三呢，你们家老三最矫情。”

说着话外边就有脚步声音。

“二哥在家呢吗？起来了吗？二嫂，您好哇。”

“哼，当家的，说曹操，曹操就到了。”

一挑帘，老三凤仪进来了。

“二哥，听说宫中赏赐到了，您给我瞧瞧哇？”

“好啊。”

乐凤鸣就把这三样玉器拿出来了。

“来呀，把大哥请来。”

一会儿的工夫，老大来了。

“大哥呀，这是宫中的赏赐，您挑一件吧。”

“嘿……”

老大看了看老二，又看了看老三，心说：老二讲理，老三矫情，看起来我这大哥是难办啊。

第三十二回

祁州去买药，沿途授技巧，
好善用心学，靖方仔细教。

这回咱们得说同仁堂到祁州去买药了。上回正说到皇上赏赐下来了，羊脂玉，籽儿玉，太美了。一个是玉提壶，就是一个玉壶上边带提梁；还有一个是玉盘子；还有就是一对玉碗。晶莹剔透，造工美轮美奂。二爷走的时候告诉媳妇儿，你看着，什么时候也得请大爷回来做主。心说：还得把三爷请来，四爷这些事倒不太往心里去。等晚上回来了，这三爷凤仪踩着点儿就过来了。

“哎哟，听说宫中的赏赐过来了。”

二爷心说：这就是拿东西来了。

“三弟，你看吧，这是皇上的赏赐。”

“好。啧，这个宫中造办处的东西简直就太好了，啊，太好了。大哥，您怎么样？”

老大这么一琢磨：我不能拿最好的，我也不能拿最次的，我只能拿当中间的，不然的话，说不得罪二爷也得得罪三爷，三爷他要奸。

“得啦，我看这盘子不错，我就把这盘子拿走吧。”

二爷心里就明白了，大哥这是让着人呢。其实要是按着二爷的想法，大哥别让人，您就挑最好的。但是老大忠厚，老大一伸手，把这盘子往旁边一搁。

“既然是大哥拿走这盘子，这玩意儿就归我啦。”

三爷一瞧，就等着二爷说话呢。

“什么叫这玩意儿啊？这是皇上的赏赐。这要是让宫中的人听见了，咱们全家抄斩，灭门九族。啊？”

“这不是咱……就咱们哥儿仨，我嫂子都没在这儿。”

“你要这壶啊？”

“那是，都是咱们乐家东西，要什么不一样啊？”

“那大哥要是要了呢？”

“嘿，我哪儿知道。大哥他……他没挑哇。大哥，要是您想要，我这就让给您了。”

“你说话我就不爱听，合算这东西就是你的了？什么叫我就让给您了？你不是矫情吗？矫情你拿走。”

大爷心说：老二你这么说话，他也得拿走；你说句好听的，他也得拿走。但是乐凤鸣必须得让三弟明白，你在这儿拔着尖儿呢。再说同仁堂又不是你开的，虽然都姓乐；再说进宫是我进的，凭什么你在这儿拔尖儿啊？亲哥们儿弟兄能说什么呀？嘿，反正我把这话点过去了；三爷就把这玉提壶拿旁边来了。

“好啊，那就这么着吧。二哥，跟您商量商量，您给我点儿大黄啊？”

“大黄？嘿，你要的轻巧，什么时候啦？眼看快入夏啦。嗯？祁州买药的还没回来呢。你要大黄，大黄干什么使的？”

“那我还不知道啊？”

“既然知道，快到夏天了，人人都上火，这泻火就得指着大黄呢，嗯？泻火排毒。知道不知道啊？你呀，候着吧。现在呀咱们这库里头啊，顶多……嘿嘿，也有不了这么一块两块的马蹄大黄啊。”

“真不给？”

“他没有，你让我……”

“你让我关板是怎么着？”

老大说：“得嘞得嘞，反正祁州办药的赶快就回来了啊，你们哥儿俩争什么？不是就一块大黄吗？嗯？不成的话，明儿我上别地给拆兑拆兑去。”

“行啦，您别拆兑了，咱们等着祁州办药回来吧，我也派人下去了。”

"这不是得了嘛。你既然也派人了，我也派人了，等着买药的回来不是就得了嘛。"

"好，那我就告辞啦。"

三爷就愣把这玉提壶拿走了，老大就劝老二。

"算了吧，哥们儿弟兄，搁谁那儿不是搁呀？他也不敢卖了。他卖了，让皇上知道了，他还想活呀？啊？不是就搁家瞧着嘛。他瞧你也是瞧，你瞧他也是瞧，都是一样，谁想瞧过去瞧去不是就完了嘛。"

"我没工夫瞧，我忙还忙不过来呢。"

"这不就结了嘛，咱们得忙咱们同仁堂的买卖。"

"行了，大哥，您也别往心里去。"

其实老大跟老二，连老三都算上，就惦记着祁州买药的这伙人呢。咱们说书的一张嘴，不能同时说两边的事，咱们书翻过来，再说祁州买药的这几个人。本来年年是老二去，今年老二没办法，事多，而且皇上又召见，是吧？所以钱掌柜就带着姚师傅，姚师傅是南刀房的，特别懂药；还带着三个伙计，这三个伙计都是有本事的伙计，有的会扎针，有的会号脉，有的识药材；然后就把大爷屋里的少爷好善带着了。这好善啊聪明，好善心里也明白，他爸爸还老嘱咐他说："好善啊，将来同仁堂的买卖，我老了，你二叔老了，交给谁呀？还不得交给你兄弟乐礼呀？那后边的事还不得交给你呀？你得用心学。不但用心学啊，我告诉你，这做人你得跟你二叔学，得学得圆滑点儿，别那么愣头磕脑的逮谁葬谁，那不行。"

"行了，爹您别叨唠了。"

这孩子要撅老家儿啊，老家儿没法说，反正老大是见工夫就嘱咐，见工夫就说。这回好善头一回跟着舅舅上祁州买药去，心里头特别高兴，这回呀我就能学本事了，我要学本事，有本事吃遍天下。

这车上路了，从北京一直到祁州，按公里说二百五十公里，那就是五百里地。这五百里地要坐着车，半道上打尖吃饭住店，起码得走一个礼拜七天。那么道上也不能不说话，其实钱掌柜上了车，钱掌柜就琢磨：根本就不想来。第一，媳妇儿要生孩子，六十多奔七十边上的人了，要得个儿子，是不是天天得守在媳妇儿旁边啊？再说了，自己的身子骨自已知道，钱靖方年轻的时候虽然没娶媳妇儿，但是他也不是规规矩矩的男子汉，身体已然被掏空了，也知道自己活不了多少年了。这钱靖方想到这儿，一看对面坐的好善。

“好善啊。”

“大舅。”

“你有话说吗？愿意来吗？”

“愿意，跟着您学本事。”

“跟着我学本事？上了车得有一个时辰了吧？咱们爷儿俩面对面，你怎么不问呢？”

“您瞧，不是怕您累得慌嘛。这车颠颠颠，颠颠颠的，您那么大岁数了，怕您一边说话颠您一下您受不了，我就没好意思问。等咱们爷儿俩住店的时候，我跟您住一屋，我伺候着您，嗯，您愿意跟我叨唠点儿什么呢，我就用心去记。”

“还行。我告诉你，我也来不了一趟两趟的了，把这能耐传给你，你好好学，将来乐家可就指着你跟乐礼了。”

“我知道，外边的事都得乐礼，那是我二叔的亲儿子。我爹管后边，我随着管后边，可是我爹笨，嘿嘿，没我灵唤不是嘛。我要是把您这一套，怎么买药，后边怎么制药，我全都学会了，那才是真本事呢，乐家的医道就能传下去了。”

“好小子，有心，有心。你要想问什么啊你就问，我想起什么我就告诉你。只要你认真学……”

“那您就好好教。”

“贫不是？”

正说到这儿呢，钱掌柜往外边一看。

“哎，好善你往外边看。”

“没东西呀。哎？那儿有个石碑。”

“你看上边俩字。”

“哼，这也不知是谁写的。”

“认识吗？”

“大舅，您可真新鲜，就这俩字我还不认识？我还卖药呢？”

“那你念念。”

这车就已然过去了。

“我记住啦，虫二。”

“虫二，什么意思呢？”

“它它它它……它……虫二，俩长虫？”

“俩长虫是什么意思啊？”

“俩长虫……嘿哟，大舅您别逗了，那那……头两天我爸爸还给我买两张票，我带着我媳妇儿听戏去了，青蛇白蛇呀，白蛇嫁给许仙了，结果那法海也不知怎么着了，这这这……这白娘娘一现原形，就把那个许仙给带走了，嘿，这白娘娘还盗仙草来了呢，我听了。这是他……指不定谁写的，听完青蛇白蛇闹得慌，虫二。”

“嘿，亏得你还是老乐家人，还《白蛇传》呢？”

“那不是《白蛇传》是什么呀？就《白蛇传》里有俩虫子。”

“《白蛇传》是蛇。”

“那蛇就是大虫子。”

“别搬杠了。我告诉你，这虫二两个字代表四个字，你好好琢磨琢磨。”

“四个字？呲……琢磨不上来。一虫加一虫，二虫？”

“少废话吧。”

姚师傅在旁边就乐了。

“掌柜的，您这么一说呢，我猜出来了。”

“行，您告诉告诉他。省得他年纪轻轻的啊，什么都不服。”

“姚师傅，您说，您告诉我，省得我大舅废话了。”

“我告诉你，少掌柜，虫二，刮风的风（此处指繁体“風”）怎么写呀？”

“刮风的风……就这样。”

“里边是什么字？”

“里边是虫字啊。”

“年月日的月字怎么写呀？”

“那月，一撇儿，横折竖弯钩，两横。哎？对呀，把外边这边去了，风月俩字就是虫二。”

“嘿，我告诉你，你大舅看你聪明不聪明，这俩字啊叫风（風）月无边。”

“嘿……行，舅舅您绕搭我？它跟这药没关系呀。”

“我就看看你脑子快不快，还凑合吧。”

“得啦，您该教我能耐教我能耐，要再让我猜下去，我也许能猜出来。”

“这不是凑巧嘛，看见这俩字了。我告诉你，这药里的学问可大了。你知道不知道这祁州药市，咱们同仁堂不到，他就不敢开市。”

“有那么霸道吗？”

“啧，你瞧，你自个儿说自个儿家的买卖霸道？那同仁堂的名望闯出去了，同仁堂人不到，他就不能开药市，这市就不能开。嘿，这回你去了，你二叔没来，等药市开张的时候，这头棒锣可就得你打了。”

“我不敢，我没那么大的胆子，大家伙儿瞧着我，我敲锣？”

“那是，你姓乐。”

“那您呢？”

“我姓钱啊。”

“到时候再说吧，您跟我说点药行的事。”

“我说的就是药行的事，咱们不来，他们不敢开张。”

“要是我呀，我就不等着，我就敢买，我就敢卖。”

“要不怎么说你爸爸说你倔呢，临上车的时候还嘱咐我呢，说他大舅，你跟好善别往心里头去，他招你生气，他倔。你看，倔劲儿上来了吧？我给你们讲个故事。”

姚师傅还有这仨伙计，还有好善呢，就在车上听着。钱靖方讲的什么呀？讲的就是不等同仁堂来，就卖药就买药，得的结果。咱们都知道啊，北京产药的地方都离着比较近，最近的呢就是现在的安国，原来的祁州。全国呢，产药的地方可就多了，尤其是浙江，浙江浙八味。有一年这浙江的药商啊，商量商量，把兄弟哥儿四个上祁州去卖药去。卖什么呀？卖白术。这哥儿四个在浙江就挺有名的，不说他们欺行霸市，也差不了多少。总而言之，他们把这药材收购完了以后再一卖，由他们哥儿几个定价。这哥儿几个异姓别名，啧，要学刘关张，磕头拜了把兄弟了。大爷就说："咱们这么办，原来这名字咱们不动，当中间这个字咱们改个天字，咱们哥儿四个就是磕头的把兄弟了。"

"行嘞，那就这么着吧。"

大爷姓刘，当中间是这天，叫刘天利；二爷姓蔡，蔡天贵；三爷姓朱，朱天富；四爷姓丁，丁天启。这四爷老实，老实可有心眼儿，说窝囊吧，哼，窝囊心里可有数；最滑头的就是三爷；二爷最聪明，嘿，机灵劲儿眼力面儿什么都行；大爷是跳海站干地，反正你们一人分一黄豆，这玩意儿也少不了我的，是吧？没我的东西是不行。这哥儿四个，今年这白术长得不错，收成也不错，三爷说："这么办，我听说祁州药市这行市可不低，咱们哥儿四个反正闲着也没事儿，辛苦辛苦到一趟祁州？咱们把这白术卖了，多赚点儿，怎么样啊？"

大爷说："行，你跟二爷商量，四爷那儿我说。"

二爷在旁边乐了。

"去就去，呵呵，反正也不白去，凭咱们这机灵劲儿眼力面儿，少赚不了银子。"

这么着哥儿四个就带着药材就奔了祁州了。到了祁州，就住到祁州东关外头一个王家老店，掌柜的姓王叫王春儿。店不大，外边三间房，这边住人，这边搁点儿药啊，是吧？当个柜房啊。当中间是过堂，里边两东两西，三间北房，就这么一个小店，叫王家老店。这哥儿四个一看，也来得早点儿，王家老店空着，得嘞，我们哥儿四个也有钱，就包这正房吧。三间，一明两暗，这边老大老二，这边老三老四。老四说："这么办，三哥呀，您跟我二哥住一块儿，我跟大爷呀，啧，我也不爱说话，他也不爱说话，你们哥儿俩有的聊。"

"好嘞。"

这样就是大爷跟四爷住这边，二爷跟三爷住这边。拿着药材上药市，虽然说药市没开张，但是买卖家儿挺多，那药铺一家挨着一家，拿这白术一看。

"啧……"

"掌柜的，我们浙江来的，您看这药怎么样？"

“不错呀，不错。”

“那您要不要啊？”

“等着，等着。”

“等什么呀？还有比我们好的？”

“不是不是，得等着北京同仁堂乐家来了，咱们这药市才能开张，才能定价呢。”

“嘿……他们乐家怎么这么大的权力呀？你现在买不是一样嘛，我不仗着乐家。”

“你不仗着乐家不行，咱们祁州药市这些买卖铺户，都跟乐家不错啊。再说咱们也懂规矩，等同仁堂来了定了药价了，您再卖不是一样嘛，您多住两天您玩玩。”

“好吧。”

这哥儿四个逛，您说那地方能有多大的地儿去逛去？是吧？又不敢走远了，说跟旅游似的，坐趟游轮？没有哇。所以逛了一溜够，所有的买卖全都进去了，所有的店房也都瞧了瞧，他也不能老换地儿啊。所有的酒楼也都进去了，小饭铺都进去了，所有的美味也全都尝遍了，没事干了。

“哎哟，这难受啊，干吗非得等同仁堂啊？”

这老三就闹油，老二说：“这么办，咱们找个牙行，哎，找掌柜的去。”

就找这王掌柜的，王掌柜也七十多了，老两口子没儿没女。

“掌柜的，我们从浙江来，这么老远的道儿，还得走呢。您给我们找个牙行，我们把这白术卖了，卖了我们就回去，少不了您的好处，多给您点儿店钱。”

“那没关系，可有一节，同仁堂乐家不来不能开市。”

“您瞧，你们怎么那么怕同仁堂啊？嗯？二哥，您说怎么办？”

“那不是听你的嘛，老三。”

“听我的啊？您给我们找个牙行，我们商量商量。”

“那不等同仁堂来？”

“不愿意等，我们得回去。我们要多住三天店，我们这钱，就即便他们卖得多，不是也就……就那么档子事儿吗？啊，我们还得回去呢。”

“好吧。”

就这么着，掌柜的就出去找去了，找来牙行哥儿俩，姓关，关大关二。来了之后，这哥儿四个跟这牙行的一说，这牙行哥儿俩就是一愣。

第三十三回

祁州有药王，药王不寻常，
本是云台将，何故立庙堂？

这四句说的是祁州药王庙，咱们都知道中国古代的大医学家，最有名的张仲景，《伤寒论》。啊，我不是搞医的，但是我也知道张仲景；药王孙思邈，咱们前边说过；当然，古代名医可就多了，像神农尝百草，还有扁鹊、华佗。那么各地供的药王也不太一样，像咱们北京丰台供的是孙思邈；陕西孙思邈老家供的是孙思邈；那么祁州供的药王是谁？您要是听我说二十八宿闹昆阳，说的是保刘秀灭王莽恢复汉室天下的云台大将邳彤邳天彩。我们说书管他叫邳（péi）彤，其实这字不念邳（péi）啊，老先生一代一代这么传下来的，可能是好听或者什么原因，我也不知道，反正我爸爸那么教的，我就那么说。实际上这个字，邳（pí）邳（pǐ）都可以，它是个多音字，那么祁州供的是邳彤。还有的地方供谁呀？像合肥，供铁拐李，是吧？咱们不较真，因为什么？各地的民俗风俗都是不一样的，民风也不一样。那么祁州这药王庙，它为什么要供邳彤呢？当然这里有典故，这里有故事，是吧？一提起邳（péi）彤来，我就说惯了邳（péi）彤了。您听我说过《东汉演义》，胯下马掌中金攥盘龙枪，河北信都关的人，也就是现在的安国，原来的祁州人，过去的冀州。保着刘秀灭王莽恢复汉室天下，后来得了天下以后，把他封为灵寿侯，这是邳彤，那么邳彤跟祁州有什么关系呢？您先别着急，咱们慢慢说。既然是二十八宿云台将，怎么成了药王了呢？

上回咱们说到浙江这四位药商要卖这白术，掌柜的没办法，把当地的俩牙行请来了，哥儿俩，关大爷关二爷。这大爷个儿矮点儿，挺瘦挺精明；二爷呢，挺漂亮，风流倜傥，啧，穿着长袍，嘿，手里头揉着核桃；就好像这二爷是掌柜的，大爷是随从似的。这哥儿俩进门，沏茶倒水，坐这儿聊天。咱们书不说废话，这哥儿俩这么一听。

“怎么着？同仁堂没来您就要卖？我跟您说，您还是等着。您等着同仁堂出了价钱，我们也好给您卖呢，人家对方好买，您这也好出手。这么好的白术，您担什么心啊？”

这老三就不服气。

“我就不信非得听同仁堂的，您给我们找主儿。”

“劝您再等两天。”

大爷跟四爷出来就和稀泥。

“咱们再等两天，再等两天。”

就这么着呢，这俩牙行的就走了。说提起来牙行，按现在说叫经纪人，这经纪人随着时代不同，也是有发展的，有收敛的。说过去，说您娶媳妇儿，说聘闺女，得找媒婆，对不对呀？媒婆两边一说合，再下了聘礼，然后定日子娶媳妇儿，再合八字什么的，还得合婚，这都是一定的手续。现在用不着了，俩人一看就爱上了，尤其那外国片，爱上了俩人就走了，还用媒婆干吗呀？这媒婆就没地儿赚银子去了，但是现在网上有介绍对象的。媒婆是过去的产物，牙行现在都叫经纪人。我给您举个例子，过去卖房啊，我小时候在北京长大的，我也都听说过，说好比您买这四合院，四合院咱们不管那时候的价钱，咱们就这么按一合说八百万。您卖，当中间得有这经纪人，经纪人给您找买主。找买主说您要卖，这房八百万，等成交了叫成三破五。成三破五怎么说呢？说您这成了，我买了这房了，您得把这八百万提出百分之三来，您给这经纪人；破五呢，说我把这房卖了，我这八百万提出百分之五来，我给这经纪人，合算经纪人挣百分之八。

牙行跟牙行还不一样，您看咱们过去永定门外有果子市，说果子市这儿，老远拉来一车花生，把花生的车往这儿一停，支车棍儿一支，卖花生这主儿不敢卖。卖花生的主儿来了，炒花生嘛，在北京卖炒花生，来了以后一看这花生真好，不敢买。为什么呀？这卖花生的不知道北京的行情，买花生的不知道他这一斤能出多少。说我这一斤生花生能炒出多少来？不知道。这得等谁？就等这牙行。把牙行的人请来，牙行这么一看，他就知道这花生是哪儿出的，这花生一斤能炒出多少来，他知道北京的行情。那么买花生这人就得问他，说您瞧我买这花生值不值？值。应当卖多少钱多少钱，说这一斤花生能出多少，他跟您说的错不了，到时候你要不兑现你能找他去，所以必须得有这牙行。

说牙行，说过去老说：车船店脚牙，无罪都该杀。那您分站在那个立场上，您离开牙行还不行，牙行他懂。咱好比说卖羊肉啊，一刀下去切下这四两肉来，您让这牙行的人一看，他知道这是羊的哪个部位，他说得上来，您说不上来。如果这羊，羊肉片在这儿搁着，他伸手这么一攥这羊肉，他就知道这只羊宰完了能出多少斤；而且能说出它爹是谁，它妈是谁，什么地儿的品种。这就是牙行，你不服不行。

所以说祁州这牙行，他也知道这药从哪儿来的，这药值多少钱；那么谁来买药，他也知道应该卖多少钱；但是祁州有规矩，得听同仁堂的。那么这哥儿俩心里有数没数啊？祁州药市这牙行多了，心里都有数，哥儿俩不愿意违背祁州的规矩。

“您等着，等同仁堂来了，您再待两天。”

好说活说等了两天，实在忍不住了。

“我就不信这个了。”

这老三啊有点儿浑。

“掌柜的，您把这哥儿俩叫来，卖，说什么也卖。”

这哥儿俩来了。

“啧，您着什么急？跟您说实在的啊，买主给您找好了，可是买主也说等同仁堂来。”

“不等，天天在这儿耗着，人吃马喂的，我们得多少钱啊？卖。”

这关大爷关二爷从中一说合，把这白术卖出去了，价钱还不低。啧，嘿，这哥儿四个一看挺高兴，这回发财啦，收拾收拾，明儿走啦。等第二天早上起来收拾好东西刚要走，就听祁州药市这儿，“咚……叨……”“噼里啪啦噼里啪啦……”麻雷子加二踢脚，紧跟着鼓乐喧天，这通儿热闹。

“掌柜的，怎么回事啊？”

“呵呵，您不等吧，开市了，同仁堂乐家来啦。”

“嘿……你说差这一天。”

老二说：“这么着，老三，我也不是气你，咱们哥儿几个瞧瞧去。”

老大说：“我也去。”

老四说：“你们去我就跟着吧。”

就奔这药市来了。一到这药市，到这邳王庙。刚才我说了，这邳（pí）彤，那地方人叫邳（pí）彤，我们说书叫邳（péi）彤，有的地方就念邳（pī）啊。这邳王也就是药王，这庙宋徽宗年间扩建的，这庙大了去了，所有全国药王庙这是最大的一个庙。嗬，人山人海呀。啧，当中间闪出道路，乐家来了，到这台阶底下啊，一敲这锣，开市了。东家一宣布：什么多少钱，什么多少钱，什么多少钱……把所有的药品的价码全都标出来了。这哥儿四个一听就傻了，嘿，比我们这钱高了去啦。老二脑子好使，吧啦吧啦这么一算。

“我说老三，听你的，差多少钱你知道吗？九十九两九，一百两银子啊。”

“哼……”

老大说：“怎么着，老三？你老认为你能耐，一百两银子没了，咱们哥儿四个一人二十五两。”

“行嘞，大哥，不成二十五两我给你。”

您说吃亏不吃亏呀？没办法，这哥儿四个一赌气，再也没来到祁州。祁州这些药商，这些买卖铺户，这些药店，这些看病的大夫，就全都传开了，你不等着同仁堂来还真不行。掌柜的钱靖方把这事儿这么一说：

“好善啊。”

“大舅，我听明白了。”

“你知道同仁堂乐家在祁州药市这身份，这地位吗？”

“知道啊。您这意思不就是教育我，作为乐家人，一个好好的学能耐，另外到了祁州药市得摆出我们乐家的谱来。”

“光摆谱可不行啊，我告诉你，没能耐可不行。”

“您瞧，啧，我说话都说到了不就行了嘛，我不犯倔还不行吗？”

就这么着，晚上住店，钱掌柜也给讲；道上呢，只要是不咳嗽不喘，也给讲。这么着，这爷几个跟着钱掌柜就到了祁州药市了。等到了牌楼前，钱掌柜用手一指。

“你瞧，嘿，葛掌柜他们家那伙计在那儿呢，这孩子我认识，河漂子。”

“大舅，怎么叫河漂子啊？”

“嘿，你给他搁这儿，指不定一会儿漂哪儿聊天去呢。这干活挺机灵的，就是不踏实，所以掌柜的管他叫河漂子。河漂子啊！”

“嘿哟，呵呵，钱掌柜来啦，乐东家呢？”

“你说话别那么快行不行啊？”

“您说我这……天生来的就是连片子嘴。掌柜的让我上这儿接您来了，您赶紧请吧，给您上房都收拾好啦，楼上头几间，东家怎么没来呀？”

“东家有事儿。”

“那您请请请请，我头前带路。”

这河漂子是伙计，带着这车就直接进了祁州了。不远，高台阶，悦来客栈。车停住了，全都下了车了，把车钱也给了，是吧？

“您怎么着？”

“我呀，逛逛。如果有事我就走，没事的话呢，我也许再拉您爷儿个回去。”

“那行，你先逛你的。”

先上大车店，车把式的事儿咱们就不管了，单说钱掌柜。带着好善，姚师傅，这仨伙计，刚往这儿一站，“腾腾腾……”脚步声音响，葛掌柜出来了。

“哎哟，嗬，钱掌柜您来啦。东家呢？”

好善再一瞧这掌柜的呀，个儿不高，是个五短身材，胖不轮墩的；黄脸膛，两道细眉毛，一双大圆眼睛，高鼻梁小嘴儿，俩元宝耳朵；梳着大辫子，头发挺黑，看这意思四十多岁不到五十。啧，穿着长袍，这河漂子往旁边一站。

“掌柜的，我可给您接来了，我干吗？”

“你呀，看看谁是熟客人，出去接去。您请，钱掌柜，楼上头这儿间房早给您打扫出来了。哎？我问问您，东家呢？”

“东家太忙啊，来不了，所以我带着他们爷几个来了。”

“哟……”

葛掌柜一瞧好善。

“这位小爷是谁呀？”

您看，做买卖的眼睛里可不能揉沙子，他这伙计跟东家他就是不一样，拿眼睛一瞧，这绝对是乐家人。

“哟，这位小爷没见过。”

钱掌柜一乐。

“我给你们指引指引。好善啊，这是咱们葛掌柜，看见没有？悦来客店。年年上这儿买药来，年年你二叔就住这儿。知道不知道？掌柜的伺候咱们跟伺候家里人一样。”

那好善还不明白？赶紧过去请了个安。

“掌柜的，您好。”

钱掌柜用手一指。

“葛掌柜，这是少爷，大爷屋的乐好善。”

“哎哟，跟大爷长得一样，真憨厚。”

“您见过？”

“嘿，您是不知道，有一回呀，东家急需药，让人带话来了。我弄了一批药，我直接给送到打磨厂了，大爷收的。嘿，啧，你说乐家人就是有气派啊，跟别人就是不一样，真好真好，呲……太好了。啧，您请吧，小爷。”

让进来了，直接就奔楼上，伙计打好了洗脸水漱口水，洗完脸漱完口换好了衣服，这河漂子进来了。

“您下边吧，掌柜的酒席都给您预备好了，接风掸尘。”

“好嘞。”

爷几个由打楼上往下走，掌柜的已然就把这桌酒席准备好了，因为年年都住这儿。大家伙儿入座，当然钱掌柜坐在正当中，好善挨着他，这边是葛掌柜，姚师傅，还有这仨伙计，钱掌柜这么一看。

“啧，你瞧，又让您破费。”

“啧，老主顾了，跟一家人一样，到这儿来吃好了喝好了，我得尽职尽责呀。嗯？怎么着？我先给您众位满上。”

掌柜的挺会说话，挨个儿地把酒都倒满了，一看乐好善。

“少爷，我跟您说，我们跟乐家的交情可不是一年两年了，您看见没有？乐家京城第一号，祁州的药市非得等着你们到了才能开呢，知道吗？”

“知道。”

“知道就好。现在我们都知道了，同仁堂供奉御药，所以每家还有外边来的这些药商，都把最好的药留给同仁堂呢。得嘞，我举杯啊，一个大家都累了，接风掸尘；再一个，祝同仁堂财源大发，买卖旺盛，我们也沾点儿光，是吧？尤其现在供奉御药，您瞧瞧，京城第一家的大药店老上我这儿住来，您说我得有多大的光彩呀。小爷，将来您要是管事的时候，您多照顾我们。”

乐好善心说：我们乐家真不错。把胸脯就挺起来了啊，再一看这掌柜的，掌柜的跟我说好话，将来我还得指着这儿呢。爹嘱咐我别犯藏，别犯倔，哎，我也得说好话。

“那就谢谢您了，谢谢，谢谢。”

“来吧。”

大家伙儿喝这杯酒，钱掌柜也不能不站起来，站起来拿这嘴唇碰了一下儿酒杯，嗯？就觉得心里头这么一堵得慌，把这酒杯往这儿一放，没放稳当，“叭”这酒杯就歪了，酒可就洒了。谁也没注意，以为岁数大点儿，放没放稳，硌着筷子了，这酒洒了。这河漂子过来了：“哟，您瞧瞧，来来来来……来来，换上，换上，换上酒杯，换上酒杯，啊，我也敬您一杯，我也敬您一杯。”

他在这儿起哄，他蹭酒喝。把酒杯换好了，掌柜的倒第二杯酒，冲着乐好善。

“小少爷，回去之后给大爷带好儿去。我跟您说，我们这祁州的药市可了不得，就照着你们同仁堂关照呢。”

钱靖方端起这酒杯来，又放下了。

“掌柜呀，话是好说，供奉御药，您可要知道，供奉御药没那么好办啊。跟皇上家打交道，稍微有个闪失，脑袋可就得掉，人命关天。”

“啧，您瞧，那是，都是这个理，祸兮福所倚。跟皇上家打交道，您处处留着小心，我们知道老乐家的辛苦甘苦。可有一节呀，您说您不冒这个险，能有这么大的前程吗？现在谁比得了京城第一家同仁堂啊？嗯？您说是不是？小爷，您喝了这杯，我再敬您一杯。”

转过来呢，他要跟这钱靖方碰杯，钱靖方就觉着心里这么一难受，把这酒杯往桌上一放，手这么一扶，乐好善可就明白了，大舅不舒服。刚拿手一扶，往这边一歪，“啪”一下儿就栽在地下了。把好善可吓坏了，掌柜的，伙计，全都吓坏了，赶紧用手搀用手扶，等把他扶起来可坏了，浑身特别特别的沉，就好像几百斤似的，脸色苍白，已然不省人事。

第三十四回

人生无预兆，去处不可挑，
岁数没大小，来世找不着。

其实人啊，要是说白了就是那么档子事儿。不知何年何月来，是吧？真正“嘎啦”一声哭，到人世间了，爹妈才知道这孩子的生辰八字。那还知道来呢，走，谁知道哪天走啊？是吧？说我在哪儿走？老说生有处死有地，老惦记死家里，儿孙满堂都瞧着呢，没想到就那天想出去，“叭”一跟头，死外头了，是吧？跟前没人，这都很难预测。说下辈子我再享福吧，没下辈子，啊，来世找不着。所以说您看这些皇上想活都炼丹，越炼丹越中毒，越炼丹死得越早，人生在世就是心量宽宽的，是吧？该吃吃该喝喝，该奋斗奋斗，如果您什么都不干老待着，他也待出一身病来。只要是心情舒畅，我跟您说，身体就会特别好。

钱掌柜今天病得这样了，为什么病的？他自己也知道，年轻虽然没娶媳妇儿，但是年轻自己不检点，身子骨都给掏空了，少爷嘛，那少爷胚子，您想想，花钱如流水。再说呢，现在娶个小媳妇儿，媳妇儿怀了孕了，又疼这媳妇儿，在这同仁堂又这么忙活着，这一路颠簸，心脏不舒服，拿起这酒杯来，“叭”一跟头栽这儿了。那可把好善吓坏啦，头一回出门，跟着大舅学点东西，头一回陪着大舅出来，好家伙，大舅栽在这儿啦。赶紧给扶起来，也搭着同仁堂的人都会扎针，都会号脉，差不多都有两下子。有一个徒弟特别好，赶紧寸关尺一号脉，把这手搁在这脉象上就傻了，这脉似有若无，摸着如同悬丝，这人跟死了也差不了多少了。一看，这脸色煞白。

“啧，嗞……哎呀……”

也搭着这个掌柜的他们这儿床多，赶紧搭过一张床来，就把这钱掌柜放在这八仙桌子旁边，让他躺下了。这儿号着脉呢，好善傻了。

“掌柜的，姚师傅，我大舅……”

姚师傅说：“别着急。掌柜的，您这儿有人参吗？”

“有啊，老备着呢。”

“一两二钱人参，搁几个枣，独参汤，熬好了，马上喂。”

您看这独参汤管用，什么时候管用？人到奄奄一息的时候，真管用。掌柜的赶紧去吩咐，一两二钱。现在您要抓药分克，那时候就是两钱。搁了几个大枣，把这独参汤熬好了端过来，一看姚师傅扶着钱掌柜，有一位伙计拿手紧掐着钱掌柜这内关穴，内关穴专门管心脏的。在哪儿啊？您看咱们伸手啊。一伸手您攥拳头，这儿有两根筋，两根筋当中间，离手腕这儿六点六厘米，也就是两寸，当然有的人长点儿，有的人短点儿，这地方叫内关穴。啊，掐住了内关穴，内关穴治心脏。姚师傅跟这伙计两个人使劲地手指头摞手指头，揉着这内关，摁着内关穴，看着钱掌柜的脸色，哎呀，那真是盖张纸哭过啦，昏迷不醒。好容易把这独参汤熬好了端下来，一勺一勺的，掌柜的跟好善爷儿俩喂，把这碗独参汤喝进去了，又待了有三碗茶的工夫。

“哎……呀……”

钱掌柜悠悠气转，一睁眼。

“好善啊……你们不喝酒不吃饭，这儿干吗呢？啊？”

“大舅，您……不碍事吧？”

“怎么啦？”

“刚才您摔一跟头，您瞧，您这儿还有血印呢。”

“别哭，孩子。”

钱掌柜心里就明白了。

“我现在不是没事儿了嘛……”

“是啊，葛掌柜给您熬的独参汤。”

“哦……好药，好药。别着急，孩儿啊，你们吃你们的，我在这儿歇会儿。”

您说谁还吃得下去，谁还喝得下去呀？但是又饿了，走一道儿了，这伙计跟姚师傅凑合吃点儿饭，好善根本就吃不下去了。这玩意儿大舅要是出个好歹的，我回去怎么交代呀？我二婶不得跟我玩命啊，那哪儿行啊，他在这旁边看着。

“好善啊，吃点儿东西去。”

“我待会儿再吃，待会儿再吃还不行吗？”

等钱掌柜缓过点儿来了，说话稍微有点力气了，但是这脸色还是惨白，葛掌柜说：

“这么办，来呀，咱们把钱掌柜扶到楼上，让他好好歇着。小少爷，您让伙计跟姚师傅在这儿看着，俩人看着倒个手，您也坐在底下吃点儿东西，我跟您说会儿话？”

掌柜的这叫什么？这叫岔乎。掌柜的说你甭管，你坐这儿我跟你聊天，岔乎岔乎，你别想这事儿，那这孩子就明白了。这人说话得有技巧，是吧？啧，我跟您聊点儿事。好善就以为掌柜的有什么事呢，其实掌柜的就是想岔乎岔乎，怕这孩子真着急。几个人把钱掌柜扶到楼上，让钱掌柜躺下了，预备点儿开水，钱掌柜喝了点儿开水，姚师傅跟这伙计在这儿看着啊，那伙计收拾东西，好善就在楼底下。

“掌柜的，您有什么事儿？您说吧。”

“嘿嘿，我让你坐这儿歇会儿。这钱掌柜每年都来，嘿哟，摆上酒宴大吃大喝，碰杯，高兴极了，就他声儿大，今年这是怎么了？”

“您说呢？可能是我大舅家里事儿多，一个是我……我二叔事儿太多了，忙不过来，嗯，店里头大事小情的都得是我大舅；再有一个，我舅妈快生孩子了，他没儿子，这是头一胎。”

“嘿……这么大岁数的男人，快七十了吧？”

“是啊。”

“还能生儿子，嗯，真行，真行，不知道保养身子骨啊。也仗我嘴欠，可千万别跟钱掌柜说。”

那么葛掌柜就明白了，心里不舒服，盯不住了，钱掌柜这病病得不轻。他得想办法岔乎这好善啊，好善着急呀，头一回出来什么都不懂，现在舅舅要是真撂到这儿怎么办啊？

“啧，小少爷，您对付着吃点儿东西吧。”

“不吃了。”

“这么着，给少爷下碗面条。反正面条好下去，这菜都凉了，啊，你们搬走吃去吧。”

这河漂子挺高兴。

“来来来来，我们喝，我们喝……”

“啧，没心没肺。”

河漂子把这桌酒席弄走了，一会儿的工夫，厨房给煮碗面条，卧了个鸡蛋，给端来了。

“您说，真谢谢您，真喝不下去，吃不下去。”

“不成，您得把这碗面条吃了，啊，我跟您有事儿聊。”

掌柜的就岔乎着吧，好容易这碗面条吃了一半，这鸡蛋也吃了一半。

“不行，我吃得……啧，有点儿恶心。”

“那您就放下，什么时候饿了，什么时候挑开火就给您做。”

爷儿俩坐这儿。

“掌柜的。”

“少爷。您也别跟我那么客气，其实我比您也大不了几岁，您就管我叫大哥。”

“那不成。”

“您就叫大哥，我葛大哥，您乐老弟。您头一回来？”

“啧，头一回来。您说头一回来我就遇见这事儿，这玩意儿我大舅……”

“别着急，别着急，这不是喝完了药以后挺好的嘛，是吧？不成的话哪天先给他送回去，先别着急。只要他今天晚上踏踏实实能睡一宿觉，这就好办。”

“那行啊，我跟您坐这儿说会儿话儿吧，反正楼上他们看着呢，我跑上去看看我再下来。”

“噔噔噔……”上楼了，一看，钱掌柜睡着了，拿这手搁在鼻子底下，气息还比较匀畅。

“姚师傅，您受累看着。”

“行啊，少爷，你放心吧。”

好善就下了楼了，茶已然沏好了，坐这儿跟葛掌柜聊天。葛掌柜就是想办法岔乎他这心情吧，不能让他干着急呀。

“少爷，您知道我们这儿药王庙吗？”

“知道。我听说供的是邳王，当初保着汉光武帝刘秀灭王莽，恢复汉室天下，大将，云台将，他怎么是药王呢？”

“您瞧，跟您聊聊您就知道了，您也得知道，您明天出去转悠转悠您就知道了。您说祁州药市，谁不夸同仁堂？祁州药市都夸同仁堂，没有同仁堂，这药市就不能开。再说了，自打供奉御药开始，那名气一天比一天的增，小爷，您出去一逛，一看您是乐家人，没有不跟您说话的。”

“啧，是啊。”

葛掌柜就是让好善高兴。

“掌柜的，可是您说我一来，就遇见这事儿。”

“您别想这事儿。您知道药王庙到底有多大吗？”

“明儿看看不是就知道了嘛。”

“是啊，您知道孙思邈吗？”

“那太知道了。我特别喜欢的就是张仲景的《伤寒论》，哎哟，看了不是一回两回了，我们祖上就喜欢看药书。”

“您看，提起你们祖上来了，容易吗？一代一代进北京，当初拿着虎撑，铃医。结果熬得您的祖上进了太医院了，是吧？那是您祖父辈吧？”

“那是我爷爷，是我爷爷。”

“是啊，您二叔开了同仁堂；我听说您三叔开了万全堂；我到北京我去过。您说您乐家，谁还惹得起啊？比不了啦，京城第一家啊。您别往心里去，钱掌柜一会儿就好。”

“是啊。”

其实葛掌柜也惦记着。这儿爷儿俩说着聊着，茶也喝了。

“您还饿不饿了？”

“这么着，掌柜的，您先睡觉，我也上楼上眯瞪一会儿。”

“好吧，眯瞪一会儿，有什么话明天再说。如果说钱掌柜有什么事，您赶紧让伙计前来叫我。”

葛掌柜就在这个八仙桌子旁边这铺上睡觉了，也确实很担心钱掌柜。等第二天早上起来，钱掌柜听见动静了，其实好善这一宿没怎么睡，看了看舅舅，在旁边坐了一会儿，一冲盹儿，迷迷瞪瞪。姚师傅说：“您睡去吧。”

倒着班的一人迷糊了一会儿，一睁眼，就听见底下动静了，葛掌柜带着伙计全都把早饭预备齐了。好善刚要下楼，就听见外边“啪啪啪……”叫门，这河漂子把门开了。

“哟呵，有事儿吗您？”

“漂子啊，掌柜的呢？”

葛掌柜赶紧迎出来。

“哟，您有事儿吗？四爷派您来的？”

这四爷是谁呀？祁州药市不成文的规矩，都听这四爷的。你说他欺行霸市也好，说祁州人听他的也好，说四爷懂行也好，总而言之四爷这是一方势力，他管着药市。

“呵呵，四爷让我打个前站，乐家来人了吗？”

“来啦。来了是来了，咱们这药市可不能开张了。”

“那可不行，四爷说了，外边的药商都到齐啦，全都催着，就等着你们呢。来了为什么不开呀？”

“啧，再过一天吧，您说这一道上能不累得慌吗？”

葛掌柜可没把钱掌柜的病情说出去，要是说出来这药市就炸啦。

“您得让人家歇一天吧？”

“那好，那好，既然您这么说，我回去跟四爷说。”

撒腿跑了，这时候好善可就听见了，好善下楼了。

“哟，少爷，您来了，洗脸漱口，来，坐这儿吃点儿早点。”

“啧，唉……”

“大舅爷怎么样了？”

“睡这一宿觉我看还行，就是这脸色实在太难看了，夜里头他起夜，那腿呀迈不开步，说灌了铅似的，浑身就跟石头往下坠似的。我搀着他，后来没办法，我就陪着他吧。啧，看起来不是一天两天能好的。”

“别着急，啊，别着急，先坐这儿喝碗粥。”

好善坐这儿了，这粥还没喝完呢，外边“啪啪啪……”叫门，河漂子把门开了。

“哟呵，四爷到了。”

葛掌柜心里就一哆嗦，好善往外边一看，进来这四爷挺年轻，三十多岁，胖胖墩墩，白白净净的，穿着古铜色的长袍，外边傲龙带，也就是马褂，是吧？梳着大辫子，蓄着辫帘子，啧，两只缎鞋。不乐，高扬脖。

“大掌柜。”

“哟，四爷，您到了，您请进。”

“这位小爷是谁呀？”

“这是同仁堂乐家乐大爷家的少爷，陪着钱掌柜前来买药来了。呃……乐东家因为有皇上家的事，供奉御药嘛，所以就没来。您有什么事儿，就跟乐小爷说。”

“哦？”

这四爷就抬头看了看乐好善，掌柜的介绍啊。

“少爷，这位是我们祁州的药商，药市什么时候开，到底来多少家，上他那儿签个字，就归他管。四爷姓梁，您上前见个礼吧。”

好善赶紧抢行几步，来个礼，这礼呀可不是抱拳禀手，也不是跪下磕头，请了个安。说清朝请安这有规矩的啊，我记得有一回演话剧，啧，演的是清朝戏，是吧？我在那儿用评书给串场。这台上这人啊就请安，啊，老哥儿俩见面了，好了您哪，往前这么一请安，那位也往前。我这人好多说话，俩人下来了，我说：

“你们俩人都往前，是打算磕头啊是打算碰脑袋呀？”

“哟，连先生，您说这儿有规矩吗？”

“你们俩人见面了，离着很近，哟，您来啦。俩人都往前一请安，俩人就磕脑袋了，明白吗？”

“那您说怎么请啊？”

“往后先退一步，明白吗？”

“哦，我演练演练。”

“往后退一步，再请安，懂不懂啊？”

他为什么我知道啊？我是满族人，从小的时候，我大爷上我们家来，我爸爸看见我大爷请安，他得先往后退一步，然后才能请安呢，是吧？哪朝哪代有哪朝哪代的礼节，有哪朝哪代的规矩。

好善给四爷请安，四爷用手一指。

“免。”

好善心里有点儿不痛快，心说祁州药市那么看重我们同仁堂乐家，这四爷谱儿倒不小啊。免，稍微这么一笑。

“少爷，咱们什么时候开市啊？四面八方的药商可都到齐啦，就等着你们同仁堂乐家呢。啊，这要是不开市，人吃马喂的，大家伙儿可都受不了，天天催我可催了半天了。”

这好善不知道说什么了，葛掌柜在旁边说话了：

“啧，您瞧，头天刚到，您得让人家歇会儿吧？嗯？明天再开怎么样？”

“不成，您说明天这一天我连饭都吃不了哇，排着队地上我那儿闹去，您就让乐家人辛苦辛苦，让他们回来再歇着不是一样嘛。不是就敲一下锣嘛，说说价嘛。”

好善瞧着这四爷没说话，楼上头说话了：

“好善啊，问问四爷什么时候开？”

“哎哟，钱掌柜来啦。怎么着啊？您累得慌啦？没关系，您累得慌让小爷去，把张开开咱们不是就踏实了嘛。”

“好吧，那么今天下午……”

“不成。今天上午吃完早饭，就请少爷过去吧。”

“好吧，四爷您先请。”

四爷转身形走了，好善就急了，跑到楼梯口这儿。

“大舅，您行吗？”

“不行也得行，都等着咱们同仁堂乐家呢。啊？不知道我病吧？”

“不知道。”

“千万别说，要不然人心惶惶。一会儿的工夫，吃饱了喝足了，我跟你们去。”

“您别去。”

“必须得去，哪怕我去了再回来呢，你得听我的。”

“哎。”

两个伙计把钱掌柜搀下来，钱掌柜喝了点儿粥，吃了点儿小菜。

“唉……我也吃不下去了，啧，就这么着吧。你们收拾收拾，一会儿咱们就奔药市。”

就得听啊，不听钱掌柜的听谁的？葛掌柜瞧着担心。

“行吗？”

“行。”

咱们说书不说废话，爷几个吃饱了喝足了，然后收拾好了，换上崭崭新的衣裳。谁带路？河漂子。河漂子带着钱掌柜、好善、姚师傅、这仨伙计，由打这葛掌柜他们悦来客栈起身，直接就奔了药市了。等到药市这么一看，那人山人海呀，哎哟，这药市怎么这么热闹啊。好善这儿瞧着呢，就听见身背后有动静，回头一看，就看见大舅“欻”的一下，这脸跟雪似的这么白。

“哎哟……大舅，您……这是怎么了？！”

第三十五回

中国地大物博，药圣名医甚多，
祁州供奉邳彤，药王自有传说。

今天咱们说这祁州开市，什么地方开市？药市。祁州这个大的药材市场了不得。按现在来说也是全世界闻名。咱们说的是清朝雍正年间，那么既然中国那么多药王，哪个药王是真正的呢？也不好说。像北京、陕西，供孙思邈，孙思邈是药王；您要到合肥呢，他供铁拐李。总而言之，咱们中国的名医名圣特别多，而且流传的这些很精义的这些药典也特别多，只能说明我们中国的中医、医药、物产，都是很丰富的。

那么祁州这药市为什么供这邳（péi）彤？我说惯了，其实叫邳（pǐ）彤，应当念邳（pí）彤，啊。因为我说《东汉演义》啊，二十八宿闹昆阳，其中大将邳彤邳天彩，我们都念他邳（péi）彤，所以我在这地方念邳（péi）。实际上您要查字典，邳（pí），邳（pǐ）。那么为什么念邳（pí）呢？就是打祁州这儿开始兴起的。祁州为什么供邳彤？当初我也很纳闷，后来查阅资料才知道有一种传说。因为大将邳彤，胯下马掌中金攥盘龙枪，保着刘秀灭王莽恢复了汉室天下，最后刘秀当了皇上，封他为灵寿侯。哪儿的人呢？河北信都，信都就是祁州，就是现在的安国。据说在从军之前，这邳彤是一代名医，走乡串镇呢，采药开方啊，而且对待老百姓特别好，很认真地给百姓治病。所以百姓在他死了之后，就在祁州南门外头盖了一个“邳王阁”供奉他。

那么清朝为什么还是药王庙，还供这邳彤？这就跟宋朝的传说有关系了。就说赵匡胤啊，大家都知道，赵匡胤陈桥兵变，宋太祖。他的儿子八王千岁赵德芳，您要听京剧也好，要听我们评书《杨家将》也好，这赵德芳本事大了，八王千岁。为什么是八王千岁呢？就是因为赵匡胤的兄弟赵光义，把他哥哥弄没了，然后他当了皇上。那么赵光义既然当了皇上，赵匡胤的儿子就被封为八王千岁。历史上跟戏曲舞台，跟我们评书的版本就不一样了，实际上真正的历史，赵德芳二十三岁就死了。可是您要听评书《杨家将》，这八王千岁了不得，上打君王无道，下打奸臣佞党，中管三宫六院七十二嫔妃。您说皇上的媳妇儿他管得着吗？评书就这么一说，京剧就这么一唱。那京剧八王千岁在台上，威风凛凛的，谁要是惹了谁，找这八王千岁，八王千岁一吓唬皇上，皇上还真得听他的，所以八王千岁，八王世袭罔替，都是由打赵德芳这儿兴起的，实际上赵德芳二十三岁就死了。那么就在赵德芳小的时候呢，赵匡胤还年纪轻轻呢，有这儿子，这孩子得病了。得病了找人看吧，怎么看都看不好，哎，张贴皇榜，这天来了一个医生，号脉给治病，拿出药来，据说就是这水丸，小的水丸，说您给他吃了吧，吃了准好。把药搁这儿转身就走，赵匡胤说：

“您别走啊，您要是真把我儿子治好了，我上哪儿找您去呀？”

“您啊，祁州南门外，我是祁州南门外人也。”

就说了这么一句话。

“那您也别走啊，倘若您把我儿子治好了，我得谢谢您啊。”

“您要打算谢我呀，就给我修缮房屋。”

结果这人走了之后呢，这孩子的病吃了药还真好了，为了印证前言，所以赵匡胤就到了祁州城外，南门外这么一看呢，有个邳王阁。然后就花钱，花银子，把这邳王阁重新修饰了一下。那么邳王跟邳彤是不是一个人？可能是就把这邳王附会到邳彤的身上，是吧？也可能邳彤确实能看病，现在我觉得也是无从考查了。总而言之一句话，就因为这个呢，就把邳王阁重新重修。后来到了宋徽宗的时候，把这庙重新拆了重新盖，现在是咱们中国最大的药王庙。门前有广场，四进的院子，门前两棵铁旗杆，非常的威风。上边三个大字：药王庙，那是大学士刘墉写的，字写得非常漂亮。

祁州药市开了，钱掌柜喝了这独参汤之后，身体能够挣扎住了，但是这脸色惨白，一点儿血色都没有，看得出来，这人可病得够呛。但是钱掌柜为了对待乐家这药行，对待乐家这买药，他必须是忠心耿耿的。再说还有跟乐家这关系，所以他挣扎着，就带着乐好善，带着姚师傅，还有这三个伙计，来到药市了。刚进这药市，梁四爷看见了。

“同仁堂乐家来了啊，来人啦。”

也不知道哪位喊了这么一声，好善就觉得身背后有动静，回头一看，一看舅舅这脸更难看了，而且这虚汗就下来了，好善可就害了怕了。

“大舅。”

那意思你别言语，梁四爷听人这么一喊：

“哎，乐家人到了，咱们今天开市了。大家静一静，静一静，闪开，闪开。”

一听说同仁堂的人到了，这些药商们，看热闹的，往旁边这么一闪。这时候“叮……噔……”“噼里啪啦噼里啪啦……”，二踢脚也响了，麻雷子也响了，锣鼓点也有了，您说这钱掌柜心里闹得慌不闹得慌？本来就不舒服。姚师傅岁数大点儿，在这边搀着，一递眼神，那边伙计搀着，就搀着这钱靖方直接就奔了这广场最前边，也就是庙头喽，两个旗杆当中间有架子，上边一面锣。走到这锣的旁边了，这好善心里“扑通通……”就哆嗦呀，心说我大舅要是有个闪失，我怎么交代呀？梁四爷不知道啊，梁四爷就为了买卖开市，他管这药市。

“众位众位，压言，压言啊，现在要开锣了，开锣咱们就开市了。这锣声一响，但愿得大家旗开得胜，马到成功。买药的能买着好药，满载而归；卖药的能卖个好价钱。等咱们也买了药了也卖了药了，咱们药市都差不多了，我们祁州各家酒楼给您预备肥羊美酒，大家伙儿畅饮一番，再各自回家。怎么着？乐家人开锣吧。”

这好善头一回来，钱靖方瞧着他，冲他一努嘴，那意思你得开锣。姚师傅一瞪他，姚师傅从来不敢跟东家着急，真急了，知道钱靖方盯不住了，那意思你姓乐，你不开锣谁开锣呀？好善也明白了，接过锣槌来，“噔……”也不知道他使的哪门子劲，这锣声真响。这锣声一响，大家伙儿“欻”的一下鸦雀无声，姚师傅慢慢地往前搀了两步钱靖方，钱靖方由打怀中掏出一张纸来，就把祁州药行所有的药，主要的药的药价全都给说了，公布一遍。这药价公布了，这是同仁堂公布的药价，这下就可以了。

“开市了，开市了……”

紧跟着舞狮的，响炮的，嘿，放的炮啊这响啊，这炮“咚……噔……”，踩着鼓点的，这狮子就开始舞上了。鞭炮锣鼓齐鸣，这钱靖方可就盯不住了，姚师傅就告诉好善：“赶紧走。”

好善明白了，两个伙计在头了带路，赶紧往外就走，如果人往上一涌，还就出不去了。好容易挤出来了，这葛掌柜真有心眼儿，葛掌柜就把住在自己店里这纪魁元，这位车把式给叫住了。

“咱们赶着车去接去。”

正好接着，把钱靖方搀到了车上，车把式一摇鞭，大车回去了。等到了葛掌柜这悦来客栈，把钱掌柜搀下来，钱掌柜这虚汗“欻欻……”往下流啊。搀到楼上了，给躺下了，伙计赶紧给端来水。

“钱掌柜，您喝点儿水。”

“哎……”

好善赶紧跑楼底下来了。

“葛掌柜，您看这怎么办呢？”

“少东家，别着急，我看啊钱掌柜这回是真病了。这么办吧，咱们请个正经的大夫，给他号号脉，吃点儿药看看怎么样。”

“那就……谢谢您了，给您添这么多麻烦。”

“您瞧，您客气什么？同仁堂的事就是我的事，您候着。不过我得嘱咐您，我估计钱掌柜这回够呛啊。这么办，你赶紧跟姚师傅，三个伙计商量商量，这回钱掌柜要是干不了事儿，你们怎么样想办法把同仁堂的药给办回去呀。”

“唑……是啊，可是得等我大舅说了算啊。”

“话虽如此，他要说不了呢？总而言之你想办法。你放心，如果说你再着急，也没有用，有什么困难我帮着你，祁州这药市啊，我说话还是管用的。该怎么办怎么办，你先别着急，我现在就去请大夫去。”

“哎……麻烦您。”

“啧，别客气了。”

葛掌柜出去了，好善瞧着葛掌柜背影，脑子里一片空白，着急呀，没遇见过这样的事儿啊。这时候，伙计由打楼上下来了。

“少东家，钱掌柜让您上去一趟。”

“哎。”

上来了，一看钱掌柜在这床榻上这儿歪着。

“大舅，您好点儿了吗？”

“好点儿了……好点儿了……”

那意思你坐下，话都快说不出来了，好善就坐在床边这凳子上。

“大舅，不要紧的，葛掌柜给您请大夫去了，一会儿号号脉吃两服药，您啊也就是一道儿累的。在北京，我舅妈又快生了，家里外头您累，歇两天就好了。”

“好善啊，别劝我……人啊不能跟命争，我是想我这一辈子都没这么窝囊过呀，没想到……人真是生有处死有地呀，可能……祁州就是我的终点啊。只可惜你舅妈，年纪轻轻嫁给我，身怀六甲，你说这孩子还没见我的面呢……”

“啧，大舅，您怎么这么说呀？”

“不是。说你们同仁堂药好，好不好啊？好。药好治得了病可治不了命啊，孩儿啊，我本来想好好带带你，好好教教你……不说这个了。啊……等着吧……”

“大舅，您别这么说。”

这时候脚步声音响，葛掌柜就把大夫给请来了，葛掌柜上来就劝。

“钱经理，您别着急，号号脉，吃药就好了。”

“唉……”

把手伸出来，寸关尺一号脉，大夫号完脉，拿起笔来在桌子旁边“欻欻欻”把药方开了，转身走了，一句话都没说。他“腾腾腾……”下楼，好善跟着就追下来了，这大夫走得还真快，到门口了，开门出去了。

“哎？”

好善一伸手把他袖子揪住了。

“啧，你们家着火啦？干吗那么跑得那么快呀？”

“啧，你怎么说话呢？谁家着火了？你们家才着火了呢。”

“那你干吗跑啊？嗯？我们这病人怎么样？还能不能好？应该吃几服药？你倒是说话呀？”

“你要问我呀，准备后事吧，顶多能活个个月七成的。”

“不对，来时候好好的。”

“来时候是好好的，好好的好好的，他现在就不是好好的，你跟我搬什么杠啊？什么叫我们家着火了？我告诉你，赶紧预备后事，这钱我都不要了，抓药，吃两服药看看怎么样，绝对是好不了了。”

“啧，您这大夫怎么这么说话呀？”

“我说的是实情。谁不认得钱掌柜呀？谁不知道你们同仁堂乐家呀？我能给胡瞧吗？”

好善没得说了，人家大夫走了，赶紧回来，掌柜的已然派伙计抓药去了，好善瞧着舅舅。

“大舅，您别着急，一会儿您喝点儿药就好了。”

“唉……好不了啦，好不了了……没想到我要把命扔在祁州哇……这么办吧。”

由打怀中就把一个布卷掏出来了。

“趁着旁边没人，我把这布卷给你，这里边是咱们同仁堂要置办的药材，而且到哪家去买，我都写得清清楚楚。还有一节，咱们这回大部分可都是赊药啊。”

“大舅，干吗赊药啊？”

“没钱啊，没钱啊，赊了药，到时候咱们再还。你放心，所有的药商跟咱们都有交情，到哪家赊去，你说出话来他不敢不赊，你放心。”

“大舅，您还是收起来吧，您办吧。”

“你拿着，明天我起来跟你去买药去，如果能买，买得了；买不了，你就接着给我往下干，你得把这药商的事儿全都给我办好了。明白吗？小子。”

“明白……”

药抓来了，也煎来了，药也吃了，可钱掌柜自个儿心里难受自个儿知道，这心“怦怦怦……”一会儿跳，一会儿不跳，按现在说，那就是心脏间歇，而且跳的时候也非常的弱。世医，他们家就干这个的，原来就在太医院，那钱靖方对自个儿的身体明镜似的，知道没有几天的活头了。挣扎着到了第二天，钱靖方非要带着孩子去买药去，没办法，走吧，这爷几个到了药市了。还真不错，半天儿的工夫，基本上这药买的也差不多了，该赊的也赊了，该付钱的也就付钱了，而且药材办得也很好。该吃午饭了，好善这么一瞧。

“大舅，您还行吗？”

“我回去吧，你们买吧，那边吃点儿东西。”

“好吧。”

好善这么一看啊。

“姚师傅，这么办，我带俩伙计，我们去。您带着一个伙计，把我舅舅送回去，我估计我舅舅啊一人回不去。”

雇辆车，车好找，在祁州药市上车太多了。雇了辆车，姚师傅带着一个伙计就把钱靖方扶到车上。等走着走着，快到药店了，这药店特别有名，是祁州最好的药店，钱靖方说：“我下去吧，我下去在这儿咱们再买点儿药。”

“您慢着。”

车止住了，把钱靖方搀到车下了，钱靖方接着心里一哆嗦，就往前这么一伸腰，“扑通”一声，就栽倒在地上。

第三十六回

乐家人讲亲情，遗腹子有人疼，
同仁堂虽有难，伸援手同根生。

上回咱们说到祁州药市开市了，没想到钱靖方一头栽到地上了，姚师傅赶紧伸手，一号脉，傻了，没啦，这人就完了。

“唉……”

姚师傅跟着钱掌柜多年，眼泪下来了，伙计这么一看，也着了急了。

“姚师傅……”

“别说了。啧，可怜啊，世家为医，风流倜傥，锦衣玉食，钱掌柜这一辈子，今天……啧，死在祁州了。”

赶紧往这车上抬吧，赶紧拉回去吧。

说上回咱们说，说祁州药市这药王庙，宋徽宗给盖庙，赵德芳有病，是这邳彤给治的病，这都是传说，是吧？那么传说的事情就太多了，咱们听传说，您也甭管他是真的是假的，大概齐就这么档子事，是吧？您就拿这个六必居来说吧。咱们前边说过六必居，同仁堂乐家爱吃六必居的酱菜，说为什么叫六必居？六必居谁开的？上回我说了，掌柜的姓赵，确实是姓赵的开的。六必居的东家，山西临汾，出汾酒那地方的。哥儿四个，当中间都是存字，上北京开的六必居。说为什么叫六必居？传言太多了，有这么传，有那么传的。实际上是怎么回事呢？您还得信我的，是吧？说人一睁眼，柴米油盐酱醋茶七件事，这七件必有的事。但是，这哥儿四个开这小的油盐店，就是不卖茶，而且这茶也可喝也不可喝，说我没钱，我就喝白开水，我不爱喝茶，我就喝白开水，行不行？也行。所以说，赵家这哥几个开的这六必居，是柴米油盐酱醋，就没茶。哥儿个一商量，干脆六样必办的事儿，所以叫六必居了，这六必居是这么来的。

那么传说跟现实就有点儿区别，您就拿这乐家来说吧，乐家手拿串铃到北京行医，这么多年了，后来乐显扬当了太医，乐凤鸣开了同仁堂，说这串铃，串铃也叫唤铃，也叫虎撑，前边咱们讲过了。说为什么叫唤铃呢？这唤铃的唤啊，是呼唤的唤，就是我唤你有病的人出来看病。所以有的地方叫串铃，有的地方叫唤铃，咱们北京就跟这唤头呢，它就有相连了。您看这个剃头的，手里拿着这唤头，一打，“嚓”声一响，不能挨着家儿的叫，说你们家有剃头的没有？这不行。就跟这看病似的，为什么拿这串铃拿这唤铃呢？就是有病的人你出来，大夫我来了。这剃头的也是一样，这叫唤头，不能说一推门，你们家有剃头的吗？人家不爱听，是吧？这唤头这么一响，就是唤你出来剃头。所以各地方言不一样，各地的叫法也不一样，总而言之是这个东西，是吧？

乐家由打游医一直到北京，到了太医院，现在开了同仁堂，钱掌柜为乐家确实辛辛苦苦，到了七十开外了，没想到为了买药，死在了祁州。说他不买药他就不死吗？可能会多活两天吧。总而言之比较累了，到祁州买药，这一个跟头栽在这儿了。好善他们买完药回去，怎么回去的？伙计给叫回去的。

“您别买药了，您快回去，钱掌柜殁了。”

哭吧。这儿钱掌柜死了，北京还不知道呢。北京乐凤鸣也在着急，着什么急呀？这药商张玉山没事儿逛下处去了，八大胡同离得近，结果让一个亲王的家属给看见了，禀报这亲王，亲王跟皇上一说。四家联保，是吧？这四家一个是钱掌柜，一个是乐大爷，一个是乐二爷，还有茶馆掌柜的贾掌柜。那没别的，罚，罚多少钱啊？一人五百两银子。那钱掌柜的钱谁掏？得乐家掏，乐老二就跟乐老大说：“哥哥啊，不能让贾掌柜掏，贾掌柜开一茶馆，能卖多少钱啊？咱们揪的人家让人家作保，这钱咱们得花。”

这一下就是两千两。罚了两千两银子，这药商给免了。而且到祁州去买药，花费也不小，大部分的药还是欠着赊着，也搭着跟祁州这些药商是熟人。都相信同仁堂，只要卖了点儿药，就能把钱给送回来。那边着急是钱掌柜死了，这边着急，拉着亏空。两千两银子罚了，乐凤鸣坐在花房里头就跟媳妇儿说：“翠莲啊，你说我这日子还怎么过呀？”

“你着什么急呀？着什么急呀？”

一伸手把自个儿戴的镯子摘下来了，玉镯。

“卖去，各家私房钱拿出来，足够你盯上那么几年的呢。再说了，你认为供奉御药是好事啊？我打听打听，东家，几回供奉御药的钱都回来了吗？”

“没有啊，现在欠着好几笔呢。”

“着啊，你着什么急呀？”

两口子正说着话呢，外边叫门。

“二哥二嫂。”

“嘿，快开门去，老四来了。”

您别瞧老四跟老大老二住在一个院子里，平常仨月五月看不见。一个是同仁堂忙，那么老二不是上同仁堂就得出去办事儿去，而且还得兼着制药；这老四出去办皮货，唯独老四不听话，可是自己借钱投资，自己做的买卖，买卖做得不错。老四这孩子比较聪明，个儿不太高，比老大老二老三都矮；长得是个娃娃脸，挺喜兴，虽然也到六十了，看着就跟四十七八似的。一听声音，就知道四弟来了。

“快开门，老四来了。”

把门开开了。

“哟，二哥二嫂。商量什么呢？二哥，看您直发愁，有什么事儿？”

“甭管我有什么事儿，翠莲啊，老四啊我也有日子没见着了，你上厨房看看有什么下酒的菜，我们哥儿俩喝点儿。”

“行啦。”

翠莲出去了，哥儿俩就坐下了。

“您把我嫂子支出去了，我就得问您，您是不是着急呀？嗯？这供奉御药不是好事儿啊，朝中这么一罚，您盯得住吗？”

“四弟，你也听说了？盯不住也得盯着呀，再说祁州的药……”

“大部分都是赊的。”

“你全知道？”

“乐家的事儿我怎么能不知道啊？卖皮货单说我卖皮货的，我姓乐。”

“唉……”

老二长叹一声，这老四一伸手，由打怀中掏出一张银票来。

“哥哥，这是一千两，您要是不够我再去兑换，您接着。这虽然是我卖皮货的钱，但是您要知道，我也姓乐，您也姓乐，咱们的爹叫乐显扬，是太医呀。”

“老四啊……”

老二接过这张银票，心中一股热浪，这眼泪就围着眼眶子转啊。

“四弟呀。”

“二哥。得了，不够您说话。”

这时候呢，张妈带着手底下的两个丫鬟，就把菜跟酒全都摆上了。一会儿的工夫，翠莲来了，翠莲也端着菜。

“怎么着？你们哥儿俩喝点儿。”

“啊，喝点儿。嘿，二嫂啊，您这菜可真有意思，您看：韭菜花、酱瓜丁、摊鸡蛋、肘子。就这肘子还像点儿话，您说这是下酒菜吗？这酱瓜丁，六必居的，您也凑啊？嗯？您别糊弄我。”

“四弟，你要不高兴，我把它撤走。”

“不是，我爱吃，不是跟您闹玩笑呢嘛，跟您开个玩笑，别往心里去，我就爱您……”

“爱吃我炒小白菜，对不对？虾皮炒小白菜，等着，我给你炒去。”

翠莲转身形又走了，翠莲这虾皮炒小白菜还特别好吃。等把这盘小白菜炒好了，端着由打厨房奔这花房，刚走到花房门口，就看见刘成儿在里边呢。

“东家，坏了，大事不好了。”

“什么事儿啊？你这么慌慌张张的。”

“钱掌柜……在祁州药市上摔一跟头，殁了……”

“啊？！你说的是实话？”

“我蒙您干吗呀？”

这话正好让翠莲听见，“叭”一下儿，跟头摔在这儿，这盘菜也掉地下了，撒了一地。那就得赶紧顾，顾这二奶奶，把二奶奶扶起来掐人中。

“刘成儿，你赶紧拿冰片去。”

咱们书不说废话，连掐人中，再含冰片，慢慢地翠莲苏醒过来了。

“啊……成儿啊……你听谁说的？”

“二奶奶，我不蒙您，您知道珠市口那药店，小祝三儿，他也上祁州买药去了，他想着跟咱们同仁堂一块儿回来，说搭个车吧，他也住在葛掌柜那店里头了。结果他亲眼看见这车把钱掌柜拉回来的，钱掌柜脉象都没了……”

翠莲就“哇哇……”哭啊，就这么一个哥哥啊，再说小嫂子身怀六甲，马上就生啦。哭管什么用？乐凤鸣说：“你别哭了，你是全家的主心骨，还得指着你呢。再说你嫂子马上就要生养了，你看这事儿怎么办呢？”

“怎么办呢？我哥哥倒霉，我也倒霉，我们钱家算倒了大霉了。”

“别说倒霉啦，这人死了不能复生，你赶紧安排安排后边这些事怎么办吧。”

咱们书不说废话，翠莲还是挺坚强的。等回到娘家一看这小嫂子，也不知道是谁话这么快，这话就传到了虹萍的耳朵里，虹萍就栽倒了，就躺到炕上了。翠莲一看就傻了，安慰管什么呀？这孩子七个月，俗话说：七活八不活，孩子生下来跟小猫儿似的。也仗着同仁堂还有点儿办法，什么益母草膏啊，把这些保健的药都给她吃了，凤鸣就跟翠莲说：“那就看这孩子命大命小吧。啊，命大就活，命小我也没办法。”

虹萍一着急，没奶。请奶妈吧，一个奶妈跟着一个奶妈，一个奶妈跟着一个奶妈，喂这孩子。虹萍就哭啊，翠莲就劝啊，后来两口子商量商量，就把这位小嫂子接到乐家。

“干脆，您把这房也卖了得了，您到这儿，好好地养活你们娘儿俩。”

要不就说乐家人心眼儿好呢。这孩子生下来，遗腹子，暮生儿，没爹。乐凤鸣就嘱咐全家人，另眼相待，得疼这孩子。给孩子起个什么名字呢？叫钱映墨。因为他们家是文人墨客，钱映墨。刚开始，虹萍天天哭，天天抹眼泪，后来乐家人对她那么好，再看这儿子，慢慢也就止住悲痛了。所以说遗腹子有人疼，钱靖方呢，怎么办了呢？好善早已然回来了。因为说书的一张嘴不能同时说两家的事，这祁州有个规矩，凡是买药的，凡是卖药的，凡是药商，只要是死在祁州，尸身不能拉走，必须埋在祁州药市。所以好善就跟姚师傅葛掌柜商量，给钱掌柜买了一块好地，就是非常好的风水宝地，然后唱了三天大戏，就把钱掌柜埋在这儿了。翠莲哭啊，翠莲跟乐凤鸣说："明年我得想办法把我哥哥移回北京来。"

那这就是后话了。总而言之钱掌柜也没了，这孩子也落生了，接到乐家来养活。那么掌柜的没有了，谁当掌柜的呢？乐凤鸣就跟翠莲说："干脆呀，就让大哥当这掌柜的。"

翠莲说："不行，大哥七十多了，你惦记把他累着啊？啊？奔八十走的人了。"

"那这么办吧，让乐礼盯着大掌柜，让好善盯着后头，这哥儿俩挺用心的。让大哥每天到同仁堂去逛逛，给他们哥儿俩在那儿一戳，往那儿一坐，当个主心骨行不行？"

"那还行。"

同仁堂就这么安排好了，小映墨就养在了乐家。哎，该着出事啊怎么着都出事。这天，大爷跟二爷两个人由打同仁堂回来，自打大爷上了同仁堂之后呢，二爷就习惯了，每天晚上都跟大爷在这花房喝二两，就为了陪大哥在这儿说会儿话。哥儿俩正说着话儿呢，外边脚步声音响。

"大哥，二哥，都在呢啊？"

哥儿俩一听声音，谁来了？老三来了，老三在崇文门外头开的万全堂。

"老三，你进来。"

"哟，大哥二哥，您好啊。"

"坐下。"

翠莲正好进来。

"哟，你瞧，三弟来了。干脆添双筷子吧，在这儿喝点儿，吃饭了没有？"

“没呢，就爱吃您炒小白菜。”

“等着，我给你炒去。你还恶心我，嗯？那天那小白菜撒地上了，我哥哥没了。”

“您瞧，这不是岔乎您嘛。”

“有这么岔乎我的吗？等着，我给你端菜去。”

翠莲是个宽心眼儿的人，一会儿的工夫，三双筷子，三个布碟，酒壶也拿来了，酒也热好了，凉菜热菜端上这么一桌子，这哥仨在这儿吃饭。翠莲明白，三弟是无事不登三宝殿，翠莲就退出来了，一看嫂子走了。

“大哥二哥。”

乐凤鸣看着他没说话。

“呵呵，有事儿吧？没事儿你也不来。”

“是有事儿。您说我不跟您商量跟谁商量？老家儿没了，就是大哥二哥了。”

“那你说实话，打算怎么办吧。”

“二哥，您七十出头啦；大哥，您可七十多啦；我也奔七十了，我跟二哥就差一年。”

“岁数大了就岁数大了，你有什么你就说什么吧。”

“我跟您说，万全堂亏本的买卖做不下去了，债主子堆门。马上要过年啦，债主子一堆门我可没法还账。”

“嗯，说。”

“我想把万全堂给卖了，把账还了。另外我外边买的这宅子呢，我也打算卖了，搬回来住。您看，咱们西边还有一片空地，等明年春暖花开，在西边把咱们院子扩大了。荷灵老看着我二嫂在家里相夫教子，哄着孙子含饴弄孙是个乐，她也想回来跟我二嫂一块儿看孙子。”

老二看着老三没说话，老大看看老二，又看看老三。

“这事儿啊还是老二做主吧，要不然把老四叫回来？”

乐凤鸣一摆手。

“甭叫。老四跟我说了，他卖皮货，跟咱们药行没关系，但是咱们药行有事，他准出手相助。呃……这么办吧，反正老四说让我做主，老三我就问你一句实话，万全堂真坐不住了吗？”

“二哥，您要让我说实话呀，坐不住了，是坐不住了，债主子堆门。可有一节，不光是做不住了，呵呵，荷灵说呀，如果您要不答应，我们回不了打磨厂乐家大院子，她呀可就跟我玩儿命。”

第三十七回

煮豆燃豆萁，豆在釜中泣，
本是同根生，相煎何太急。

咱们大家都知道，这是曹丕逼得曹植七步成诗，非常有名的一首诗，本是同根生，相煎何太急。您看咱们中国的历史啊，尤其是帝王将相这些书啊，这些戏您一听，这个争夺王位呀了不得。啧，所以现在有时候我也不爱看这些节目，就是争夺房产啊，这个争夺家里的继承权利呀，其实有多少钱管什么呀？我觉得还是应该仁义一点儿好。

您拿同仁堂来说啊，咱们上回这书说到这个老四掏出一千两银票来，给二哥，怕二哥着急。二哥这钱花到哪儿了？花到同仁堂了，花到乐家了。那么老三要回归，老三说了，您要不让我回来，我媳妇儿跟我瞪眼。其实呢，两口子在家已然商量不是一天两天了，这三媳妇儿闹着回来。万全堂也确实亏了点儿银子，没有那么厉害，为什么要闹着回来呢？看着一大家子热热闹闹地过日子，自个儿两口子就一孩子，在外边，孤雁单飞呀。咱们中国人讲亲情，啊，所以说荷灵老惦记回来。老三就说她，说当初闹着出去就是你闹着出去的，现在你又闹着回来，那没办法，我去商量去吧。老二就跟老三说，你跟我说实话。

“我跟您说实话，就是这么回事儿。说亏，确实欠了银子了，把万全堂兑出去，这账就能还了。把这宅子卖了，我拿回银子，明年咱们修房也足够使的。说句实话，就是我们两口子想回来，孩子也想回来，也想跟好善啊，跟您这少爷乐礼，在一块儿。”

“既然那么说，明儿就搬回来。”

乐凤鸣就这么痛快。说乐凤鸣为什么这样？人心眼儿要窄，要容不下别人，他也做不好这样的买卖，所以乐凤鸣心宽量大。咱们书不说废话，把万全堂兑出去了，账也还了，然后把宅子卖了，老二这一家子就搬回这院子里，暂时住在后院西厢房，明年开春呢，气暖晴和，再把西边再扩出一个院子来。老三这孩子呢？老三这孩子叫乐至善，老大这孩子叫乐好善，老二这孩子叫乐礼。老二俩儿子，这是老二，老大不太着调，也不往心里去这药行的事儿，所以乐礼就把这差接过来了。乐凤鸣说："这么办，至善啊，你跟好善还有乐礼，你们三个大掌柜的，在同仁堂给我盯着，前后给我盯严了。好善啊，好好伺候你爹，让你爹在门脸这儿给你们做个主心骨。"

乐凤鸣呢就把同仁堂的事情安排好了，这老三也搭着闲着没事儿，平常老在万全堂，他有的时候就溜达溜达，上同仁堂看看去，顺便也嘱咐嘱咐孩子，怎么配合着好好干。这天呢，乐凤仪到同仁堂，看了看前边，到后院转悠转悠。就在这时候，外边进来一个壮汉子，也就三十岁出头，"砰砰砰……"就磕头。正好呢，至善在这儿呢。

"您，您……您别磕头，有什么话您说话，您起来，您起来……"

这一嚷，乐礼也出来了，老三就没继续往里走，也出来了，赶紧把这人搀起来，让他坐在这圆桌儿旁边。

"您有什么为难召窄的事儿啊？"

"先让我磕头吧。"

"嗨，您再磕头也得说话呀。"

"这么回事儿，我呀，穷。"

乐凤仪这么一看啊，是够穷的，衣服是补丁摞补丁，但是洗得很干净，看起来媳妇儿是个勤奋的人。

"您穷没关系，有什么话您就说。"

"掌柜的，知道同仁堂救济穷人，我媳妇儿生完孩子之后长了奶疮了，疼得她成天成宿的叫唤。听说同仁堂的药好，我又没钱，想跟您赊点儿药，我……我再想办法儿还您行不行？给我媳妇儿治治病。"

"这个你别着急，你们有主意吗？"

"嗞……"

乐礼琢磨琢磨。

“哎？好像我那天听见好善哥念叨这件事儿来了，说什么治奶疮。哎，来来来，把我哥叫出来。”

一会儿好善出来了，乐凤仪就跟好善说：“你看看，他内人得了奶疮了，你看应该怎么治啊？”

“嘿，真问着了，我还是坐车上祁州，听姚师傅跟我大舅钱掌柜聊天我听见的，那天我念叨来着。这么办，您别着急啊，我给您三两大黄，三两黄连。回家您就煮水，给您内人服下去，然后用你们家那灶台底下那灰，拿鸡蛋黄给和和，然后就抹在她的疼痛之处，三天之后马上见好。”

“得同仁堂的方子，我赊药。”

“您也甭赊，三两大黄，三两黄连，您拿走，我们啊不要钱。”

哎哟，这壮汉啊跪在地下又磕头。

“别磕了，您赶紧回去治病去吧。”

千恩万谢，拿着三两大黄三两黄连走了，乐凤仪这么一看。

“行，好善啊，你真学点儿能耐。”

“我二叔说了，不学能耐不让我干，咱们乐家人就得好好看书。”

“至善，你听见没有？别一天到晚就甩手掌柜的似的，该看书该学习，不明白的话就问你二大爷，记住了没有？”

“记住了，您怎么老嘚吧我呀？”

您别看孩子在爹妈面前撒娇使性，要在外人面前可就不敢了。乐凤仪一看，这孩子行，坐这儿跟大哥俩人聊天喝茶，刚喝了一碗茶，也该着有事儿，门帘子挑开了，倒下台阶走进一位来。这哥儿俩抬头一看，这人穿着官衣呢，哎？乐凤仪一看，我认识啊。

“你……是不是张道台之子张瑾瑜呀？”

“不错，正是。”

“来，请坐请坐。”

乐凤仪就把他拉到圆桌旁边坐下了。

“这是我大哥。”

“啊，大爷您好。”

“您今天怎么来了？”

“哟，二爷没跟您说吗？我是新的药商啊。”

“我知道你是张道台之子，怎么成了药商了？”

“您干脆好好打听打听吧。”

这张瑾瑜一抬头，那意思我不好惹。那么这药商怎么来的？咱们知道头一个药商叫张玉山，上回咱们也说了，张玉山逛这下处，逛这八大胡同儿惹出娄子来，朝中罚了两千银子。那么张玉山这药商给免了，这药商还得有啊，这张道台就出主意了。乐家跟张道台认识，这张道台他不是真正的官，是捐班，花钱捐的。咱们前边说过，这清朝捐官是皇家规定的，如果说皇家需要钱了，说哪儿有人叛乱了，或者哪儿需要打仗了，国家有了事了，需要大批的银子了，朝廷就允许捐官了。给规定出来，几品官几品官应当多少钱，所以乐凤鸣当初捐这官，也是拿钱捐的。这张道台是木材生意的商人，他也捐了个道台，但是没有实际职务。这张瑾瑜三十岁出头，长得挺漂亮，挺狂，就是张道台的儿子。那么张道台的儿子怎么能遇见这么好的一个差事呢？这还得从雍正皇帝说起。

雍正皇帝这些年啊就迷恋炼丹，您想想，咱们一般人都不爱死，好死都不如赖活着，谁不想长寿啊？这皇上他在宫中这么一待，吃一看二眼观三，说话金口玉言，说出话来掉地下“当儿当儿”响，谁惹得起呀？锦衣玉食，三宫六院七十二嫔妃，享不尽的人间富贵，他不爱死。所以雍正皇帝他就研究，他喜欢炼丹。他喜欢炼丹炼高兴了，哎，底下文武大臣就好受；他炼得不高兴了，文武大臣就不好受。这一天他炼丹，炼得比较高兴了，回到宫中，一般的话呢，雍正皇帝喜欢在圆明园呆着，雍正皇帝最宠爱的年妃也喜欢在圆明园待着。炼完丹回到宫中，坐这儿跟皇后说了一会儿话，两个人青梅竹马，确实两口子感情不错。说了会儿话，自己回到寝宫，正在这时候，李总管进来了。

“皇上，和硕怡亲王求见。”

“哎哟，让他进来，让他进来。”

往下一传话，和硕怡亲王来了。这和硕怡亲王是雍正皇帝的兄弟，是康熙皇帝的第十三个儿子。雍正跟这个十三弟俩人感情最好，爱新觉罗胤祥，雍正是爱新觉罗胤禛。

“呵呵，我这位亲王大兄弟，你今天怎么来了？”

“跟您商量点儿事，皇上。”

“商量什么事儿？说吧。”

“我听说同仁堂这药商出了事了，这姓张的宫中给免了。”

“不错呀，也罚了银子了。”

“那么……我给你找个药商怎么样啊？”

“啧，你瞧，这么点儿事还烦劳亲王你来吗？递个话来不就得了嘛。”

“嘿，皇上，您看您说的，跟皇上说话递个话？我必须得亲自来。”

“你心中有人了？”

“有啦。”

“这人是谁呀？”

“呵呵，不瞒您说，这人呢……这人是我小妾的一个娘家哥哥。”

“我一猜就是这么码子事儿。”

其实雍正皇帝心知肚明，雍正皇帝跟自己的嫡福晋两口子感情特别好，青梅竹马。那么怡亲王跟自己的嫡福晋，也就是按现在说头一个太太，就是这位正太太，感情也特别好。可是老了老了呢，这有钱的人，又是王爷，他未免有点儿花心。看上了，这也不能算续一个呀，就给接家来算小妾，张道台的闺女，长得漂亮，而且会哄人。那么张道台就让闺女无论如何得给你哥哥求个职位。

“你哥哥一天在外头做这木材生意，他也不好好干，嗯？我当了道台了，他老吃我这点儿俸禄，这哪儿行啊？这不行。”

那么这小妾就跟怡亲王说：

“想办法您得给我哥哥谋个职升。”

她怎么磨的呢？这我还真学不上来，总而言之枕边进言，这怡亲王，和硕怡亲王胤祥还真听了。打听来打听去，听说同仁堂这药商张玉山犯了事了，朝中也罚下银子来了，借这个机会他就跟这小妾说了。

“我想办法呀，让你哥哥当这药商。”

“那不成，我得回去问问我爹去，我爹愿意才行呢。”

“你说你怎么那么麻烦呢？”

赶紧把张道台叫来，跟张道台一商量，张道台一想：这可是美差，做药商这得来多少银子呀。

“行啊，那太好了。你就让你的丈夫，让怡亲王找雍正皇上说说吧。”

这么着，和硕怡亲王来找雍正皇帝。

“您看行吗？”

“行，李总管。”

“皇上，我在这儿呢。”

“张玉山怎么样了？”

“啧，哎，不是免了嘛，银子也罚啦，都交上去了。”

“嗯，新的药商有了吗？”

“没有呢。”

“你心中有人吗？”

“嘿，那不是得皇上您的旨下嘛。”

那您说这李大总管得多聪明啊，伺候皇上，这身上得八十六个心眼儿都不多，一百八十六个心眼儿也不少，还得往上长，处处儿得长心眼儿，随时得动脑筋。

“皇上，您说……哎哟，呵呵，王爷您在这儿呢，是不是您有了意中之人了？”

“李总管，那您就受个累吧，这个……有一个人叫张瑾瑜，他的父亲是道台。”

“啊……我知道，我知道。”

您别瞧这李大总管是个太监，那亲王，朝中的三品以上的官员家里什么事，他得一清二楚，不然的话他没法在皇上面前进言。明白了，这张瑾瑜肯定是他的至亲，至于是什么至亲？他不见得摸得那么清楚。

“行啊，嗯……我得找人联保，这事您就交给我了。”

“李大总管，本王日后必有重谢。”

“哎哟，您瞧您说到哪儿去了，我谢王爷我还谢不过来呢，您净照顾我了。”

您别瞧他敢吃同仁堂，他可不敢吃王爷。这么着，李大总管就找到乐凤鸣。咱们前边说过，说当这药商不简单，得把这药商的情况摸清楚了，多大年岁，哪年哪月生，他的相貌是什么，有什么本事，报到御药房。那么御药房得下来，得到崇文门这税务衙门，这税务衙门下来人下来批条，得让同仁堂四人联保，如果这人出了事儿，就罚你银子；出人命，那就更了不得了。等这联保单上去以后，上边重新再批下来，然后立了档，再发给腰牌，这药商才行呢。李大总管按照这个手续，就把张瑾瑜所有的关都过了，然后这药商定了，这腰牌就发下来了。

这件事大爷也不知道，三爷也不知道。二爷办得很简单，也没想到这药商下来这么快，刚办完了，嘿，第二天这位张瑾瑜就来了，老三认出来了。

“张道台之子？”

“是啊。哟，您不在万全堂，您怎么上这儿来了？”

“万全堂关了，帮着我哥哥经营这同仁堂。”

这老大纳闷啊。

“嗞……你们哥儿俩怎么认识的？嗯？”

“嘿，大哥，跟您说，我跟他父亲有交情。那年我办生日，他父亲带着他上我那儿给我拜寿去了，张道台之子，现在当了咱们同仁堂的药商了，您请坐吧。”

给沏上茶来坐这儿喝茶。

“东家呢？”

“东家出去办事去了，一会儿就回来。您有什么事儿，您朝我们说，我大哥现在是掌柜的。”

“那您呢？”

“我大哥既然是掌柜的，我二哥是东家，您说我是谁？有什么事儿您就说吧。”

“好啊。”

这位张瑾瑜由打怀中掏出一张传单来，往这儿一放。大爷看了一眼，三爷看了一眼，坏啦，这张宫中的传单：五百丸子牛黄清心。这么大的药量，同仁堂是何处去寻？

第三十八回

牛黄清心丸，疗效不一般，
宫廷御用药，信誉天下传。

这一回咱们重点得说这牛黄清心了啊。说牛黄清心的制作过程，咱们怎么说也说不圆全，那么这书跟牛黄清心有很大的关系。因为宫中换了药商了。这张玉山逛这下处，结果让宫里人发现了，不但罚了同仁堂两千银子，您这药商还甭当了。换这药商后台硬，托的谁呢？托的是皇上的十三弟怡亲王。这怡亲王本来跟自己的结发夫人，就是这个福晋，嫡福晋，感情非常好。但是有钱有势啊，这男人就很难说呀，老了老了纳个小妾，这小妾姓张。正赶上这个张玉山这药商不当了，这小妾的哥哥叫张瑾瑜，跟他父亲一嘀咕，他父亲是捐的道台，原来是做木材生意的。这样就跟闺女说了，闺女就跟丈夫说了，这丈夫就是这亲王，怡亲王进宫就跟皇上说了。那这人情就托到家了，皇上就答应了，然后联名上保，把这些手续都办好了。头一天拿着腰牌，第二天就奔同仁堂来了，把这单子往这儿一搁。谁在这儿呢？大爷凤翔在门前这儿盯着呢。三爷是上同仁堂看看，二爷没在。三爷凤仪这么一看，五百丸子牛黄清心。三爷心里就一哆嗦，伸手就要五百丸子啊，像同仁堂这么大的药店，要是要个一百二百的还难不住他。

“五百？呵呵，张爷。”

这张瑾瑜把脸往下一沉。

“怎么着啊？三叔。”

他为什么叫他三叔呢？因为原来就认识。这乐凤仪跟张道台，就是原来搞木材生意的这个，俩人有交情，凤仪办生日的时候，张道台带着张瑾瑜来过。现在张瑾瑜多大岁数了？看样子三十出头，长得嫩啊，实际上已然三十七八了。按说是晚生后辈，本来挺狂的，没想到进门碰见乐凤仪了，这狂劲儿就下去一半。

“您看见没有？这单子可搁这儿了，五百。”

“好啊好啊，您这边请。”

乐凤仪往那边让他，那边是客厅啊，当中间八仙桌，两边有太师椅，往这儿一让呢，这张瑾瑜就往里走。他在这儿一走呢，三爷一回头，正好看见乐礼。

“我爹可说了，牛黄可闹着饥荒呢，够呛。”

“嗯，我明白了。”

三爷就奔这个张瑾瑜来了。

“张爷。”

“您别这么称呼我呀，我是小字辈儿的。”

“那不行，穿了官衣，您这辈分就得长啊。这么着，我陪您喝两盅去啊？咱们叫点儿菜，聊会儿。”

“不敢去。您瞧，我穿着官衣呢，倘若走在大街之上进了酒楼，要让宫里人看见了，嘿，一告一准。说我这差事丢了没关系，可有一节，我们全家性命可怎么办啊？不敢去您哪，哪天穿上便衣，咱们爷儿俩再喝。”

三爷就明白了，这儿盯着呢。

“那这么办，哎，乐礼呀，你爹呢？”

“谁知道出去干什么去了，有事儿，给叫走了。”

“好吧，这么着吧，张爷，您在这儿待着，这东家可不是我，东家是我二哥，我赶紧把我二哥叫回来，看看您这单子上的药怎么给您准备。”

“行啊，您请便。”

张瑾瑜虽然说这狂劲儿下去一半了，那还是挺狂的。往这儿一坐，伙计给沏上茶来了，三爷乐凤仪就出来了。

“啧，你说这么多牛黄，这玩意儿怎么弄啊？”

他着急呀。那么说起牛黄清心来，咱们都知道是同仁堂最贵重的一种药品了，是吧？那么牛黄清心是怎么来的呢？想当初乐凤鸣、乐凤翔、乐凤仪的父亲乐显扬进了太医院，他善于学习，太医院书多呀，哎，找着一本书，这本书是宋朝官方出的一个药典。叫什么呢？《太平惠民和剂局方》。其中有这么一个方子，叫牛黄清心丸，也叫局方牛黄清心丸，这是宋朝官方出的一本药典。您看咱们说了这么多段儿《同仁堂》了，里边出现的宋朝的名医就非常多，看起来宋朝医学是非常发达的，尤其是中医药。那么乐显扬呢就觉得这方子特别好，有没有缺陷呢？有缺陷。自打宋朝出来这药之后，经过这么多朝代，经过这么多名医调制，各有各的办法，有的添几味药，有的去几味药。到了乐显扬这儿，就把这方子传给了乐凤鸣，乐凤鸣经过精心调制，去了几味药，添了几味药，而且用金箔纸包着，上边盖上牛黄清心，用金箔的戳子盖在这丸药上，然后用蜡封好了。这药通过同仁堂这么一制，那可了不得了，确实是同仁堂看家的药。

中药都讲究君臣佐使，那么牛黄清心这君药是什么？牛黄。不言而喻，牛身上有了病了，长了结石了，把这结石取出来，这叫牛黄。这牛得养病啊，它养病，它得生病，生完病，哎，它也不懂，养着养着，牛黄越来越大，质量越来越好，把这牛黄取出来，做这牛黄清心。所以牛黄不好得，好牛黄更不好得，牛黄就又更加珍贵了；牛黄珍贵，牛黄清心丸也就更加珍贵了。也不能想着法儿地让这牛得病吧？这牛没病，非得把这牛给弄成结石了？没病愣弄成结石了，这还不好弄，到现在我也没想出主意来，是吧？

所以说三爷一边走这一边琢磨，哪儿找这么些牛黄去呀？而且宫中要用，那就得快，就得脆，质量还得好。走着走着呢，他想着呢，就走到大栅栏东口了，东口路南了新开一个小饭馆叫“十里香”，三爷觉得肚子饿了，他一闻见这香味儿呢，不由自主地一回头，哎，里边正好坐一熟人，珠市口开药铺的祝小三儿。他大名儿叫祝鸿志，因为他行三，岁数大的都管他叫三爷，小三儿。上回钱掌柜死在祁州，就是这祝小三儿给报的信儿。祝小三儿正在这儿吃饭呢，要好了菜，抬头一看。

“哟……嗬，乐家三爷。”

就站起来了，迈步出来了。

“三爷，您好哇。您这是干吗去？”

“哎？我想起来了，你是开药铺的呀。”

“啧，您瞧，干吗您想起来了？我老上您万全堂串门儿去呀。”

“我问问你，你那儿有牛黄吗？”

“呵呵，您拿我开心是不是？就我那小药铺能趁牛黄？您找二爷去呀，同仁堂有的是牛黄，那牛黄清心丸卖扯了呀。呵呵，我那儿能有牛黄？您可别逗了。”

“好吧。”

“您进来喝两盅？”

“不进了，今天我有事儿。”

“那我可就不让您啦，我可回去自个儿喝去了。”

“行啊，今天不扰你了，哪天我请你。”

祝小三儿回去吃饭去了，三爷往前走，刚出这大栅栏口，哎，正赶上一辆车，马车，这车把式还认识。

“哟？乐三爷。您这是上哪儿啊？”

“我呀，回宅子。”

“打磨厂啊？您上车，正好我走门口，不要您钱，来来来，您顺脚儿。”

三爷一撩这大袍儿，往上这么一蹿，就坐在车上，车把式一摇鞭，就直接奔了打磨厂了。到了乐宅门前，车把式止住车，三爷由打车上下来。

“谢谢您，改日再谢。”

“行啦行啦，谁跟谁呀，都是咱们京城的人。”

车走了，三爷上前叫门，刘成儿把门开开了。

“哟，三爷，看这意思您有事儿啊？”

“啧，嘿，你眼真尖，我二哥呢？”

“出去啦。”

“二嫂呢？”

“二嫂在家呢。您二嫂这二奶奶老在家盯着，她能不在家吗？二奶奶，三爷有事儿找您。”

翠莲听见，翠莲就出来了。

“三弟，什么事儿啊？”

“我二哥呢？”

“你二哥呀上杏花村吃饭去了，刚才张掌柜让伙计赶着车把你哥哥接走了。”

“什么事儿啊？”

“好像说要买我们钱家的房吧，我已然嘱咐你二哥了，这事儿得跟他舅妈商量，我们两口子不能做钱家的主。”

“呵呵，他爷爷也姓钱啊。”

“那不行，我嫁给姓乐的了。”

“这回您也得说姓乐了吧？”

“你这孩子，我告诉你，虽然你快七十了，我指着你脑门，也是孩子。我就不愿意听这句话，什么嫁给姓乐的我就姓乐了？啊？我姓钱，但是钱家的事儿我不能做主。”

“那行，二嫂，我去找我二哥去。”

赶紧出来了，刘成儿在这儿等着呢。

“三爷，您用车吗？”

“用啊。快着点儿，有急事儿。”

“好吧。”

让六子赶着车，就把三爷送到鲜鱼口杏花村了。到杏花村门口，由打车上下来。

“你等着啊，一会儿还回去呢。”

“哎。”

支车棍把车支好了，在这儿等着，三爷一看，门前站着伙计呢。

“请问您，同仁堂乐家老板在这儿呢吗？”

“在呢，楼上。哦，您是乐三爷，您楼上请。”

陪着三爷进去了，然后上了楼梯，尽里边这雅座，一掀帘子。

“乐东家，您瞧，有人找您。”

“哎哟，凤仪，有事儿吧？来来来，给你指引指引，这位就是杏花村的张老板，太原人，跟我是莫逆之交哇。你还没来过呢吧？你瞧，刚端上俩菜来你就到了，属猫的？呵呵，有福之人不用忙啊，看起来馋人自有馋人的造化。来来来，坐下，一块儿喝。来呀，添双筷子，添个布碟。”

然后用手一指老三，跟张掌柜说。

“兄弟，这是我三弟，乐凤仪。”

“哦……好好好，一表人才，一表人才。虽然没见过，可也听说过。来来来，您请坐，请坐。”

三个人重新落座了，张掌柜用手一指。

“三爷，您吃过吗？恐怕您没上我们这儿来过吧？您是不喜欢吃我们山西菜？”

“不是不是，我呀，在北京长大的，就爱吃北京菜，天天什么炸酱面啊、麻酱面啊，嗯？打卤面啊，我爱吃面条。再说家里离着万全堂又近，虽然现在卖了这宅子，当初一扭屁股到家了，内人常给我做面条吃，所以我很少出来吃饭，跟我二哥不一样。”

“今天您尝尝啊，尝尝我们的山西菜，对您口味您就接着来，不对您口味，我给您改。”

“哎哟，那可多谢了。啧，哎？净顾了跟您说话了，我可忘了大事啦，二哥。”

“有事儿？”

“没事儿我能找您吗？宫中下来单子了。”

“怎么又下来单子了？前边的账还没结呢。”

“啧，您瞧。”

“哎？再说，这张玉山给免了，我们刚作了保，换了张瑾瑜，顶多现在腰牌刚下来呀。”

“是啊，昨天下腰牌，今天到同仁堂，您就盯着吧，五百丸子牛黄清心。”

“就饭吃啊？五百丸子牛黄清心解饱啊？”

乐凤鸣一听就急了。

“我上哪儿找去呀？哪儿这么些牛黄啊？而且还得上好的牛黄啊。

这些配药倒好办，嗞……你说宫里吃饱了撑的啊？”

“您瞧，刚才您还说就着饭吃呢，这时候又吃饱了撑的。”

张掌柜一乐。

“我说老兄，你这人也真糊涂，你这耳朵啊还是多听着点。上月宫中一位老太妃差点儿死喽，结果吃了你们同仁堂两丸牛黄清心，这条命捡回来了。这北京都嚷嚷动啦，我们门口卖瓜子的都知道啊，谁不想存个一丸子两丸子牛黄清心啊。”

“你说对了，我说柜上牛黄清心都断了档了呢，全卖了。”

“那是，北京城大街小巷没有不知道这位老太妃吃了牛黄清心捡了一条命啊。呵呵，老兄，您想想宫里多少人啊，这些总管，这些嫔妃，再加上太后，再加上皇后，再加上这些皇亲，五百丸子是少数。得嘞，您给备着吧，您不备着就是大难临头。”

“啧，你说这怎么办呢？老百姓买牛黄清心还没有呢，宫中要五百丸子。”

“您别瞪眼，谁让您供奉御药呢。”

“嘿……”

三爷点了点头。

“我二嫂说什么来了？供奉御药不见得是好事儿。”

“行嘞，您压言吧。这话要传到宫里头，咱们还要脑袋不要脑袋了？”

“那二哥您说怎么办？”

“你跟我走吧，上同仁堂细料那儿看看，然后回家到细料库查查，咱们到底还有多少牛黄。”

“呦……”

这张老板皱了皱眉。

“这牛黄就这么不好办吗？”

“不好办啊，您说这牛不长结石，逼着它生病啊？哎，牛哥们，你们长点儿黄吧。行吗？”

“呵呵，您还逗笑？这急您着去吧，您看看哪儿能有牛黄，您赶紧凑去吧。”

“那告辞，对不起，这酒可就没法喝了。”

“行，哪天再给您补。”

哥儿俩“腾腾腾……”下了楼了，车把式赶紧把支车棍撤下，哥儿俩上了车。

“东家？”

“同仁堂。”

六子赶着车，出了鲜鱼口直接奔同仁堂。离着同仁堂近了，这哥儿俩可就愣了，就听见同仁堂里哭啊，一听这声儿就是好善的声儿，老二多聪明啊。

“三弟，牛黄清心要五百丸，大哥知道吗？”

“知道啊，我大哥在那儿坐着呢。哎？是啊，我出来的时候怎么没看见大哥呀。”

“啧，你听，好善那儿哭呢。”

车止住了，哥儿俩下来了。挑帘栊一进来，一看这好善趴到地下哭，哭得这惨啊，乐礼在旁边劝。

“得了，哥，你起来吧，人没了又不能复生。”

嘿，敢情大爷没了。三爷净顾了找二爷去，就忘了大爷这么会儿的工夫不见了。大爷上哪儿去了？大爷就奔里院了。里院有个门房，就上门房了。谁也没注意，门房有个伙计，一会儿的工夫出来了，跟好善说呀：

“掌柜的，您看看去吧，大爷……我给号号脉，大爷殁了。”

“啊？！”

好善这一哭，惊动了乐凤鸣，惊动了乐凤仪，这可如何是好哇？！

第三十九回

皇上为命来炼丹，百姓为了吃和穿，
乐家为民做良药，看家牛黄清心丸。

这牛黄清心了不得，宫中要这五百丸子，您说大爷在旁边坐着，大爷平常就不爱说话，他能不着急吗？药店里有多少？家里有多少牛黄？明镜儿似的。再说这回祁州办药，根本就没买回什么牛黄来，这牛不生病，你也不能挤对牛生病啊。大爷没说话，蔫了巴唧地站起来，心里觉得不太好受，奔了柜台进去就奔了里院了，到里院就进了门房，伙计这么一看。

"哟，外边太乱吧？您坐这儿歇会儿。这儿有床，不行的话您躺下歇会儿。"

"不了。"

大爷坐这儿，越想心越窄，越想越着急。您想，本来大奶奶故去之后，大爷心里不痛快，好容易到了同仁堂，换换地方吧。俗话说得好：人挪活，树挪死。大爷到同仁堂以后挺高兴，没想到净是急事，净是为难召窄的事。心里一难受，往旁边一歪，伙计给扶住了，要不然就躺下啦。伙计都会号脉，都会看病，一给大爷号脉可傻了，脉息皆无，赶紧扯着嗓子就喊：

"来人啊……来人啊……"

伙计也来了，赶紧把好善请来了，大爷没了，您说是不是为牛黄清心急的呀？再有二十丸子牛黄清心也救不了大爷的命啊。好善这一哭，至善也哭，乐礼也哭。大爷死了，伙计都心疼啊，都知道大爷人好。后边制药的全都不做了，眼泪都掉下来了，哎，这时候，二爷跟三爷回来了，挑帘子一进来。

“怎么了？”

乐礼流着眼泪。

“爹，我大爷殁了……”

老二傻了，老三眼泪下来了，孩童齐首，哥儿仨在一块儿长大的，到现在哥哥没了。老三这时候才想起来那药商，张瑾瑜还在这儿坐着，一歪头，这位犯傻了，心说：他们家死人了，这玩意儿牛黄清心可怎么办呢？皇上怪罪下来，我这脑袋怎么办呢？各着各的急呀。那没别的说的，乐家有丧事了，办丧事要紧。老二就得指挥着，把大爷慢慢地抬起来，放到车上再拉家去呀，三爷就过来了。

“我说，老弟呀。”

“您别这么称呼啊，我是晚辈呀。”

“您瞧见没有？我们家出事了。这您得容工夫吧？我们家也是人，姓乐的家死了人了，再说是我大哥呀，又不是一般人。爹死了，娘死了，我大哥就是一家之主。对不起，您回去跟李总管言语一声，您得容个工夫吧？牛黄清心咱往后靠靠吧。”

“那那那……那我怎么交代呀？”

“那您，您爱怎么交代怎么交代吧。二哥，咱们走吧。”

东家把姚师傅叫来了。

“姚师傅，我嘱咐您，该怎么做牛黄清心怎么做牛黄清心，细料库里还有，该怎么弄怎么弄，您在后边盯着，前边搁俩伙计，我们回去了。”

“行啊，您可千万别着急，人死了不能复生，您节哀吧。”

这么着，二爷凤鸣、三爷凤仪，带着这小哥仨上车，当中间躺的是刚咽气的大爷凤翔，走了。这同仁堂就交给姚师傅跟几个伙计了，这张瑾瑜这么一看，人都走了，也不理我这茬儿，我回去吧，到宫中找李大总管去吧。回到宫中见着李大总管了，空着手。

“跟您说，同仁堂死人了。”

“怎么又死人啦？”

“什么叫又死人了？大爷殁了。”

“乐凤翔？”

“啊。”

“那清心呢？”

“那您说我也不能逼着呀，就因为我把这单子往那儿一放，这大爷可能着点儿急。”

“别往咱们这儿赖啊，他该死就得死，跟咱们宫里头没关系。”

“那您说反正他是死了，人家二爷三爷回来了，把大爷弄回家去了，人家得办丧事，我跟人家要牛黄清心，人家都不理我这茬儿啦，您说……”

“嘿，这乐家啊，有两下子。早不死人晚不死人，这时候死人，你候着吧。”

这一句话候着，这张瑾瑜回家也不是，不回家也不是，在这儿等着吧。

“啧……”

李大总管这么一琢磨，我要到了御药房，跟御药房一说，御药房的吏目说：得嘞，皇上不御批，我们也没辙，您得找皇上去。我不是还得找皇上嘛，干脆，我也甭理他们，我直接找皇上去吧。迈步就奔乾清宫，走到半道上，啧，嘿……我这糊涂，早上起来皇上就走啦，上圆明园了，炼丹去啦。赶紧套了辆车，反正我好多天没看见皇上了，天天早上起来就走，晚上有时候回来，有时候不回来，老炼丹，啧，嘿，老惦记长生不老。得啦，我呀上园子里看看去吧。一句话好说，那时候交通可没现在方便，套辆车，这车由打紫禁城一动身，一直到了西郊，到圆明园，您说这车得走多长时间？好容易到了园子，下了园子这门，下了台阶，迈步往里走，谁不认得李大总管啊？

“大总管，您是不是找皇上啊？”

“皇上呢？”

“啧，那您还用问吗？”

“好嘞。”

李大总管直接就奔这东南犄角去了。圆明园东南犄角有个地方叫秀清村，两层院子，非常的精致。等走到这秀清村，站住脚步往里边一看，嘿，李大总管心中很感慨呀，背后是山，前边是水，精致高贵的一个院子，可惜里边是浓烟滚滚，热浪往出一催，外边这杨树哆里哆嗦都打战。李大总管心说：皇上，您炼什么丹呢？这人能不死吗？可是这话能说出来吗？还得捧着皇上说。李大总管“啪啪……”一叫门儿，里边门插关一响。

“哟，师父，您来啦。”

自个儿的徒弟，刚收的，小林子。

“皇上呢？”

“嘿，您来的真是时候，皇上老爷子正高兴呢，在那儿呢。”

一说皇上高兴了，李大总管心里踏实了，皇上要高兴，你说什么都行；皇上要不高兴，你说什么都不行。直接就奔着浓烟滚滚这地方来了，这雍正啊就惦记长活，在这儿炼丹，听见脚步声音响。

“谁呀？”

“奴才给主子请安。”

“干吗来了？”

“您瞧，奴才不是想您来了嘛，想您不是才来了嘛。”

“别嚷，啊，想我啦？是不是也想长生不老，让朕教给你怎么炼丹啊？啊？”

李大总管一看，皇上脸不是色儿，心说皇上哪儿高兴啊？皇上正炼丹着急呢，这孩子净蒙我，等有工夫我非得好好治他不可。一回头，这小林子知道蒙了师父啦，一吐舌头，抹头就走了。李大总管心说：搁着你的。

“主子，头一个，奴才好几天没看见您了，想您；第二个呢，也想知道您这丹炼得怎么样了，听说您炼得不错；还有就是奴才有点儿事，得跟您商量商量。”

“哼哼，你是宫中的大总管，掌管乾清宫，你管得了天下吗？”

“您瞧，也不知道奴才这话怎么又得罪您了。”

“那你说有事儿跟我商量商量？啊？我是皇上，你是皇上？跟我商量什么呀？”

“那那那……那不是说错了话了嘛。得嘞，主子，您能记小人之错吗？小人一时说错了。”

“什么事儿？快说。”

“主子，是这么回事儿。您说这个宫中的御药房啊，下了单子了，这个张瑾瑜也到同仁堂去了，要五百丸子牛黄清心。没想到清心没拿来，同仁堂家死人了，大爷又殁了。”

“哼！这乐家怎么老生事儿啊？今儿死一个，明儿死一个，什么时候死绝了呀？”

这皇上不是想说什么说什么嘛。李大总管这么一琢磨，就这脾气，我还让他御批？得嘞，我少说两句吧。

“那那那，那……那那主子您看，这个这个……”

“行啦，哼！今天你给同仁堂说话，明天你给乐家说话。你今天实话实说，你拿了乐家多少银子？”

其实皇上就是气话。这位心里有鬼呀，今儿三十，明儿五十，吃同仁堂喝同仁堂，自个儿都肥啦，以为皇上知道了，这一害怕不要紧，幸亏皇上那儿“哗哗哗……”那儿炼丹呢，好家伙，这位李大总管就尿了裤子了。

“呃……他他……您，哪儿敢啊奴才我。得嘞，那您忙您的，您制您的丹。”

转身形就出来了，底下全湿了。啧，哎哟……你说这怎么办啊？有气儿找谁撒啊？找同仁堂。出来了，上了车。

“大总管，回紫禁城？”

“不用！湿着就湿着，湿着我也上大栅栏。”

他尿裤子了，这赶车的哪儿知道啊，也不敢问啊，说大总管您哪儿湿了？这也不能说呀。穿着湿裤子，坐着这车，赶着直接就奔了同仁堂了。到了同仁堂，下来了，低头一看，不往下拉拉了，省得露怯呀。车把式把这帘栊一挑，倒下台阶下来了，伙计这么一看，李大总管来了。

“啊……大总管，给您请安。”

“东家呢？”

“这不是大爷殁了嘛，东家回打磨厂了。您有什么事儿吗？”

“什么事儿？哼哼，我告诉你们，把大总管我的话传给乐东家，皇上要这五百丸子牛黄清心。皇上下了话了，我再说什么也没用，七天之内，到时候让张瑾瑜上这儿取牛黄清心，晚一个时辰，留神你们全家的脑袋！”

说完话，转身形就走了。姚师傅在后边都没过来，姚师傅听见了，就他这尖嗓子谁听不见啊？七天的工夫，您说大爷死的是时候不是时候？大爷要不死，都没这七天的工夫。这大爷这一死，还真救了同仁堂了。李大总管走了，姚师傅就叫这伙计。

“你呀，赶紧给乐东家送信儿去，李大总管来了，七天。”

“七天？有七天就好办啊。”

伙计撒腿就跑，到了打磨厂给送信儿。

“东家，李大总管可说了，给咱们七天的期限，如果七天拿不出这五百丸子牛黄清心……”

下边不敢说了，老三接过来了。

“留神咱们乐家的脑袋。”

“哟，三爷，您说的太对了。”

“行啦，你忙你的去吧。二哥呀，您别着急。”

“我都快急傻了。你说大哥为了这院子，为了咱们乐家，辛辛苦苦……”

“那您就别想啦，人早晚都是这条道儿啊。啊？您就别着急了，该怎么办就怎么办吧。”

“这么着吧，你得跟哥哥我着点儿急，咱们先上细料库看看。乐礼呀？”

“爹，您说吧。”

“好善心里难受，啊，你帮着好善，把你大爷这丧事该怎么办怎么办，该拿钱拿钱。至善呢？”

“二大爷。”

“你可得好好盯着点儿，来人，前前后后接待人，可就是你的事儿了。老三，走，咱们上细料库看看。”

打开细料库这么一看，找出牛黄来了。

“老三，你看见没有？五百丸子牛黄清心，现在柜上没得卖，柜上也得有呀，柜上不卖，这老百姓怎么办呢？咱们乐家向来是济人……救百姓，给百姓治病。这是咱们乐家的……祖训啊。”

“您说话都不利落了。”

"我是，我急的呀，你说这能做多少啊？"

"嗯，这顶多做个一百多丸子，一百七八十丸子了不得了。哥哥，您别着急。"

转脸老三就出去了。老三到了自己住的屋子，把这镜子一挪，镜子后边是自己的小仓库。从里边拿出一个青花坛子来，把坛子打开，这药味儿就出来了，上好的一块牛黄，还是在万全堂的时候存的呢，把这牛黄拿出来了。托在手里头迈步出来，媳妇儿在这儿看见了。

"你干吗呀？"

"我们乐家的事儿你少管。"

这时候老爷们就得按老爷们办了，我不能听媳妇儿的啊。如果这五百丸子牛黄清心要做不出来，全家抄斩，连你这脑袋也盯不住啊。三爷不说别的，直接奔细料库。

"二哥，您看，这是我存的。"

"三弟……三弟呀……"

"得嘞，二哥，您赶紧拿去做牛黄清心吧，我看还不够，您说怎么办啊？"

"这么办吧，你呀带着好善，直接上鹤年堂啊。鹤年堂有多少牛黄，跟咱们有交情，把它买过来，该多少钱给多少钱，按市价上买，比市价还得高出一头子，不然的话人家没法做药啊。还有一个，到门前，好善磕了丧头可别进去。"

"这规矩我懂。"

"要多少银子，定下来之后外加二十两，包到这包儿里头。凤仪呀，你明白吗？"

"我明白啦。"

您看，这就是人情奉往，这就是江湖。说你上鹤年堂告帮去，您有多少牛黄卖给我，市价儿卖六十两，您就得给人家八十两，人家要做成了成药，你得按着成药给人钱。那么为什么让大爷的儿子上那儿磕丧头？正赶上你们家有丧事，那您就得到门前磕丧头，磕完丧头就不能进去了。磕完丧头，人家鹤年堂平常跟您没那么大的交情。或者有交情，冲你这丧头就得上你们家出份子来，出份子得花钱，那么大鹤年堂，拿出一两二两的像话吗？一出这份子就是银子。你就在这药价上多给二十两，那意思份子钱由我们乐家给您了，不能让人家着急，让人家笑话。久在江湖，人得办出人事儿来。三爷明白，三爷开万全堂，什么人没见过，什么事儿不懂啊？哥儿俩商量好了，一个看着孩子盯着丧事，老三就把好善叫来了，大爷这儿子。

“走吧，跟我上趟鹤年堂。”

外边车都备好了，孩子孝衣都穿好了。

“我知道，三叔您让我怎么办我就怎么办。”

其实好善岁数也不小啦，好善都五十多啦，奔六十的人啦，也就是长得比较少兴。爷儿俩坐车到了鹤年堂，到鹤年堂前，跪地磕丧头，伙计赶紧把东家请出来了。东家不能往里让，说磕完丧头上家吃饭去？这不行，就知道他们家出丧事了。

“怎么着？你爹殁了？起来，起来吧。三爷，什么事儿啊？”

三爷把这话一说。

“放心。伙计，看细料库有多少牛黄？”

倾囊相赠。算好了价钱，乐凤仪摇了摇头。

“不成，您得按市价，按做成成药那么算。”

“那……”

“我二哥是这么说的，咱们就这么办。”

重新把这笔账算完了。

“一会儿呢，我派人给您送银子来。”

带着好善回家了，然后把细料就送到了姚师傅手里，让姚师傅赶紧做这牛黄清心丸。家里边这儿办着丧事，这边赶制牛黄清心。加在一块儿够不够？只是够这五百宫中用的。那么店里头现在已然没有清心丸了，怎么办？着急呀。面对北京的老百姓，同仁堂一贯是这样，穷的来了，没钱，我白给你药；阔的来了，那我该挣你多少钱挣多少钱。当医生的嘛就是这样，穷人这病基本上乐家是不要钱的。那么现在门市上一丸子牛黄清心都没有了，老三跟老二一商量，老二是急得发愣。

第四十回

大梦谁先觉，平生我自知，
草堂春睡足，窗外日迟迟。

咱们现在的人都喜欢读《三国演义》。刚才我念的这四句，搁在我们评书来说叫开场诗。这四句谁说的？诸葛亮说的。刘备刘玄德带着关云长张飞三顾茅庐，听诸葛亮吟的这首诗：大梦谁先觉，平生我自知，草堂春睡足，窗外日迟迟。诸葛亮说了，人生如梦，人活在世上大梦一场，但是这梦做得好坏谁能知道啊？诸葛亮说了，平生我自知。也就是诸葛亮敢说这大话，我做了半天梦，我也不敢说平生我自知。

您说这乐家要是早知道缺这牛黄，他不是早就准备了嘛。哪儿知道宫里下这单子，要这五百丸子牛黄清心，而且柜上没有啊。同仁堂向来是不缺老百姓的药，也搭着这位宫中太妃死了，药都抢光了，这时候宫中又下单子，同仁堂牛黄清心是宝贝呀。大爷殁了，三爷帮着二爷干事儿，二爷干着急，好容易自己家的细料库再加上三爷存的一块牛黄，再加上告帮，人家鹤年堂真不错呀，把存的牛黄都拿出来，能做这五百丸子了，可是店里怎么办呢？

家里边丧事办得还算不错，寿材也是好的，四五六大放样，黄柏的棺材。吹的拉的全都给准备好了，是吧？出份子的也不少，咱们书就不细表了。乐家办丧事办得让人看得非常过得去，很气派。但是二爷呢，想起大爷来眼泪就下来，为什么死的？要不是牛黄清心，大爷可能还得多活几天。唉……牛黄清心，牛黄清心啊，啧，没办法。溜溜达达就到了同仁堂了，到了后院。

“姚师傅，怎么样啊？赶得出来吗？”

“差不多吧。”

“别差不多。”

“能赶出来，您放心，晚上不睡觉行不行啊？可有一节，这个……做出来以后……”

“放心，我跟翠莲都说好了，做出来以后弄到打磨厂，家里边所有的女眷包这药丸子，这点儿事你放心，只要你做出来就行。”

“行啊。”

说好了之后，转身形出来，嘿，一眼看见张瑾瑜就在那太师椅上坐着，一边嗑着瓜子一边喝茶呢。

“哟，张爷来了。”

“东家，慌慌张张进去都没瞧见我，我就瞧您一背影，怎么着了，咱们这牛黄清心？”

“放心，不是七天吗？七天保证给您交上这五百丸子牛黄清心。”

“行，那我就多谢了，我这脑袋就算保住了。您可知道，李大总管天天催我，我每天得上宫里去一趟。”

“那没别的，谁让您盯的这份儿差事呢，我还得赶紧回家。”

“您别介，坐这儿说会儿话啊。”

正在这时候，外边刘成儿这儿喊：

“东家，六子出去办事儿了，我赶着车接您来了，您赶紧回家，家里来人了。”

“嘿，谁来了啊？”

“不知道哇。我在外边正办事儿呢，六子就追我来了，让我赶着车就来了，您赶紧回家瞧瞧去吧。”

“嘿，得嘞，张爷，您在这儿坐着，我得回家看看，家了来人了。”

“反正我天天来。”

那意思我天天在这儿盯着，我看你什么时候交货，你不交货，咱们有话说。李大总管把话已然放到这儿了，七天不交这五百丸子牛黄清心，留神你们乐家的脑袋。

“呵呵，您请吧。”

二爷乐凤鸣离开同仁堂，上了车，刘成儿赶着车回到打磨厂，一进打磨厂，乐凤鸣就明白谁来了。门前一辆马车，这马车认识，杏花村张老板的车，兄弟来了。兄弟来了，他高兴，就喜欢跟张老板聊天。车止住了，由打车上下来，把门开开进来了。

“谁来啦？”

翠莲赶紧迎出来了。

“当家的，你看看，你兄弟来了。”

嘿哟……一看满桌子菜都摆好啦，香气扑鼻，汾酒这儿预备着。

“您回来啦，哥哥。”

“兄弟。那天没喝上酒，今天补，对不对呀？”

“那是，不能让您喝不上这顿酒，兄弟我心里不痛快，来吧，您坐吧。”

乐凤鸣坐这儿了，两个人斟好了酒。本来这乐凤鸣心里烦，为什么烦呢？这两天风言风语太多了，乐礼回来跟他爹说：

“您知道北京人说什么？”

“你跟我学学。”

“不然的话我不给您学，他说这话实在太难听了。”

“你学啊。”

“您猜怎么着？昨天啊姚师傅给我带信儿来了，说你上柜上看看去吧，我就上柜上了。到柜上这么一看啊，好家伙，这老百姓啊买牛黄清心的太多了。姚师傅说没有哇，您猜他们说什么？这闲话甩得太难听了。嗬，同仁堂哪儿能没有牛黄清心啊？能管我们老百姓死活吗？干脆搬紫禁城里住得了，同仁堂关张吧。您说我受得了吗？爹，我不能不告诉您啊。”

所以乐凤鸣心里挺堵得慌，老想这几句话，今天看见兄弟了，就是喜欢张老板，哥儿俩莫逆之交，有交情，这脸上才稍微带出点儿笑容来。本来闲话听着不爱听，本来大爷死了心里就难受，今天看见兄弟了。

“啧，真谢谢你，还想着我这顿酒。”

“啧，看您说的，来来来。”

两个人斟酒布菜聊天，由打晌午一直喝到，按现在的钟点，就是下午三点了，一个多时辰。这酒也喝得差不多了，这饭也吃得差不多了。

“乐兄，晚上还有贵客，我得回去，我得跟您告辞了，不过告辞前有一件大事。”

“兄弟，你说。”

“来呀，给拿过来送上吧。”

往院子一歪头，院子里的伙计抱着三个锦盒，一人一个，三个伙计进来了，就往这桌上一放。

“我都吃饱了。”

“哥哥，您打开瞧瞧。”

“什么呀？”

“您打开一看就知道了。”

头一个锦盒打开了，二爷就愣了；跟着张老板把第二个锦盒打开了，二爷就傻啦；翠莲把第三个锦盒打开，二爷就呆啦；一丸一丸金箔纸片的牛黄清心丸，就在这锦盒里卧着。拿眼睛这么一扫，乐凤鸣眼泪下来了。

“兄弟呀……”

“小事儿一桩，哥哥您别往心里去。跟您说，那天三爷到了杏花村，我知道这件事了，我赶紧派人骑着快马回家奔太原府，跟我爹妈说了。您知道我爹我妈就吃同仁堂的药，再说族里人又多，每年都得买不少药材在库里存着。家父知道这个消息，派人连着夜地赶，送来这一百丸子牛黄清心，知道同仁堂为老百姓着想，宫里的事儿我不管。这一百丸子您收下，北京城老百姓有了病能治了。”

“真好……真好……”

整个这屋里全都是药香，淡淡的药香，老二心里头跟热浪似的，这就是朋友啊。

“好哇……好哇……好……”

“您别往心里去，同仁堂给老百姓治病，同仁堂又不是活菩萨，那怎么就不许我们救救同仁堂呢？家里边存着药足够的，您放心，您放心。”

“得，大恩不言谢。张家对乐家的情义，我记在心里了。”

那么说张家怎么这么有钱？张家确实在山西是有钱有势。您要听我说过《康熙私访》，说康熙爷骑着一头驴，一字墨剪烟云特，是头神驴，日行一千夜走八百。谁送的？山西的头号大财主亢百万。亢百万的钱太多了，历史上确有其人。张家在山西做买卖，张家小伙儿聪明，亢百万看上了，愣把闺女许配给张家了，跟亢家一结亲，那张家的买卖越来越红火，那买卖就海了去了。为什么能把这酒楼开到北京？没钱能办吗？什么银票啊，煤矿啊，那在山西刨去亢家，张家是数得着的。而且张家就这位张老板他奶奶，就是吃了安宫牛黄活过来的。他们家族人又特别多，这亲戚朋友加在一块儿也得有上千口子，每年从北京同仁堂购药啊，所以家里存的药也海了去了。这老爷子成天攥着乐凤鸣写的这本书看，就喜欢同仁堂，所以张掌柜一听说缺了牛黄清心，赶紧派人骑着快马回到老家。老爷子一听，把这一百丸子药拿出来了，派人连着夜地赶，马不停蹄，把这一百丸子药丸子给送来了。送来了，直接张老板让厨师傅炒好了菜，就给乐家送来了。您说乐凤鸣能说什么呀？

“好哇……好哇……”

也不知道说的是张家人好，也不知道说的是药好。

“哥哥，您千万别往心里去，家父成天都惦念着。您看，天儿快热了，怎么着您答应我了，等天儿稍微一凉快，入了秋了。您可得跟我上山西去一趟，家父想您都想疯了。”

“一定，一定！一定……”

“那我可走了。”

“我不送了，我看着这药，牛黄清心……”

翠莲就把张老板送出去了。张老板带着伙计走了，乐凤鸣看这三个锦盒里的一百丸子牛黄清心，就这点儿工夫，乐礼来了。

“爹，什么事儿啊？”

……

“哪儿的？”

老二激动得说不出话来了，二奶奶就把经过说了。

“啧，爹，您这朋友交得可真地道。”

“孩儿啊，人没有朋友，在世上是寸步难行。你要记住，多个朋友多条道儿，多个冤家多堵墙啊。”

“爹，我记住了。那您这……”

“甭问了，人家张家是为了老百姓，明天我带着这一百丸子药，我就上店上，这一百丸子牛黄清心只能在店里头搁着，卖给咱们京城的百姓。姚师傅那五百丸子往宫里头送，明白吗？”

“那您别去了，您去了就得搬杠，那姓张的天天在那儿盯着。您不是老说我嘎咕吗？您说我妈给我惯的没人脾气，这回我就跟他犯没人脾气。”

“啧，我告诉你，你可不能得罪他。”

“什么得罪他不得罪他呀？反正七天给他五百丸子不就完了嘛。您别去，去了您生气。昨天我妈还说了，说您夜里净咳嗽，跟那五百丸子着急着的。得嘞，您好好养着，明天我带着药上同仁堂。”

爷儿俩商量好了，第二天早上起来吃完了东西，乐礼把这三个锦盒提溜着，到了同仁堂了。到了同仁堂就入柜了，柜台上净是青花的罐子，把这牛黄清心往里一搁。

“嗯？”

张瑾瑜两只眼睛看大了。

“嗬……干吗还往这坛子里搁呀？嗯？直接送宫里不是得了嘛。”

乐礼把这小圆眼睛往上一翻。

“对不起，张爷，这一百丸子呀是卖给老百姓的，您那五百丸子后边那儿赶着制呢，耽误不了您的事儿不是就得了嘛。”

“哈……好大的胆子啊，也不知道你们乐家供奉御药怎么那么横，你们到底有多少胆子？嗯？宫里等着要，你们还在柜台上卖？”

“问我们乐家有多少胆子啊？学过数数吗？一二三四五，您数啊。有一个人一份儿胆子，您挨着个儿数，看看我们乐家人到底有多少胆子。”

“你呛着说话是不是？我要跟皇上面前说上几句。”

“您见得着皇上吗？您不是得找李大总管说嘛。”

“好哇，你跟我说话就这么顶撞我？”

至善由打里边出来了。至善这么一看，要是说僵了可就麻烦了。

“哥，您干吗呢？吃枪药啦？嗯？得嘞，张爷，他呀昨天跟媳妇儿搬杠来了，您别跟他置气，来来来，您坐下，您坐下。”

“怎么说话呢？你们姓乐的说话怎么那么难听啊？”

“那您别跟他置气呀，来来来，您坐下，坐下。伙计，来沏茶，龙井啊，明前的。”

好容易把这张瑾瑜就摁到这儿了，张瑾瑜往这儿一坐。

“明前的龙井，哼，不如香片。”

“啧，您瞧，您这人不知足，咱们北京人有话说：苦于不知足。您说您往这儿一坐，穿着官衣呢，给您沏上明前的龙井，我跟您说说什么叫明前龙井。”

“说吧。”

“我跟您说，张爷，您要说喝香片，那是宫里喝的，我们普通老百姓没地儿弄去。这龙井可是南边好朋友给捎来的，您知道明前的龙井，那采摘的时候得挑那黄花大闺女，没嫁人呢。身上，啧，纯洁，纯洁的少女嘛，嗯？她们掐着尖儿把这茶叶采下来，做成明前的龙井。这要嫁了人了，身上有着男人的荤气的味儿，采出来茶叶也不香啊。这么好的茶叶给您喝，也就是您。”

“行，你比他强多了，那倔驴，你比他会说话。可有一节，把这茶沏上来，张爷我喝着，要是那么纯洁那么喷儿香还行，如果喝出男人的骚气味儿来，你？我可得罚你。”

“行，您要喝着不清香，您罚我拿大顶，您罚我耍猴儿立子还不行吗？”

您看说北京的书，北京的话您就得知道。我是地地道道的北京人，说北京人说耍猴儿立子，什么叫猴儿立子啊？耍猴儿立子就是木偶戏。这木偶戏为什么叫猴儿立子？过去耍猴儿立子怎么耍呀？这人耍猴儿立子的，一根儿扁担往肩头上一挑，后边是个圆笼，圆笼里边是道具，前边是这小舞台。等到了地方了，一敲锣一圆粘儿。什么叫圆粘儿啊？就是把老百姓聚到一块儿，要开买卖。把这圆笼上边这扁担一撤，把这小舞台支起来，上边有帐子，然后这扁担是横梁，里边就把圆笼搁到里边，人也在里边，这儿就是后台了。这圆笼打开，里边的道具随便用。

这耍猴儿立子的呀，也叫耍乌丢丢的，就是拿这木偶儿，一人耍。一会儿拿出一孙悟空来，一会儿拿出一猪八戒来。这耍猴儿立子的都有一出：猪八戒背媳妇儿。那么猪八戒背媳妇儿呢，这媳妇儿得是孙悟空变的，一会儿变这个，一会儿变那个，是吧？一变它得折跟头，所以都管他们叫耍猴儿立子的。这三爷这儿子就说了："您放心，呵呵，您要喝着不是这清香味儿，有大老爷们儿的味儿，您罚我，我给您拿大顶，耍这乌丢丢，我耍猴儿立子。"

"好哇，那今天我就尝尝你们这个明前茶。"

第四十一回

百粒清心丸，友情记心间，
乐氏为百姓，才能代代传。

上回咱们这书正说到宫中跟同仁堂要这五百丸子牛黄清心。就是因为一个老太妃，眼看要死了，吃了一丸子牛黄清心，活了。好家伙，这一下宫中要牛黄清心啊，嫔妃、皇亲、总管，甚至这些贵人。好，皇亲国戚全都伸手，要牛黄清心。五百丸子搁在同仁堂是个压力，再说同仁堂店里头没有药了。因为这一老太妃的事儿传出去了，连门口那卖瓜子的都想办法凑钱给他妈留一丸子。同仁堂的卖光了，那乐家能不着急吗？就在这时候，杏花村的掌柜的张仁兴让人骑着快马回到山西太原，由打太原老家运来一百丸子牛黄清心。好哇，蜡丸儿，里边金箔纸包着，上边金戳：牛黄清心。打开之后，那药香甭提多好闻了。

这药商张瑾瑜天天在这铺子里盯着，没想到柜台上开始卖了。乐凤鸣说这一百丸子牛黄清心得搁在柜上，卖给老百姓。张瑾瑜天天在这儿盯着，一看柜上有了，我宫中这五百丸子还没齐呢，急啦，他瞪眼啊，你们多大胆子呀？这乐礼跟他爸爸不一样，从小让他妈惯的，倔。

"胆子啊？有的是。您数啊，一人一胆，有眼睛您识数您就数啊，小时候没学过数数吗？"

"嘿……"

这张瑾瑜也不是好惹的主儿。

"你这小子怎么说话呢？"

好善一劝，把乐礼劝到后边去了，让伙计沏上一壶明前的龙井。

“您尝尝。”

“我不喝这个，喝香片。”

“嘿哟……这香片是宫里的，那是贡品。咱们能喝着南边带来的明前茶龙井，您尝尝，清新淡雅，那都是大姑娘采的。等这姑娘出嫁了，就不让她采了。您要喝这茶，有点儿男人身上的气味。哎，我给您拿大顶，给您要乌丢丢。”

“那我可罚你。”

茶沏上，茶倒了，这张瑾瑜端起来这么一喝。

“嗯？好哇，真像你说的四个字：清新淡雅。”

“没错儿吧？”

“没错儿，你这孩子会说话。”

“您怎么跟我说话呢？我还是孩子呀？您看我多大岁数了。”

“嘿嘿，我管乐礼叫孩子，就管你叫孩子。”

“可都比您岁数大。”

“哼……”

好善心说没法儿惹，这是宫里头派来的。

“您喝着好啊？”

“好，冲你，这气我还不生了。”

您别瞧张瑾瑜，这位也是不好惹的主儿，那脾气说上来就是上来，也仗着皇亲国丈，哼，那是他亲爹呀。自个儿有这么大的权势，好容易混这差事，他能不横吗？

“啧，这茶不错，这茶不错。”

“行，一会儿我给您包上一包。”

“这五百丸子怎么跟上边交代呀？”

“您甭着急，您着什么急呀？我跟您说，为什么这一百丸子牛黄清心在这儿卖？您知道不知道？我们乐家向来为老百姓造福，这是我们祖上的遗训。再说了，这一百丸子可不是我们同仁堂的，那是由打山西给送来的。”

“谁存这么些牛黄清心啊？”

“这个啊，您得开开耳朵了。我跟您说，您知道山西亢百万吗？”

“不知道，不懂得谁叫亢百万。”

“我告诉您，您要是到了山西，老百姓都知道：上有老苍天，下有亢百万。十年不下雨，存粮十万石。您说阔不阔呀？”

“阔呀，明儿咱们认识认识。”

“啧，您瞧，跟您说，这杏花村的掌柜的张仁兴，他祖奶奶就是亢家的闺女。您听过评书吗？”

“什么评书啊？”

“《康熙私访》啊。当初康熙爷骑的那驴，日行一千夜走八百，一字墨剪烟云特，那就是亢百万送给康熙老佛爷的，有钱啊。这张家自从跟亢家成为儿女亲家之后，那财就发大了，本来就是山西的大财主。这山西这些财主要加一块，得趁一亿两白银，不把您吓一跳哇？跟您说，人家呀，张家跟我们乐家啊，那有交情，而且张掌柜跟我们东家那是莫逆之交。送来这一百丸子，人家说啦，就因为同仁堂乐家为了百姓造福，所以得在店上卖，您说我们是不是得听人家的啊？人家送来的，就是这个理。您服气不服气呀？”

“行，就算你会说话。我还问你，宫里这五百丸呢？五百丸子你得给我拿出来。”

“您等着，别着急，我给您问去。”

站起来就奔后院了，跟乐礼说。

“你惹他干吗呀？你惹他干吗呀？”

“行啊，你把他打发走了，告诉他，七天之内，给他这五百丸子。”

“行吗？”

“没错啊。现在差不多牛黄凑齐了，鹤年堂的呀，再说，家里边的呀，还有原来万全堂富余的，两块好牛黄呢，没……没问题，你给他打发走了吧。”

“好嘞。”

让伙计包好了这明前的龙井，好善拿前边来了。

“得嘞，张爷，这包茶叶您凑合着喝。这一个礼拜到不了，准交给您五百丸子牛黄清心，让您好交到宫中，这下成了吧？”

“那还凑合。”

就这么着，算把张瑾瑜安下了。还真不错，有这一百丸子牛黄清心，再加上鹤年堂的牛黄，再加上老三跟老二存的牛黄，差不多这五百丸子给做齐了，宫中这牛黄清心这案算是结了，乐家心里踏实了。

马上到头伏了，大家商量商量，这天儿老四也不能出去，反正老三两口子也回来了，家里边谁也不出去，吃饺子。咱们北京讲究：头伏饺子二伏面，三伏烙饼摊鸡蛋。乐家四五十口子啊，包饺子，荷灵也高兴，翠莲也高兴，您说说，儿孙满堂这一大家子。老三这跨院已然盖好了，嗬，荷花池养鱼池，盖得非常好。大家伙儿高高兴兴吃完了头伏的饺子，光阴似箭，日月穿梭，马上到了三伏了。三伏头一天呢，是二爷乐凤鸣的生日，乐凤鸣多大了？七十八岁了。我给您算这笔账啊，康熙四十一年，乐凤鸣开的同仁堂，乐凤鸣多大了？四十一。康熙在位六十一年，雍正在位十三年，现在什么年头了？乾隆在位四年了。您算算，是不是乐凤鸣七十八了？说七十八岁的人还能掌管这一片家业，能开这同仁堂，已然很不简单了。但是，到了生日了，"咳儿咳儿咳儿……"有点儿咳嗽。好在同仁堂有药，吃了几副药，这咳嗽压下来了，翠莲就跟东家商量：

"我说掌柜的，大哥活着的时候，过生日，大哥不干；有大哥在呢，你这生日就没法儿过。得了，也甭管七十，也甭管八十，咱们呀，同仁堂净遇见倒霉的事儿了，这回高高兴兴地给你过回生日。怎么样？"

"好啊，都听你的。"

翠莲说什么，凤鸣听什么，两口子感情好。翠莲就把私房钱拿出来了，怕丈夫着急。而且同仁堂贴出告示来了：东家庆生，三天之内药价减半。好家伙，有病的没病的全都上同仁堂买药来了，同仁堂热闹极了。家里边更热闹啊，三天，街坊邻居，亲戚朋友，拜寿的，上这儿吃喜宴的，好家伙，整个打磨厂乐家老宅不断人。谁给做饭啊？这白案红案归谁呀？当然是杏花村的了。张老板歇业三天，天津进的海鲜，口外进的山珍，那吃什么是应有尽有，乐家这热闹啊。哎，这天头一天，三爷在这儿坐着，二爷在这儿坐着，正聊天呢，外边刘成儿进来了。

“东家，您猜谁来了？”

“谁来了？”

“您抬头看看。”

哥儿俩抬头一看，宫中的李大总管来了，身上穿着便服。

“哎哟，东家庆生。我来晚了吧？”

二爷凤鸣这么一看，就知道这老太监已然告老了。确实是李总管岁数大了，告老了，因为他伺候皇上有功啊，皇上还真没错待他，临离开皇上的时候，皇上赏赐给他一个物件。什么东西？珊瑚摆件。他拿着这摆件，有养老的地方啊，太监有太监养老的地方，小太监伺候着，他坐这儿他琢磨。你说我搂了这么多银子，没儿没女，谁都没有，我这银子给谁呀？给徒弟？我徒弟也没儿子。啧，嗨……想来想去呀，得嘞，我也眼看快死毬的啦，我花了人家同仁堂那么些钱，我这摆件也不能卖，我要是卖了，皇上非剐我不可。我赐给你的，你给我卖了？再说我卖了，钱我也没地儿花去呀，得嘞。就在这时候，听说乐凤鸣过生日，我呀，干脆，我临死落个好人缘吧，我把这珊瑚摆件我给乐家送去。这么着，带着两个徒弟，身上都穿着便服，上乐家来了。乐凤鸣带着三弟，赶紧给请了个蹲安：

“大总管，您请坐。”

“别大总管啦，什么都不管了。啊，告老了，告老了。听说您庆生，您瞧见没有？这个……”

嗬，紫檀的匣子，雕刻得上边有龙，真漂亮。把这匣子打开一看，老四赶紧就跑过来了。

“哎哟……老总管，您可真刺血呀。”

“啧，嘿哟，看你说的，看你说的，这不是跟同仁堂乐家这么多年的交情了嘛。打供奉御药开始，多少年了？来，摆上摆上，让大家伙儿也瞧瞧。”

二爷赶紧拿手捧着这摆件，拿出来往八仙桌上这么一放，老四这么一看，眼睛都大了。本来老四眼睛不大，小圆眼睛。

“嘿，二哥，三哥，阿卡珊瑚，比金子还贵呢。”

这李大总管这么一听。

“好，四爷眼睛尖，省得我费这唾沫星子了。阿卡珊瑚，皇上赐给我的，我就送给东家过寿了。”

这老四还真懂，这阿卡珊瑚啊，就在台湾跟日本当中间这片海域里头，太平洋海岛的海域里头，起码这摆件够一百年的阿卡珊瑚了，是珊瑚当中的极品，那真比金子还贵呢。皇上一高兴，哎，愣赏赐给李大总管，李大总管不敢外头卖去呀，临死了他明白啦，得嘞，我什么也带不走了，我给乐家送去。他这一辈子花了乐家多少钱啊？

“啧，四爷，行。”

“行吧？我替我哥哥谢谢您。”

“别谢了，别谢了，摆上吧。”

二爷用手一指。

“成儿啊，你赶紧收起来，赶紧收起来，千万千万别让人碰了，真是价值连城的宝贝。”

热热闹闹儿三天生日，那么杏花村不但出了白案红案，整个的家伙什儿，停业三天给乐凤鸣办这生日，哥儿俩感情好啊，而且送来的寿礼：鹿茸，麝香。

“唉……”

收拾家伙什儿了，三天过去了，凤鸣就拉着张仁兴的手。

“兄弟呀，你说这情哥哥我怎么领？”

“啧，您瞧，见外了不是？反正我爹我娘是捎这信儿了，无论如何请您上山西去一趟。”

“行，冲老爷子，我说什么也得去一趟。”

“哎哟，我爹呀，天天念叨，就是想看见同仁堂乐家这东家呀，到底是怎么个仙人。”

“啧，你要说这个可就坏了，我不是就是普通人嘛，吃两顿饭，说什么得看看老爷子去。”

说话算话，入秋了，翠莲琢磨：你说我是跟着还是不跟着？跟着，家里不放心；不跟着吧，啧，不放心自己的丈夫，七十多奔八十的人了。平时老百姓就说：七十不留宿，八十不留饭啊。可是张老爷子盛情难却，这山西必须得走一趟，得啦，我跟着吧。那预备东西就预备齐啦，好家伙，棉衣，坎肩儿，皮大氅……反正四爷是弄皮货的，那银狐的斗篷全都准备好了，褥子，整套的家伙什儿，还有俩保镖，那么张仁兴得跟着，带着自己的小妾。定好了吉口，开始启程了，这一趟奔山西太原。

咱们书不说废话，到了太原可开了眼了，原来以为北京热闹，没想到山西太原更热闹，而且山西人有钱的人特别多，山西人会做买卖呀。这张仁兴的父亲有文化，有知识，而且会做生意，这买卖就做扯了，家里边整片的花园，后边有后山，那假山石就数不过来的，每天做的饭是吃不尽用不尽。乐凤鸣两口子不但开了眼啦，而且长了知识了，老爷子拉着凤鸣的手。

"同仁堂的药，我们家备齐了。"

"要没有您这一百丸子清心……"

"哎，别说了，别说了。我离不开同仁堂的药，你看，这是你写的书，啊。你放心，我死前我立遗嘱，乐家帮张家，张家帮乐家，代代永传。"

"老爷子，那我可就谢谢您了。"

在这儿住着，心里惦记着同仁堂。终究是七十八岁的人了，待了有个月其成，就觉得身体不太舒服，总觉得有点儿低烧，身上热热乎乎的，翠莲不放心。

"回去吧。"

"走吧。"

山西的风景看了，眼界开了，但是乐凤鸣身子骨已然支持不住了，两条腿就跟灌了铅似的。告辞之后回来，张仁兴跟着，媳妇儿孩子都跟着，小妾也跟着。刚一进河北，了不得了，乐凤鸣可就说不出话来了。翠莲赶紧拿出牛黄清心来，让丈夫吃了，好容易慢慢发点儿汗，明白过来了：

"让车快走吧……"

到了家了，乐凤鸣告诉翠莲：

"我得的是夹气伤寒。"

自个儿得什么病自个儿知道。说这伤寒有轻有重，有快有慢，那么乐凤鸣这伤寒是慢性的，而且不快。身上发烧，一天比一天厉害，一天比一天厉害，等到了家了，躺在炕上，可就起不来了。一家人看见东家躺在炕上动换不了了，都看翠莲，翠莲含着眼泪说：

“你们瞧我干什么？我也没有回天之力。”

第四十二回

供奉御药是与非，只有凤鸣明是非，
虽说身价抬百倍，心中之苦说与谁？

乐凤鸣四十一岁开同仁堂，七十八岁由打山西回来，得了夹气伤寒。说大夫能给自个儿治病，怎么不治好了啊？俗话说得好：治病治不了命啊，人都有一死，乐凤鸣心里明镜似的。翠莲不敢当着丈夫流眼泪，离开丈夫这眼泪就掉下来了，两口子恩恩爱爱多少年了，虽然说打过架拌过嘴，但是两口子谁也离不开谁。乐凤鸣也知道，自个儿的妻子对同仁堂对乐家多大的贡献。一子单传，到我媳妇这儿给我养了四个儿子，而且乐礼，虽说她惯吧，终究能把同仁堂这买卖给盯下来了。乐凤鸣心里头翻江倒海，知道自个儿不成了。

"妻呀，你把乐礼给我叫来吧。"

翠莲站起来出去了，一会儿把儿子乐礼叫来了。

"你们爷儿俩说话儿？"

"你坐这儿，没你行吗？嗯？你坐下。"

翠莲给丈夫倒了一碗水，给儿子倒了一碗水，自个儿倒了一碗茶，往旁边这儿一坐。

"有什么话你跟乐礼说。"

"儿啊……"

"爸，您瞧，您有话，我都明白。不是让我好好看着同仁堂吗？您好好将养身子，您别……您别说了，别累着。"

"嘿，同仁堂，同仁堂，孩儿啊，我今天必须把事情跟你交代清楚了。”

“哎？”

翠莲这么一听。

“你今儿说话怎么有点劲儿了？”

“回光返照哇，媳妇儿。我今天长这点儿精神，我得把同仁堂的事情跟乐礼说了，儿啊。”

“爸，您说，我听着呢。”

“你也老大不小了，你是老二啊，你都有了媳妇儿有了儿子，都有了孙子啦，你有孙子可比我有孙子的早啊。”

“啧，爹，您讲那有用的说。”

“什么有用啊？我告诉你，你爷爷进了太医院，我开了同仁堂，给乐家长了脸了。乐家的祖训你也知道，制药要上乘，存心要对待百姓。再说了，咱们乐家是铃医呀，来到北京，你爷爷进了太医院，我开了同仁堂……”

“您看，您说两遍了不是？”

“你别着急呀，我告诉你不易呀，雍正元年，供奉御药。唉……”

说到这儿，乐礼抬头再一看，爹眼泪下来了。

“爹，您别伤心。供奉御药不是好事儿吗？”

“说是好事儿啊，你要知道京城这么多药店，只有同仁堂能够供奉御药，因为咱们家的药好。遵肘后，辨地产，嗯？炮制虽繁不敢省人工，品味虽贵不敢减物力。咱们的药是上乘的，才能够在京城拿这块供奉御药的牌子呀。”

“爹，我知道。”

“唉……想起来人前显贵，鳌里夺尊，谁能比得了同仁堂啊？可是这里的苦又有谁知道哇？儿啊……今天我告诉你，爹我到现在才明白，供奉御药，好事儿吧？天下人谁都知道同仁堂了不得，可我这眼泪一滴一滴地往下流啊，流的是血呀。儿啊，等我咽了气之后，你去查查这账上，咱们同仁堂到底亏多少银子。”

“爹……”

“听愣了吧？孩儿啊，我告诉你，打雍正元年到雍正九年，咱们供奉御药，朝里边给定下的规矩，你们就看见外边光鲜啦，这李大总管传的皇上的旨意呀，嗯？虽然说随着药价随着行市涨，可有一节，一年才给咱们结一回账啊。不但一年结一回账，打的是白条啊，也不知道银子下来是别人误了，也不知道银子下来是让别人给贪了，我上哪儿去查去呀？唉……孩儿你不知道，本来是随行就市，没想到雍正九年，太医院这个人也不是左院判也不知道是右院判，反正是个副院使，他姓林，叫林祖志，你记住了这个名字。他往朝中递了个折本，说同仁堂不能连年改药价，就按照这年的药价，也就是雍正九年的药价，不能动了，一直到今天。这药的行市在涨，可咱们供奉御药的行价就不能动了，儿啊，你明白吗？这就叫上达天听，上达天听啊。你要知道，咱们同仁堂不是皇上的近臣，是皇上的奴才呀……制药的奴才。皆因为这钱没花到哇，这林祖志这一份奏折上去，同仁堂就得亏多少银子。你要知道，咱们供奉御药每一个关卡他都有人啊，每一个关卡里都得花功夫花钱啊，一个地方不到哇，这钱就没了。虽说宫中一年一结账，这白条子得有多少啊？翠莲啊，我眼看不行了，你把这白条子都交给你儿子，将来……”

“你还打算让他跟皇上要钱去呀？”

“那你说咱们同仁堂怎么过呀？儿啊，我告诉你。去山西之前，我往朝中递了折本，我请皇上传旨，撤了同仁堂供奉御药。结果折子递上去了，一点儿音信都没有，是皇上看见折子了，还是手下人给捂下了呢？爹我不知道。后来没办法，我跟朝中借银子吧，递上折本去了，结果传下话来了，几个大臣说没有先例，不同意，只是把咱们一年一结账改成春夏秋冬四季结四回。可是乐礼呀……这四回就是四张白条啊。为了给宫中供奉御药，咱们账上缺多少银子，都是爹我想办法这儿赊那儿借那儿典当。虽说同仁堂有药，有铺子，有宅子，可咱们还得活着呀，这钱我上哪儿拿去？人，我要走了；可这账，我就给你留下啦。皇上那儿折本递上去了，一回一回银子我借也借不下来，眼看我要不成啦，儿啊……”

“爹，您别着急。”

“日子总得过，店还得开呀，我说话你还没听明白吗？”

乐礼心说我早就听明白了，我照样跟皇上家要钱，我要不来吗？再说了，您往朝中递折本都递不上去，我往朝中递折本，谁知道我乐礼是谁呀？可是心里明镜似的，明白爹的意思，嘴里不能说。

“爹，您放心，有我娘呢，有我三叔有我三婶儿呢，还有好善还有至善呢，咱们同仁堂乐家总得盯下去吧。”

“儿啊，你好好儿想想吧。”

“爹，您别着急。”

“我能不着急吗？欠下多少银子呀。唉唉……”

说着话，乐凤鸣又急了，他越着急越咳嗽，越着急越咳嗽，“吧嗒”这口痰上不来，往后一仰身，翠莲趴在身上哭，乐凤鸣离开人世，整个院子里哭声一片啊。钱掌柜的儿子小映墨，趴到乐凤鸣身上哭，乐凤鸣疼他呀。那没别的，人死了不能复生，办丧事吧。这丧事办得倒算不错，啊，丧事办完了，家里边比较踏实了，再瞧翠莲就有点儿痴痴呆呆了。这两口子啊一辈子，这老来老来也不能两口子一块儿走，哪个先走哪个造化，这后走的人实在精神上受不了。翠莲一天发愣，整个同仁堂的担子就落在乐礼一人身上，乐礼怎么办？同仁堂就像一条船，在这波涛汹涌中来回颠簸，这些账怎么算？等把丧事办完了以后，乐礼到账房，让账房先生把账拿出来这么一看，也是大吃一惊。我明白爹的意思了，让我想办法跟皇上家要钱，要不来钱这御药就不能供奉了。啧，跟妈商量，妈已然糊涂了，跟谁商量？家里边就一老家儿了，三叔，那么三婶儿呢？三婶儿现在眼睛都看不清楚了。我得找三叔商量商量，这乐礼呀就来找三叔来了。乐凤仪老大不小的了，把万全堂卖了，把宅子卖了，就在乐家西边又开出一跨院来。为了照顾媳妇儿的感情，盖了荷花池，荷灵嘛。一天干吗呀在家？养蛐蛐儿。这乐礼呀就奔三叔这儿来了，一看三婶儿拿着这芭蕉扇，坐在这荷花池旁边正扇扇子呢。

“婶儿。”

“是乐礼呀还是好善啊？”

乐礼仔细一看三婶儿，眼睛长了翳了。

“三婶儿啊，您瞧您这脾气，您也得改改了，一会儿啊我把药给您送来，您眼睛看不舒服吧？”

“谁让你给我送药啊？我们家有得是药。让我改脾气？没门，阎王爷那儿改去吧。”

“啧，您瞧，三婶儿您瞧您这说话，您没药您吱声儿。”

“用不着，我们家有的是药。找你三叔啊？那儿斗蛐蛐儿呢。”

乐礼赶紧就到了三叔的屋，一明两暗，当中间太阳还挺足，一看三叔，正在这窗台这儿斗蛐蛐儿呢。

“啧，嘿，你们俩可真掐啊。哼，你说你，你……你扯它大腿干吗使啊？嘿，嘿嘿……热闹。”

一抬头，乐礼在这儿站着呢。

“三叔。”

“嘿，你快瞧，昨儿弄的，正宗的。”

“正宗的？正宗的什么呀？”

“我也叫不上名字，老啦，老啦。哎哟……正宗的青头啊，真好，真掐。乐礼呀，找我有事儿吗？”

“啧，本来找您有事儿，我看您玩儿得挺欢的，您玩儿吧。”

“你这孩子说话我不爱听，老家儿就不许玩儿吗？啊？咱们乐家再愁，吃喝穿戴不愁，愁的就是你同仁堂吧？当初你爹接这牌子供奉御药，你妈说什么来了？福兮祸所依，祸兮福所伏，有福就有祸啊，当初就不应该接这牌子，现在你着急了吧？哼，同仁堂，同仁堂，药好，钱少，宫中不给钱，老给您白条，您是不是也着急呀？乐礼呀，找我是不是为这事儿啊？”

“您瞧，我找您，本来您是老家儿，跟您商量商量，您给我出个主意，您瞧您这番话。得了，您斗您的蛐蛐儿，我着我的急去。”

“坐下。老家儿的话还没说完呢，你怎么那么大脾气呀？嗯？你坐那儿。”

乐礼这么一听，三叔就有主意，在旁边一站。三叔不坐下，自个儿不敢坐下，那同仁堂乐家规矩大了。这老三慢慢地把这几个蛐蛐罐儿放到里屋，里屋窗台上，地下还有，好家伙，有半屋子全都是蛐蛐罐儿，然后出来了。

“坐下吧。”

“三叔，您坐。”

“嘿，我不坐你不敢坐，是吧？乐家就是这规矩。”

老三坐下了，乐礼也坐下了。

“乐礼呀，担子落到你身上了，是不是？宫中拿药不给钱，留下都是白条吧？你爸爸都给你了。”

“啧，您瞧，三叔，您怎么……我越不爱听什么您越说什么，我不是找您要主意来了嘛。”

“你等着啊。”

乐凤仪进屋了，时间不大，拿出一个紫檀的木匣子来，非常漂亮，雕工可好了，打开。

“孩儿，你瞧瞧。”

乐礼低头这么一看。

“三叔，这是我爹过生日的时候，李太监给送来的阿卡珊瑚摆件。”

“你拿着，我让你找一个人去。你找着这人，这人他要求人办事儿，求的是谁，你这东西就送给谁，听明白了吗？”

“我听明白了，您让我找谁去呀？我找皇上去？”

“哼，皇上哪儿那么爱搭搁你呀？嗯？我都没见过皇上，你上哪儿见皇上去呀？”

“那您让我找谁去呀？”

“我让你呀找我干儿子。”

“您还有干儿子呢？”

“瞧不起我不是？我告诉你，我干儿子就是杏花村掌柜的张仁兴的儿子张子轩。你找着张子轩，这东西就能送出去了，送出去了，就能救了同仁堂了。”

乐礼站起来了，拿手摸摸三叔脑袋。

“三叔您发烧了吧？是说胡话呢？”

“你这孩子怎么说话呢？三叔我给你出主意就错不了。我告诉你，这摆件是你爸爸过生日得的，我不讲理，我说二哥您给我吧。我就知道今天有用，你拿走，该办事儿办事儿。我告诉你，你找着我干儿子，这事儿可能就办妥了，去吧。”

“真的？”

“三叔这辈子骗过谁呀？就跟你爸爸犯矫情。”

“三叔，我可真去了，真是您干儿子？”

“子轩是我干儿子，去吧。”

那么乐凤仪说的是谁？确实说的是杏花村掌柜的张仁兴的儿子张子轩。因为张仁兴跟乐凤鸣两个人几十年的交情了，凤鸣离不开仁兴，仁兴离不开凤鸣。尤其这趟山西，回来以后凤鸣死了，老爷子难受啊，不让人家来，人家死不了；让人家来，人家死了。老三就劝啊，人死生有地，他不上山西，该死就死，别让老爷子往心里去。没想到第二年，老爷子也没了，张仁兴心里窝得慌，看不见哥哥了，爹也没了，天天坐在这杏花村酒店发愁。想乐凤鸣，没有了，得嘞，托伙计赶着车把三爷接来了，没有乐凤鸣还有乐凤仪呢。

“三哥。”

“想我哥哥了吧？我哥哥没了还有我呢。”

“是啊，我爹临死的时候立下遗嘱，乐家永远帮张家，张家永远帮乐家。凤鸣兄没了，您说谁还帮谁呀？”

“帮我呀，我也姓乐呀。”

“那咱们怎么续这交情啊？”

“你瞧，你还得非续是怎么着？续行，有儿子没有？”

“有哇，我那儿子老大不小的了。”

“我收个干儿子。”

“真的啊？”

“啧，说话就算话。”

其实乐凤仪早就听说了，张仁兴的儿子张子轩不可一视，但是他没跟张仁兴说，借这机会要收个干儿子。张仁兴说：“好吧。来呀，把子轩给我叫来。”

时间不大，帘栊一挑，张子轩往这儿一站，乐凤仪心说：这小子可真了不得啊，可能将来乐家还能指他办成大事。

第四十三回

酒是穿肠毒药，色是刮骨钢刀，
气是无烟火炮，财是惹祸根苗。

这人活在世上离不开酒色财气四个字。说人七情六欲，说这人跟木头似的，什么都感化不了，这不现实。有人喜欢这个，有人喜欢那个，但是名利二字，任何人恐怕都逃脱不了。说同仁堂，为了人前显贵鳌里夺尊，在京城药店里我得是头号，供奉御药，结果现在落得欠了一屁股两肋的账。为什么？因为不明事理就为了要这名誉，名誉好了，但是这苦只能咽到肚子里头。乐凤鸣把眼泪带走了，账可给儿子留下了。乐礼没办法，找三叔，三叔给指一条明路，让他去找杏花村掌柜的张仁兴的儿子张子轩，那是他干儿子。说这干儿子怎么认的？因为张仁兴想二哥，把三哥请来了，说咱们两家这感情还得往下续，代代相传。

"没关系呀，你儿子，我认个干儿子。"

其实三爷知道，张家这少爷可了不得。张仁兴让人把儿子叫来了，帘栊一挑，张子轩往这儿一站。乐凤仪这么一看啊，好，比中等个儿稍微高这么一点儿，长得细皮白肉的，而且红扑扑的脸蛋儿，让人一看上人见喜，你怎么看怎么喜欢。这孩子有个优点，头一回跟他见面，第二回就交上朋友。嘴也甜，人长得也顺眼，这长得上人见喜的脑袋，这可不简单，谁看见谁爱呀。两只笑眼，两道弯眉，薄嘴唇，一嘴的细密银牙，俩元宝耳朵，嘿，大辫子往后这么一衬；六块瓦的帽子，这帽正是翡翠的，湛清碧绿，身上穿着黑缎子长袍，外边罩着傲龙带，两只靴子做得这叫精致，这孩子往这儿一站，透着特别的精神。你面前站二十个小伙子，一眼能看上他，也搭着他爹看惯了，没往心里去，但是乐凤仪今天一看这孩子，我确实点对了，我们乐家这么多孩子，哪个能比得了他呀？

“子轩啊。”

“爹。”

“你看这是谁。”

“乐家三叔吧？”

“你怎么知道乐家三叔啊？”

“我猜着就是。”

您想想他进门，伙计找他，他不问啊？他爹也糊涂，那是乐家三爷来了。

“三叔啊，我早应该上府上看您去，可是您瞧，我爹岁数大了。也不知道为什么，是吧？今天老家来人，明天老家来人，这老家来人，老家套亲戚，亲戚套亲戚，天天我得应酬三五十桌，我就没工夫看您去，是小的我的不是。哪天，我让我爹陪着我，先给您赔个礼，我再看看我伯母，我再给您磕头去。”

您说多会说话啊。

“好哇，好哇……你爹让我收你当干儿子。”

嘿，张仁兴心说：这话从你嘴里说出来的，往我这儿布？吃不了瞎布，那也得承认啊。

“儿啊，愿意吗？”

“那我求之不得呢，干爹在上，我给您磕头了。”

跪地下就磕头。哎哟，凤仪这痛快呀，伸手一摸，身上带着一块玉牌子，籽儿玉，羊脂玉，真好。虽然上边没有雕工，这平安牌就要的是这模样，摘下来了。

“得了，干爹给你个见面礼。”

“那我可就谢谢您了，我可带上了。”

马上让人炒菜，伺候干爹吃饭，就这么着，三爷收了张仁兴的儿子张子轩，是义子干儿。说找张子轩管事儿吗？这张子轩了不得，从小儿念书，机灵劲儿眼力面儿，那比他爸爸强多了，比他爷爷也要强，好像把他们祖上的机灵的基因都集中到他一人身上了。在北京，没有不认识的，那眼皮子特别宽，什么朋友都交。为什么三爷让这个乐礼来找张子轩？因为张子轩认识一个人，这人了不得。这人是谁呀？皇上的兄弟，爱新觉罗·弘昼。

您要研究清史，都知道弘昼是有名的荒唐王爷，雍正皇帝第五个儿子，乾隆是雍正皇帝第四个儿子弘历，这第五个儿子叫弘昼。雍正皇帝生下几个儿子？十个。长子早就死了，老二死了，老三死了，老四是乾隆，老五是弘昼，老六过继给果郡王了，老七老八老九老十都死了。既然过继出一个，乾隆皇帝登基，就一个兄弟，就是弘昼。那么弘昼到底跟乾隆皇帝的关系怎么样啊？当然对于清朝的故事，流传的事儿太多了。有人说雍正这皇上来历不明，是吧？甭管什么谣言，也甭管怎么个传说，真正的内幕我看谁也不容易查清楚。但是康熙皇帝在世的时候曾经说过，就喜欢弘历，把弘历带到自己身边，是康熙把这孙子带大的。说为什么让雍正当皇上？他说了，你这儿子将来比你比我都强，实际上康熙爷就看上弘历了。这么着，雍正顺而成章地当了皇上，我觉得这还有点儿靠谱。康熙在位六十一年，是中国历史上在位最长的皇上，八岁登基。康熙死了，雍正在位十三年，雍正死了，传位于乾隆。对于乾隆和弘昼的传说可太多了，弘昼的母亲耿氏啊，纯悫皇贵妃。而乾隆的母亲就是熹妃钮钴禄氏。清朝宫里有规矩，如果这个贵妃生下儿子，自个儿不能养着，得让别的嫔妃养着，不能让他们母子之间产生感情，这是清朝宫里的规矩。所以弘昼生下来之后，不是母亲耿氏带着，谁带着呢？乾隆的生母钮钴禄氏。其实人啊，不管谁生谁不生，感情是最重要的。自打“嘎啦”一落生就抱到了乾隆母亲的身旁，眼瞧着一天一天长大，亲自把他带大的，这娘儿俩的感情就比亲生儿子还亲。那钮钴禄氏疼这弘昼啊，真是含到嘴里怕化了，托到手心儿里怕掉地下，真疼。那至于他们哥儿俩的传言啊，有人说弘昼是比乾隆晚一个多时辰生的；有人说乾隆头一天，弘昼第二天；那么真正历史上呢，弘昼是第二年，乾隆弘历是头一年。您看现在咱们中国的刚刚故去的，鉴定家大书法家启功，就是弘昼的八世孙啊。这弘昼也有意思，历史上有名的荒唐王爷，一天到晚不务正业，是吧？而且爱开玩笑，也会唱。您说启功老先生一天到晚地开玩笑，那一肚子学问，我看也有点儿先天基因吧，是吧？有人就说了，说弘昼啊是先生的，他母亲先生的他，家里一看高兴啊，嗬，生一儿子，就忘了呈报皇上了。结果这儿忘了，乾隆落地了，乾隆的母亲赶紧让下边人禀报皇上，所以将来就能立为太子。其实根本不是这么档子事儿，是吧？您说那个时候的传言搁到现在，这弘昼他们家的后世还提这件事儿呢，您说当时这争这皇位得争得多厉害。其实弘昼晚弘历一年，弘昼在乾隆的母亲身边长大，乾隆登基了，这兄弟在雍正年间就封为和硕和亲王。乾隆对待兄弟不错，把自己父亲雍亲王所有的遗产，就是雍正皇帝所有的遗产，原来的府邸，全都给了兄弟弘昼了。弘昼这府在哪儿？没事儿您上平安大街，现在段祺瑞府就是原来弘昼的府，旁边有公主府，啊，现在这地方往前走，张自忠路，就是段祺瑞府。离着不远呢，宝泉胡同，宝泉胡同有个宝泉局，那是乾隆年间造钱的钱局，现在东城还有这宝泉胡同，那至于宝泉堂这洗浴中心跟他们有什么关系呢？我就摸不太清楚了。爱新觉罗·弘昼在雍正年间就封为和硕和亲王，也搭着自己跟乾隆是哥儿俩，又在乾隆的母亲身旁长大，乾隆登基呢，他的母亲就是皇太后了。乾隆可不敢惹皇太后不高兴，您别看，太后的权力可就大了，有罢免之权。所以乾隆皇帝对待母亲特别的孝顺，晨昏定省，而且母亲办佛事啊，到哪儿祭祀去，老是跟着。为了母亲，盖大报恩寺，这大报恩寺就是颐和园的前身，主体建筑。乾隆皇帝对待母亲特别的孝顺，对待弘昼也特别的疼爱，弘昼也搭着吧没当上皇上，也甭管是差一个时辰或者是先生的没禀报皇上，总而言之，皇上归弘历了，没归弘昼。那么弘昼呢，一天到晚的啊，你说他是消沉呢，还是不打算争这皇位呢？要不怎么历史上叫他荒唐王爷呢，他根本不在宫里头待着。他自己有自个儿的府邸，有时候进宫看看娘去，就是看看乾隆的生母，一天与酒为伴。你说他明白？你说他糊涂？这张子轩就跟弘昼交上朋友了。

乐凤仪老上干儿子这儿喝酒来，一来二去的就知道张子轩跟弘昼两个人交上朋友了，而且弘昼这人的脾气秉性，乐凤仪也大概齐清楚了。所以拿着这珊瑚摆件，告诉乐礼：你去找，找我干儿子张子轩，张子轩找谁，你就把这摆件送给他，让他跟皇上要钱。乐凤仪指的是条明道啊，乐礼明白了，可是乐礼并不知道张子轩跟爱新觉罗·弘昼，这位和硕和亲王，皇上的兄弟这层关系，只知道三叔让我找他，我找着他，他就有主意。事不宜迟，没跟母亲说。

“三叔，那我可就去了。”

“你今儿就去呀？”

“我急呀，这账上多少银子呀。说二百两三百两我不着急，几十万两银子我不着急？”

“那你去吧。”

乐礼拿一包袱皮儿，把这盒子包上，提溜着由打打磨厂出来直接奔鲜鱼口杏花村。到了鲜鱼口往里一看。嘿，张仁兴张叔父正在门前站着呢，岁数大啦，原来二爷一说来，乐凤鸣一说到，那就站在门口等着，老头儿有这习惯了，没事儿站门口就往鲜鱼口外头看，盼着二哥再来呀。这人老了，念当初的情分，这心情是可以理解的。所以老人没事儿就站在门口看会儿，哎？看着看着，乐礼过来了。

“张叔。”

“嘿，少东家。老远一走啊，除了比你爹矮点儿，一模一样啊。”

“啧，您心里就有我爹，我来了不是也一样嘛。”

“那不是心里也有你嘛，来来来，吃饭啊？一人是俩人啊？还是等朋友啊？”

这乐礼就跟乐凤鸣不一样，他不会说话。像话已然递过来了，你就说：“啊，我吃饭，不进。”

“我看少东家来了，看您儿子来了，找您儿子办点事儿。”

嘿，张仁兴心说：这孩子跟他爸爸可不一样，不会说话呀，你这怎么开同仁堂啊？

“得啦，楼上请。既然来了，就在这儿吃点儿喝点儿吧，我陪你喝碗茶，喝点儿酒。”

他也不说吃，也不说不吃，跟着张仁兴就进来了，爷儿俩一层一层地上楼梯，到了楼上雅座，挑帘栊进来了。

“少东家，坐吧。”

“张叔，兄弟呢？”

“合算你就找他啊？见我，咱爷儿俩就没话？”

“您不是就老想我爹嘛，我又不是我爹，您说我陪您说什么呀？”

“你这孩子真是个藏头。伙计，沏上茶来。”

沏上茶了，倒上一碗，乐礼这么一看啊，宫中的香片。嗯？您别瞧乐礼他干良倔藏，但是他非常地聪明，他一喝这茶，就知道我三叔让我来有意思，可能跟宫里有关系，跟宫里没关系怎么找皇上要银子呀？

“叔，香片？”

“是啊，你兄弟不知哪儿淘换来的，爱喝呀？一会儿我给你包几包儿去。”

“您留着自个儿喝吧，招待客人。”

“找子轩啊？”

“啊，我找他有点儿事儿。”

“等着啊。来，大四，去，把子轩叫来。”

时间不大，张子轩来了，张子轩挑帘栊一进来。

“爹。您叫我呀？”

“你哥哥来了。”

“哦？少东家。”

“行啊，儿子啊，你怎么知道少东家来了？”

您说张仁兴是不是老了？那伙计出去叫去了，当然知道是少东家来了。

“您今天怎么这么闲在呀？”

“我找你有事儿。”

啧，嘿……张仁兴这么一看啊，看起来我不是偏心眼儿偏疼我儿子呀，嘿，我这儿子就是比他会说话。我这凤鸣哥怎么养活这么一个儿子，这么绝头啊？

“你哥哥找你有事儿。”

“少东家，有事儿您说。只要我能办到的，我肯定给您办。”

“当然你办得到。来，你瞧这个。”

把这包袱皮儿打开了，这爷儿俩一看这盒子就愣了，紫檀的，上边有龙的雕刻，而且这龙还是镂空的。乐礼把这盖打开了。

“兄弟，你看看。”

“啧，阿卡珊瑚，值了银子了，您这是给谁呀？”

“我求你办事儿啊，求你办事儿就得拿钱说话。”

“您瞧，您外道了不是？”

张仁兴站起来了。

“少东家，我跟你爸爸是莫逆之交，我们家老爷子临故去之时留下遗言，张家帮乐家，乐家帮张家，不就是这点儿东西吗？嗯？只要托人办事儿，能办到的，你把东西拿回去，张家自然不会欠这份礼。”

张子轩乐了。

“您瞧，我爹跟您说明白了吧？东西您拿回去。您让我办什么，您就敞着口地说，只要我能办到的，义不容辞。高山、火海，我都能办。”

“兄弟，既然说到这儿了，我先把这东西包好了，这玩意儿要是掉在地下还了得呀？价值连城，没地儿找去，没二份啊。”

张仁兴坐下了，张子轩也坐下了，乐礼拿手一摁张子轩的手。

“兄弟，我跟你说，你看。”

由打怀中掏出一摞白条来。

“这是什么呀？”

“我父亲故去之后，我跟我母亲把朝中欠我们家的银子白条我全拿过来了，你看。宫中欠了这么多钱不还，我得找你呀。”

“哦……哥哥，您找我找皇上要钱，就是让我去找弘昼，和硕和亲王对不对呀？”

“对。”

“好吧，那您就等着吧。”

第四十四回

世事无常耽金樽，杯杯台郎醉红尘。
今生难得一知己，推杯换盏话古今。

刚才说的这四句是爱新觉罗·弘昼，也就是咱们书里说的乾隆皇帝的兄弟和硕和亲王在世上留的唯一的一首诗。这四句诗叫什么呢？叫《金樽吟》。历史学家说这首诗叫救命诗，为什么呀？咱们上回说了，乾隆皇帝哥儿十个，老大死了，后来老二死了，老三死了，乾隆行四，弘昼行五，老六过继给果郡王了，七八九十也全死了。那么乾隆皇帝当上皇上了，弘昼被封为和硕和亲王，这和硕和亲王谁封的呢？他父亲雍正皇帝封的。那么到现在还有人说呢，说弘昼出生在乾隆前一个时辰，从这一点儿来判断，这个王家皇家争夺王位争夺皇位，那确实是一件惊天动地的大事，惊心动魄。那么弘昼为了掩饰自己，有人说他这荒唐王爷不谙政事，是给乾隆瞧的。实际上这弘昼啊，一个是没当上皇上，确实是心灰意懒；另外一个，当个荒唐王爷，让乾隆皇帝一看，我这一辈子干什么？把酒言欢，玩儿。你说我荒唐我就荒唐，实际上叫韬光养晦。那么他留在世上这首诗《金樽吟》，就完全代表着这意思。说世上的事情很难预料，干什么呀？喝酒吧，樽就是喝酒的用具。杯杯台郎醉红尘，今生今世我就喝，把酒言欢；今生难得一知己，推杯换盏话古今。所以他这首诗呢，历史学家给评为救命诗，不但掩盖了自己能够韬光养晦，而且能保证自己，保证自己的全家后代永远的荣华富贵。同时乾隆皇帝就这哥儿俩，没人跟他争，跟雍正不一样。所以，既全了君臣之义，也全了兄弟之情，而且能确保乾隆盛世，所以说弘昼这个人在历史上还是举足轻重的。

上回咱们说到张子轩，也就是乐家老三乐凤仪的干儿子，杏花村的少掌柜的。他跟这爱新觉罗·弘昼是好朋友，弘昼还真拿他当知心朋友，这子轩也特别的聪明，那机灵劲儿眼力面儿，比乐家所有的哥们儿弟兄都强。老三喜欢他，所以二哥死了之后，老三就让二哥的儿子少爷，就是少东家乐礼，到杏花村去找张子轩，让张子轩找这爱新觉罗·弘昼。只有接近了皇族，弘昼才能把话递进去，想办法让皇上免去同仁堂这些债务，能够变相儿地支持一下同仁堂，因为皇家欠同仁堂的东西太多了，那就是银子。手里头一摞白条，在账上一查，握着几十两多吗？不多。握着几百两多不多？不多。可以说几十万两的银子，大部分都是因为给皇家供用御药，而且还得准备这药材，欠下了这些的债务。张子轩一看少爷来了，少爷把话说出来了，说：

“哥哥您放心，您让我找这人，我知道您让我找谁，可有一节，也许三天五天我把这事儿就办了；也许一年半载我看不见他，人家是王爷，我不能天天找人家去。哪天我看见，我肯定给您办，但是您这东西拿回去，咱们两家的交情。我只当能给您办了，肯定我给您办，您放心。”

张仁兴在旁边一听，点了点头。

“少东家，放心，咱们两家的交情在这儿摆着呢。你交给子轩，你就放心，你这兄弟他说到办得到。”

正在这时候呢，就瞧子轩眼神儿这么一闪，外边脚步声音，什么声音？听得出来，由打楼梯底下往楼上头走的声音，起码得够这么三四个人。子轩非常聪明，由打楼底下往楼上上雅座，一个，伙计得喊，谁谁到了，张爷到，李爷到；一个呢，他得上来禀报，掌柜的得出去相迎，到雅座了到包间了，那都是订好了，都是贵客。没人喊没人说话，脚步声音响上楼梯，张子轩这么一琢磨，肯定是贵客到了。

“你先坐着，我瞧瞧去。”

一挑帘子出来了，迎到楼梯口往下这么一看，嘿，张子轩心说：同仁堂要走运，想谁谁来呀。由打这楼梯底下往上走，头一位就是爱新觉罗·弘昼，和硕和亲王，后边跟俩侍从，这爷儿仨都是便服。

“哟，我先给您请安。您怎么来了？嘿，真是说曹操，曹操就到。”

三步两步走上来了。

“你说谁？”

“说曹操，曹操到啊。”

“谁是曹操啊？”

“哟，您没瞧见过《三国》啊？”

“什么叫《三国》？”

“《三国演义》呀。”

“瞧那玩意儿干吗呀？我也看不懂啊，钩心斗角的。”

哼，张子轩心说：你天天拿着《三国演义》看，谁知道啊？

“没瞧过？”

“没瞧过。”

“那这一天净干什么呀？”

“玩儿啊。听蝈蝈儿叫唤，糊纸活儿，玩蛐蛐儿，听戏……”

“嘿。”

“呲……我说子轩，这么多回我上这儿吃饭来，我可没瞧见你，你哪儿玩儿去了？有什么好玩儿的跟我说说呀，带着我去呀。”

“王爷，您瞧您说的，有什么好玩儿的我不得先告诉您啊？我为什么说您今天来的是时候，说曹操，曹操就到？有人想见您。”

“谁呀？我告诉你，子轩，别找那嘎杂子琉璃球儿，哼，八竿子打不着的亲戚，找我干什么呀？不上纸笔的事儿，少折腾我。你以为我弘昼这么好说话儿呢？”

您瞧，这就是弘昼的脾气。

“啧，我跟您说啊，没事儿不能找您，找您这主儿也不是一般的主儿。”

“谁呀？”

“同仁堂乐家少东家乐礼。”

“哦呵？同仁堂？卖药的。同仁堂找我干吗呀？哼，同仁堂一卖药的，指着我们大清朝，指着我们紫禁城发了大财了，有皇上家给撑腰，那同仁堂多横啊。他能有什么事儿找我呀？嗯？跟皇上一递话儿不是就行了嘛。同仁堂？”

“您知道同仁堂怎么回事儿吗？”

“啧，那我怎么不知道啊，药好，别的我不知道。昨天我出去玩儿去了，回来人送我俩蝈蝈儿，我听这蝈蝈儿叫唤。又有人送我俩蛐蛐儿，我在外边玩蛐蛐儿，你知道昨天晚吧晌儿下点儿雨吧？”

“那就那么点儿雨。”

“嘿，我澥着了。我赶紧到宫里去找皇太后，皇太后给了我一包发汗的药，同仁堂的。我回来喝下去了，出了汗，今儿就好了，今儿就想酒喝。怎么着啊？爷们儿，汾酒预备好了吗？”

“啧，您瞧，您来了，什么酒没有啊？同仁堂药好吧？”

“药是好。”

“得啦，那您请吧。”

一挑帘子，张子轩还没说话呢，掌柜的张仁兴拿眼睛这么一瞧，知道这人不简单。爱新觉罗·弘昼往这儿一站，按现在说，身高起码得够一米八七一米八八这样，面皮黝黑，黑中透红，精神。眼睛可不大，两只眼睛透得特别的狡黠；高鼻梁儿高颧骨，大耳相称，梳着大辫子；穿着青缎子长袍，外边罩着傲龙带，也就是马褂，两只靴子，嗬，精神，手里头揉着核桃，后边俩侍从。张仁兴这么一看，没错儿了，呦……这是不是爱新觉罗·弘昼，和硕和亲王啊？看这势派可像。两只眼睛发直看着，张子轩用手一指。

“爹，王爷驾到。”

张仁兴赶紧上前施礼。

“参见王爷。”

“免啦，罢了。我来了好儿回了，瞧您忙前忙后的。我说子轩啊，你没事儿不在这买卖这儿盯着，你累老爷子？哪天我非抽你不可。”

您看，王爷就这么说话。乐礼这么一听，嘿，你说我多巧啊，我怎么这么走运啊？这爱新觉罗·弘昼和硕和亲王还到了。乐礼赶紧站起身形，往后退了一步，行了个蹲安。

“同仁堂东家乐礼，参见王爷。”

“罢了，罢啦。你……就是同仁堂的东家，找我有事儿啊？哼。

哎？我说子轩啊，你说同仁堂卖的都是好药？”

“那没错儿。”

“同仁堂的补品也少不了，嗞……这位同仁堂的东家怎么又瘦又弱呀？嗯？怎么瘦成这样了？那补品怎么不吃点儿啊？”

弘昼他想说什么就是什么，王爷嘛，天是王大他是王二，他哥哥是皇上他都不带怕的。可这乐礼呢，在他们家是有名的脾气倔，倔脾气。乐礼在屋里待着，在雅座这儿坐着，就听见外边说话呢。他虽然不知道弘昼来了，但是他听这人跟子轩说：同仁堂？仗着紫禁城，仗着我们大清朝呢。他就不爱听，心说：大清朝欠我们家多少银子呀？欠的我们家的账太多了，我没辙了都，不然的话我能求到这儿来吗？今天，好，这位王爷真来了，张嘴就说，我们家有补药我不吃，又瘦又弱；他这倔劲儿上来了。

“王爷。您看我又瘦又弱，吃补品，那补品能轮到我吃吗？全送宫里去啦，宫里还不够呢。再说我就是想吃点儿补品，我不是得拿银子买吗？这白花花的银子送去了，补品才能做呢，您得把药材买来才能做这补品呢，呵呵，我吃不起呀。”

嗬，把张仁兴吓一跳，直瞧这儿子，张子轩乐了。张子轩心说：对了弘昼的脾气了，这弘昼就喜欢人吐露真情，说出实话来。

“行，行。同仁堂不但药好，口才也好，真情吐露。来来来，坐坐坐，有什么话跟我说，你说我听。”

不用人让，一屁股坐这儿了，伙计在外边叫。

“少东家。”

“什么事儿啊？”

“上酒上菜吧？”

“你端进来，我上。”

一会儿的工夫，慢慢地把这桌子，酒啦菜啦，布碟儿啦，筷子啦，全准备好了。子轩先给王爷斟了一杯酒，又给父亲斟了一杯酒，又给乐礼斟了一杯酒，自个儿斟了一杯。

“王爷，您尝尝。”

“汾酒？”

“您不是想喝嘛。”

“行。”

拿起来。

“来来来，干。”

啧，乐礼一看，这王爷挺好说话啊。

“你是少东家呀？说吧，到底找我什么事儿？要是这不上纸笔的事儿就别跟我说。”

“当然上纸笔。王爷，既然我求了您了，我就得跟您实话实说。”

“说。”

乐礼在这儿站着呢，他不敢坐下，王爷在这儿坐着呢。乐礼由打怀中就把宫里边广储司欠的这白条，往桌上一摆，一张一张一张一张……

“这是什么呀？”

“宫里边欠我们同仁堂的银子，全都打着白条。”

“哦……”

弘昼拿起头一张白条这么一看，他根本没往心里去，多少银子在他眼睛里根本就不是事儿。

“哦，欠银子啊，欠同仁堂的？欠多少啊？”

“王爷，您自个儿瞧啊。”

“呦……”

张子轩心说：你怎么这么莽，这么倔呀？你跟王爷报个数啊。这王爷不往心里去，拿起这白条来，一看欠银子，随手就叠上了，把这张白纸条儿叠成一个银锭子往这儿一放，第二张叠个元宝往这儿一放，一张一张他就叠。张仁兴瞧着，张子轩在旁边就乐。那张子轩知道王爷是怎么回事儿啊，这弘昼啊纯粹是个荒唐王爷，落生之后在宫里长大的呀，皇后、贵妃、父亲雍正皇帝，谁不惯着呀？尤其是他出生之后，落地了，养他的是乾隆皇帝的母亲，那惯的就不像样了。心里头想争不想争？没人不想争的，谁不愿意当皇上啊？但是事情落得这个结果，弘昼啊他有自己的办法。没事儿他干吗去呀？他出去逛去，他最爱逛的就是这烧活店，糊烧活的。过去要死了人了，糊个金元宝啊，银锭子呀；糊个纸人纸马呀；哎，他在那儿没事儿瞧这糊烧活的。回家他就做手工，回来就做，所以他拿起纸来，一看是银子，自然而然地包成银锭子。子轩知道他，没事儿在家还糊烧活呢。在府里头干吗？糊烧活。糊完烧活烧着玩儿，乾隆皇帝拿他没辙。他一看，嘿，今天又……啧，拿这白条，说欠银子，就包上银锭子了，这乐礼也不傻呀。

“王爷，宫里边欠我们这么些银子，给药不给钱，您就拿这纸的银锭子糊弄我吗？”

“嘿，你把我弘昼可看扁了。这么办吧，我也听说过说宫里给你们打白条，再说了，你们已然上了折子了，本来一年一结账，现在一年结四回，还欠你们这些银子，我都嫌寒碜。大清朝哇，堂堂的皇上家欠同仁堂的银子，这么办。”

伸手由打靴腰子里掏出一张银票来，往这儿一放，一千两。张仁兴在旁边一看，这弘昼真大方。

“怎么样？这一千两还不算我替皇上家还你们的。这一千两啊，我告诉你，呵呵，给你的利钱。欠你们家这么多银子，给你一千两利钱，你看怎么样啊？”

“谢过王爷。”

乐礼都感动了，乐礼跪在地上就给王爷磕头。

“王爷，求您做主，得还我们乐家的银子呀。”

“你起来，有话起来好好说。”

“谢王爷。”

乐礼站起来了，伸手就把这紫檀匣子往前边一递。

“王爷，一点儿心意，请您笑纳。”

弘昼这么一看，一个紫檀匣子，镂空的，上边雕着龙，真漂亮，把这盒盖儿打开一看。

“哎哟，阿卡的珊瑚。嘿嘿……小子哎，这珊瑚可不是你送的，就算我买的。”

第四十五回

稀里糊涂过一生，表面装憨心内明，
看破红尘人自在，世外逍遥更轻松。

这四句说的就是荒唐王爷爱新觉罗·弘昼，和硕和亲王。那么和硕和亲王这府在哪儿？就是原来的段祺瑞的府，现在是一个大学的清史研究所。张自忠路，原来的铁狮子胡同，现在铁狮子胡同已然没了，张自忠路三号。

那么和硕和亲王今天正好来到杏花村，也正好赶上同仁堂乐家乐礼来求这张子轩，让张子轩介绍认识弘昼，好求弘昼解决同仁堂这些银子的事儿。真大方，王爷掏出一千两的银票来，这算给你的利钱，感动得乐礼赶紧就把这阿卡珊瑚摆件送过去了。

“呵呵，好，真不错。这原来是我们宫里的吧？”

“王爷，您好眼神儿。”

“原来宫里头这阿卡珊瑚摆件可不多，我还找呢，我想让皇上赏给我，找了半天没找着，怎么跑你们乐家去了？”

那乐礼不能说瞎话呀。

“我跟您说，我父亲过生日，宫里边的李大总管送来的，说是皇上赏给他的。他已然告退了，告退之前，皇上赏给他的珊瑚摆件，给我爹送来了。”

“哎哟呵，我明白了，这是李大总管啊临死的时候明白了。我问问你，他花了你们同仁堂多少银子？”

“您明鉴，呵呵，每回来也得几十两吧。”

“哼，这老小子。你知道吗？他死了可有几个月了。可能他明白了，对不起你们乐家，吃银子吃太多了，这东西又不能卖去。卖了，皇上传旨砍他的脑袋。所以他没儿没女的，把这摆件给你爹送来了。得啦，我收回去，我们家正缺这么一摆饰呢。可有一节，可不是你送的，算我买的。”

乐礼不能说什么啊，张子轩搭茬儿了。

“王爷，您矫情，明摆着送的。”

“明摆我买的，我先给的钱。我要进门他就送我，算他送的；我先给的钱，他现在送我，就算我买的。”

“得嘞，您矫情您就矫情，反正您这一辈子就是矫情。”

“也就是你说我。我告诉你，同仁堂哎。”

他管乐礼叫同仁堂。

“有什么事儿你就说，不是就欠你们家银子吗？欠多少你有个数。今天看见我了，我就不能不管。我嫌寒碜，大清朝欠你们同仁堂的银子，吃着同仁堂的药啊。嘿嘿……放心，这件事儿就交给我弘昼了，回头我进宫，我就找太后说去，让太后找皇上，给你们同仁堂要银子。”

“那我再给您磕一个。”

“别磕了，磕一回就够了。子轩啊，酒呢？”

“哎哟，我再给您满上。”

弘昼连喝了三杯酒，然后拿筷子夹了几条儿菜吃了。

“子轩，我告辞了。”

“啧，您吃饱了哇。”

“我吃了饭来的，看见朋友我高兴，能求到我这儿看得起我，我多喝了两盅，一二三，喝了三杯酒。同仁堂，你等着。子轩，我找你有事儿。”

“您什么事儿啊？”

“我那玩意儿给我找着没有？”

“不就是那蛐蛐儿吗？找着啦，就在店里搁着，您等着，我给您拿去。”

“我不等着，我急脾气，我走了，你让人给我送到府里去。”

“行，您放心，今天肯定给您送到府里去。”

说着话，这弘昼站起来了，带着自己的两个侍从“腾腾腾……”下楼走了，一会儿的工夫又上来了。

“嘿，王爷，您什么毛病啊？”

“有点儿毛病，记性不好。”

一回头。

“哎，我说同仁堂，你出来。”

这乐礼就出来了。

“王爷，您吩咐。”

“你这么办，回家商量商量，你往朝中递个折子，就说同仁堂供奉御药没银子了，申请朝廷另请药商，我们同仁堂辞去了，不能再供奉御药了。懂吗？”

“懂。”

“哼，这呀，这叫退供。等递上来之后，我再想办法。”

“行，王爷您放心，我回去就办。”

转身形“腾腾腾……”下楼又走了，也不用张子轩送。这么说弘昼说这么大的话，弘昼真有钱吗？弘昼有钱。一个他的俸禄吃不尽用不尽；再说，乾隆皇帝的母亲把他带大的，就疼他，变着法儿地给她这儿子划拉银子，什么钱都是和硕和亲王的。有一回，和硕进宫，见着老太后了，老太后一看和亲王来了，扭动扭动身子，迎着就出来了。

“哎哟，我儿子来了，想死我了。”

“讷讷，您真想我？您真想我您传个话儿，我天天来。”

“嘿哟……我敢那么劳动你吗？快坐下吧，儿子。”

拉着手就把和硕和亲王摁这儿了，和硕和亲王不是乾隆皇帝母亲生的，是乾隆皇帝母亲带大的。上回我说了，那母子之间的感情胜过亲生母子之间感情。她疼这和硕和亲王，比疼乾隆还疼，要什么给什么。那么和硕和亲王叫她什么呢？您要看电视剧，您要看书，都是额娘。刚才我说了，叫讷讷。我是满族人，我演过一个电视剧，这电视剧的名字叫《妻室儿女》，啊，这《妻室儿女》里头我演大福晋。啧，我演这大福晋呢，我们就请了一个清史专家，请了一个老专家李滨生老师，李滨生老师给我们讲满族的规矩。说您别看写上叫额娘，实际上叫讷讷。我是满族人，我从小就生活在满族家庭，我从小儿管我爸爸叫阿玛。后来上学了，同学都管父亲叫爸爸，我也改过来了，我说我听着别扭，我还改回来吧。管奶奶叫太太，管大妈叫大大，二大妈叫二大大，所以叫法跟汉人不一样。那么管母亲叫什么呢？说叫额娘，那是书上写的，现在你也无从考证。但是从我的记忆里，还有从李滨生老师给我们讲的，确实是应该叫讷讷，但是写下来就是额娘两个字。别的甭说，过去北京西郊公园动物园叫三贝（bēi）子花园，贝（bēi）子，您要写在书上贝（bèi）子贝（bèi）勒（lè），实际上是贝（bēi）子贝（bēi）勒（le），是吧？什么府啊？贝（bēi）勒（le）府，没有说贝（bèi）勒（lè）府。从小我就这么听的，而且我父亲跟启功老师还有载涛都是好朋友，啊，启功老师就是爱新觉罗·弘昼的第八世孙。您看这弘昼爱开玩笑，启功老师也会开玩笑，看起来这先天基因啊，传了多少代呀。所以说不是贝（bèi）子贝（bèi）勒（lè），是贝（bēi）子贝（bēi）勒（le）。还有这格格（gé gé），我听着就别扭，我们满族人管格格（gé gé）叫格格（gē gē）儿。

说为什么叫和硕亲王？和硕亲王是一个爵位的封号。咱们举个例子啊，皇上正宫娘娘生闺女了，这叫正经的嫡亲公主，这公主叫固伦公主，固伦就是代表一个国，国家的公主；那么王爷再生呢，就跟我说汉书的郡主是一样的；那么和硕亲王呢，他就是皇兄或者皇弟，才能叫和硕亲王呢。外藩的亲王只有蒙古族权力最大的这一等王爷，才能称为和硕亲王。所有贵妃养的闺女，就不能叫固伦公主了，就叫和硕公主。所以说和硕和亲王也就是亲王，皇上的兄弟，皇上的哥哥，啊，都可以封为亲王，和硕和亲王就是爱新觉罗·弘昼。弘昼看母亲来了，把他养大的。

"讷讷，我来了，我想您了。"

"哎哟，我也想你，儿子。来来来，沏茶，沏茶，把那点心摆上。"

老太后一说话，"欻"的把这点心就摆上了，茶沏上了。

"亲王，你喝。"

打开这个盖碗儿。

"讷讷，怎么这么香啊？"

"嘿哟，碧螺春啊，昨儿皇上给我送来的，你尝一口。"

"啧，嘿哟，绿得清澈。"

端起碗来喝了这么一口。

"怎么这么香啊？"

"香啊？丫头哇。"

她管她贴身的这宫女叫丫头。

"把昨天皇上送的碧螺春全都包上，给王爷拿走吧。"

"那您喝什么呀？"

"哎哟，我这么大岁数，喝什么都行。"

您说疼儿子就疼得这么邪乎。

"你缺钱花吗？"

"缺呀。"

"咝……你怎么老缺钱花呀？"

"哎哟，您不知道，昨天我买俩蝈蝈儿，花了三千两银子。"

"有这么贵的蝈蝈儿吗？"

"有，我买那蝈蝈儿那可是出了群了。"

"三千两买俩蝈蝈儿？行，没钱我给你办，三天之后上我这儿拿银子来。"

"那我谢谢讷讷了。"

说了会儿话走了。第二天早上起来，乾隆皇帝请安来了，乾隆皇帝孝顺母亲，晨昏定省。

"您起来了。"

"起来了。"

"我怎么瞧您像想事儿似的啊？"

"想啊，咝……我说皇上，都说这金山银山，我怎么没瞧见过呀？"

"您想看金山银山？行，儿子我给您办。"

下了早朝之后，乾隆皇帝传旨，从户部那儿借来不少银子，借来不少金子，然后让小总管提溜着，看母亲来了。到太后这儿了，八仙桌子，紫檀的，当中间石头芯儿，往桌上一放，拿这银子拿这金子，摆一金山摆一银山。

“讷讷您看，这就是金山，这就是银山。”

“哟……这金山银山怎么这么点儿啊？”

“那真的可就大了去了。这就是摆个样子给您瞧瞧，这不值什么。”

“不值什么？那我就留下吧。”

“您缺钱花？”

“我不缺，我儿子和硕亲王缺呀。行啦，明儿我就赏给他了。”

“嘿……”

乾隆皇帝心说：我这金子银子从户部借的，一会儿我还得还呢。那老太后就不管了，乾隆没办法，不敢惹母亲生气，走了。三天之后，和硕来了。

“看见没有，金山银山，给你两座山。”

“讷讷，您哪儿来的？”

“呵呵，蒙皇上的。”

和硕亲王也乐了。

“得了，您别蒙了。”

“我不帮，你没钱花呀，下回我还得想别的辙。”

“您甭想了，儿子我有主意挣钱。”

“你还能挣钱呢？一天到晚地吃喝玩乐。”

“我能挣钱。”

“什么办法挣钱？”

“您听着，过两天您就知道了。”

“那我可听你的信儿。”

吃完点心喝完茶走了，想主意，他坐在和硕亲王府就琢磨。哎，想出主意来了。

“我说三儿啊。”

“王爷。”

“你上东四四条宝泉局那儿打听打听，什么时候这钱制得了运出来，你赶紧撒腿就跑，给我送个信儿。”

“您干吗呀？”

“少管。”

“是。”

东四四条八十三号宝泉局，那是大清国制钱的地方，那么制钱局归谁管呢？归户部管。这三儿派人打听明白了，都装好了车了，一车的钱拉出来之后送到棋盘街户部，送到户部衙门去，禀报和硕和亲王。

“王爷，宝泉局钱已然装上车了，可就要赶出来了，往户部送。”

“行嘞。领赏去吧，二十两。”

“谢王爷。”

这小子都不知道为什么领这二十两，上账房领二十两银子。

“王爷下话了，赏二十两。”

“哎。”

知道这底下人也不敢说瞎话，二十两银子拿走了。转脸这么一听，啊呀呀呀呀呀呀呀呀呀……和硕和亲王催马就出去了，手里拿着这马鞭子。您想马多快呀，一催马就来到东四四条口了。勒马停蹄，拿着鞭子往这儿一站。这赶车的车把式往出赶这车，他不认得和硕和亲王啊，那儿有头儿跟着，押着车呢。

“头儿，您瞧见没有？这位是谁呀？堵着胡同口，您给他轰开。”

“啊?！我轰他？我找死啊？一鞭子给我抽死啦，和硕和亲王。”

“哎哟，王爷这要干吗呀？”

“我问问。”

赶紧由打车上蹦下来，跑过去了。

“参见王爷。”

“嗬，小子是你呀，干吗去呀？”

“宝泉局的车，往户部送啊。”

“绕个弯儿吧。”

“绕弯儿？”

“拉到铁狮子胡同，我王府你认识吗？”

“认识啊……这我可不敢，户部的钱，这要是让皇上知道了，我脑袋得掉。”

“没关系，我说的，怎么样？”

“不敢。”

“不敢啊？你瞧我的。”

甩镫离鞍下了马，“啪”的一下儿一薅，就把这车把式给薅下来了。手里拿着马鞭子，往这车上这么一蹿，“啪……”鞭子一响，这前车“骨碌骨碌……”就出了四条口了，直接就奔了铁狮子胡同王府了，由打这旁边东门就进去了。这边就傻啦，这头儿这么一看啊，把钱劫走了，我还得给王爷送马去，我要是不送马去，王爷饶不了我呀。这位骑着给送马去了，这一车钱就归了爱新觉罗·弘昼了。弘昼高兴，卸完钱了。

“走吧。”

这钱局的伙计也不敢言语啊，赶紧把车赶出来，回归宝泉局。这头儿没办法啊，撒腿就跑，奔户部禀报户部尚书，这户部的头儿赶紧进宫禀报乾隆皇上。乾隆皇上气坏啦，敢在京城劫道儿劫钱，劫的是大清朝国库的银子，什么罪过啊？砍脑袋杀罪。治谁呀？一打听是爱新觉罗·弘昼，和硕和亲王。

“唉……传宗人府宗令。”

这户部尚书这么一瞧啊，这皇上马上就变口气了。

“哎。”

底下赶紧传，就把宗人府的宗令传来了。宗人府干吗的啊？宗人府啊就管皇上这一摊子事儿的，家眷啊乱七八糟的，子弟啊这些事儿，都归宗人府管。那宗人府这头儿叫宗令，二品官，不是王爷就得是军机大臣，这权力大了，而且必须是皇族。谁犯的案？王爷犯的案。这王爷犯案可怎么办呢？宗令跪倒磕头。

“参见皇上。”

“我问问你，弘昼劫银子，这罪怎么算？”

“那不是皇上您定嘛，您怎么定怎么算。”

“啧，哎呀……”

乾隆皇帝着急了，你说判重了吧，一会儿老太后，我妈跟我玩儿命；你说判轻了吧，将来怎么管啊？

“我说……你说怎么判啊？”

“那皇上您做主啊。”

“你给我出个主意。”

“我要给您出个主意，我揣摩您的心理：判重了不行，判轻了不合适。干脆，您让他看陵寝去吧。”

“传旨。”

皇上写好了旨意，让人传旨。旨意传到了和硕王府，跪倒在地接旨。

“皇上有旨，因为你劫道儿了，让你前去看陵寝。”

“呵呵……”

和硕和亲王点了点头。

“臣，遵旨。”

第四十六回

皇家之恩真难得，层层人情费琢磨，
风云变化难猜测，最后结果不好说。

上回咱们说到爱新觉罗·弘昼，这位和硕和亲王。劫道儿去了，愣把送到户部的钱劫他们家去了。乾隆皇帝没办法，把宗人府的头儿宗令叫来了，你看怎么办？他跟人家要主意。啧，这宗令这么一琢磨，说咱们这宗人府干吗的啊？就是教育皇家子女的。

“这个……囚禁起来也不太合适，这么办吧，您是不是罚他去看陵寝？”

“行啊，这个罪过不大不小，还行。反正到陵寝那儿也有人伺候着，只不过就是离开和硕亲王府，到东陵。”

把旨意传下来了，旨意传到了王府，传旨官到了，和硕和亲王得到府门前跪倒接旨，然后给接进来，传旨官高声朗读，弘昼说了一声。

“接旨。”

传旨官走了，手底下的人这么一看。

“王爷，您去吗？”

“哼，用不着我着急。”

这三儿过来了。

“我给您收拾东西呀？”

“讨厌！”

给轰走了。他心里有数啊，皇上传旨让他去守陵，看陵寝去，这消息马上就传到了太后那儿了，老太后这么一听。

“行啊，丫头啊。”

“干什么？”

“给我收拾东西，皮棉单夹纱都给我收拾齐了，全部的家伙什儿，啊，你们的随身使的东西全都带着。”

“您干吗去呀？”

“陪着我儿子守陵去呀。”

老太后这么一折腾，把车全叫来了，一车一车地就装，那老太后要动换，您说这东西少得了吗？这下儿就惊动了乾隆皇上，大总管前去奏禀去了。

“老爷子哎，您看看去吧，太后老千岁那儿收拾东西呢，要陪着和硕和亲王去看陵寝去。”

“啊？！”

乾隆皇帝这么一听，得了，原旨撤回，传的旨意愣撤回来了，惹不起自个儿的妈呀。劫完道儿没事儿了，这三儿听见消息了。

“嘿，王爷，您做得真稳当，用不着您收拾东西。”

“折腾我讷讷来了吧？”

“那是，太后把东西收拾齐了往车上一装，皇上就急啦，原旨撤回。”

“哼，传旨官到了吗？”

“来啦，您赶紧接旨吧。”

跪倒接旨。

“原旨撤回。”

“奴才谢皇上。”

自个儿称了自个儿一回奴才，总而言之我没去，这件事儿就算罢了。过了几天，朝中议政，弘昼来了。等议完了政以后呢，弘昼就听见身背后有人嘀咕。

“哼，谁敢惹他呀，劫道儿都白劫。”

弘昼明白了，这是底下有大臣不服，侧眼这么一瞧，知道了，军机大臣一等公讷亲。嗯，看起来他们不服，我就等着这句呢。听脚步声音，讷亲离着自己近了，乾隆皇帝刚退朝，留下个大臣在这儿商量事儿，留下的谁呀？一个是户部，一个是礼部，在这儿商量事呢，所以乾隆皇帝在这宝座上坐着还没走呢。弘昼明白不明白？明白，我就让你皇上看看。听脚步声音，讷亲已然到自己跟前了，讷亲个儿矮。

“王爷。”

“认识我？”

“啧，您瞧您说的，谁不认得王爷呀？”

“认得我，这安就请这么小啊？”

“您瞧，您这不是找碴儿吗？我这不是给您请了安了嘛。”

“晚啦，晚了知道不知道啊？”

说着话把这大巴掌这么一伸，旁边一看吓坏啦，您想想他这个儿都快一米九啦，一米八七一米八八这样，胳膊又粗，这手攥上跟蒜罐子似的，一伸跟大蒲扇似的，这手指头跟胡萝卜似的，照准了讷亲这嘴，“啪……”还不扇这脸蛋子，照着嘴就去了，“欻”这血就下来了。

“你打我？你王爷。”

“王爷？王爷我也打你。”

讷亲不干啊，军机大臣一等公啊，上去跟他抓挠，这小子摔跤摔得不错。他哪儿知道啊，人家和硕和亲王这跤摔得更好，俩人在这儿折腾上了，打不过呀。

“哎哟……”

打得他直叫唤。所有的军机大臣还有伺候的内侍都没走干净呢，就在这儿瞧着，往朝堂上一瞧，乾隆皇帝这儿看着呢，装没事儿似的，还跟这户部礼部这俩尚书商量事儿，左一眼外一眼这儿瞄瞄，这外边这么折腾他愣没听见。讷亲一回头，心说：皇上你要管管啊，一看皇上把头一低，这儿说话呢。嘿哟……把讷亲气坏了，惹不起，这是他亲兄弟呀。

“得嘞，王爷，您饶了我吧，我打不过您。”

“知道打不过？那嘴呀给我缝上点儿，少说废话。”

“我以后啊，什么都不说了。”

讷亲走了，这儿还流着血呢。哼，弘昼心说：打你几下让大家伙儿看看，我看谁还敢在背后嘀咕我。您别瞧弘昼使这些办法，弘昼确实是把乾隆皇帝手下的人全镇住了。那么乾隆皇帝明白不明白呀？有人想利用弘昼挑拨跟乾隆的关系，也挑拨不了。要不怎么说我念的这首《金樽吟》，就说明了弘昼和硕和亲王的心情，他不是光装傻充愣，也是为了保护哥哥这乾隆王朝，所以乾隆王朝才能康盛，所以弘昼这人心眼儿特别多，表面上装傻充愣，韬光养晦。这事儿乾隆皇帝也不问，过去了。

今天啊，这弘昼由打这杏花村回来，蛐蛐儿也送到手了，坐到自己书房这儿，这边看着这摆件，真漂亮。珊瑚，阿卡珊瑚的摆件，梅花儿，啧，真好看。比黄金还贵呢，真好看，真好看。再一看旁边这蛐蛐儿，啧，这事儿我得管啊。等两天，等两天知道乐礼他这折子递上来，我再说话。

信儿送来了，谁送来的？张子轩派人送来的，给递过一封信来。说同仁堂乐家乐礼已然把折子打到朝中，请求撤这供奉御药。又过了三天，溜溜达达，这弘昼进宫了，坐着轿子直接来看娘来了，看母亲。轿子刚一进宫，这丫头跟手下的这些嬷嬷全都看见了。哟，亲王来了，撒腿就往里跑。

“老千岁，王爷来了。”

“哎哟……王爷来了，想死我了，想死我了……”

丫头赶紧扶着，老太后往前扭。

“王爷。”

王爷进来了。

“给讷讷请安。”

“你怎么不来呀？”

“我病啦。”

“病了你不吃药？”

“我这不是找您要药来了嘛。”

“你什么病啊？”

“谁知道哇，我也不知道，浑身就这么较劲，就这么难受。”

“来，坐这儿，我先给你捏捏。”

您说这太后老千岁能给谁按摩？疼儿子呀，站在这儿给捏这后脊梁。就这身子板儿，老太后使尽千斤之力也捏不动啊，再说老太后也没这本事啊，就是疼儿了，没办法。

“身子骨儿不舒服？让太医给你看看？吃点儿同仁堂的药？”

“别吃啦，同仁堂不供啦。”

“什么不供了呀？”

“您不信您……您发个传单您试试，那同仁堂人家递上折子来啦。”

“同仁堂怎么这么大的胆子呀？递折子不供奉御药了？那得等皇上传旨啊。嗯？供奉御药快二十年了，不供啦？”

“呵呵，人家说不供了，自有不供的道理。”

“那你说说，我听听。”

“我不说。”

“跟我什么话都不说？”

“那我得先问问您，您跟我一头儿啊还是跟我皇兄一头儿？”

“啧，你这孩子呀，我当然跟你一条心啊。”

“跟我一条心？我跟您说什么，您可别跟我皇兄说去。”

“不说。你说什么，我只当没听见。”

“只当没听见不行，您还得管。”

“我还得管？我还得向着你？行，谁让你是我儿子呢，说吧。”

和硕和亲王就把自己上杏花村，看见了同仁堂的乐家的少东家乐礼，乐礼把这白条往桌上一放的经过这么一说，原原本本一字不落，都跟太后老千岁说了。太后这么一听，把脸往下一沉。

“你说这么大的堂堂大清朝，欠人同仁堂的银子啊？不像话呀。”

“是啊，所以人家往上递折子啊。”

“你怎么知道？”

“您说我什么不知道哇？”

“是啊，你成天大街上逛去，你这耳朵里都灌满了。你说吧，你来找我就是让我怎么办？你说怎么办，我就怎么办。”

“您听我的？”

“我不听你的听谁的呀？”

“人家都听大清朝皇上的，您怎么听我的呀？”

“那不行。我听你的，我还能治皇上。”

"嘿，我要的就是您这句话。"

"你这孩子啊，我算是惹不起你。说吧，怎么办？"

"啧，我跟您说，同仁堂原来供奉御药，是先给药后付钱，结果不付钱，老给人家打白条。"

"哟……打了多少年了？"

"不少年了，人家一堆呀，我都叠成银锞子，能叠一堆，把桌子都摆满了，您说得有多少白条。"

"少说也得有几十万两银子吧？"

"嗯……差不多。"

"还有，好容易皇上传下话来了，原来是一年一算账，现在一年算四回，那不是白搭吗？算四回，四张白条啊，白条多几张啊。不给人家钱，人家同仁堂不供奉御药了，您说怎么办？折子已然打上来了。"

"不能办。除了皇上一生气，传旨不让同仁堂供奉御药了，他自个儿请辞？天底下地上头没有这么大的规矩。"

"那欠钱怎么办呢？"

"欠债还钱。走，咱们俩找皇上去。"

好家伙，老太后发了话了，外边就把轿子预备好了。太后老千岁上了一乘轿子，后边是和硕和亲王的轿子，再加上伺候的嬷嬷、内侍、宫女，这一大帮好几十位，缕缕行行就直接奔着乾清宫来了。这么大的动静，乾清宫的人早就看见了，撒腿就跑，为什么呀？全都知道，知道太后老千岁跟和硕和亲王还有乾隆皇帝这娘儿仨之间的关系，也知道娘儿仨之间这些矛盾，撒腿往里跑。

"皇上，太后来啦，后边还有一乘轿子，亲王。"

乾隆就愣了，往外这么一看，嗬，这势派可不小。旁儿是谁呢？旁边是皇后。乾隆皇帝这皇后特别的好，两个人感情非常深厚，孝贤皇后。十六岁进宫，拜堂成亲，嫁给了乾隆，乾隆特别喜欢这孝贤皇后。孝贤皇后身子骨有点儿不舒服，乾隆皇帝老动问，所以今天吃完药之后啊，上乾清宫来看看皇上，那意思让皇上放心。正好孝贤皇后在这儿呢，一听说婆婆来啦，也知道婆婆的威风，后边还跟着小叔子和亲王，赶紧站起来。

“皇上，迎驾吧。”

两口子往外走，轿子落平了，太后下了轿子，后边亲王轿子，过来搀着，这是我娘。乾隆皇帝看见，心里特别清楚，明白极了，两口子飘飘下拜，给太后施完礼，太后用手一指。

“免礼呀。”

两口子站起来了。本来太后挺嚣张的，“噌噌噌……”过来，有和亲王搀着，我得跟乾隆瞪眼。没想到皇后在这儿待着呢，这皇后大家闺秀，非常贤惠，知书达理，这太后就把这嚣张的气焰就压下一半儿去了。

“哟……皇后也在这儿呢，你也看皇上来啦？真是贤惠，知冷知热，知寒问暖。”

您说这皇后大家闺秀，这么贤淑的人，她从小儿念书，知书达理，她听不惯这个，这耳朵里听这话她难受。

“唉，我呀，身子骨不太舒服，也怕皇上惦念着，上这儿来看看皇上，让皇上放心，好办国事。”

“你瞧，多明白呀，多明白呀。”

孝贤皇后说不出话来了，正好这时候，孝贤皇后宫里边这嬷嬷来了。

“请您回去用药，药已然煎得了。”

“那我就告辞了。”

给婆婆行完礼，孝贤皇后借这机会就走了，乾隆皇帝过来搀着母亲，这边是乾隆，这边是和硕亲王，就把太后搀到乾清宫，让老太后往这儿一坐。

“讷讷，您有什么事儿啊？啧，您知会一声儿，我去看您去呀。”

“啧，你瞧，毛病来了吧？我上乾清宫还得等皇上你的旨意吗？我想看看你，看我儿子，不行吗？”

“谁说不行？不是天儿见凉了，怕您着凉嘛。”

“没事儿，有亲王陪着呢，他身子骨暖和，我着不了凉。”

啧，哎哟，乾隆心说：您这偏心眼儿偏到家了。

“讷讷，您有什么事儿？”

"我问问你，同仁堂乐家上折子了？"

"啊？"

这乾隆皇帝可不能问：您怎么知道哇？这不是搬杠嘛，这搬杠老太后还不生气吗？再说亲王在旁边待着呢，就疼这个，我别招老太太生气，是吧？

"啊……"

他就不敢问了，说您怎么知道的？不敢说。

"上了折子了。"

"请求辞退供奉御药？"

"是啊。跟您说实话，我暗中也查了，我明着也问了，确实是同仁堂先供药后付银，层层的粘单，已然不少了。而且最后送到广储司，药是入了库了，可是钱不见得到账，打了白条了。有的打白条，有的没打白条给了银子了，那么多多少少也欠同仁堂一点儿。"

那么乾隆皇帝说的是不是实话呀？乾隆皇帝说的也是实话。说一点儿没给那是瞎掰，确实也打了不少白条，而且这白条有的皇上知道，有的皇上不知道，为什么？宫里边层层剥削，层层折扣。哪地方同仁堂这钱花不到，这儿扣个百八十两，你连知道都不知道。所以有的事儿乾隆皇帝知道，有的事儿乾隆皇帝就不知道。但是确实承认广储司把钱没全部给同仁堂，欠同仁堂不少都开的白条。

"你既然知道开了白条了，咱们可是大清国。大清国进关之后，没办过糊涂事儿。堂堂的大清朝该人家同仁堂的药钱，人家没钱买药材了，那人家不上折本吗？这可不是人家矫情，那是咱们矫情。这件事儿说到这儿了，你看怎么办吧。"

"是啊，皇上您看怎么办？"

乾隆皇帝心说：这是要钱的，逼宫来了？这边是我妈，那边是我兄弟。你说这钱我不给？不行。我给？也不行。乾隆皇帝眼珠一转，计上心头。对，我就这么对付同仁堂。

第四十七回

先药后银急煞人，借银后药转乾坤，
乐礼交友通天路，乐家老铺又逢春。

上回咱们说到乾隆皇帝的母亲，带着她养活大的这个儿子，也就是爱新觉罗·弘昼和硕和亲王，来找乾隆皇上。干什么？替同仁堂要银子。弘昼是乾隆皇帝的亲兄弟，可是乾隆皇帝的母亲就特别疼这弘昼，把他养大的嘛，比亲儿子还疼。那么乾隆皇帝又不敢得罪太后，太后有权，最重要的，太后有罢免之权，说你这皇上不行了，她能罢免你。所以乾隆皇帝本身就孝顺，而且不敢得罪老太后。这太后啊带着和硕和亲王找皇上来了，把同仁堂这些难点这么一说，乾隆皇帝是个英明之主，有道之君，当然朝中这些弊病乾隆皇帝是心知肚明。皇上这么一想，母亲带着兄弟来了，替同仁堂要钱，那么宫中吃的是同仁堂的药，宫中这些配方送到同仁堂，按宫中的秘制配方监制出来的丸散膏丹，确实是质量相当好，同仁堂的药是无可挑剔的。可话说回来了，和硕和亲王说了，宫中拿了药，宫中制了药，但是这钱没有如数给同仁堂，打的白条子就不是一张两张了。皇上明白不明白？明白。但是这些白条子确实全都没发吗，这银子？也不是。那宫中层层的弊病，层层的人情，层层的管制，皇上能不明白吗？皇上看着自己的母亲，再看和硕和亲王，听俩人的口气，听这娘儿俩的意思，再瞧这娘儿俩的态度，这就等于是逼宫。你不给也得给，批也得批，不批也得批。为什么和硕和亲王他能找到我的母亲？就是因为我母亲有权，我不敢得罪她。可话说回来了，乾隆皇帝心说：如果说不给同仁堂银子，对不起同仁堂，堂堂大清国欠人家同仁堂的银子？再说了，同仁堂的药确实是好，雍正皇帝钦点的同仁堂供奉御药，凭什么吃了药，凭什么制了药，不给人家钱？乾隆皇帝想到这儿呢，乾隆皇帝就跟自个儿的兄弟和硕和亲王说。

“和亲王，那么你说到底欠了多少银子？”

“这个……可就不好说了。”

太后把话接过来了。

“皇上，我知道，咱们大清国欠了同仁堂的银子，可能有的事儿您不知道，那么这些白条子您也得好好查查。皇上，总而言之，不能丢了咱们朝廷的脸。堂堂大清国欠人家制药商同仁堂的银子，也说不过去了，怎么着您得想办法给人家点儿恩惠，让他们好好儿为咱们宫中制药。”

老太后说话她让人爱听，亲王这么一听啊，我别说了。乾隆皇帝想了想啊，你要说我给这银子，我现在派人就去监督，恐怕自己的母亲跟自个儿的兄弟都不愿意，也确实宫中欠着同仁堂的人情呢，他能有多少钱在这儿支应着？每年得进多少药？宫中得要多少药？乾隆皇帝想了想，乾隆皇帝一乐。

“这么办吧，现在已然改成四季结账了，你们也说了，同仁堂是先供药后结账，结好了账之后还得上广储司去领银子去。啧，这银子领得来领不来咱们再说，一年已然改成四季了，这四季仍然是先送药后结账。从今儿起咱们就改了，改成先给银子后供药，我先批他两万银子。亲王，内务府归你管，跟广储司这儿我下了旨，给同仁堂两万银子。先供药后结银咱们改了，是先给银子后供药，你看怎么样啊？”

和硕和亲王这么一想：也就这样了吧，很不简单啦，这叫扭转乾坤啊。你想想，先是给药后结账，哪天结不知道，还净是白条，现在先给银子后拿药。和硕和亲王心里知道，这一年最多的药也不过就超不过了两万银子，甚至多一点儿也超不过去多少，也就几十两的事儿，就这样做乾隆皇帝可算是有道明君了。

“啧，好啊，皇上，您要这么办，同仁堂可就活了。”

太后这么一听。

“皇上，那咱们欠那些白条呢？”

嘿，乾隆心说：也就是您敢这么跟我说话。

“讷讷，欠的白条我一定下旨去查，再说亲王又管内务府，一条一条把它查清楚了，这其中的甘苦我想您也会知道的。等把事儿查清楚了，咱们该怎么办怎么办。”

和亲王借这机会把话又接过来了。

“皇上，那同仁堂欠这么多，他没钱制药怎么办呢？”

“这么着，我想好了，先借同仁堂两万银子。先给他两万，然后再供药，然后再借他两万，一共四万银子，借这两万他有利再还。等我查清楚之后呢，咱们该怎么补怎么补，你看怎么样啊？”

太后这么一想：可不能再往下说啦，皇上能做到这个地步，那可是了不得了。

“得了，亲王啊，咱们也别老在这儿捣乱了，皇上一天国事挺忙的。你呀，赶紧告诉同仁堂乐家，让他叩头谢过皇恩吧。皇上了不得啦，这么能体贴同仁堂乐家，让同仁堂乐家好好供药，不能懈怠。”

“讷讷，我明白。”

乾隆皇帝把脸往下一沉。

“和亲王，你回去马上告诉乐家，让他们往上递上折子，查一查宫中这些年到底缺同仁堂多少银子，打了多少白条。白条他们留下，把账给我算清楚了。再有一个，就是领两万银子到广储司，然后供一次药刨一次，供一次药刨一次，一年结账四次。借同仁堂两万，盈利再还。等把账查清楚了，咱们有一码说一码。让同仁堂把呈子打上来，我批一下，你呀就到内务府去办就行了。”

“我替同仁堂，替乐家，谢皇上大恩。”

“得嘞，咱们娘儿俩走吧，别给皇上捣乱了。”

乾隆皇帝就把这娘儿俩送出乾清宫，太后就带着和亲王回到自己的住处，自己的寝宫，太后高兴啦。

“亲王啊，怎么样啊？”

“太谢谢您了。”

“谢我干吗呀？我不是你妈嘛，我能不疼儿子吗？你呀回去赶紧告诉乐家，让乐家往上打折子。”

这么着，和亲王赶紧回到自己的宫中，让人传话就把张子轩叫来了。然后张子轩就把乐礼叫来了，告诉乐礼应当往朝中怎么样打折子，把这件事儿办妥了。咱们书不说废话，这些手续的事儿就办得了，乐礼可乐坏了。自打雍正元年开始供奉御药到现在，从来都是先供药后结账，现在先给钱后结账，那真是扭转乾坤，同仁堂上上下下都乐得闭不上嘴了。这么一来，同仁堂就等于打了个翻身仗，虽说这些白条子还没付款呢，给了两万银子，而且借两万银子，起码能够买药，起码能够做药了。乐礼很高兴，有了这个靠山，爱新觉罗·弘昼和硕和亲王；有了和硕和亲王，就有了老太后这靠山，就能说动乾隆皇帝，同仁堂这样就坚持了几年。

那么您说乾隆皇帝查没查这些白条啊？乾隆皇帝不能不查。但是这些白条能不能查清楚，那就是二话了。皇上明白不明白？皇上明白。您想，历史上有名的康雍乾，康乾盛世，康熙是明君，乾隆也是明君。康熙年代，乾隆时期，老百姓的日子都好过；那么日子好过呢，他得病的就少，那到同仁堂买药的也少。当然说这俩银子解决不了同仁堂的问题，关键就是宫中供奉御药要求十分严格，而且同仁堂也做药做得太好了，这样欠的银子多，也就是宫中欠的同仁堂这些药银。说还，还点儿；说不还，你也看不见什么；查出一笔来兑一笔，查出一笔兑一笔，那么同仁堂乐家也没法天天逼着这弘昼找皇上那儿算账去，乐礼很明白。

一年两年三年四年，就在这几年当中，同仁堂乐家这老几位就没了。先是老大，老大的媳妇儿在先，然后大爷没了；后来二爷没了，二奶奶还在，翠莲已然糊里糊涂了；三爷跟三奶奶没有多少日子也就离开了人世，四爷四太太也走了。老四没儿子，过继一个儿子，这儿子还不错，拿出银子来把爹妈给埋了。翠莲可就盯不住了，您别瞧这人糊涂，在临死之前翠莲办了一件明白事儿。咱们前边说过，钱掌柜钱靖方死在了祁州药市，留下媳妇儿身怀六甲，妹妹也就是乐凤鸣之妻翠莲，把小嫂子帮着忙生了这孩子，然后接到家中给养大了。虽然这孩子身子骨弱，但是知书达理，孩子不错。自个儿这小嫂子年纪轻轻，老这么守着啊？翠莲就跟凤鸣商量，然后想办法给虹萍找个主儿。虹萍不愿意，因为孩子太小，现在眼瞧着翠莲都不成了，虹萍开始动心了。老这样下去怎么算一出啊？所以翠莲就托南边的药商给虹萍找了一个非常好的男人，这个药商媳妇儿死了，续弦，看上虹萍了，这样翠莲从中撮合，就把钱靖方这个媳妇儿嫁到了南方，嫁给了一个药商。然后跟虹萍商量，把小映墨就留在了乐府。翠莲知道自己不成啦，每天糊里糊涂迷迷瞪瞪，在临死之前就跟儿子儿媳妇儿说，把小映墨改成姓乐。那么归哪屋呢？就归乐礼这屋了。乐礼呀就一儿子，这孩子挺弱，身子骨不行，有了小映墨在这儿陪着呢，乐礼两口子也很高兴。所以到这个时候呢，乐礼、好善、至善这哥儿仨管着同仁堂。好善呢，管购药，管后边制药；乐礼在前边盯着；至善因为大爷已然没了，自己的父亲三爷也没了，自个儿又生了俩儿子，所以院里这些事儿就归至善了，至善就不上同仁堂了。

光阴似箭，日月穿梭，虽然说这么多年，但是同仁堂跟宫中的账从来没清楚过。乾隆皇帝查了，那么其中这些缘由有的查的清楚，有的查不清楚，到底这些钱给没给，给了到何处去了？乾隆皇帝国事太多，不能天天儿跟这点儿银子干上了。同仁堂支持不下去，唉……乐礼后来没办法，找到杏花村的少东家张子轩，又找到弘昼王爷，弘昼说："这么办，这回我不能老麻烦我讷讷，我直接写折本，因为我是议事大臣，我可以当着文武群臣的面跟皇上商量同仁堂这事儿怎么办。"

乐礼跟子轩只能是说多谢吧，已然感情到了这地步了。这一天乾隆皇帝议论国政，等把事情商量完了，弘昼就把这折子递上去了，乾隆皇帝把这折子打开一看，同仁堂支持不下去了，要借银子。乾隆皇帝看了看和硕，微微这么一笑，乾隆心说：我也确实没法把这账查那么清楚，同仁堂借银子就应该借给他。为什么？同仁堂的药确实是按照宫中的办法，一步一步办的，药材好，制得好，而且按时往宫中交药，是宫中对不起人同仁堂。怎么办？皇上一琢磨呀，既然在议事之上递的这折子，那就不能说一句私话了。再说这里边一层一层宫中的关系，我通过这件事儿我得把它弄清楚了，乾隆皇帝有主意了。

"和亲王。"

"在。"

"这么办吧，朝中现在国事太多，用银子地方也太多。你是镶黄旗的都统领，又管内务府，又是议事大臣，你能不能想办法在你们镶黄旗中动用一笔银子借给同仁堂？可有一节，既然是镶黄旗动的银子借给同仁堂，你得派人去监视，不然的话说不清道不明，你明白吗？”

“明白。”

所以您说和硕和亲王是荒唐王爷，他到底是真荒唐还是假荒唐？上次我说了，他留在世上的一首诗《金樽吟》，历史学家评论了，这是一首救命诗，从这首诗中就能看出来，和硕和亲王还是很向着乾隆皇帝的。不但保留住自己家里的荣华富贵，保住自己自身的安全，而且解决了君臣之间兄弟之间的关系，也确保乾隆盛世，从这一点就看得出来。乾隆皇帝也敢信任他，你是镶黄旗的都统领，那么从你这儿拿银子，拿银子你派人监视；你又是内务府负责的，清朝内务府了不得，内务府的总管。那么总管听谁的？得听和硕和亲王的。和硕和亲王又是议事大臣，而且是镶黄旗的都统领。咱们都知道，大清国正黄旗、正白旗、正红旗、正蓝旗；你要是按照历史学家所讲应当念正（zhěng），正（zhěng）蓝，正（zhěng）红，正（zhěng）白，正（zhěng）黄；镶黄、镶白、镶蓝、镶红。我就满族镶黄旗人，营房在哪儿？安定门外头，想当初和硕和亲王就是镶黄旗的都统领。为什么乾隆皇帝传旨这么办？那我信任你和硕和亲王，而且我告诉你，你得派人去监视。你就在内务府找一个广储司的人，找一个员外郎，到同仁堂借给他三万银子，你要监督这三万银子的去处。和硕和亲王明白了，这笔银子拿下来，要派人去监督同仁堂，所以这笔银子就出了大事。

第四十八回

好事刚到遇小人，购买药材把钱吞，
逼得乐礼无活路，寻找子轩求府门。

乾隆皇帝让弘昼到广储司领银子，乾隆皇帝得亲自批条儿，以这镶黄旗的名义借给同仁堂三万银子。虽然说借，这回乾隆皇帝得下心了，让弘昼跟内务府商量，派一个员外郎，就是广储司的员外郎到同仁堂去监视这三万银子的进处出处。就是你怎么进药，怎么出去钱，你得把这账写清楚了，到什么时候还钱，把这账头儿必须得弄明白了。因为弘昼管镶黄旗，都统领，弘昼又管内务府，广储司是发银子的，所以乾隆皇帝就跟和硕和亲王说："咱们就这么办，你把事情写清楚，让同仁堂递上折子来。"

咱们书不说废话，弘昼回去找子轩，子轩回去找乐礼，就把这折子写清楚了，跟朝中借三万银子。那么这三万银子呢，乾隆皇帝批了以后就交给弘昼，弘昼哪儿拿这银子去？镶黄旗。你要从历史上印证，从镶黄旗资生银中借银三万两，总而言之，那是广储司的银子，是归镶黄旗管，镶黄旗都统领又是弘昼。这三万银子借给了同仁堂了，弘昼就把内务府的总管叫来了（内务府管皇家事务的，所有皇家事务都归内务府管）。弘昼就跟内务府总管说："现在皇上批了三万两银子，由打我镶黄旗资生银子里拿出来的。可有一节，你得派个员外郎去监督同仁堂怎么购药，怎么制药，这银子花往何处，什么时候能把这钱还上，必须定好了制度。"

内务府总管离开了和硕和亲王，回到内务府就派了一个人，这个人是广储司的员外郎，叫平安。平安一听就高兴了，好啊，既然是皇上的旨意，既然是亲王已然发了话了，内务府总管派我去，这回我平安就得势了。平安就来到同仁堂，同仁堂已然接到皇上的旨意了，远接远迎，总而言之，他来了就是等于替皇上来的，就等于替王爷来的，在这儿监督这三万两。乐礼怕不怕监督？乐礼不怕。因为来的明去的明，账房先生每笔账都记得特别清楚。平安他不能一个人来，他带着手下人，上上下下乐礼这么一算，一共是七个人。乐礼有心眼儿，他不像乐凤鸣似的，他表面上不带，但是心里全都明白。来了七位，内务府，自古以来内务府就是肥缺。啊，那个时候大清国，乾隆皇帝是顺治皇帝入关以后的第四个皇上，顺治、康熙、雍正、乾隆。康乾盛世嘛，又有钱，内务府管皇家内部事务，您说这银子能少来吗？所以北京四九城就传出来这么一句话，说：房新树小画不古，此人定是内务府。说如果在四九城出现这么一个大宅子啊，不管两进三进是吧？东西厢房，宅子盖得非常新，房新树小。那时候没有现在的科学，说移树，挺大的树，几十年了几百年的树移过来，不行，得种，小树苗儿。房子是新盖的，树是小的，画不古，就是画儿是新的，那不是老的古董。只要看这四合院，看这三进的院子，房新树小画不古，此人定是内务府。哪儿来的银子？内务府贪的。北京城既然留下这话了，您想内务府是不是个肥缺？到内务府变着法儿地就能贪银子。这平安是内务府的员外郎，内务府总管二品，员外郎五品。他负责同仁堂了，下来三万两银子，他明白了。

咱们书不说废话，到祁州购药，本来同仁堂，好善带着一个师傅，带俩徒弟，到祁州去进药去。那住的是什么店，吃的是什么东西，那同仁堂乐家是会有严格规定的。可平安派人到祁州跟着供药，吃的好，花的多，坐的是八抬大轿，这银子花扯了，回来一报账，就等于同仁堂乐家到祁州买药的五倍，等于五年的花费。其实去了几个人？三个人。账房先生给记了账了，好善回来一报账，好善心里就是一哆嗦，赶紧就跟乐礼说。

“哥哥，你盯着点儿。”

“行。”

进药，把药材进来以后，先赊后给钱，同仁堂也这样。等把这药这么一结，账房先生找乐礼来了。

“东家，您看。”

“嗯？”

咱们举个例子，说进这白芍，应当进这量合多少钱？合五十两银子。因为药价是同仁堂在祁州药市上宣布的，这药价不能动。这钱结完了之后，按这药价应该是五十两银子，可到账上就是七十五两，那二十五两哪儿去了？乐礼当然得问。

“先生，那二十五两呢？”

“员外郎支走了。”

“哦……”

再说员外郎他们这些人属于内务府的，要吃药得在宫中御药房去领，可是平安他们这些人都在同仁堂领药，他们领完药以后到内务府再变戏法儿去。就这样一来二去，您想想三万两银子够他们折腾的吗？什么时候的事儿？这三万银子下来是乾隆十五年，三年之后结账，乾隆十八年得结账，这三万两银子。乐礼着急，要照这样下去怎么办？他也暗示过平安，平安不往心里去，心说：你惹不起我，我内务府员外郎，五品官，我有后台呀。内务府贪的人多了，你就管我呀？就您这点儿银子，我眼犄角儿都不夹。确实对平安来说，那就是很少的一部分银子了。乐礼急呀，眼看要归账了，快到乾隆十八年了，这怎么办？没辙啦，跟媳妇儿一商量。

“得啦，您啊还得找张子轩去。”

“你说老麻烦人家。”

“那没办法，咱们别人不认识啊。”

乐礼找到张子轩，结果张子轩不在，杏花村的买卖已然不如从前了，虽然换了个新厨子，但是买卖也不如从前那么热闹了。跟伙计一打听，张子轩把他的父亲老掌柜张仁兴送回山西太原，老掌柜要回去。那时候您不像现在，您打个电话，发个微信，是吧？再着急您坐动车过去了，不成坐飞机，当时就能把他接回来，我买来回的机票。那时候行吗？清朝没有这呀，怎么办呢？只能让伙计送信儿，我有急事找东家。话是带过去了，等张子轩接着这信儿再赶回来，来回来去的路程就一个多月，如果要不是这个消息，子轩就暂时不回北京了。乐礼看见子轩了：

“你哪儿去了？”

“回老家了，送我爹去了。”

“老掌柜回去了，你怎么不告诉我呀？”

“爹不让，爹说要跟你说呀，就惊动了你了，你同仁堂就够忙的了，你再帮着忙活前忙活后，怕把你的事儿耽误了，所以我爹走了，这回就不回北京了。要不是你的事儿，我还不赶回来呢。但是我爹说了，乐家的事儿就是张家的事儿，张家的事儿就是乐家的事儿。哥哥你说吧，什么事儿？”

“我跟你说啊，这事儿了不得了，三万银子，让他们贪污了不少，暗中走了一万多了。眼看到了十八年，我就得还银子啊，三年，你说怎么办？”

“还有多少日子？”

“不到仨月了。”

张子轩一想：可坏了，三个月的时间，对宫中出现的这个事儿查不清楚。

“走，我带你去。你要等着和硕和亲王出府，不知道哪天。”

两个人收拾收拾，由打这杏花村动身，鲜鱼口，直接就奔了和硕和亲王的府了。到这儿“啪啪啪……”一叫门，门关得挺严，平常大门开着，看门的出来一看。

“哟，呵呵，张掌柜，乐掌柜。”

认识啊，尤其张掌柜老来。这张子轩会行事，怀中掏出一锭银子。

“留着喝茶吧。”

“哟，谢谢您了，您里边请。”

到门房儿了。

“二位请坐。”

赶紧让手下人沏上茶来，把茶倒上了。

“您二位有事儿吗？”

张子轩说。

“我来了还什么事儿啊？找王爷呀，找王爷有点儿急事儿。”
“嘿，您来着了，您先看热闹儿吧。”
“怎么啦？”
“又演习上啦。”
“那得多半天啊？”
“那没办法，您等着吧。今天王爷要演习，还没开始呢。”
张子轩明白，可乐礼不明白。那么和硕和亲王要演习什么呀？要死一回，就演习演习大家伙儿怎么哭他。张子轩明白呀，知道王爷的脾气，乐礼在旁边站着。
“哥哥。”
“别着急，我想办法。”
王爷在里院，进不去呀，没有王爷的话，没法儿往里走哇。银子能说话，刚才开门的这个手里拿着银子呢。
“您放心，我把王爷的贴身奴才给您叫出来。”
时间不大，来了，这小伙子真漂亮，这个头儿按现在说得将近一米八，嘿，机灵、白净，两只眼睛会说话，梳着大辫子蓄着辫帘子，嘿，这聪明。穿着孝呢，乐礼就一愣。
“王爷怎么了？”
“没事儿。”
张子轩知道啊，演着玩儿呢，装一回死，让大家伙儿哭。乐礼没瞧见过呀，乐礼一着急。
“别着急。”
这贴身奴才叫什么呢？叫大硕子。
“硕子，怎么着啦？”
“呵呵，您算来着了，见王爷有事儿啊？”
“急事儿啊，十万火急。”
“十万火急呀？我给您出一主意。你们二位，同仁堂乐家，杏花村张家。你们二位呀，一会儿我给你们端过点儿银子金子来，你们假装地出个份子，怎么样？”
“行啊。”

嘿，张子轩就明白了，乐礼跟傻子似的。等一会儿的工夫儿，端来两盘儿，一盘是白的，一盘是黄的。白的是银箔纸叠的银锭子。黄的是金箔纸，叠的是金元宝。

“二位里边请吧。”

这大硕子领着，乐礼糊里糊涂地就跟着张子轩往里走吧，一人托一盘儿。一个托着银子，一个托着金子，可都是纸糊的。等到院里头，到账房儿这儿，写上：同仁堂乐家，杏花村张家。上多少银子都写清楚了。乐礼再往里边一看，可了不得了，这动静儿可大了。这灵堂在哪儿呢？就在堂屋。您想想，和硕和亲王的府，这堂屋得有多大？门前所有王府里的下人，所有王府里的这些女眷，刨去福晋，两个侧福晋，是全到。穿着白戴着孝，院里跪倒一大片，哭，这哭声大了，乐礼跟张子轩说话都听不见。哎哟，这哭啊，就好像王爷真死了一样。

“别害怕，你跟着我走。”

带着张子轩，带着乐礼往里走，一直走到堂屋这儿了，乐礼就愣啦，布置得跟灵堂一样，在堂屋当中间，四五六大放样黄柏的棺材，这棺材盖儿敞着呢。

“棺材里谁呀？”

“别问了，王爷，活王爷在那儿躺着呢，他这叫演习。”

“演习这干吗？”

“你就别问啦，你就瞧热闹吧。”

再一瞧这灵堂上，上联：有了山有了水无人照应；下联：落了花落了叶落了场空；横批：呜呼哀哉。当中间是棺材，棺材前有供桌，供桌上边五供蜡扦。嗬，这大蜡这么粗，还着着呢。就在这供桌旁边，金童玉女，纸糊的。这金童扛着黄幡，探头缩脑；这边这玉女托着宝盖，满面春风。再瞧旁边糊着纸人纸马呀、雪莲雪絮，嗬，随着风这飘啊。乐礼再回头一看，哎哟，跪倒这一大片，您想王府得有多少人啊，都穿着白戴着孝，都在这儿跪地下哭。吆……乐礼不明白呀，张子轩就乐，张子轩心说：我看见不是一回两回了，哪年他也得演习个一回两回的。

“哥哥。”

“兄弟，咱们怎么办呢？”

"上香啊，祭奠王爷呀。"

这大硕子很聪明，就知道这哥儿俩找王爷有急事儿。

"同仁堂乐家，杏花村张家……"

王爷在棺材里一听，这二位怎么到了？两个人就哭吧，得跟着学吧，旁边还有陪哭女，好家伙，哭的声音还挺大。王爷一想：有急事儿，王爷"噌"一下儿从打棺材里坐起来了。

"什么事儿啊？"

嘿哟，乐礼心说：这王爷什么毛病啊？那王爷也不敢耽误国家大事，知道这二位就是有事儿来的，王爷由打棺材里让人给扶出来了。

"待茶。"

把这二位带到待茶室，客厅，俩人坐这儿喝茶，王爷让大硕子传话。

"告诉他们啊，给我脆着点儿，今天演习快着点儿，啊，一会儿就完。等一会儿，让他们等会儿说话。"

大硕子把话传下来。

"您二位等着，王爷很快今天，今天演习快。"

里边看得见外头啊，就瞧大家伙儿跪在这儿哭啊，摔盆儿的，干什么的都有，好家伙，这通儿唱。全都完了，王爷站在棺材头了给大家伙儿请了个安。

"谢谢大家，谢谢。众位受累了，众位受累了。"

嘿哟，乐礼心说：这王爷真够可以的。

"就这么闹腾，皇上让吗？"

"少叨唠。哥哥，皇上让，皇上也不管，皇上早就知道。王爷说了，怎么着也是死，先演一回看看。"

"哎，别烧啊。"

抬头再一看，王爷指挥人那儿烧这烧活呢，糊的挺好的纸人纸马、金童玉女，那儿烧呢，还有旗罗伞盖，好家伙，满堂。

"别烧啊。"

"嗯？不烧？不烧王爷明儿没事儿干，有事儿他好糊烧活呀。"

"王爷自个儿糊的啊？"

“那可不是嘛。”

“糊得太好了，这要是在北京糊烧活，王爷得是头份啊。”

“王爷啊，玩儿呢。”

乐礼到现在才明白，这弘昼和硕和亲王没事儿的时候在家糊烧活，什么金锭子银锭子，那金元宝那就是小事儿，金童玉女糊得活灵活现，嘿哟，旗幡宝盖。

“啧……”

乐礼咧着嘴。

“把这活都烧啦？”

“不烧，不烧他没法儿糊新的。”

等着吧，等看着烧活都烧完了，就看这和硕和亲王奔这待客厅来了。乐礼赶紧上前施礼，说出自己心中苦处。

第四十九回

乾隆皇帝一明君，为了治国避丑闻，
查清平安吞银案，惩治贪官共七人。

您看清朝这衙门啊，咱们一开始说书的时候就说过，大部分衙门都在棋盘街，那么太医院就离着棋盘街很近了，那时候叫东江米巷，不叫东交民巷。内务府是一个很大的衙门，内务府管理皇家所有的事务。雍正皇帝在位的时候，在位十一年，就封爱新觉罗·弘昼，就是他自个儿第五个儿子，和硕和亲王。那么和硕和亲王跟他的四哥弘历，就是后来的乾隆皇帝，这哥儿俩曾经在雍正十三年的时候共同办理过苗疆事务。雍正皇帝在位十三年死的。死了之后呢，是八月死的，十月，乾隆皇帝登基两个月，就封和硕和亲王为内务府、御书房以及正白旗的统领，所以说和硕和亲王的权力还是挺大的。那么和硕和亲王表面上是个荒唐王爷，咱们都知道，一个，他确实当不了皇上了，心情就不好受，不在其位不谋其政，您看我说书，我老想着说书的事儿，那么皇子他想什么？皇子都想当皇上。虽然表面上荒唐，实际上弘昼是个明白人，当不了皇上了，把酒言欢，写了这首《金樽吟》，表明他这一生不跟哥哥争夺皇位。那么要真正按历史说呢，弘昼就比乾隆皇帝晚一年出生，他表面上荒唐，实际上利用这个韬光养晦，保护了自己全家，也保护了乾隆盛世。所以在家里头他经常演习，演习这丧礼，啊，自己假装死一回，刨去自个儿的媳妇儿，是吧？嫡福晋，还有两个侧福晋不来，剩下全来，全家大小穿白戴孝，这一折腾也不少银子呢，反正他有的是钱。糊的这些纸人纸马啊，这些云罗伞盖、金童玉女、这些银锞子，这些金元宝，都是弘昼自个儿亲自糊的，从小就喜欢糊烧活。如果说现在要在幼儿园做手工，那弘昼准得得头一名，是吧？准得让幼儿园老师总给贴五星，做得确实好。他就用这些来养晦自己。

这一回也搭着平安这案子，乐礼跟着张子轩到了和硕亲王府，亲眼看见和硕亲王演绎了一回自己死以后应当怎么办怎么办。在待客室这儿看着，把烧活都烧了，事情全都办完了，他给大家伙儿请了个蹲安，给大家伙儿一抱拳。

“谢谢众位，你们都辛苦、辛苦、辛苦啊。”

该领银子领银子，然后大家伙儿大吃大喝。都布置好了以后，他奔这待客厅来了。

“礼过了，礼过了，来来来，请坐，请坐。”

弘昼是一个很大方的人，三个人分宾主落座了。

“来了就有急事儿，什么事儿啊？”

乐礼说。

“王爷，这回事儿大发了，由打您那儿支的三万资生银子，没想到这三万银子现在该还了，还不了了。”

“怎么还不了了？”

“我跟您说，是这么回事儿，这么回事儿，这么回事儿。”

就把平安他们这几个人怎么的花销，然后怎么克扣的银子，一五一十地都跟和硕和亲王说了。和硕和亲王双眉倒竖，二目圆睁，脸上颜色更变，用手一拍桌子，“啪……”

“好大的胆子！贪到我头上来了。乐东家，回去把这账给我写清楚了，往朝中递折本，这回我还不找太后了，我亲自到朝堂上找皇上，让皇上做主。”

“谢王爷。”

乐礼眼泪都下来了，不然的话这三万银子还不上，乐礼得多大的罪过啊。不但自己担罪，全家怎么办呢？王爷斩钉截铁地说出这句话来，我找皇上去，乐礼高兴了，张子轩这么一看。

“得了，咱们也不在这儿耽误王爷的事儿了，赶紧回去写折子。”

两个人告辞，回到了杏花村。乐礼就没回去，就跟张子轩商量这折子应当怎么写，就把同仁堂这账房先生也叫来了，一笔一笔全都写清楚了。写出来之后，然后就交给了张子轩，张子轩马上就给送到了和硕和亲王府。过两天议政，爱新觉罗·弘昼和硕和亲王现在是议政大臣，权力也不小啦，管内务府，而且还是镶黄旗的都统领，和硕和亲王。不单如此，他还奉宸苑，刨去热河避暑山庄以外的这些行宫不归他管，北京所有皇上的行宫都归他管，权力大了。来到朝中，他不等着散朝了，文武大臣在这儿议事，头一个他就把折子递上来了。

“皇上，您看。”

乾隆皇帝接过这折本这么一看。

“啊？！哼，三万银子贪了这么多，我明白了。照这样说，这些白条起码有了一半的出处。”

乾隆皇帝干吗的啊？乾隆皇帝非常聪明。乾隆皇帝就知道了，对于同仁堂这件事，如果有一点儿打点关系都没打点到的话，就会出差错，这回这事情明摆着呢。

“亲王。”

“皇上。”

“查清楚了吗？”

“我问明白了，我也查了，同仁堂也不敢虚报。”

“是啊，同仁堂药物上乘，人品也好，绝不敢虚报。你是镶黄旗的都统领，你又管内务府，现在我就让你去督办这个案子。把这三万银子的出处全查清楚，该同仁堂还同仁堂还，如果说这里有人从中作弊，一笔一笔得给我查明白了，我就等着你的回信儿了。”

“嗻。”

弘昼回到自己的府，马上命人把乐礼叫来，然后派人，有的时候弘昼亲自去查，把所有的账目全查清楚了。咱们书不说废话了，把平安这七个贪官押上来审，你不承认也得承认，事实在这儿摆着呢。出去应该花多少银子是有规格的，几品官应当花多少钱，几品官应当花多少钱，你超额了就算你贪了。而且他从中买的药，回来再挣御药房的钱，跟着人下祁州去买药，别的地儿买药，买通这药商，这药商也不敢惹他呀，应当报五十两，报七十五两；应当报一百两，报一百五十两；照这样，三万银子禁贪吗？算好了账了，查清楚了，平安他们七个人也在这个纸上画了押了，弘昼把这案子全都理齐了，然后具折本奏明了乾隆皇帝。乾隆皇帝一看，也是勃然大怒啊，传下旨意严办，最后把这案子落实了。平安，员外郎五品官，借着监督同仁堂制药买药贪污银子，罚银八千一百两；其余的六个人，最少的罚的是二百五十两，最高的罚的三千一百两；一共是一万八千四百两银子。说罚够了没有？还差点儿，总是稍微得留点儿余地，但是他们所贪的银子全都罚了。至于这花销花到底下人手里，那就稍微免去了这么一点儿，是一万八千四百两银子，这案子可就轰动内务府了。说乾隆皇帝为什么这么办？弘昼为什么这么办？虽然历史上没人把它交代清楚，我也不是历史学家，但是我想，通过这个案子，乾隆皇帝为了自己的国家为了自己的朝廷，惩治这些贪官是很有必要的。

案子查清楚了，银子也罚了，三万银子也还了，乐礼心里也痛快了，万也没想到自己能够遇到这样的明君，遇到这样好的王爷。可通过这几年呢，办这同仁堂，乐礼身心疲惫呀，太累了。过去有父亲，有母亲，家里有三叔三婶儿，有大爷有大妈，有好善有至善帮着，现在好善管买药管制药，至善回家看着这大摊，自己前前后后同仁堂都得自己支应着，又没有这么大本事，所以至善身体就很弱了。这张子轩知道哥哥身体不好，派人送了一副燕窝，让哥哥将养身体。乐礼媳妇儿一看这燕窝，这就能养他的身子？谢过张掌柜，再养恐怕也养不过来了吧。转过年来清明上坟，乐礼说：

“这么办吧，事情已然解决了。”

就跟自个儿的媳妇儿说：

“带着儿子，带着映墨，带着孙子，一块儿到坟地里给老人家上坟去。”

啊，现在咱们每到清明，家家户户都上坟。乐礼带着全家老少，坐着轿子骑着马，到坟地里上坟。在坟前上了供，摆上供果，乐礼眼泪下来了。万也没想到啊，到现在我孤孤零零一个人支撑着同仁堂。想起祖上进京，那还是明朝呢，经过几代，自己的老祖宗乐显扬进了太医院，自己的父亲又开了同仁堂，到现在风风雨雨供奉御药，兢兢业业，小小心心，不敢得罪朝廷，不敢做错一点事儿；对待老百姓的药，那也真是：修合无人见，存心有天知；对于药材，进药材，甚至自己每回都亲自过目；我照这么累，我的下一代怎么办呢？人到老了，他就要防自己有个百年之后了。看看自己的儿子，体弱多病；看看映墨，就知道念书，知道读书；谁去替我支应这同仁堂？乐礼想到这儿，眼泪下来了，轻轻地叫了一声。

“爹呀，娘啊……我乐礼该当怎么办？”

媳妇儿跟儿子看着，乐礼这眼泪“哗哗”往下流，劝吧。

“让我静静……”

乐礼在坟前足足坐了有一个时辰，按现在说就是俩钟头。好容易止住悲哀，该上轿的上轿，内眷上轿，男人骑马，啊，带着儿孙，乐礼离开了坟前回归打磨厂。等走到前门这儿可了不得了，突然间看见黑烟滚滚，一瞧这方向正是大栅栏。

“东家。”

“啊……”

乐礼歪头一看，管家。还是刘成儿吗？不是，刘成儿早已然故去了。这个管家姓赵，叫赵义文，四十多岁，对乐家也是忠心耿耿的。

“东家。”

“怎么了？”

“啊……不知何故，一把大火烧了同仁堂……”

“救啊！”

“救不了啦……全烧了……”

“匾呢？”

“匾抢出来了，片瓦无存……您看，还冒着黑烟呢。”

“天灭我乐礼呀……哎呀……爹呀……”

刚才在坟上难过的心情还没过去，听见家中同仁堂着了这把大火，乐礼往后一歪，“扑通”一声，由打马上就掉下来了。

“东家……”

轿子也落着了，媳妇儿也出来了，孩子也出来了，儿子跟映墨由打马上下来了。

“爹！爹爹爹……”

怎么叫也叫不明白了，乐礼的媳妇儿拿手指头往这鼻息处一摸。

“夫啊，你走了我怎么办呢……”

劝吧，止住悲哀。谁止住悲哀？止得住吗？好容易把乐礼的尸身抬到轿子上，然后抬回打磨厂，马上办丧事吧。子轩知道，子轩来了，张子轩哭啊。乐礼的夫人哭晕过去了，赶紧就救吧。咱们书不说废话，大办丧事，入土安葬，就这一把火把乐礼给烧死了。虽然人没在火中，心被烧死了。人被烧死了，他的夫人整个人心疲惫，完了。

办完了丧事之后，乐礼的夫人坐在灵堂前，没眼泪了，看了看映墨。

“映墨呀，你哥哥呢？”

“不知道，我哥哥刚才哭得太伤心了，我去看看去。”

映墨撒腿就跑，到了哥哥屋中这么一看，当时就傻了，乐礼的儿子经过这么一急，这么一吓，死在了床上都没人知道。赶紧禀报母亲，张氏流着眼泪又埋葬儿子。虽然说映墨也娶了媳妇儿了，但是终究映墨他是钱家的后代，改姓乐了，不是自己亲生所养的。自个儿的丈夫在临死之前，就怕没有人接这同仁堂。现在接同仁堂的人，我这儿子还死了，怎么办？老寡妇、少寡妇，带着孙子，还有一个不是自己儿子的儿子，不过映墨夫妻十分孝顺。张氏傻啦，张子轩是天天来。

“嫂子，您别着急。”

“我不能不着急呀。子轩，你给我出个主意。”

“好吧，我也没办法了，我去跟王爷商量商量。”

张子轩跟爱新觉罗·弘昼和硕和亲王的关系还是非常好的。亲王告诉他有一条办法。

“我把这办法告诉你，你告诉乐张氏，让她按我的办法办，还可以拯救同仁堂。”

第五十回

大火吞噬同仁堂，东家立刻倒路旁，
指望后代承祖业，乐礼长子急中亡。

天降大火呀，水火无情，一把大火把同仁堂烧了个干干净净，片瓦无存。乐礼急死了。乐礼的长子老大不小的了，娶了媳妇儿有了孩子了，应该能够担当点儿责任了。没想到这孩子天性懦弱，一着急，躺在床上也死了。留下的是乐礼之妻，还有她这儿媳妇儿，俩寡妇。两个寡妇两代人，寡妇失业的要撑起这片天地来，谈何容易呀。乐礼的二儿子还太小，儿子小他接替不了事业，怎么办？乐张氏天天哭，流眼泪，好朋友张子轩来了。

"嫂子啊，您哭也不管用啊。"

"我知道不管用，可有一节，兄弟，我怎么办呢？一家儿老少好几十口指着同仁堂呢，再说同仁堂这一把火烧了个干干净净，对不起祖上啊，怎么往下传呢？他们爷儿俩全走了，你说我不流眼泪我怎么办呢？"

"唑……总得有办法吧，我跟王爷商量商量？"

"好吧，那就拜托兄弟你了。可有一节，你见着王爷就跟王爷说清楚了，别看宫中缺我们这么多银子，药可已然送到了，给我们留下一摞白条。可是我的公公还有我的丈夫，这爷儿俩天天闹腾着，天天闹腾什么？就闹腾好好研制药。按照宫中的规矩，按照宫廷的秘方，这药制得非常好，我想王爷也会知道的。所以呀，父亲也说了，我丈夫也说了，宫中欠银子是欠银子，但是乐家供奉御药这诚心不会变。您把这句话捎给王爷，让王爷斟酌着办吧。"

“好吧，嫂子，您可千万别着急，一家子就指着您呢。”

说了几句安慰的话呢，张子轩走了，到王府来找弘昼，和硕和亲王。

“王爷……”

“别说了，一把大火，这火光冲天，我都瞧见了。没想到同仁堂遭此大难，唉……乐礼呢？”

“没了。”

“急的？”

“是啊。”

“少爷呢？”

“也走了。”

“也急死了？”

“啊。”

“那……那这事儿谁管呢？”

“您管啊。”

“我？我又不姓乐。”

“那不成，您跟我什么交情？我跟乐家什么交情？您不管也得管。再说，当今皇上是您哥哥，前朝皇帝是您父亲，是您父亲定下的同仁堂承办御药，您不管谁管呢？啊？”

“唉，嗞……这么办吧，子轩啊，你回同仁堂一趟，告诉乐礼的夫人，让她呀递个呈子，具上呈文，就说她丈夫也死了，儿子也死了，身为寡妇没法儿再接着供奉御药了。让她递呈子辞去供奉御药，同仁堂不供奉了，那皇上就得换一家了吧。让她打个呈子，你把这呈文交给我。”

“王爷，这呈文要是递上去，皇上要是恩准了可怎么办？同仁堂可就完啦。”

“嘿嘿，你糊涂我可不糊涂，供奉御药多少年了？嗯？前朝十三年，现在多少年了？加在一块儿已然三十年出头了，能随便改吗？我皇兄可不是糊涂人啊。你放心，这呈文该打就打，上边的事儿我来办。”

“得嘞，我先替乐家谢谢王爷。”

“别客气啦，办去吧。”

张子轩来回跑，又回来找乐张氏。

“王爷说了，让您写个呈文，辞去供奉御药，让皇家另派药商来接替同仁堂供奉御药。”

“好啊。万般无奈，我也是这个主意，已然无能为力了，写吧。映墨呀？”

钱家的后代映墨现在改姓乐了，映墨爱念书，手底下写点儿文章写得挺好，文不加点。然后张子轩跟乐张氏出词，小映墨拿起纸笔墨砚来，就把这往朝廷递的呈文写好了。辞去供奉御药，因为没办法了，丈夫也死了，儿子也死了，现在烧得片瓦无存，怎么制药？所以递呈文辞去供奉御药这差事。写好了之后，乐张氏拿起笔来，写上自己的名字画了押，然后摁上手印。说乐张氏会写字吗？会呀，乐张氏从小儿在娘家念过书啊，知书达理。经过在同仁堂乐家这么多年，现在丈夫死了，儿子也死了，小儿子还太小，又带着映墨，所以乐张氏心里边是越来越坚强了。

“得了，兄弟，你受累吧。”

“嫂子，您说这话可就框外了，您等我的信儿。”

张子轩拿着这往上递的呈文，赶紧来找王爷。

“王爷，您看。”

“嘿，你倒挺快腾啊。同仁堂是你的啊？”

“啧，您瞧您说着话就……”

“跟你开个玩笑吧。”

把这呈子这么一看。

“行，写得还行。等议政的时候我见着皇上，我跟皇上说说，再把这呈文递上去，你就等消息吧。”

“那您可千万……”

“我知道。保住同仁堂，你不说我心里也明白。”

等到皇上议政的时候，和硕和亲王来到朝堂，议政大臣都在。主要的事情说完了，和硕和亲王就把乐张氏写的这呈文递给了皇上。

“皇上，您看看。”

乾隆皇帝接过来这么一看。

“和亲王，这把大火我已然听说了，水火无情啊，没想到同仁堂遭此大难。啧，你说，谁来供奉御药呢？要不然这么着吧，现在议政大臣都在，你们大家伙儿商量商量，咱们能不能换一家药商来替同仁堂供奉御药呢？”

这几位议政大臣你看看我，我看看你，谁敢说话呀？亲王在这儿呢。都知道和硕和亲王办理同仁堂的事情不是一天两天了，跟同仁堂的关系，那早有个耳闻。大家伙儿全都瞧着，瞧着弘昼，弘昼这么一听。

“嗯，皇上，您说京城这么多药铺，哪家儿比得了同仁堂？哪家儿他敢应？”

这叫什么呀？这叫将军。不能说：皇上您别这么说，刨了同仁堂没人供奉御药，您别改主意。不能这么说，您说谁能敢接，谁能敢接同仁堂供奉御药这差事？这叫软着把话绷回去，将皇上一军。乾隆皇帝是个十分明白的人，不然的话不能落下康乾盛世。乾隆皇帝低头一想：也是，自己的父亲雍正皇帝登基之后，雍正元年就传下旨意，而且亲笔题书，让同仁堂供奉御药。父亲在位十三年，现在自己在位多少年了？十九年了。加在一块儿，同仁堂供奉御药三十年都出头了。而且同仁堂，你欠了他的银子，他还照样对朝廷这么忠心。不但同仁堂购买的药好，制作的方法好，而且药品精良，就是按照宫中所给的秘方，按着宫廷的制法做出来的丸散膏丹，只有往好了说，没有降低药质的时候。谁能跟同仁堂这样，欠着银子还这么干活儿，对朝廷这么忠心？不好找哇。再说了，同仁堂供奉御药天下皆知，突然间改了，同仁堂有难我不管，这对大清朝廷的脸面也不好啊，保了同仁堂就是保护了我的脸面。嗯……皇上想到这儿，皇上有主意了。

“和亲王啊。”

“在。”

“这么办，现在议政大臣都在呢，我是想正像你说的，恐怕京城没有药商敢接这差事供奉御药。这么办吧，同仁堂供奉御药这么多年，忠心耿耿，药品上乘。我传旨拨同仁堂两万银子，让同仁堂马上把铺面盖起来。”

和硕和亲王看着哥哥，心说：好。两只眼睛看着，就等他下文了。

“这么办吧，同仁堂没有生计了，又欠着同仁堂这么些银子，每天由内务府发一千个制钱儿，给同仁堂上上下下生活日用。”

钱不多，和硕和亲王心说：也知道，但是有这份心意，皇上已然尽到家了。他瞧着皇上，那意思还要下文，皇上也乐了。

“这么办吧，凡是抵了官债的，同仁堂乐家的房基地还有这些药材，全部发回同仁堂乐家。还有啊，我想这两万银子还有这基地房还有这点儿药材，同仁堂也解决不了，你让朝廷拿出大批的银子来，也办不到。我想让同仁堂贴出告示来，谁愿意出资帮着同仁堂共同供奉御药，可以找同仁堂。不过有一节，不管这个药商出多少钱跟同仁堂共同供奉御药，来制作御药，但是必须听同仁堂乐家的。供奉御药是乐家的，制作药也是乐家来监制，不能改变。众位议政大臣，怎么样啊？”

大家伙儿一听，乾隆皇帝做到这儿，保护同仁堂乐家已然尽到职责了，一个皇上也就这样了，很不简单了，和硕和亲王一挑大指。

“皇上英明。”

等于又将了皇上一军，那皇上说出话来可就不能改了。皇上让人拟下旨意往下传旨，咱们书不说废话。旨意传下来了，虽然说同仁堂遭这大火一场劫难，但是终究皇上家支持，这劫难就算过去了。说过去也不容易，那么完全凭着乾隆皇帝在这儿照顾同仁堂吗？也不是，那是同仁堂自己挣来的。一个，皇上是明君；再说同仁堂这么多年承办御药，药材选得好，药制得好，正像同仁堂的堂规一样：炮制虽繁必不敢省人工，品质虽贵必不敢减物力。在制药的时候，修合无人见，存心有天知，良心搁当中间了。不但对朝廷如此，朝廷的秘方下来，同仁堂监制的丸散膏丹完全是上乘的，皇上亲自看过，皇后也看过，而且亲自御批过，皇上心里明白。同仁堂得到皇家的信任，不但得到皇家的信任，供奉御药信誉提高了，对待老百姓也是如此，养生济世那是乐家的祖训，一代一代传到而今。遭此一劫，也就算皇权特殊保护了，要按现在的名称呢，就是破产保护。终究是皇家有特权啊，不用通过什么法律，那是在清朝的时候。

总而言之，同仁堂算保住了。保住了是保住了，这两万银子能干什么？简简单单能把房子盖起来就行了。张子轩帮着，全家齐上手，找人盖房，咱们书就不细说了。这告示可就贴在了大栅栏的口，看告示的人山人海，同仁堂出事儿谁不知道啊？北京谁不知道同仁堂这把大火烧得片瓦无存呢？现在告示贴出来了，皇上有旨，重振同仁堂，谁愿意出资跟同仁堂共同供奉御药，谁就找同仁堂签合同。大家伙儿看，全嘀咕，北京人好聊天儿，好说话。

“哥哥。”

“兄弟。”

“瞧见没有？哎，你们，你舅舅不是开药铺的吗？”

“这不成这个，跟同仁堂乐家可比不了，那不是一个钱两个钱的事儿，几十万两银子一下就扔进去呀，谁家存这么些钱呢？将来有什么报酬啊？”

大家伙儿这么琢磨着，议论纷纷，同仁堂这儿盖着。那么皇上给这一千制钱值多少钱啊？要按当时的银子来说，这一千制钱养活同仁堂这一家子好几十口子，当时的兑换钱制也就合八钱银子。八钱银子吃什么喝什么呀？基本生活费都不够。也就搭着各屋里边全都有点儿存项，不然的话同仁堂根本就支持不下来。

房子盖起来了，不用请，原来的伙计自动就回来了。因为同仁堂对伙计好，东家吃什么，伙计吃什么；而且哪个伙计家中有难，东家没有不管的时候；制药精良，月供开支，从来没耽误过；所以这一重新盖同仁堂，伙计们全回来了，制药的师傅也全都回来了。可就是左等右等，等一天等两天，等来等去，就是没人敢投资跟同仁堂共同供奉御药。乐张氏着急呀，怎么办呢？每天晚上凑合喝点儿粥，坐在灯下，想想自己的公公创办同仁堂不容易，想起自己的丈夫结交了爱新觉罗·弘昼这位和硕和亲王，给我们同仁堂乐家撑了这么大的腰。没想到没熬过去，一把大火把同仁堂烧光了。怎么办？没人啊，没人愿意帮着我们同仁堂共渡风雨，拿出钱来帮着同仁堂供奉御药。眼泪一行一行地往下掉啊，啧，唉……小映墨在旁边陪着着急。

“妈，您别着急。”

“孩儿啊，我不着急谁着急呀？嗯？你爹要是活着，也能帮帮我的忙啊。唉……这怎么办呢？”

“是啊，这怎么办呢？”

就在这时候，“啪啪啪……”外边有人敲门。管家姓赵，在这儿喝茶呢，让伙计，这伙计叫斌子。

“斌子，开门去，有人来了。”

这斌子“腾腾腾……”往外跑，把门插关拉开，门分左右，一看外边站着两个人。岁数大的七十开外了，岁数小的也得五十出头了，不认识。斌子看这爷儿俩，就是一愣。